并购之王

投行老狐狸深度披露
企业并购内幕

| 珍藏版 |

[美] 丹尼斯·J. 罗伯茨 著
（Dennis J. Roberts）

唐京燕 秦丹萍 译
桂曙光 刘振山 蒋 靖 审校

MERGERS &
ACQUISITIONS

AN INSIDER'S GUIDE TO
THE PURCHASE AND SALE OF
MIDDLE MARKET BUSINESS INTERESTS

机械工业出版社
CHINA MACHINE PRESS

中型企业并购市场充满了机遇与陷阱,一边是天堂,一边是地狱。《并购之王:投行老狐狸深度披露企业并购内幕》(珍藏版)从一个纵横华尔街多年、资深投行家的独特视角,为读者揭开了企业并购的神秘面纱。

对于那些渴望在中型并购市场大展身手的投行从业者来说,本书可作为自我学习的教科书和参考资料;而对于并购交易的买卖双方,本书亦可帮助他们了解彼此的心态,让那些在企业并购中经验不足和技巧稚嫩的参与者能够更全面地理解并购流程,并确保并购交易能够顺利达成。

Mergers & Acquisitions: An Insider's Guide to the Purchase and Sale of Middle Market Business Interests ISBN: 9780470262108

Copyright © 2009 by John Wiley & Sons, Inc. All Rights Reserved.

This translation published under license. Authorized translation from the English language edition, entitled Mergers & Acquisitions: An insider's guide to the purchase and sale of middle market business interests, ISBN 9780470262108, by Dennis J. Roberts, Published by John Wiley & Sons. No part of this book may be reproduced in any form without the written permission of the original copyrights holder.

版权所有,侵权必究。
北京市版权局著作权合同登记　图字:01-2013-1653 号。

图书在版编目(CIP)数据

并购之王:投行老狐狸深度披露企业并购内幕:珍藏版/(美)丹尼斯·J. 罗伯茨(Dennis J. Roberts)著;唐京燕,秦丹萍译. — 北京:机械工业出版社,2022.8(2024.8重印)
书名原文:Mergers & Acquisitions: An Insider's Guide to the Purchase and Sale of Middle Market Business Interests
ISBN 978-7-111-71286-2

Ⅰ. ①并… Ⅱ. ①丹… ②唐… ③秦… Ⅲ. ①企业兼并 Ⅳ. ①F271

中国版本图书馆 CIP 数据核字(2022)第 135484 号

机械工业出版社(北京市百万庄大街 22 号　邮政编码 100037)
策划编辑:李新妞　　　　　责任编辑:李新妞　侯振锋
责任校对:张亚楠　王　延　责任印制:单爱军
保定市中画美凯印刷有限公司印刷
2024 年 8 月第 1 版第 2 次印刷
169mm×239mm・24 印张・1 插页・398 千字
标准书号:ISBN 978-7-111-71286-2
定价:99.00 元

电话服务　　　　　　　　　　网络服务
客服电话:010-88361066　　　机　工　官　网:www.cmpbook.com
　　　　　010-88379833　　　机　工　官　博:weibo.com/cmp1952
　　　　　010-68326294　　　金　　书　　网:www.golden-book.com
封底无防伪标均为盗版　　　　机工教育服务网:www.cmpedu.com

对本书的推荐

这是罗伯茨先生写的关于企业并购交易艺术的跨时代杰作。他有多年并购的成功经验，他在交易细节方面的洞察能力令人印象深刻。现在更好了，这些智慧能够通过具有高度可读性的实例、故事和观点得以传达。投行并购顾问和企业家如果想要在如今竞争激烈的市场中获得优势，那么这本书则是书单上必不可少的一本。

——斯科特·D. 米勒（Scott D. Miller），CPA/ABV，CVA，著有《兼并、收购和封闭式企业出售指南：最新商业案例分析》（The Adviser's Guide to Mergers, Acquisitions, and Sales of Closely Held Businesses: Advanced Case Analysis）和《买卖企业：注册会计师的角色》（Buying and Selling Businesses: The CPA's role）

丹尼斯做了大量卓有成效的工作，摒弃了令投资银行家们头疼的技术性术语，聚焦在顺利完成并购交易的核心元素。这本书极具中型企业并购大师敏锐的洞察力以及迷人的、真实的经验传授，着实让人眼前一亮。

——霍华德·约翰逊（Howard Johnson），
加拿大 Veracap 国际并购有限公司总裁

丹尼斯深谙中型企业并购的灵魂，并把他多年的并购经验完全转化到这本操作性强、有趣且不乏技术性的书中。投资银行家、企业经营者，不论是并购交易的买方还是卖方，都能从大师的足迹中深受裨益。

——马丁·奥尼尔（Martin O'Neill），著有《建立企业价值》（Building Business Value），合著《像老板那样行动》（Act Like an Owner）

有些人知道所有东西的价格，但对于价值却一无所知。

——奥斯卡·王尔德（Oscar Wilde）

关于作者

丹尼斯·J.罗伯茨，CVA，CPA*/ABV（*表示不再执业），是麦克莱恩集团（The McLean Group）的董事长。麦克莱恩集团是一家在并购领域非常活跃的投资银行，在美国和加拿大近30个城市设有办事处。

多年以来，丹尼斯作为资深投资银行家，担任过大量并购交易的顾问。同时，他也是一名价值评估师，曾为尼克松水门事件中的录音带专门进行过价值评估。他还是一家跨州商业银行的创始人和董事长。丹尼斯曾作为美国注册会计师（AICPA）的创始委员会成员，为注册会计师们建立了AICPA企业估值培训模块前八个单元的内容。他也为多个专业团体讲授并购课程，包括美国注册评估分析师协会（NACVA）、并购顾问联盟（the Alliance of Merger and Acquisition Advisors，即AM&AA）、大学毕业生计划等，还为一些投资银行的并购部门进行授课。丹尼斯现在和妻子罗宾·夸特尔鲍姆（Robin Quattlebaum）一起，住在弗吉尼亚州的费尔法克斯。

致 谢

在读者看来，一本书中的致谢部分似乎都是例行公事，只是流于形式，但是对作者来说却并非如此。这部分篇幅非常有限，完全不够用来充分表达"感谢上帝，你一直都陪伴着我"以及总结"搞砸的那些事本来可以做得更好"。不过，下面我想说的这些事，绝对是本书精彩部分中不可缺少的因素。

感谢史蒂夫·梅尔策（Steve Meltzer）以及恩里克·布里托（Enrique Brito）逐字逐句地审阅；感谢乔·拉夫兰（Joe Loughran）对初稿进行了大有神益的编辑；感谢安德鲁·史密斯（Andrew Smith）、安德鲁·谢尔曼（Andrew Sherman）、查克·安德鲁斯（Chuck Andrews）和斯科特·米勒（Scott Miller）提出的非常有帮助的洞见和评论。感谢霍华德·约翰逊（Howard Johnson）在几年前帮助我厘清了许多思绪和构建了本书知识体系的整体框架。感谢威廉·奥夫特（William Offutt）对本书中的税务章节进行审阅并提出了非常好的建议。我为以上所有人那些富有智慧的评论、洞见以及修正致以最真诚的感谢。

在这里，我要特别感谢美国注册评估分析师协会（NACVA）的创始人兼CEO帕内尔·布莱克（Parnell Black）和并购顾问联盟（AM&AA）的创始人兼CEO迈克尔·纳尔（Michael Nall）：他们多年来一直允许我为他们开发和讲授并购课程，这对我个人的学习成长都非常有帮助。

还有，和大多数书籍一样，我愿意写一段献词，而这并非仅仅是因为惯例：因为如果没有来自家庭的爱和耐心，我不可能完成我的著作，所以：

致我的孩子黛比、凯西和大卫，致我的妻子罗宾·夸特尔鲍姆，感谢你们！

丹尼斯·J.罗伯茨

免责、致歉和善意的谎言

我比华盛顿总统有一个更高更大的标准：他不能说谎；我能，但我不说。

——美国作家马克·吐温（Mark Twain）

有时候，不过分追求精确可以省去一大堆解释。

——英国作家萨基（Saki）㊀

本书所记录的那些用来印证各交易原则的、在谈判桌上发生的战争或奇闻逸事都是真实的。但是，所涉及的人名、时间、地址以及交易价格都做了一定处理，以保证这些交易和事件中所有相关方的隐私。这些故意混淆的手段也是为了替我的客户保密，即使已经时过境迁。跟大部分投行一样，我的公司若是要对外公布交易信息，也需要征得客户的同意。因此，假如你发现从网络上搜索到的由我公司发布的交易信息中与本书引用的战争或奇闻逸事有雷同的地方，我和我公司肯定会遭到前客户的大肆批判。所以，我肯定不会让你从本书中发现任何的蛛丝马迹。

我耗费了数年时间撰写本书。当然，本书的大部分内容肯定在庞杂的并购书籍中已经提过了（这部分可能占到75%的篇幅，其他的例如并购惯例、"五的法则"、"十的法则"、为企业估值等则是出自本人之手），但是我想说的是，亮点在于这些内容是头一次同时出现在一本书里。如果我没能够将本书的所有引用注明出处（有剽窃嫌疑），这可能是因为长达15年零零星星的书写和教书过程使得我无法一一记住。我知道，有一些肯定是来源于自己的阅读，但是这部分肯定结合本人的工作经验重新进行了阐述，也有一些是从同事那里得来的。

最后，我想说，之所以把所有内容整合成一本著作，就是希望亲爱的读者们能够各取所需。

㊀ 原名为赫克托·休·芒罗（Hector Hugh Munro）。

序

> 观念不同决定了周末是去赛马场还是去教堂。
>
> ——威尔·罗杰斯（Will Rogers）

> 祝福那些善于自嘲的人，因为他们从来不会停止欢乐。
>
> ——匿名

对于那些渴望在中型市场投资银行职场大展身手的人来说，本书适合作为他们自我学习的教科书或者是参考资料。本书原本就不是按照技术类的书籍来写的，因为那类书已经汗牛充栋了，我认为不需要再出一本新的了。这些年来，我的这些学生或是已经受过了严格的技术训练（如会计师、估值专家、MBA 和金融专业的学生等），或是并不打算特别深入地研究这个领域的技术问题（如公司股东、高管以及创业者）。

实际上，在市场上大多数有关中型市场（企业）并购的书籍或文章中，从我的观点来看，它们往往忽视"感觉"而过于强调技术，但我的这些学生说他们需要的是一种"感觉"。因此，当我从头开始设计一门课程时，我想一开始先传授这种难以捉摸的"感觉"（而且我真的成功了），之后再加上能够驾驭这种"感觉"的干货（技术部分）。事实上，技术部分从重要性来说，也确实只是排在第二位的。

在 20 世纪 30 年代，珀西·布默（Percy Boomer）写就了历史上最棒的高尔夫话题书籍《关于学习高尔夫》（*On Learning Golf*）。珀西很有把握地相信高尔夫主要是与"感觉"有关。在这方面，中型市场（企业）的并购与高尔夫很像。单单有十足的技术知识并不能证明可以在交易中游刃有余。虽然我是在已经一把年纪的时候才开始接触高尔夫球的，但我却深深地爱上了这项运动。最开始，我为了能够上手，把几乎所有的高尔夫击球技巧秘籍都读了一遍。但是一直到几年后当我确实达到了一定水平之后，才对曾经读过的一些技巧秘籍有了恍然大悟的感觉（事实上也经常如此）："哦，这就是那段文章的本意，我可以感觉到了。"

尽管一本书中能够表达的内容十分有限，但我仍然希望能够帮助读者缩短在掌握并购技巧和体验"感觉"之间所花费的时间。

这本书的另一个优点是它独树一帜地将中型市场（企业）并购交易的艺术性和科学性表达了出来，不论是从买方的角度还是卖方的角度来看（虽然本书更多的篇幅侧重于卖方的角度）。

最后，并购专业人士和投资银行家如果为了满足好奇心，可能会利用阅读本书的机会，从一位从事并购工作多年的同仁那里偷经学艺。如果本书偶然落入一位中型市场（企业）卖方、买方抑或是资本募集者的手中，那么是再好不过了。虽然本书的很多信息能够帮助他们在没有投行顾问的情况下来操作交易，但这一点并不会让我感到不愉快，因为本书也能够帮助他们寻找最适合自己的投行并购顾问。

我想提示读者们：你们可能会在这本书里遇到很多啰啰嗦嗦的文字。这可能有两个原因：第一，我一直都以这种方式进行授课，从综述开始，然后以碎片式渐进的方式来重复讲授这些知识；第二，从本质上来讲，并购不可能以一种优雅的线性方式来操作，本书也无法以这样的方式来展开。例如，对于初步估值的概念、投资意向书（letters of intent，LOI）、资产负债表的惯例等需要以不同的文字在许多章节中进行呈现。另外，由于本书的写作目的是成为目标读者的参考书，而不是一口气读完就扔的书，出于方便读者的缘由，我将不时重现许多之前章节涉及的知识点。

前言　一份职业

中型企业并购投资银行职业生涯

风风雨雨一路走来，我从来不曾回头看看。虽然初入职场的那一阵儿，我还是很在乎钱的（常常日思夜盼下一个发薪日）。但是，过了一段日子，赚钱就已经不再那么重要了。我认为，并购交易本身带来的兴奋感就是对我们这些行业老人最丰厚的奖励。

即便是在中型市场中，你也会碰到一些很酷的人。比如世界各国的首脑、海军将领、将军、白宫高级官员、国会议员、内阁官员，大中型企业的总裁、私募股权基金和天使投资人，以及形形色色的人。虽然不是每个人都能促成交易（实际上，我内心里认为他们是想这样做的），但是至少他们对我们从事的工作都很有兴趣。

事实上，工作内容有时候会让人大跌眼镜。作为一名投资银行家和分析师，我曾接受的一项工作是对尼克松水门事件的录音带进行价值评估——谁会想到呢？我深爱这份职业，不愿意拿它做交换，当然了，除非是与我的家人以及挚友回老家墨西哥城享受龙舌兰酒和温暖的阳光。

交易疯子起源

1967年3月　华盛顿特区——1970年6月　纽约曼哈顿

作为一个初出茅庐、乳臭未干的会计师，我坐在办公桌前——位于华盛顿特区郊区的一个客户办公室，正在按部就班地进行企业财务审计流程。坦率来说，我觉得无聊死了。我不能想象余生继续从事任何类似相关的工作会怎样。当我听到隔壁办公室传来激烈的谈判对话时，我对手头工作的判断就越发肯定——可能就是在做无用功。就在离我几英尺远的地方，薄薄的白墙背后，我们的企业客户——一家中型建筑公司和他们的投资银行家以及代表潜在买方的团队正在唇枪舌剑地争论收购意向书的有关条款。虽然我对正在发生的事情并不清楚，但是我有足够的线索得出结论——我已被深深吸引。

三年过后，我在会计工作中取得了一些进展。一日，我发现自己身处华尔街某投行的会议室里，空间宽敞，陈设精美。我正在聚精会神地聆听有关某中型企业并购交易的讨论，并得知并购后企业将申请上市（IPO）。作为会计师团队的一员，我将为并购交易提供审计支持（受到的待遇就好像受了气的小媳妇儿似的，无足轻重）。本次讨论集中在并购交易中涉及的某些会计问题上。我观察着某大型投行的董事长及他的下属们与"八大"会计师事务所的资深审计合伙人及下属审计师之间你来我往的激烈讨论。大部分审计师都跟我一样，既兴奋又畏惧。坦率地说，这就像是一场竞争激烈的摔跤比赛。

以上分别发生在华盛顿特区和纽约的两次特殊经历，在我看来，让我窥见了帷幕最深处的商业世界之真神，至少那时，在并购市场上翻云覆雨的交易撮合者已经紧紧俘获了我的目光和心灵。他们中的大多数并不是胡须如雪、身着白袍、光辉耀眼而让凡人如我可望不可及。但是在那一刻，虽然他们就矗立在那里，我也深知自己想要走近他们，却不知道如何到达。不过，我知道自己必须要到达，因为单单是看到、听到他们正在从事交易，我的内心就已在不停地颤动。就让其他人做生意开公司吧，再让其他人为他们做账、为他们摆脱法律烦扰、为他们营销产品及服务。这些工作都不是我日思夜念的，我只想"做交易"，即使我还不清楚这背后意味着的一切。

交易疯子附体

1989 年 5 月　佐治亚州萨凡纳

我和新合伙人把办公室安置于市区中靠近河边的地带，也是这座城市正在复兴的一片区域。这里混合了新旧南方的特质，令人愉快并特别吸引我们。我实在很高兴在那里办公。在会议室的长桌上打量着各位新同事，我想，我终能一偿夙愿了。我已经在金融服务行业摸爬滚打二十余年，却没有直接进入并购领域。此刻，我相信自己终于到达了目的地，终于可以把多年所学全部用于并购交易。在工业发达的南方，我们这家规模较小的精品型投行将在传统行业并购领域一展拳脚：纺织品、家具、食品制造和服务等。信息技术的繁荣尚需数年时间。在 1989 年 5 月，萨凡纳的某个下午，当阳光洒进会议室的时候，我深信这是极好的预兆。但即便在那个时候，我也有很多工作和更多需要学习的地方。

回首 1984 年，我已是公共会计领域的高级合伙人，专注于并购交易咨询业务。这样的资质使得我成为一家跨州上市银行的创始人、董事长兼 CEO。在业余时间里，我从另外几次创业经历中，逐步掌握了成就投行并购业务的几项必要技能（比我后来意识到的要少）。终于，我完全准备好依靠智慧和经验而前进，我敢肯定，随着技能一点点地累积和细化，我已经做好准备去开拓心仪多年的并购交易事业。或者，至少我是这样想的。当然，我的新合伙人会带来互补的技能，聚集在会议桌前的各位正是我想要的。但是，这可能也并不完全正确……不过，我会一边起步，一边摸索。

为什么要写这本并购的书？

没用多久，我就知道，没有比在游泳中学游泳更好的方法了。学习并购，只能通过在真实世界里进行并购交易来学习，边干边学。虽然我从合伙人身上也学到了不少，但也只是起到了阶段性效果。从某种程度上来说，这反映了生活中的一个简单事实：中型市场（企业）的投资银行并购是出了名的业务不稳定，因此，从业者们面临着极高的职业淘汰率。只有较少的中型市场（企业）并购中介机构可以经受住那些重大且旷日持久的金融危机的考验，在经济周期起起伏伏的过程中，它们也很少会有兴趣将积攒的经验分享给下一代。此外，本行业的一些专业人士属于退休后的行业高管，把并购咨询作为退休后的副业，就像是孤独的狼，只是短暂地出现。

最近，我在亚马逊网上书店搜索并购的相关书籍，在几秒钟内就找到了超过 26 000 本参考书。毫无疑问的是，市面上还有更多关于并购的书籍。那么，我为什么还要另写一本呢？事实上，这些书籍很少单独谈到有关中型市场（企业）并购的独特问题和相应的处理方式。我从同学、客户以及其他中型市场（企业）并购从业者那里得到了同样的信息。这些书籍在提到中型市场（企业）的时候，往往忽略了买卖双方的不同立场、观点以及实际操作手法，把两者混为一谈。这是非常错误的。因此，缺乏经验的从业者、潜在客户以及读者可能会因为书本带来的误导造成实际工作中的重大失误。我经常看到卖方新手由于阅读了中型市场（企业）并购的某本书籍，内心开始膨胀，闯入会议室后，舞弄着繁杂的财务模型和计算方法，以更适合买方的方式为其卖方客户提供支持。直至今日，有关中型市场（企业）并购的文献也会偏向于以科学性或者艺术性的方式阐述交易，很少会两者兼而有之。艺术性和科学性同等重要，且永远存在于现实世界中。若过分强调其一，而忽略了另一个的重要性，结果往往是让人失望的。还有就是，传授并购知识和从事并购交易完全是两码事。在我看来，大部分中型市场（企业）并购书籍的作者并不是真正从事并购交易的人（例如企业评估师、会计师等），虽然这类书籍具有宝贵的价值，但是它们不会带来并购交易的"第七感"，因为感觉来自于现实交易，是一本教科书或课外练习题所不能带来的。

在随后的几年里，我与我的合伙人在萨凡纳的季度董事会上，我才明白，在他们做成的并购交易中，一定程度上均存在"即兴发挥"的成分。我了解到，很多成功的并购交易是超越了专业并购团队本身的。这是因为，"想要完成交易"的意念很强大，足够克服众多障碍，其中包括缺乏交易经验或者缺乏中型市场（企业）并购所需要的部分必要技能。

适合的读者

在过去的15年时间中，我曾四处奔走，面向企业家、高管、律师、会计师以及为中型市场（企业）客户进行估值服务的评估师传授中型市场（企业）并购常识，我的学员也包括一些在行业中打拼多年的老手以及新入行的投资银行家。一些投资银行家刚刚开始他们的职业生涯，其中一些人喜欢与行业内的资深人士分享他们在并购战役中的故事与经验。在我面向以上三类学员的众多讲座和课程传授的过程中，我也收获颇多——我所收获的是从不同视角对企业并购交易增长的洞见。

我承认，在写作过程中我更倾向于照顾企业出售方的所需所想，然而出于许多原因，我也会有意识地重视企业收购方的需求。首先，大多数买方都拥有内部并购和企业发展的专业团队。从企业出售方的角度来说，大多数只会在他们的职业生涯中跟进或碰到一两次并购交易，但即将面对的并购交易（或者那些交易）将很有可能是他们一生中最大、也是最重要的金融交易。因为在企业并购上的经验缺乏和技巧稚嫩，这些出售方很可能会在与收购方沟通时为自己引来灾难性的后果。写作这本书的部分原因是为了帮助这些出售方为一些交易做好准备，并且为他们提供一些建议，例如通过聘请投行并购顾问和其他专业人士，在整个并购交易过程中保护他们的利益。

同时，我也希望本书可以给专门从事收购的买方专业人士提供一些有价值的参考，因为本书重点讨论了代表卖方的投资银行在谈判及交易过程中使用的方法和技术。根据我对买方专业人员的授课经验，他们非常受益于掌握那些卖方投行顾问所使用的方法或技巧，这些曾经让他们在并购交易中处于不利地位并头疼不已。

幸福的家庭

正如托尔斯泰说过的那样："幸福的家庭都是相似的，不幸的家庭各有各的不幸。"正是因为这个原因，在持续 6~12 个月的中型市场（企业）并购交易中，对于不恰当的出售以及收购，可能错误百出。这本书将展示中型市场（企业）并购交易牵涉的固有挑战、失败和困难。我得承认，任何一笔并购交易都是独特的，但即便是那些跨行业的并购交易也拥有许多共性。

毕竟过去所有的交易、客户、同事和书籍，或好或坏都对我产生了影响，我相信我从热爱的事业中学到了很多。对于花费半生精力追求的中型市场（企业）并购工作来说，我今时今日积累的科学性和艺术性层面的技能是博采众家所长而得，但是还没有任何一本书可以囊括所有这些内容，这就是我写作此书的最初想法。我希望将本人对专业的热爱在书中通过相当数量的真实案例以飨读者，以使得本书的写作不虚此意。

丹尼斯·J. 罗伯茨
弗吉尼亚州麦克莱恩（华盛顿特区）
2008 年 11 月

目 录

对本书的推荐
关于作者
致谢
序
前言 一份职业

第 1 章
中型市场（企业）是独特的

业务流程创新、增势迅猛、加强监管以及
　　资本 / 001
不是"夫妻店" / 003
大型企业 / 004
中型市场究竟是什么？ / 005
重要的仅仅是规模吗？ / 006
服务于三类市场的经纪人和投行家 / 006
本章小结 / 007

第 2 章
中型市场（企业）并购活动的驱动因素和卖方

流动性和异域风情鸡尾酒 / 009
婴儿潮 / 009
信息技术时代 / 010
现在也不是你老爹那个时代的并购了 / 011
驱动交易的玻璃天花板 / 012
大鱼和小鱼 / 012
本章小结 / 012

第3章
在中型市场寻找和了解买方

谨小慎微的钱 / 013

了解买方和投资者的类型 / 014

寻找潜在买方 / 024

最理想的买方谈判对象 / 027

本章小结 / 029

第4章
中型企业待售准备，一手抓运营，一手抓出售

准备出售中型企业的三个阶段 / 032

诉讼 / 037

总结 / 038

本章小结 / 038

第5章
与企业出售关联的关键员工的奖励和维护：公平还是勒索？

概述 / 039

关键员工报酬的常见情况 / 041

支付关键员工报酬的时机选择 / 042

关键员工薪酬福利的纳税时间问题 / 042

澄清及备案的重要性——避免含糊不清的承诺 / 043

与关键员工就竞业禁止条款及不干涉协议进行谈判的时机 / 043

当心：激励承诺与关键员工的职责或影响力不相符会带来潜在问题 / 045

第一时间避免关键员工问题的方式 / 045

针对非参与型股东的特殊问题 / 045

总结 / 047

本章小结 / 047

第6章
水晶球和中型企业的出售时机

泡沫、周期和商业价值 / 049

其他时机——整合收购 / 053

本章小结 / 054

第7章
保密信息备忘录

收购项目概况 / 056

保密信息备忘录——概述 / 056

客户与保密信息备忘录：紧密合作 / 058

保密信息备忘录中的财务报表 / 063

本章小结 / 068

第8章
交易过程的保密性

基本保密原则 / 070

员工和保密：两种方式 / 070

投资银行与保密：在与客户沟通的过程中，要避免过早地披露信息 / 072

执行摘要和保密 / 072

在网站上公布待出售企业列表 / 073

保密协议 / 073

证券法和保密 / 075

本章小结 / 075

附录A　保密协议范例 / 076

第 9 章
中型企业投资银行顾问及中介机构

电信公司收购交易 / 082

专业投行机构和内部团队的兼顾 / 083

选择最适合自己的投资银行顾问 / 088

本章小结 / 094

第 10 章
巧用外部并购团队

外部并购团队 / 097

谨慎聘请外部团队并进行排序：将单个任务和单次谈判分开 / 100

本章小结 / 102

第 11 章
任何人都可以做并购吗？

这活儿谁都能干吗？ / 104

客户达不到的专业高度 / 106

经验和并购 / 107

本章小结 / 107

第 12 章
两种竞拍方式：非正式竞拍和控制式竞拍

竞拍概论 / 108

资料室以及协商式竞拍和控制式竞拍的次序 / 110

协商式竞拍小结 / 111

竞拍的需求：买方不愿告诉企业出售方的是什么？企业出售方如何发现？这样公平吗？ / 113

本章小结 / 115

第 13 章
财务顾问协议、评估专家费用以及面对金钱诱惑保持诚信正直

深思熟虑的财务顾问协议 / 116

律师和财务顾问协议审阅 / 117

大笔财富和离奇行为 / 118

成功费或者额外奖金的计算 / 120

交易价值该如何计算 / 123

订金（委托费） / 127

基础合同期限 / 127

延长期 / 128

分手费 / 129

买方剥离及其方式 / 129

认股权证、购股权或其他权益的报酬形式 / 131

诚信、投资银行和大笔钱财 / 132

在结算时的投行顾问费用——大笔钱财之外的 / 132

客户对专业顾问费的总体估算 / 134

本章小结 / 134

附录 B　财务顾问服务协议范本 / 136

第 14 章
买方投行顾问业务

买方 / 146

买方顾问 vs 卖方顾问 / 146

买方顾问费用 / 147

与计划相关 / 148

同一时间应有多少家并购目标？ / 150

平台方式 vs 财务方式 / 151

买方团队由谁主导谈判？ / 151

艺术 vs 科学 / 152

投行顾问代表了谁？ 作为买方代表可能
　的利益冲突 / 153

本章小结 / 154

第 15 章
投资意向书：最重要的文件

优秀的投资意向书的前期考虑内容 / 155

买方/卖方的优势曲线 / 156

初步尽职调查 vs 详细尽职调查 / 156

排他性、保密性以及投资意向书 / 157

肯定性答复条款 / 157

不足与机遇——初步尽职调查数据的披露
　与准确性 / 158

"亲爱的，我完成了交易！"原则——
　完全掌控交易条款 / 159

在投资意向书中精准使用交易语言："是"
　的定义是什么？ / 160

谈判礼节和投资意向书 / 161

反向投资意向书 / 162

从买方角度看投资意向书 / 162

本章小结 / 162

第 16 章
并购谈判背后的心理活动

客户与谈判 / 166

政客和正直 / 166

诚实和正直仍然是交友的最佳策略 / 167

危险的电子邮件 / 168

每笔交易都有一千种死法 / 169

并购谈判的中期结束时——其实就在投资
　意向书确定之前 / 180

困难的或者不可理喻的谈判对手 / 181

有关谈判的最后感想：忏悔 / 182

本章小结 / 183

第 17 章
与卖方的初次会谈，对企业报价并
控制谈判节奏

奇怪的角色交换和首次会面 / 184

鼓励所有的报价方案，无论如何把它们都
　赶进帐篷 / 189

你敢发誓你说的是真话，句句实言，全部
　属实吗？ / 190

出价的时机、秩序与节奏 / 190

本章小结 / 191

第 18 章
交易对价和交易结构

重要的是条款，不是价格，笨蛋！ / 192

交易对价和对价种类 / 193

交易结构 / 194

常用的对价形式概览 / 195

总结：换算和比较报价方案 / 198
拒绝报价方案 / 198
买方如何创造性地使用对价形式 / 199
股票和估值 / 200
有关对价形式配比的最后反思 / 200
本章小结 / 200

第 19 章
基于财务表现的额外对价条款（对赌协议）

究竟是谁的盈利？ / 204
安抚性盈利能力支付的谈判要点 / 206
本章小结 / 211
附录 C　关于基于财务表现的奖励金额的约定事项 / 212

第 20 章
求证阶段，最后的日子

详细尽职调查 / 215
最终协议 / 216
最后的日子：投行家和律师 / 218
速度在最后阶段的重要性 / 218
交割和交割中的突袭 / 219
本章小结 / 220

第 21 章
联姻之后：兼并后情况和收购失败

可能会有短暂的蜜月期，但成功的婚姻不多 / 223
本章小结 / 226

第 22 章
进入市场之前，卖方客户需要评估吗？

企业并购市场估值的四种基本情况 / 230
市场价值的正式评估和初步评估 / 230
投资价值和动态价值 / 231
答案 / 232
评估成本 / 232
市场中的初步评估 / 232
本章小结 / 234

第 23 章
企业并购估值中的"五的法则""十的法则"以及"五的超级法则"

中型市场企业评估的基本知识 / 236
"五的法则"与"十的法则"，鸡尾酒会上的谈话和快速计算 / 237
两条钟形曲线 / 237
"五的超级法则" / 238
博傻理论（买家要小心） / 242
本章小结 / 243

第 24 章
并购交易估值在应用中的艺术性和科学性（卖方 vs 买方）以及 EBITDA 的应用偏好

那么，这值多少钱？ 估值第一课 / 246
一般性的经济资产评估和特定企业的估值 / 247
并购和息前税前（摊销）前利润 / 248

价值评估的另一种方法：未来收益折现法
（DFE）/ 251
本章小结 / 255

第 25 章
乘数讨论和多重现实

一般性的乘数 / 257
风险和乘数 / 257
推断出来的乘数与实际交易驱动的乘数 / 258
上市公司乘数与私有公司乘数 / 259
套利和"整合"：关于上市公司和私人公司
　的价值与乘数的例子 / 260
本章小结 / 261

第 26 章
目标公司的内在定性价值

定量估值和定性估值 / 263
两家律师事务所 / 264
价值驱动因素比数字更有用 / 265
年轻人，要么被淘汰掉，要么……去塑料
　行业 / 267
初步价值评估与价值驱动因素分析 / 268
本章小结 / 268

第 27 章
并购惯例和资产负债表目标的建立

惯例及其要求和基础 / 269
一般意义上的资产负债表 / 270
一般意义上的并购惯例 / 271
实体和经营业务——重申 / 272

企业并购交易中的资产负债表惯例，或者
　谁得到资产负债表？/ 272
除现金外的其他非经营性资产 / 275
确立交付目标（通常是资产负债表）——
　一个永恒的瞬间 / 275
资产负债表：以谈判时的为准，还是以
　交割时的为准 / 276
资产负债表的营运资本目标 / 276
资产负债表的净价值目标 / 277
重复计算的目标购买价格的调整 / 278
分歧的解决——校准 / 278
企业的正常经营 / 278
资产负债表和正常化 / 279
本章小结 / 280

第 28 章
特殊并购及并购估值问题

概述 / 282
对资产负债表上的不动产进行估值 / 282
对技术进行估值：技术也是一种经营业
　务吗？/ 285
对不盈利的企业的估值 / 287
进行风险投资和类似的投资时如何评估
　快速增长企业的价值——这是真正的
　估值吗？/ 290
本章小结 / 296

第 29 章
关于并购中常见的税收问题

税收简介 / 299
实体选择：S 型公司 vs C 型公司，资产交
　易 vs 股份交易 / 300

选择成为 S 型公司的时间对交易产生的影响
　以及内置收益税 / 301
其他交易结构问题 / 302
盈利能力支付 / 302
选择何种税收会计政策会对交易产生什么
　影响 / 303
重组交易结构（以股份交易举例）/ 304
在销售和使用公益余额信托之前通过赠予
　方式处置企业股份 / 305
分离重组 / 306
小型企业 / 306
谈判过程中，税收问题到底有多重要？/ 307
本章小结 / 307

投资银行实践中的文化问题——一些深入
　思考 / 318
市场营销：投资银行一半时间都是在进行
　业务拓展 / 321
多种营销方式 / 323
人际关系总述 / 331
提供优质服务，严格执行承诺 / 334
证券法问题 / 335
业务管理 / 337
在生活与并购领域都获得成功 / 339
价值十万亿美元的机遇 / 340
本章小结 / 341

第 30 章
中型企业投资银行业务：写给咨询者及其他有意从事该工作的人们

什么是投资银行？ / 310
并购领域中一些具有讽刺意味的事 / 311
注意力缺乏症与并购投行顾问 / 312
人际技巧 / 312
进入投资银行业的一般切入点 / 313

第 31 章
后记：资本市场

第 32 章
再后记：正式估值方法的检查

一只鸟，还是一架飞机？ / 355

关于审校团队 / 358

第 1 章

中型市场（企业）是独特的

业务流程创新、增势迅猛、加强监管以及资本

从历史上看，至少在过去近120年的时间里，美国的企业并购（mergers and acquisitions，M&A）活动增势迅猛，加强监管也势在必行。反过来，并购活动的不断增长是由业务流程不断创新而驱动的，特别是在交通运输、通信基础设施行业以及最近的科技领域。除了经济活动的迅猛增势和日趋迫切的监管需求，本章强调的第三个重点是充足且过剩的资本，这是并购这锅汤里不可缺少的原料。

在19世纪末和20世纪初，快速高效地建立全国铁路系统是美国经济快速扩张的主要推动力；当然，高企的股票价格和新兴的资本运作手段也起到了重要作用。在当今这个创新时代，细分市场的垄断或者至少是表面上的垄断逐渐形成（我们的时代见证了不可一世的微软帝国的崛起），人们开始怨声载道，监管部门不得不加以重视。1904年，美国最高法院重拳出击，直接针对行业垄断以及继续扩张的巨型企业，第一波并购高潮也因此告一段落。事实上，美国第一部有关并购活动的法律是于1890年颁布的《谢尔曼反托拉斯法》（Sherman Act）。

到了20世纪20年代，持续大幅改善的交通运输（汽车和卡车）和通信系统（无线电和电话的广泛使用）带动了美国经济的蓬勃发展。繁荣的股票市场意味着雄厚的资金实力，以及水到渠成的企业并购活动。由于在此之前最高法院并不支持横向兼并（horizontal merger），因此在这段时间企业趋向于从行业供应链向前或向后发起并购㊀。1929年的股市崩盘让这一波并购高潮戛然而止，并给资本

㊀ 即纵向并购，vertical merger。——译者注

市场留下了持续至少30年的创伤。

尽管美国经历了两次世界大战，但在随后的30年里，工商业看起来波澜不惊，基础设施建设与改良也在按部就班地进行。这与战争时期提出的国家运输政策息息相关，另外信息通信（电视）作为传播工具再次占据了舞台中心。到了20世纪60年代，即第二次世界大战之后的第14年，工商业似乎已经整装待发，准备迎接再一次的快速成长。14年以后，退伍军人住房方案的推行以及政府在就业和教育领域的深耕，终于使国民经济结出了累累果实。另外，不断增加的政府开支也促进了军事产业复合体⊖的快速发展。尽管在当时，监管机构和政府即使冒着妨碍自由竞争的压力，也要反对任何形式的并购交易，包括横向或者纵向。在把监管者、政治家以及法院牵扯进来以前，巨额的资金投入产生的结果是兴起了大批通过并购而发展壮大的企业集团。但是，企业集团并没有持续太长时间，随着经营重心的分散，优秀的运营实践能力逐渐丧失。此外，反垄断法案的设立使得企业集团的兼并和分拆活动难以实施。

直到20世纪80年代，在垃圾债券、杠杆收购以及强劲股市的共同护航下，并购活动再次兴起。金融工程也起到了推波助澜的作用，主要是从并购交易中套利。交易设计者通过复杂的交易模型赚取暴利，而不是把重心放在改善公司经营上。那时的金融模型与我们看到的20世纪90年代的行业整合收购（roll-up group）（现在更多地应用于中型企业）有所不同。

到了20世纪90年代，在科技生产力和婴儿潮时代（第二次世界大战结束后不久出生的一代人）带来的强大消费能力的驱动下，大量资本又开始暗潮涌动。监管层一百八十度转弯似的取消了管制政策，涉及的行业包括银行、公用事业、通信和航空等。合并在一定程度上也是由金融工程师之手整合并购的结果。就像数十年前，他们的前辈们绕过辛苦而复杂的通过改善经营管理来提升财务状况的方式，而选择通过行业整合、重新包装、企业上市等操作手法来赚取巨额收益。当然，20世纪90年代中期也是信息时代的拂晓时分，这也加快了商业发展的步伐并带来了翻天覆地的变化。在千禧年之际，电信和互联网行业泡沫破裂也让最后一波并购高潮偃旗息鼓。不过，20世纪90年代发生在中小企业的并购活动却历久弥新。

⊖ 指军事权力机构与武器军需制造商的结合。——译者注

自2003年以来，我们观察到新一波的并购高潮主要发生在中型企业当中。在2008年年初，在美国和欧洲每季度分别有300~350起中型企业的并购交易发生，交易价格一般都超过了3 000万美元。更大的业务规模被看作是企业在竞争激烈的全球经济以及跨境交易中胜出的必要条件，这当然也是全球经济一体化的产物。中型企业往往是最先将先进的科技运用于业务实践中的，最终又往往会被更大规模的企业收购。此外，医疗、通信和金融服务行业发生了巨大的变化（通常与技术的进步息息相关），特别是来自中型市场的驱动力显著增强。战争和恐怖主义增加了政府支出，流向私募股权基金和对冲基金的大量资本也是影响并购的重要因素。

不是"夫妻店"

我没有想过要通过本书来讲述占到美国企业数量近80%的夫妻店（Mom-and-Pop business）的问题。虽然我的读者并不是针对小型企业的经纪人，但是我想先简单地讨论一下夫妻店。

夫妻店公司估值所使用的经验法则通常缺乏金融理论基础，特别是在计算投资回报方面。此外，夫妻店很难被中型市场（企业）的财务投资人看上眼，更不会在其战略计划之中扮演重要角色。我将夫妻店定义为至少拥有一名雇员，并且年销售收入少于100万美元的企业。事实上，在美国有不少夫妻店的年销售收入已经达到450万美元，这与天才经济学家亚当·斯密（Adam Smith）的判断惊人地吻合：资本主义切实可行，也会蓬勃发展。夫妻店也经常被称为生活意趣店（lifestyle business），因为店主往往是为了追求某种生活方式而走上创业之路的：为了从玩命的竞争中脱离出来，把控生活节奏，或者只是为了实现美国梦的起点。相比朝九晚五的生活，这种生活意趣店带给创始人或者店主极大的挑战，往往需要投入更长的时间和精力。不过，在经济和心理方面，也可能带来更高的回报。

夫妻店是美国经济的重要支柱。它们为数以百万计的公民建造了创业马拉松的起跑线，并为更多的人提供了就业机会。虽然大多数夫妻店终其整个业务生命周期都没有脱离微型企业的经营形式，但是成千上万的小本经营者也最终脱颖而出，并进入更大的中型企业市场。此外，第一代和第二代家族企业通常就在美国各城市的街角经营商店，后起的第三代和第四代企业家均是各大名校的MBA以及大中型企业的 CEO。

不过，在大多数情况下，无法使用中型企业的主流估值方法（投资回报率，ROI）对夫妻店进行估值，这样做完全脱离实际。比方说，为什么会有人花 30 万美元（大概是条款名义价格）买一个街角商店，而老板夫妇每周需要工作 80 个小时才能每年赚得 6 万美元？因此，对夫妻店进行估值，往往根据经验法则，从企业类型和其他因素综合考虑，但通常不会给投资回报率过高的权重。

大型企业

本书也并非旨在解决年销售收入超过 10 亿美元的企业的相关问题㊀。这类企业估值至少为 5 亿美元——若是上市公司，估值往往会更高。大型企业仅占美国所有公司数量的 1% 不到，但几乎都是上市公司。跟大型企业不同，中型企业通常只有 10 位或更少的股东，大部分情况下，它们只有一位所有者；而公开发行股票的上市公司则拥有成千上万的股东。

在中型市场中，合并一词并不是很恰当。从根本上说，合并意味着两家公司将继续存在，而原始所有者（股东）或多或少也相同，尽管在合并的情况下，是以更大的组织形式存在。这种情况更适合华尔街或者大型企业，而不适合中型市场。在中型市场，绝大多数的交易是指收购，即一家公司及其股东收购另一家公司，而被收购公司的股东不再拥有企业所有权。

此外，敌意收购（hostile takeover）的想法也更多出现在华尔街或大型企业身上，由于大部分中型企业并非上市公司，因此不会受到敌意收购的威胁。

还有，并购交易涉及中型企业盈利的增厚（accretive）或摊薄（dilutive）的问题，其实这往往并不是一个真正的问题，尽管这一点对上市公司而言是非常重要的问题。由于缺乏来自公开股票市场的判断，所以中型企业交易后的混合股票价格并不能够立即看出变化。

最后，推销和出售一家中型企业通常需要花费 6~24 个月的时间，比做成一

㊀ 事实上，中型企业和大型企业之间不存在一条清晰的界限。但是，我不认为任何人把 10 亿美元的年销售收入作为上限（这说明企业价值约为 5 亿美元）会有什么问题。从实际出发，企业价值在 5 亿~10 亿美元之间的区域属于灰色地带，而大部分中型市场并购交易的价格甚至在 5 亿美元以下。

单大型企业交易的耗时更长，特别是大型企业的并购多数是一对一的交易，无论是敌意的还是友好的。中型市场涉及并购交易的时候，基本上就是低效的。因为中型企业家内生的保密警惕性高，以中央计算机为基础的市场交易（即股票市场，所有上市企业股票都在此进行交易）基本上是不可能且不切实际的。寻找有能力的买方的重重困难也造成了这种低效率。基于这样和那样的原因，专注于中型市场的小型投资银行的生命周期通常较短，估计在24~36个月，也只有一至两位员工。虽然交易成功后的佣金回报很可观，但这绝对不是内心脆弱或需要稳定收入的人士所应考虑的职业。我在本书中会详细说明这一点。

中型市场究竟是什么？

中型市场以多样性和机会丰富而著称。但是，中型市场究竟是什么呢？并购专业人士认为，中型市场的典型特征是指企业价值在150万~2.5亿美元的企业。另一些人则认为，中型市场的企业价值应该在500万~5亿美元之间。关键的问题是，并没有标准定义。

例如，根据美国银行对中型企业的定义，企业的年销售收入应该在2 500万~10亿美元之间（这代表企业价值在1 250万~5亿美元之间）。根据美国银行的统计，近5万家中型企业占了美国国民生产总值（GNP）的25%。另一方面，美国商务部报告说，年销售收入在500万~2.5亿美元的中型企业大约有30万家。

从中型市场投资银行家的角度看中型市场，根据美国人口普查局在2002年的报告，美国总共有5 697 759家企业⊖，销售收入共计超过22万亿美元。根据非常保守的2∶1的销售收入价值比⊜，相当于11万亿美元的企业价值。虽然统计数据表明，企业总数中大部分为小型企业（年销售收入少于100万美元），但是仍有120万家中型企业（年销售收入在100万~10亿美元），约占企业总数的21%。这120万家中型企业的销售总额达到了9.8万亿美元，保守估计企业价值约为4.9万亿美元。

中型市场也是美国经济的主要驱动力。根据美国商务部的报告，占了GNP的68%。显然，无论你如何切割，中型市场（企业）对美国经济的驱动力都是

⊖ 这并不包括17 600 000家没有员工的"企业"。

⊜ 对于假设基础，请参阅第23章。

巨大的。同时，这也意味着各式各样的机遇可以让投行家成为企业家的顾问。

我们假定最宽泛的中型市场（企业）的年销售收入范围是 500 万~10 亿美元，换算成企业价值就是 250 万~5 亿美元，这个范围是被大多数人接受的。此外，在实践中，大多数并购专家都同意，规模较小的中型企业（也是并购活动最为活跃的）的企业价值范围大概在 250 万~1.5 亿美元，即年销售收入在 500 万~3 亿美元之间。

重要的仅仅是规模吗？

在定义中型市场时，企业规模大小也是一个灰色地带，对于许多年销售收入在 400 万~800 万美元之间的中型企业，战略投资者是没有太大兴趣的。这类企业要么提不起战略投资者的胃口，要么就是太大而让个人投资者吃不下。因此，这类企业可能需要两年或两年以上的时间才能卖出去，或许永远也卖不出去，这实在是令人深思。如果它们足够幸运的话，可能会被出售给同行业中的另一位买方，但不会成为某个战略性收购计划［这里指的是真正能够符合"战略买方"（strategic buyer）的定义］的目标，换句话说，买方是被动的买方，因此它们不会支付过高的溢价。我称这些同行业的买方为机会型行业买方（opportunistic industry buyer）。这些表面上符合中型市场企业规模的企业，我只会把它们看作更大和更复杂的夫妻店升级版而已。

这类符合中型市场（企业）规模的企业，它们的经营理念和经营目的仍然是夫妻店性质；同样地，虽然有些企业的大小也就是夫妻店规模，但是根据未来盈利能力和增长性，完全应该归类为中型企业。例如，我曾参与的几笔并购交易，虽然企业的年销售收入不超过 100 万美元，但是并购价格却达到了 2 000 万美元以上。实际上，根据企业提供的"撒手锏"级的商品或服务，对其可扩展性和发展前景进行评估，就很容易把这类公司识别出来。这些企业往往处于快速成长阶段，或者至少有快速成长的潜力。通常情况下，它们属于高科技企业，对现有客户和战略买家都极具吸引力。

服务于三类市场的经纪人和投行家

可以理解的是，中型市场的投行家在决定是否接受潜在客户委托的时候，相比企业的销售收入，投行家对企业本身的市场价值更感兴趣，因为他们的顾问费用最终是由企业的出售价格决定的。那些严谨的中型市场投资银行会设立最低收费，例如20万美元，并期望潜在客户在市场上至少价值300万~400万美元，并且能够吸引到战略买方，在这些条件都满足的情况下才会答应担任对方的并购顾问。对那些价值更低的企业，投行家会把这些并购机会留给企业经纪人、咨询顾问等，有时候自由职业的会计师也会介入。

跟住宅房地产经纪人一样，企业经纪人通常会扮演技术含量相对较低的媒人，通过报纸的分类广告、网络广告、小报型的企业出售目录等推销企业客户。他们通常会收取交易价值（通常是少于100万美元）的10%作为顾问费用，并且没有最低收费。虽然有些缺乏技术含量，但企业经纪人为夫妻店提供了宝贵的出售支持。与投资银行家不同，他们通常更注重为买方提供服务，而非卖方（卖方在投资银行并购顾问的帮助下，很容易识别出战略性买方和财务性买方，这也是投资银行的价值所在）。企业经纪人往往会发展和维护一群稳定的买方（通常是个人或者类似的小型企业），并定时向他们推销新的出售企业。

最后，华尔街和区域性投资银行会专注于为大型企业提供咨询服务，以支持其并购、资产剥离、杠杆收购活动，包括首次公开发行股票（IPO）等其他活动。

本章小结

- 有各式各样的机构和组织对中型市场下定义，企业销售收入规模在250万~5亿美元是大家普遍接受的标准。
- 根据最宽泛的定义，中型企业的年销售收入在500万~10亿美元之间，保守估计，中型企业的企业价值在250万~5亿美元之间。
- 中型企业约占美国企业总数的21%，夫妻店（金融估值理论对这类生活易趣店往往不适用）约占79%，大型企业所占比例不到1%。
- 夫妻店是通过企业经纪人进行出售的，经纪人会与一些买方建立稳定的合作关系。
- 中型企业和大型企业是通过精品或大型投资银行进行交易的。
- 中型市场（企业）通常委托投资银行作为并购顾问。投行家更关心的是卖方，因为诱人的出售业务很容易在市场上找到买家。

图1-1列出了并购的全过程。

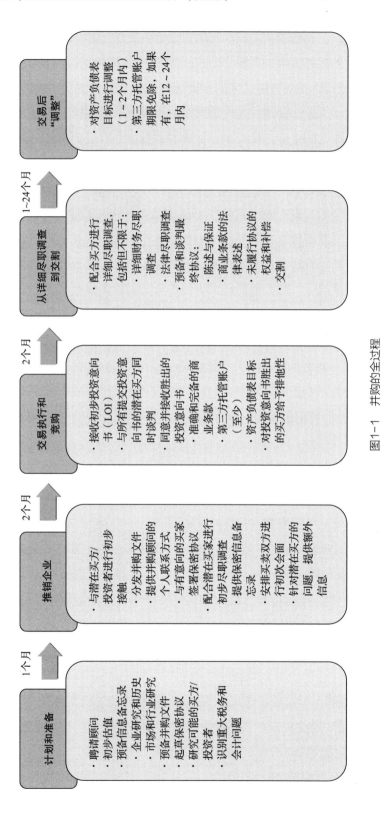

图1-1 并购的全过程

第 2 章
中型市场（企业）并购活动的驱动因素和卖方

流动性和异域风情鸡尾酒

在 21 世纪的第一个十年中，中型市场（企业）的兼并和收购活动是由几个独特因素驱动的，一些因素比较陈旧，但许多是新兴的。首先是流动性。许多有吸引力的中型企业只有 10 个或更少的股东。正因为中型企业的主要股东较少，企业在挂牌出售时，往往会出现流动性问题。例如，一位或多位股东期待着光荣退休（我称他们为"异域风情鸡尾酒的卖方"），或因为追求其他生活方式而想离开。如果他们的继承人或合伙人无法满足彼此的需求，发生在股东身上的健康问题、离婚和死亡都可能导致公司股权出售。中型企业出售部分股权比起上市公司出售部分股权要难多了。如果股权足够大，可能会导致把整家公司放在市场上出售的结果，而不只是部分股权。当然，若是股权变现是主要股东考虑的主要问题（或者只是对股份变现的渴望），那么如果没有其他选择的话——通常情况下没有，其他股东也只能选择出售。

婴儿潮

在婴儿潮时期出生的人们成了中型市场（企业）并购交易的另一驱动因素，他们在 20 世纪末和 21 世纪初发挥了重要作用。在拥有 7 800 万人口的婴儿潮一代中，到 2006 年，年纪最长的也有 60 岁了。到 2030 年，年纪最轻的婴儿潮一代也到了 66 岁（美国政府估计的最常见的退休年龄）。许多在婴儿潮时期出生的中型市场企业家，会出售他们一手缔造的企业，而这个驱动因素至少还会持续 20 年。根据 2002 年美国人口普查局提供的数据显示，年销售收入在 100 万~10

亿美元的企业共有 120 万家。总的来说，这 120 万家公司的销售总收入达到了 9.8 万亿美元，保守估计市场企业价值为 4.9 万亿美元。婴儿潮一代拥有大约 80 万家这样的企业。2011—2029 年（19 年时间），平均每年有 4.2 万家公司将被处置，而其中的 2/3 将面临出售。这些庞大的数字是空前的。

信息技术时代

现代的企业已经不是你老妈那个时期的中型企业了。自 2008 年起，技术的进步极大地改变了中型市场，与 1966 年已经完全不同。想想看，互联网开始广泛使用发生在 1995 年。当今世界，集成电路上可以容纳的晶体管数目大约每 18 个月便会增加一倍，这就是著名的"摩尔定律"（Moore's Law）。

今天，由于新兴技术的发展和全球经济的影响，许多中型企业的生命周期大幅缩短。中型企业推出的新技术和新方法经常会破坏和扭转其他中型市场——甚至是大型市场的企业，有时候还会席卷整个行业。破坏式创新带来的颠覆性犹如光速一般，迫使幸存者更加积极主动，并更加无限贴近客户和潜在客户的需求，否则就只有死路一条。中型市场的企业，若沉浸于过去的成就，变得自满傲慢，肯定会，而不是可能会，在某天清晨刚刚张开眼睛，就发现自己不过是一辆"过时的旧马车"。

破坏式创新一直是资本主义体系中不容忽视的力量。美国分别在 1808 年和 1908 年经历过两次全国范围的破坏式创新。自 2006 年起，不断加快的技术前进步伐使得创新进程达到了惊人的程度。因此，企业生命周期（或至少是正常的企业生命周期）已被一次又一次的破坏式创新完全截断了。15 年前，互联网在绝大多数的地区和国家还属于婴儿阶段。自那时以来，互联网就已经彻底颠覆了我们的世界、我们的经济，甚至美国和其他地方的每一家企业。举一个很好的例子，标准普尔（Standard & Poor's，简称 S&P）500 指数所包含的企业，在 50 年前的平均寿命为 25~35 年，而如今的平均寿命只有 12~14 年。

中型市场企业的生命周期——从创立到停止运营，或者至少被其他中型企业收购——已经从历史上的 25 年或更长时间，缩短到如今的 2~5 年，对于某些高科技或技术依赖型的企业会更短，这些主要是在过去 10 年内加速实现的。大幅缩短的企业生命周期，反过来不仅对中型市场企业的经营造成重大影响，对中型企业出售的时机、频率和执行也造成深远影响。

现在也不是你老爹那个时代的并购了

弗吉尼亚州麦克莱恩——2006年4月

我环顾大会议室四周,脑海里排练着一些简短的发言——介绍在座的各位专家,并随后与印度方进行业务和并购洽谈。我不知道这是否会被视为冒犯或者幽默,但我还是想介绍在12岁那年(那已经是53年前的事了),我对印度的了解还停留在拉迪亚德·吉卜林(Rudyard Kipling)撰写的《大英帝国》(*British Empire*)的层面。我又花了40年的时间(2000年)才逐渐意识到印度已经改变了很多。我的天啊,我实在不敢想象,从商务层面来看,过去的10年世界变得多么小。

根据一份并购报告,早在20世纪90年代初,已宣布的并购交易中约有25%~33%属于跨境交易,诚然大部分是发生在美国企业和西欧国家的企业之间。然而,随着苏联解体,越来越多的并购交易涉及了东欧企业。一项研究表明,在以欧洲中型企业为目标的并购交易中,大约75%的并购目标是由美国企业收购的。

再有就是中国。我只能想象,当中国成为世界主要的金融强国时,世界会是什么样子。据预测,在10年内,中国将成为世界上最大的讲英语的国家。

我们还必须考虑其他的发展中国家和发达国家:环太平洋地区、墨西哥和加拿大(后NAFTA^①)、以色列和中东地区等。我很想花一章的篇幅来讨论这些问题,很可惜这不在本书范围之内。我只想说,现在也不是你老爹那个时代的并购了。"一个世界"的现象无处不在,尤其是在中型市场并购交易中。优秀的中型市场并购机构或者在全球各地均设有办公室或办事处,或者是国际并购联盟组织的成员公司,在很大程度上依赖全球策略为它们的美国客户提供服务。最后说明一点,我一直饶有兴致地在观察,哪些中型市场并购活动会对在历史上彼此孤立或者地理政治差异极大的国家起到桥梁作用。历史上,当人们可以展开公平贸易的时候,彼此的关系就会少些对立。

㊀ 北美自由贸易协定(NAFTA),由美、加、墨三方于1992年签订,现在美、加、墨三国之间的产品和服务销售,实行70%的关税互免。

驱动交易的玻璃天花板

在中型市场中，如同其他很多的增长路径，也存在一个玻璃天花板[1]——中型企业的自有资源无法继续为企业提供增长空间。资源的缺乏可能涉及领导才能、经验、资金，或者缺乏市场入口、销售渠道等其他因素。总之，成功的中型企业通常需要突破企业所有者/创始人或者资本资源的限制。玻璃天花板通常出现在中型企业的年销售收入达到 1 000 万~2 000 万美元的时候。许多中型企业的企业家发现，突破天花板的最好办法就是找到合适的资源进行合并，或者出售给更大的公司——这意味着放弃很大一部分企业所有权，即使不是放弃全部。

大鱼和小鱼

商业环境肯定算得上是一种生态系统。在所有的生态系统中，为了生存，大鱼要吃掉小鱼。并购本身并不新鲜，但随着企业生命周期的缩短，企业并购变得更为频繁。优胜劣汰并不只是生物在达尔文进化论下的生存法则，它同样适用于企业，特别是在中型市场，毕竟，这里是大型市场的摇篮。

本章小结

➢ 中型企业出售的主要驱动因素包括：
- ◆ 流动性需求或退休。
- ◆ 婴儿潮一代进入退休年龄。
- ◆ 信息技术时代带来了企业生命周期的缩短。
- ◆ 全球经济扩张成为一个世界经济体。
- ◆ 中型企业的玻璃天花板。
- ◆ 企业食物链。

---

[1] 玻璃天花板（glass ceiling）是指在公司企业和机关团体中，限制某些人口群体（女性、少数族裔）晋升到高级经理及决策层的障碍。正如玻璃一样，这个障碍虽然不是明文规定，却是实实在在存在着的。——译者注

第 3 章
在中型市场寻找和了解买方

华盛顿——1962 年

我和我的妻子离开结算律师的办公室时，既兴奋又疲惫。结算律师可能已经不能用疲惫来形容了，实际上，他多少有点被激怒了。我们在二十几岁的时候，购买了属于自己的第一套房子，那股紧张和兴奋劲儿就好像在攀登珠穆朗玛峰，在最容易滑倒之处艰难行走，而偏偏风暴来袭。毕竟，那时候 1.4 万美元对我们来说是很多很多的钱。交割文件包里包括了一张结算表、一份地契，还有两三份其他文书。我们仔细审查文件，还跟结算律师进行了整整两个钟头的问答。

谨小慎微的钱

今天的时代跟过去完全不同。在过去的 15 年中，任何购买或者按揭过一套房子的人都知道，买房需要填写厚厚的一叠文件。大约在 2005 年，我在最近一次购房经历中，发现房屋购置费用比我想象得还要多，光是屋顶的购买价格就跟中等规模的彩票中奖税后收益相差无几。但是，在 2005 年买房的时候，我几乎看都没有看，就签署了所有的购买文件，最多就是瞟了一眼结算表最后的总价，并在 25 分钟内就匆匆离开了结算律师的办公室。这些钱常常被称为"好哥们儿"的"有经验"的钱。

虽然谨小慎微的钱偶尔会在规模较小的中型市场并购交易中起到关键作用，但它在整体交易舞台中发挥作用的余地有限。不过，我认为让大家了解那些手揣谨小慎微的钱的企业买方是很有必要的，因为所有的并购从业者和大部分规模较小的中型市场卖方（交易价值低于 500 万美元~700 万美元）可能都会遇上他们。谨小慎微的钱往往非常敏感，即使有充分的理由完成交割，对箭在弦上的中型市场并购交易也会慎之又慎。在中型市场并购交易中，要识别并远离谨小慎微的钱，或者，最起码不要指望谨小慎微的钱会参与到交易之中。我将在随后的中型市场买方类型中进行详细介绍。

了解买方和投资者的类型

本章将重点放在如何识别买方上。一类买方是直接或间接与卖方所在的行业相关；另一类买方是在其他行业经营，但由于自身的战略收购计划，对卖方产生很大兴趣。在并购交易中，卖方可能会碰到上述两类买方以及其他类型的买方，而不同类型的买方会提出非常不同的报价方案和交易条款。

我们可以将积极的中型市场（企业）买方按照不同特点划分成个性鲜明的几类。这样做也可以更好地了解他们是谁，以便进一步分析他们的行动计划。正如公元前6世纪的中国军事家孙子所云，知己知彼方能百战不殆。

整合并购发起者

在20世纪90年代后期，整合并购发起者（consolidator 或者 roll-up promoter）尤为活跃，他们是中型企业老板的梦想（也是投资银行家的梦想）。直到现在，他们仍然会时不时地冒出来，未来也会继续这样。相信他们，抓紧他们吧！整合并购发起者作为买方，是卖方梦寐以求的，因为他们正在用实际行动把行业"滚动起来"。比起其他买方，整合并购发起者往往愿意支付更高的溢价。

整合并购发起者支付的溢价反映了一个事实——这些喧喧嚷嚷的整合运动主要是冲着企业上市（IPO）而来的。买方期待的套利——在二级交易市场卖出的股票价格与从一级中型市场购入的企业价格之差——往往高得惊人，很多时候，甚至是个天文数字。但是，不管怎么说，中型市场卖方会非常乐意与之交易。

因此，如果中型私有企业卖方发了大财，而整合并购发起者更是赚得盆满钵满，这简直是皆大欢喜，不是吗？嗯，不太对，因为几乎所有的整合并购最终都成了社会公众股东难以忘却的梦魇。

下面给大家介绍一下整合并购的游戏玩法。整合并购发起者偶然地发现了一个高度分散的行业，收购了几十家公司后，整合成一家大型公司，然后公开发行股票，在二级市场向公众出售股票。通过把几十家公司整合捆绑上市，整合并购发起者会在收购成本上实现大幅溢价（套利）。溢价的理论依据包括规模经济和其他通过把一群中小型企业打包捆绑产生的协同效应。即便如此,这些经济体的规模经济和协同效应在尚未实现的时候,或者还属于纸上谈兵的时候,整合并购发起者就已经启动了IPO。他们就像蝗虫一样,向中型企业和夫妻店密集的行业发动突然袭击,包括殡仪馆、垃圾运输车、救护车服务、供暖和空调服务公司(HVAC)、办公用品商店等行业。即使你随便提出一个高度分散的行业,都有人可能在20世纪90年代末就已经整合过一遍了。

整合并购存在内生性问题,主要有以下几个原因。第一,在大多数情况下,整合并购是由整合并购发起者——缺乏企业实际运营经验的MBA和金融工程师们驱动的。这些发起者很早就意识到,乐观情况下潜在的利润是惊人的,一旦他们通过上市退出,就可以赚得巨额收益,而且不用等到承诺的规模效应或协同作用实现的那一天。这并不是说,他们在任何情况下对投资者都是虚与委蛇的,实际上这些整合并购发起者也可能是真的很傻很天真。

第二,认为把林林总总的中型企业(或夫妻店)进行简单加总就能带来显著的规模效应,这样的想法是错误的。把小公司像集邮一样收集在一起,不代表就能够诞生一家大公司,尤其针对中型市场的企业,只等收购文件的墨迹一干,收购方就必须管理和领导一群高度独立的企业家,实在是相当困难。事实上,对中型市场的企业进行整合收购就好像是把分散在整片大陆上的离散点联系起来,但是这些视彼此皆为外族的居家创业者或高级管理团队是很难聚合在一起的。这就跟在驯服一群猫似的,但猫通常是无法驯服的。正如我刚才所说,整合并购企业的公众股东/投资者通常是在股票价格高点买入的。整合并购一来,忽悠了不知内情的公众股东,不久后企业开始崩盘(或严重萎缩),在20世纪90年代末,这种买方惯用的伎俩就几乎销声匿迹了。

整合并购会卷土重来吗?你可以打赌试试。实际上,整合并购者并没有完全消失。痛苦的记忆会逐渐模糊,新一代的MBA、金融工程师以及其他神童会再次登上历史舞台,最有可能是给整合并购带来一些变化。某个地方总会再次出现淘金热(最近的可再生能源,特别是生物燃料——乙醇、生物柴油)。当整合并购回归时,无论以何种形式,未来的社会公众股东一定要牢牢记住20世纪90年代的教训以及来自P. T. 巴纳姆(P. T. Barnum)的经典名言:"分分秒秒都有傻瓜出现"。退一步讲,如果整合并购真正回归了,那些中型市场的企业家若是幸运地发现自己恰恰属于某个正被整合的行业,一定要认真把握这个提升企业价值的千载难逢的机会。一条建议：卖方必须坚持收现金，而不是股票。

行业战略性买方

乍看起来，行业战略性买方可能与整合并购发起者很相似。行业战略性买方和整合并购发起者最明显的区别在于，前者往往是大型企业或规模较大的上市公司，在企业经营者的领导和管理下发动产业整合的。虽然行业战略性买方是出于追求规模经济的动机才进入新市场的，在收购过程中也能实现其他协同效应，但是行业战略性买方并不认为，把数家中型企业捆绑起来就能保证成功。

与整合并购发起者不同，行业战略性买方已经将足够数量的大中型企业纳入麾下并形成收购平台。他们追求（或至少尝试追求）的是对现有企业具有互补效应的目标企业。总之，行业战略性买方往往是充满干劲的优质买方，是中型市场卖方最期待的买方。

财务性买方和私募股权机构

在20世纪90年代或更早，财务性买方一词通常被认为是贬义词。一位做房地产投资的熟人曾经向我吹嘘，他们在花钱的时候就已经开始赚钱了。换句话说，他们总是试图购买便宜的资产。虽然在技术上是财务性买方，但今天的私募股权机构（private equity group，简称PEG）是并购市场中的重要角色，参与了约25%~33%的中型市场并购交易。私募股权机构积极参与企业生命周期各个阶段的投资，从创业企业（风险资本）到中后期的成熟企业。

从资金募集的角度讲，"私募股权机构"这个词并不太恰当，因为私募股权基金的大部分投资者是大学捐赠基金、大型退休基金和保险公司的投资组合等，尽管最近一些私募股权机构通过公开出售股票来募集资金。这些投资者（大学捐赠基金、养老基金等类似的投资者）往往把私募股权投资作为其另类资产投资计划中的一部分——与占总资产规模95%的其他资产投资（包括较为保守的股票和债券类型等）完全不同，私募股权投资实行独立管理。这些投资者往往拨出5%（出于贪婪，近年来比例越来越高）的资产投资于另类资产，希望能够实现偶尔的本垒打或者至少是二垒打。

在美国正在运作的私募股权机构有近8 000家。通常情况下，私募股权基金的结构设计——把所有收益分为80%（属于投资者⊖）和20%（属于管理层⊖，称为"收益分成"）两部分，并确保投资者得到事先约定的投资回报并优先退出。私募股权基金的管理费通常为所管理资产的1.5%~2.5%，用于支付管理团队薪金、专业服务费用及其他开支。私募股权机构的激励是基金在实现基准财务回报后，剩下20%的收益分成。

私募股权投资是按照有限合伙企业或有限责任公司的法定形式，按照事先规定的8~10年期限⊜进行运作。基金运作总会有面临结算的一天，按照结算当日的利润和亏损进行分配。因此，从实际角度出发，基金的平均投资时间——从购买企业股权到现金退出的周期——应该是4~7年。这样的时间跨度反映了一个事实，基金把所有钱投出去是需要一定时间的，而在存续期后期也需要时间来完成退出。⑳

私募股权基金的最小募集额通常在1.5亿~2.5亿美元之间。规模较小的基金通常面临资源不足的问题，因为其团队必须进行专业化分工并且保持长时间工作。每年2%的管理费足够支付较小规模基金的日常管理费用了。

1. 风险投资基金

为了区别不同类型、不同投资风格的私募股权机构，我把专注于早期投资阶段的投资者称为风险投资基金（风险投资，VC）。20世纪90年代，大部分私募股权机构都属于风险投资基金。在早期阶段的风险投资基金中，最突出的一批投资者领导了1997—2000年的互联网狂潮。他们向成千上万的初创型企业进行投资。从历史上看，互联网产业经历了泡沫破裂直至投资崩盘（类似于整合并购发起者，只是更为惨烈）。到2008年，那些数量激增并且被金钱冲昏头脑的"新型高科技企业"（通常运营执行极差）在泡沫破灭后留下的残骸已经被彻底清理了。在许多风险投资基金的运营团队里（但绝不是全部），30余岁、缺乏企业实

⊖ 即通常所指的有限合伙人，LP。——译者注
⊖ 即通常所指的普通合伙人，GP。——译者注
⊜ 指私募股权基金的存续期。关于私募股权的更多详细内容，可参看本系列的另一本书《私募帝国》（机械工业出版社出版）。——译者注
⑳ 如果私募股权基金在存续期内尚未完成所有投资的退出，若征得原有投资者的同意，通常情况下，余下的投资组合可能会被转移到另一只新的基金。

际运营经验的 MBA 们比比皆是。他们的谈资充斥着商业模式等商学院教授提出的专用术语，一边吹牛皮，一边画饼，终于也走到了泡沫破裂的一天。当然，这些 30 多岁的零运营、零实战经验的 MBA 们把数百亿美元砸进了 20 岁出头的青年创业者手中。由于缺乏商业概念或行动方案，热血的年轻人推出的不过是纸糊式的"自杀型企业"。似曾相识的互联网泡沫又一次席卷而来——在繁荣或者人造繁荣过后，许多企业面临倒闭，就像昙花一现，一个新的商业周期在人类商业史上重演。

风险投资者并没有离场，他们还在这里，比起先辈们更具智慧。其实，他们中的许多人，在 2000 年崩盘后，从早期阶段的企业投资转到了后期或更成熟阶段的企业投资。这些转型带来两种投资偏好：倾向于购买整家企业的投资类型；倾向于购买多数或少数股东权益，但企业仍由原所有者管理运作的投资类型。为了方便讨论，对于投资风格不同的两类私募股权基金，我分别称为投资组合基金和企业重组基金。

不同于专注后期投资的私募股权基金，从真正的早期风险投资基金融来的资金只能用于企业增长。风险投资基金通常不允许企业创始人或其他早期投资者把现金用于别处。

2. 专注后期投资的私募股权机构（投资组合基金和企业重组基金）

近年来，专注后期投资的私募股权机构的数量大大增加，它们倾向于投资相对成熟（已过创业阶段）的企业，是当今中型并购市场中的主要买方。在 2006 年下半年，专注后期投资的私募股权机构募集到了创纪录的 3 600 亿美元资金（据了解，大部分资金到 2008 年中期还未投出，而其中的 2/3 属于北美基金）。

尽管所投资的企业比初创型公司要成熟许多，为了募集资金，专注后期投资的私募股权机构仍然需要为投资者勾勒出显著的增长前景。通常情况下，私募股权基金所投资的企业价值若能达到 35% 的年复合增长率（投资价值几乎每两年就要翻一倍），则被视为真正的成功。正如我已经说过的，后期的私募股权基金主要包括投资组合基金和企业重组基金两类，主要区别在于不同的投资偏好。

投资组合基金通常会买下整家公司，而企业重组基金倾向于让企业出售方保留约 20%~40% 的少数股权。然而，有时候，企业重组基金允许卖方仍保留在其投资公司的控股股权。企业重组基金的投资本质是让卖方从桌上拿回部分现金，并抓住第二次"价值探底"的投资机会，在企业将来 IPO 或其他出售方式（并购）中实现现金退出。企业重组交易的关键是，私募股权基金能够提供充足的资金用于企业扩张和成长，并借助其提供的行业关系（聪明的钱）来协助达成目标。

企业重组基金和投资组合基金通常把企业的高级管理团队当作极具重要投资价值的要素。添加各类"附加件""插件"或"螺栓件"并吸收到公司平台，进行经营和管理，以提升被收购企业的经营管理水平。大部分投后管理工作是通过现有的高级管理层来实现的。这两种类型的私募股权投资者有很多相似之处——目前，在大多数情况下，他们会与战略投资者在并购交易的竞拍环节上展开激烈的竞争。

3. 对冲基金

对冲基金是富豪聚集的并购市场中新晋的买方。根据财务定义，对冲是通过创造金融衍生物或者反向资产（证券、现金或其他工具）来管理或分散投资风险的。最初的对冲基金成立于四五十年前，力求在谨慎管理和最小化风险的同时，获得卓越的投资回报。在过去的十几年中，对冲基金发生了根本性变化。最近，对冲基金已经进入中型市场，表现出的特征类似于私募股权基金。与私募股权基金不同的是，对冲基金往往会对非常不同的资产进行补补贴贴式的疯狂组合，只是它们现在把贪婪的双手伸向了中型企业。截至2006年年底，正在运作的对冲基金约有13 000只。

4. 与私募股权机构合作时，要重点注意的交易结构和调查

私募股权基金在自有资金的基础上，大量使用财务杠杆（杠杆收购，leverage buy-outs，简称LBOs）进行投资。因此，卖方若继续保留被出售企业的部分股权就需要认真考虑这个因素。企业在被杠杆收购后，可能会承担大量的第三方债务。这种杠杆收购的手法在早期阶段的风险投资中并不常见。杠杆收购会在被投资公司的资产负债表中体现出来，当然，卖方若是售出企业100%的权益就无须担心任何后果。否则，只要卖方还保留部分权益，在大部分情况下，卖方就需要审慎对待杠杆收购。

背后的原因是什么？若企业面临清算，卖方所持有的权益对企业资产的求偿权顺序是排在其他所有证券之后的。债权人——无论是高级、夹层（次级）、现金流或者资产担保形式——都能够在企业出现经营问题时优先求偿。私募股权投

资者可能会发现自己与企业出售方坐在同一条船上，至少在一定程度上——权益资本存在风险，但是私募股权投资者持有的权益资本通常拥有企业的优先清算权。

此外，私募股权基金对任何买入企业的投资仅占其整体投资组合的一小部分（其中，在大多数情况下，主要还是"别人的钱"）。而卖方保留在被出售公司的权益很可能是个人财富的重要部分。

这些私募股权投资者通常偏好以优先股的形式进行投资——拥有优先分配股利、优先退出、优先赎回和优先清算权⊖。此外，即使私募股权基金处于少数股东的地位，它也会通过公司治理、股东协议等方式，或多或少地对企业经营拥有一定话语权。在与私募股权基金谈判交易条款的时候，经验丰富的投资银行家和交易律师的意见尤为重要，因为无论是面对私募股权基金 A 还是私募股权基金 B，无论是西海岸还是东海岸，条款清单的具体演变和细则并不会相差太大，专业人士的经验之谈需要重视。

最后，卖方也需要对潜在的企业重组基金进行相应的尽职调查，以判断其对卖方未来财务所产生的影响。这位投资者带来的是聪明的钱吗？基金规模有多大？是何时成立的？何时可能面临清算？并购交易后，将由谁负责投后管理？其他的早期投资者是如何评价这只基金及其管理团队的？

个人投资者和谨小慎微的钱

从中型市场的角度来看，个人投资者是很不寻常的，无论是交易频率还是交易规模。在大多数情况下，完成规模很小的一笔中型市场并购交易（交易价值低于 500 万~700 万美元），至少被出售企业价值的一半需要潜在买方用现金支付。相对来说，很少有人能够有实力或者说有胃口支付 250 万~350 万美元的现金来购买中型企业。即使那些拥有 250 万美元的富人，也会发现自己在心理上会回避将所有的个人财富用于购买一家企业。有时候，某个人看起来似乎愿意，并且能

⊖ 优先清算权是条款清单中一个非常重要的条款，决定了公司在清算后蛋糕如何分配，即在发生被投资公司清算的情况，偿付债务后的清算财产，优先由投资人分配（投资金额加上一定的回报），分配后的余额由投资人和其他股东根据股份比例再次分配。条款清单的所有重要条款可参阅《风险投资交易》一书（机械工业出版社出版）。——译者注

够进行交易，因为他有足够的个人财富或者财富资源池（补充融资渠道）来与其他参与者同台竞争。即便如此，这样的个人（有时候是规模较小的中型市场企业）就算拥有资源参与竞争，也很少有收购的战略动机。战略动机意味着，买方的现有业务足以保证附加型或互补式收购的成功落实，因此，并购之路上尚需更多的资金。

行业非战略性买方：趁低吸纳

由行业非战略性买方提出的问题和挑战，乍看之下似乎有违直觉。不要想当然地认为，因为买方与卖方处于同一行业，他就应该支付合理的价格。除非行业选手已经清醒地设定了正式的计划来收购其他竞争对手，否则他并不会成为很好的买方。我称这类买方为行业非战略性买方。

假设加州旧金山有一家规模较大的中型印刷企业准备出售，年销售收入约为5 000万美元，企业价值约为1 500万美元。一位经验不足的中型企业投行家可能会建议将企业出售给200英里半径区域内的另一家大型竞争对手。于是，萨克拉门托、圣马特奥、硅谷等地浮现在脑海中。但是，这200英里半径范围内可能没有积极的战略买方。这些区域性的行业非战略性买方确实存在忸怩作态、冷嘲热讽的问题：他们可以考虑收购，但只愿意出非常低的谷底价格。这些趁低吸纳的买方利用卖方暂时找不到潜在战略买方的弱点，从中赚取巨额价差。这类趁低吸纳的买方并不是好买家，应该不惜一切代价避免。不幸的是，在企业所有者由于某些困境而不得不出售企业的时候，这些缺乏积极性的买方往往是唯一可能的买家。

管理层收购（好的、坏的、丑陋的）

管理层收购给中型市场并购交易带来了机遇，也带来了两大问题。第一个问题，融资可能很难获得，除非卖方（中型企业所有者）愿意将收购价格中承兑债务（promissory debt，seller take-back）的主要部分给管理层买方进行展期。通常情况下，管理层买方的自主出资必须占企业投资价值的至少20%~33%，并且管理层买方只有提供很好的资产抵押品，债务借贷人才愿意补齐剩余部分的资金来完成交易。

管理层（以及卖方）采取的另一种方法是借助私募股权基金中的企业重组基金（本章前半部分有提及）。在这种情况下，管理层会采取搭便车的方式，私募股权基金是企业真正的所有者，而管理层在最初阶段仅占10%的股份，如果一切顺利的话，也许可以通过股权激励获得另外10%的股份。当然，这些私募股权投资人首先要确认管理层团队确实拥有带领企业继续成长的必备能力。

只有优秀的企业才能吸引外部投资人的目光，但是这一点有时会引起中型市场管理层收购的第二个问题。这第二个问题，从卖方的角度来看，是管理层（实际控制人应该是管理层，而不是私募股权基金）希望按通常谈判的方式来得到购买价格，但在缺少精心准备的竞拍环节情况下给企业定价不可能找出反映实际市场价值的企业投资价值，尤其是在缺少多位潜在买方参与竞拍的情况下。当然，对卖方企业的估值方法多种多样，但是无论哪种估值都是建立在假设基础之上的，几乎不可能真正反映企业实际的投资价值，而这个投资价值可能由众多竞争性投标者给出。

因此，假设融资渠道不是问题，管理层收购交易要如何进行？有些卖方可能会比较仁慈，由于管理层帮助他们建立企业，他们也愿意以低于真实企业价值的价格出让给管理层，作为对管理团队的嘉奖。有时，卖方的资产也可以以这种方式低价处理给管理团队，特别是卖方希望一方面能够快速出让，另一方面保持企业持续经营，那么出让给管理层就是最佳的选择方式。

当私募股权机构或者战略买方对拟出售企业不感兴趣的时候，管理层收购就可能是这类企业一条真正的出路。卖方可以把管理层团队当作是最好的、有时候甚至是唯一的潜在买方。

管理层收购和上市公司资产剥离　　当上市公司决定剥离某业务部门或者其他不想要的资产时，管理层收购是经常使用的招数。上市公司不选择启动竞拍环节，而是选择将资产出售给管理团队。另外，管理层带领公司上市之后，企业出现业绩萎靡的情况也时有发生，管理层可以选择回购（私有化）。

一方面，当一组选定的内幕人士得到了一个非同寻常的机会——成为企业的所有者，管理层收购公司的一些部门或整个公司可能会被贴上任人唯亲的标签。另一方面，在不讲情面的企业环境中，管理人员不会比其他潜在买方获得更多的照顾，还必须在拍卖环节参与竞争，而且由于公司政治，有时会给管理层较外部买方更为苛刻的条件。在这些情况下，管理层会夹在被出售部门或子公司的母公司的受信责任（即为母公司争取最大的出售价格）和为自己获取更好的谈判条款的自利意愿之间。想来想去，完成这笔交易都不是容易的事情。最近，我们接手了一项交易并为管理团队提供融资支持,即使他们提出了最好的报价方案,但是最后管理团队并没有拿下收购交易。失败的原因是母公司认为客户能够从较大的外部买方手中获得最好的服务。公司政治……谁知道呢?当然,如果管理团队足够强大,他们可能会有一些谈判筹码——"如果这项业务卖给了别人,我们有必要寻找其他工作。"但是,这张危险的纸牌出牌时,需要格外巧妙和谨慎。

私有企业中不参与管理的企业所有者和管理层收购 当然,我会在下一章继续深入介绍这方面的内容。在经典的管理层收购情景下,某私有中型企业里,明里暗里可能存在两股对立势力,即被动(或不参与管理)的企业所有者与雄心勃勃且积极主动的管理团队。管理团队帮助企业取得今日的成就,但对所获得的回报并不满意。

积极进取的管理团队和被动(或不参与管理)的企业所有者之间的紧张关系往往促使管理层收购,因为在某些情况下,管理层团队对卖方与外部买方完成并购交易有着重要影响。这种由管理层团队带来的影响可以从向被动(或不参与管理)的所有者微妙地暗示缺乏合作意愿,到极端情况下彻头彻尾地勒索,特别是在企业所有者没有参与企业经营管理的情况下。卖方若是能够预见这样的问题,就可以提前采取预防措施。在随后的第 5 章中,我将继续讨论。

员工持股计划 员工持股计划(employee stock ownership plans,简称ESOPs)创建于平等主义兴起的 20 世纪 60 年代,当时社会学家指出,企业员工如果拥有公司的股份,就会更加努力地工作。但我要告诉你,根据本人 40 余年的中型企业咨询的经验,在企业经营和管理的前线,几乎没有人相信,也没有任何人看到这套理论得到了证实。我把这套理论称为"员工持股计划童话"。根据二八法则,公司内 20% 的员工为其创造了 80% 的成功。

这就是说,员工持股计划作为员工收购的融资方式可能是非常有用的,但在应用中需要非常小心。员工持股计划基本上成了中型企业卖方把企业出售给员工的有效途径,采取信托方式,将全部或部分来自企业的利润资金通过可抵税的退休和养老金计划(税务合格的退休金计划)作为收购资金。然后,卖方通过由信托获取的资金卖出企业。企业所有者有效地让员工通过企业利润收购企业,实际上这部分资金是未来属于企业所有者自己的钱。然而,这套解决方案仍然可以发挥作用,并在合适的情况下达到目的。

这种方式有两个重要影响因素。首先,企业所有者(被收购企业)通过把钱给员工而获得税收抵扣（通过信托）来完成收购交易。当边际税级接近 40% 或者更高的时候，在交易融资中可以产生很大变数。其次，利用杠杆可以帮助交易达成。银行和专业贷款人借钱给员工持股计划，直接支付给卖方，卖方也就无须再等待收款。符合税收抵扣政策的退休计划在随后的企业经营中，用实现的盈利来偿还贷款。

员工持股计划会带来一些问题。在任何管理团队或雇员收购企业时，确定被出售企业的价值都是非常困难的。企业估值必须由专业的评估师操刀。员工持股计划受美国国税局和劳工部严格监管。估值专家对企业的评估严格基于企业财务表现（投资价值是由数位潜在买方在竞拍环节中竞价而得）。一方面，国税局和劳工部会严格审查；另一方面，卖方极不可能通过员工持股计划收购来最大限度地提高企业价值。还有另一个问题：财务杠杆（收购价格的一部分需要职工持股计划信托通过贷款进行融资）可以撬动的资金是有限的，仅约为企业价值的三分之一。同时，若企业面临清算，卖方不应该忘记，这仍是他自己的企业，抵押贷款或多或少都要算到他的头上，直到企业完全偿付。

总而言之，员工持股计划有存在的理由。对于绝大多数的中型企业卖方，在没有其他选择的情况下，员工持股计划是有意义的。在特定情况下，员工持股计划是并购专家的有效工具。

境外买方

中型市场卖方和他们的投资银行家不应该把买方搜索范围限制在美国，因为国际买家（大部分来自西欧，也有来自其他国家的，例如印度）在美国中型并购市场中所扮演的角色越来越重要。当我完成这本书的时候，美元价格正在下降。当时，英国和西欧国家对收购美国企业尤其有兴趣。相对缺乏经验的并购顾问在面对并购项目时，并没有发现卖方在试图放弃出售企业，是因为忽略了一个很大的潜在买方市场。

寻找潜在买方

目前，每家相当规模的中型并购市场投资银行都利用非凡的、非常昂贵的研究工具，帮助客户企业识别和寻找合适的潜在买方或投资者。投资银行的研究人员在首次接触潜在买方前，早早就展开了必要的数据库建设和相关的研究工作。

研究数据库和相关工具让他们不仅能够代表卖家对所有潜在投资者的类别和特质进行充分探究,也能尽可能地使用个人的创新能力来打破常规思考。这对于卖方尤为重要,他们的投资银行家并不会把卖方已知的潜在买方简单地添加至候选名单之列。中型市场的投资银行家能够也应该有工具以及动力从更宽广的角度来寻找潜在买方,特别是那些第一眼不能识别出来的潜在买家。接下来介绍一系列更有效地寻找潜在买方的方法,我称之为同行伙伴(silo mates)、隧道(tunnels)、梯子和供应链(ladders and supply chains)、地图买家(mapping buyers)和客户端(clients)。

同行伙伴

同行伙伴是指在卖方企业所在的行业中,搜索有收购意向的规模较大的企业或者上市公司。同行伙伴搜索不需要太费工夫,也不需要太多想象力。不过,同行伙伴搜索往往不能找到最佳的潜在买家。即便如此,事实上大部分情况下,同一行业的企业占了潜在买方的近25%(其余为私募股权机构、国际企业以及视线外的买方)。不过,即便是在搜寻同一行业企业的过程中,也应该仔细、谨慎,尤其是那些潜在协同效应较大的同行业企业。同一行业的企业不会自动自发地实现协同效应,因为它不过是放大版的卖方企业。投行家最好建议中型市场企业卖方在同行业内进行大量的信息搜索,以寻找同一行业的企业,并期待最好的结果。同一行业的企业是不容易被说服的,因此,如果前期的大量研究显示并购交易存在强大的潜在协同效应,卖方或他的投资银行家在初次接触同一行业的企业时,就应该做好充分的研究工作以备对方提问。在初次见面时,了解那些潜在的协同效应就像是考试准备了小抄,因为同一行业的企业若是对卖方企业产生兴趣,接下来与之大侃特侃潜在协同效应就会进一步吊足对方的胃口。

隧道

隧道指的是没有直接涉及客户企业的业务或者产业链,但是却能够从收购客户企业中获益的潜在买方。通过隧道,你能找到业务相邻的同行伙伴,这些行业里面的某些企业愿意花时间了解潜在卖方。例如,卖电脑打印机的企业可能会因为卖打印纸而获益。顺着隧道直达相邻企业,常常被证明是走向成功并购的另一种路径,投行家应该凭着良心为客户企业审慎寻找这类潜在买方。批发商和零售商产品目录(当然,也需要借助研究数据库)是分析师识别相关企业的重要信息来源。

有一个案例：我们的一位客户处于摩托车相关行业，正在寻找除了那些浮于水面的"同类型大公司"之外的潜在买家。我们的解决方案是通过产品目录，研究了相关行业的批发商，找出了几十家潜在的隧道型潜在买方，结果让客户非常满意。回到打印机和打印纸的例子，我们可以很容易地从几大箱文具商名录中寻找出潜在买方。针对打印机业务，其他潜在买方还可能包括打印机支架制造商、打印机墨盒制造商、网线制造商等。

我曾参与了一笔并购交易——一家纸业公司购买了一家大型直邮公司。只要了解到直邮公司巨大的纸张消耗，就能理解背后的收购动机。这种方法听起来可能很简单，它对中型企业卖方也非常有效。要记住，简单的想法往往能够带来最好的结果。

梯子和供应链

梯子和供应链（上下游）提供了另一条寻找潜在买方的基本方式。以某制造小型器具的中型企业卖方为例，他的投资银行家需要站在客户所在的产业链环节"左右两头看"，以寻找：①生产小型器具所需的基础材料的制造企业或者原材料开采者；②销售小型器具的零售商。

地图买家

最后还有重要的一点，对那些通过收购企业开拓新兴市场的潜在买方进行地图式搜索。这种方法可能会在一定程度上与其他方法产生重叠。卖方和他们的投资银行家尤其不能忘记地图搜索海外买家，就是那些我们已经说过的，在美国中型并购市场中占有相当数量的海外买家。

客户端

据估计，中型企业卖方确定的最终买方中，至少三分之一是来自于他们分享给投资银行的潜在买方。当询问卖方心仪什么样的买方时，缺乏经验的中型市场投资银行家往往会选择沉默。但是，一旦接手并购顾问业务，这应该是中型市场投行家向客户提出的第一个问题。太多的投资银行家把"媒人"这个活儿神化了，认为自己对物色潜在买方要全权负责。有些投行家可能会害怕向客户提出这个问题，并且认为这样做会让卖方怀疑自己的能力或者会降低支付给自己的顾问费用。那些没有经验的投行家由于不愿意要求卖方提供潜在买方名单，而错过了合作关系中这关键的一点：卖方和他的投行家需要协作，才能最大限度地提升卖方企业的投资价值。卖方可以分享自己高度专业的行业知识，而投行家则可以贡献对竞拍环节的深刻认识和相关技巧，当然也包括强大的买方数据库。

新泽西州泽西市——2003 年 6 月

哇！科尔比和我走进一家财富 500 强企业宽敞的会议室，与并购团队商谈他们的并购目标。会议室布置成课堂的形式，至少有 50 把椅子，其中的 45 把已经被占用了（稍后才知道还有五位迟到了）。大人物 COO[⊖] 决定开拓政府承包业务，对应的并购口号是"走起，买公司去！"作为刚刚被聘请的买方顾问，这是我们与客户对各种可能性和参数进行的首次探讨。据对方介绍，拟收购企业已经被分为 12 个大类。本来，我们已经被会议的高规格、大规模惊得目瞪口呆了，当我们被告知还有另外 20 个人是通过视频形式参与会议的时候，更觉得大开眼界。不久，整场会议开始变得漫无目的，因为每个人都希望表达自己的观点。即使从我们的角度，也发现这家大型企业内部的政治斗争非常明显。

备受压抑的我想起了弗雷德·艾伦（Fred Allen）的一句名言，感到稍许安慰，大意是这样的："会议就是召集一帮重要人物，这些人单独来看是一事无成，汇聚一起后做出的共同决定则是无事可成。"另一位幽默作家戴夫·巴里（Dave Barry）还提到："开会是让人上瘾且高度放纵自我的活动，是大型企业和组织的习惯性活动，因为这是他们唯一自娱自乐的手段。"其实，我很喜欢这些客户。问题不在这些人，而在于恣意妄为的组织性行为。

最理想的买方谈判对象

在确定一位潜在买方后，首次接触要如何操作呢？许多中型市场买方是规模较大的上市公司，有着高度官僚化或者权力分散的特点。虽然大型上市公司有内部并购人员或者企业发展人员，但是不同上市公司的相关团队是完全不一样的。有些并购人员或企业发展人员表现得就像上市公司精打细算的会计师一样，他们为潜在收购目标建立估值模型，并希望能够据此执行（甚至可能在面对卖方时也坚持己见）。其他成员可能包括能够察觉潜在投资价值的、具备创造性思维的企

⊖ COO，chief operating officer，即首席运营官。——译者注

业发展人员。大多数团队都混合了精打细算的会计师和具备创造性思维的企业发展人员。不过，待出售中型企业的所有者或企业家倾向于直接与上市公司的并购团队或企业发展团队接触，这往往是一个错误的决定。

根据我的经验，接触上市公司的最好方式始终是直接与有足够权力和影响力来考虑并购机会的业务部门总监或者执行高管接触。显然，理想的候选人是将从收购交易中获益最大的部门高管㊀。因为许多（如果不是所有）上市公司的内部并购团队或企业发展团队的日常工作是鼓捣数字游戏，并不直接负责企业资产的运营管理；他们对潜在交易不会提起精神，除非是企业高管让他们鼓捣相关数据。另外，鼓捣数据的上市企业内部并购团队常常会因为一己私欲而枪毙潜在并购项目（或者缺乏动力为潜在并购项目亮绿灯），因为他们会因为不犯错误而得到潜在嘉奖。通常，不犯错误的最好办法就是不做交易。

但是，当买方企业错误地将部门总监（并购受益者）放在主导交易谈判的位置上，而不是内部并购人员时，买方就必须要面对以下挑战：一方面，本部门的执行高管出于极度想拿下交易的动机，导致企业支付比拿下交易所需正常价格更高的成本；另一方面，他在并购交易谈判经验上的不足，很可能就把这笔交易搞砸了。在理想情况下，大型企业买方需要有两组独立团队对并购交易进行初步评估、估值和谈判，但是对于这些大型官僚机构而言，涉及太多人员可能会产生决策时间过长等问题。

弗吉尼亚州麦克莱恩市和加利福尼亚州旧金山市——2008年6月

这是一封发给西海岸同事的电子邮件，（几乎是）一字不差地照搬自我们一位经验丰富的投资银行家：

"下一步，我建议你们在接下来的一周里，打电话给他们强调我们的相关专业能力、实际行业管理经验，并展示过往的证券发行案例、既往业绩，以及正在接触和参与的行业交易。你们可能知道，其他大多数投资银行家会向潜在买方的企业发展部门进行自我推销。但是因为我们具备专业能力，我们应该尽可能地利用我们能与企业负责销售收入的高管接触的优势。他们才是能够欣赏潜在收购并

㊀ 通常是直接负责资产运营的部门高管。通常来说，公司的业务拓展部门完成收购以后，或者在收购过程中，资产管理部门就已经开始介入，为后期项目主导权顺利地由业务拓展部门转至资产管理部门做好铺垫。——译者注

且认可投资价值的最终人士，只有他们才能推动企业发展部门执行这笔交易。企业发展部门就像是看门人，他们总是寻找理由放弃交易，除非他们被告知需要执行。我用找工作来类比。你在找工作的时候，是联系公司的人事部门还是业务总监？人事部门通常只是负责筛选候选人的工作，看不到全景。我们坚信，我们的方法会提高交易的成功概率，并创造更高的投资价值。"

本章小结

➢ 典型的买方类型，每种类型都有独立和独特的动机及交易结构，包括：
  ◆ 整合并购发起者
  ◆ 行业战略性买方
  ◆ 财务性买方和私募股权机构
  ◆ 风险投资基金
  ◆ 行业非战略性买方
  ◆ 个人投资者
  ◆ 管理层收购
  ◆ 对冲基金
  ◆ 员工持股计划（ESOPs）
  ◆ 境外买方

➢ 可以通过以下途径寻找买方：
  ◆ 在仓库里（同行业买方）
  ◆ 通过隧道（相关行业买方）
  ◆ 梯子和供应链分析（上下游关系）
  ◆ 地图（地理位置）
  ◆ 客户端

➢ 确认战略买方的最好方式就是找到相关业务部门或者产品的负责人和高管。

➢ 从买方角度出发，执行并购筛选、评估、估值和谈判最好由精打细算的会计师（并购人员）和交易受益者（资产运营部门高管）组成的团队来进行，但是尽量控制涉及人员的数量——最多是两三位。

第 4 章

中型企业待售准备，一手抓运营，一手抓出售

田纳西州孟菲斯——2001 年 6 月

这是我第二次去孟菲斯出差，会见中型市场的一家科技公司的董事会成员和 CEO，他们曾要求我们为企业提供全面的价值驱动因素分析和初步企业估值，以便给苦心经营多年的宝贝企业卖个好价钱。几天前，我们已经把企业初步估值以及价值驱动因素分析发给了对方，以便在会面时进行详细讨论，并进一步推动出售计划。

CEO 查理是我最近刚通过一位朋友介绍认识的，他属于思考型管理者，很容易赢得大伙儿的尊重和喜爱，并且他也配得上这份尊重。查理在这家企业已经工作了 30 年，我想大概是因为他与我年龄相仿，所以我也挺喜欢他的。

查理举起了他的烟斗。真帅，我想，这年头真不多见了。"丹尼斯，"他开始说，"我既有好消息，也有坏消息。"

我沉默不语，在我的职业生涯中曾经多少次听过这句话了。根据我的经验，好消息带来的好心情一般都会被坏消息给淹没，所以我屏住呼吸准备迎接坏消息。

"坏消息是，我们已经决定推迟企业出售计划。"（是的，这确实是坏消息）。"在一系列内部讨论后，我方认为你们提供的价值驱动因素分析指出了一些我们可以在未来几年中采取的战略战术，确实可以带来本垒打式的效果，而不仅仅是翻番。"（查理是一个很谦虚的人，我想他已经赢得了一记本垒打。）

查理接着说："我们开始重新制订我们的战略计划，基本上是根据你们报告里提到的内容，调整负面价值驱动因素，并加强正面价值驱动因素。这份报告真是让我们受益良多。"

我真不知道对此应该作何感想，挺复杂的。好消息是通过这次接触，我们建

立起了与客户的信任关系，并且，我们其实还是有机会帮他们处理公司出售事宜的，不过不是现在。

查理还没有说完。他的另一个特点就是友善而直率。"趁着你还没头大，要我说，你们的报告本来没什么所谓'奇迹般的信息'。但是，它使得我们慢下步伐，并让我们反思不用大费周章也能做出点成绩。"

查理的直率并没有让我太泄气。好吧，没准有那么一点儿泄气。但是，毕竟我从事并购咨询这个行当很久了，这类客户也见得不少。对查理的反馈意见我不怎么介怀：咨询的一大部分工作只不过是复述客户本来或多或少已知道的事实，也许只是略加修饰，或者可能以一种略微不同的方式进行思考和总结而已。对我来说，好处是我自己也需要别人的意见，我常常没有时间以清晰的眼光来完整地建构自己的想法。

中型市场的企业家创办企业的初衷是为了创造价值，并通过最终退出来实现财富价值。当然，企业价值应该通过参考体系或者简便衡量的状态报告来进行跟踪监督。通过深入的定期性初步估值分析，就能轻松做到这一点，即便企业目前并没有出售计划。

初步估值是指一位企业客户和他的投资银行家在进入出售环节之前，需要对可能的企业价值区间达成初步协议，我把这种形式的估值与以法庭、会计以及税务计划为目的、更为正式的估值方式区分开来。我将在本书的其他部分阐述初步估值的概念。然而，我想在这里讨论初步估值的另一种用法，就是与本章开始提到的更详细的企业价值驱动因素分析一起来做的。

在本书中，我的目的不是要列出影响一家特定企业估值的所有价值驱动因素（正向和负向）（尽管图4-1涵盖了大部分因素），只要说明各种驱动因素可以划分为这些类别就够了（专家在估值过程中进行的一系列优缺点分析），包括增长率、客户集中度、竞争威胁、管理架构和其他。我的公司很久以来一直在应用这些具体的分析工具，并不仅仅是为了初步价值估算，而更多的是成为客户重新设计业务流程的工具，尽管他们不一定马上要出售企业。

许多年前，这些初步估值工具，以一种不那么复杂的方式，仅仅是对进入市场前的待出售企业进行价值预估，这也是它们最初的目的。逐渐地，我们和客户开始意识到这些估值工具也可以作为企业运作中的重要战术工具。数年以后，我们许多的客户把这些简单工具发展成为更详细的分析工具。我想说的是，那些使企业在出售时更加值钱的方法,也能够在企业日常经营时添砖加瓦。实际上,这就是那些希望基业长青的企业家的理想起点,我们下面将要详细探讨,并且,我真诚地推荐这个方法。

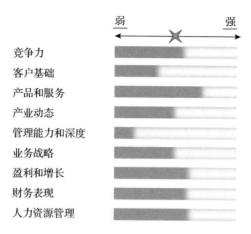

图4-1 作为一个重组业务流程或战略计划文档的初步估值工具

准备出售中型企业的三个阶段

以我的经验,中型市场的企业家倾向于采取如下三种方法之一来出售他们的公司:

- 目光长远:准备在3~4年后出售企业。
- 中等期限:准备在12~18个月后出售企业。
- 择机而动:恨不得立即出售,甚至用"钻木取火"的方法来加快进度。

通常来讲,最后一种情形是因为外部因素或始料未及的情况而导致的,例如,收到一份主动收购的报价,公司主要股东中有人突然逝世,凡此种种。这里忘记说了,"钻木取火"的出售方式在企业出售计划中是最缺乏吸引力的,然而,若客户愿意拿出一点点时间来制订计划或者整顿他们的公司,这将是有效的手段。

长期:准备在3~4年后出售企业

每个中型市场的企业家都耗费大量时间来实施企业发展壮大的战略,并且应该花费同样多的时间来思考如何在企业里创造和实现投资价值。无论何时,中型市场的企业家（们）都应该抽出时间来对公司业务进行一次综合视察（尽管是象征性的），来找出应该被指出、整顿或者提升的地方，使得企业更加优秀，并最终对潜在买家更具吸引力。这样做的方式之一，此前我已经提到过，是从专业评估人士那里获得企业初步估值，接着从初步估值出发，来执行相对应的战略和战术计划。

对于中型市场的企业家来讲，如何才能更好地从长远角度出发，预备3~4年之后的企业出售呢？一个可行的方法是从一个众望所归、大获成功的企业出售结局开始逆推，进行"逆向工程"（reverse-engineering）。最重要的是，企业所有人（主要股东）需要有如下的构想：要根据综合的衡量标准或者依据价值驱动因素分析的结果，把企业调整到最佳运行状态，以在随后的竞拍环节中，面对不同的潜在买家，能够使投资价值最大化。上述衡量标准或者说价值驱动因素，对优秀的中型企业而言，应该包括经验丰富的管理团队（不过度依赖企业股东或者少数高管）、稳定或者快速增长的销售收入和利润、优质的产品和服务（能够为企业赢得行业领先地位）、坚实的进入壁垒，以及广泛的客户群体（不过度依赖少数几位大客户）等。

若牢记这些必杀技般的价值驱动因素，企业所有者就可以扪心自问："相比这些业绩标准，我们目前身处何处？" 3~4年的时间可以赋予这些老板、高管以充足的时间来将公司推上优秀企业的行列，但前提是他们愿意后退一步，并且认真地评估企业的当前状况。这样会自然而然地建立起一套战略规划，在此基础上，也会形成完整的战术策略，以便未来将公司发展成为更加抢手的收购对象。

中期：在12~18个月后把企业推向市场

计划在短期内出售企业的中型市场的企业家——例如在下一年或者稍微迟些时间内——可以采取一系列可在本质上提升公司投资价值的售前行动。这些行动包括：

- 整顿企业的会计和税务记录。并且，若公司没有聘请CPA，应立即聘用一名（并且提出其他记账建议，如果合理的话）。在这本书里，我一直在强调会计师的重要性，这是最常见的交易失败的原因，也是在投资意向书发送之后，企业由于不符合或不完全遵守会计准则导致交易价值调整的主要原因之一。

- 建立一支齐心协力、配合得当的高级管理团队，而且在可能的情况下，继续推动团队进步。在并购过渡阶段，拥有稳定高效的管理团队的公司（尤其是公司创始人或企业家本人决定离开），往往会受到买方的信赖。相比那些高管团队全部卸任或辞职的并购目标，买方愿意支付更高的溢价。当然，新晋大股东希望用自己人来代替现有管理层的则属于例外，并不在我们讨论之列。
- 现在就锁定高管团队（参见第五章）。
- 整顿或澄清与客户、供应商、房东以及其他人员的重大合同关系。
- 在相关领域注册并保护商标、专利以及版权。
- 如果可行，寻找那些覆盖企业相关业务、产品、服务以及人员的优秀媒体。没有买家是对媒体宣传完全免疫的。媒体，尤其是商业媒体，对能够填补他们每周或每月新闻需要的猛料总是极度渴求。通常来说，媒体覆盖并不难，只要企业足够大并且愿意花点钱，优秀的公关公司通常可以帮上大忙。
- 若企业身处特定行业，需要审视职业安全及健康（occupational safety and health，简称OSHA）的合规性标准，并严格遵照执行。这会是另一个重要的买方关注点。
- 审查任何有毒危险废物的事宜（环境污染问题），严格遵照合规标准执行（至少评估它们的影响），并且按照需要进行第三方评估，通常会涉及第一阶段或第二阶段环境影响评估。
- 确保所有执照、许可和税务注册等合乎程序。买家可能最终都需要来自律师的专业法律意见和建议。
- 维持稳定的客户关系，整理采购合同。
- 整理公司所有的会议记录，并且确保它们实时更新。
- 对工厂、办公室及商店进行清洁整顿。是的，一点点的美感会带来很好的效果，因为这意味着一定的专业性和对细节的专注力，会进一步激起潜在买方心中的兴趣。⊖对眼球的吸引力通常并不属于商业关键驱动价值

⊖ 一位略有接触的企业家曾提醒过我：他在20世纪80年代成立了一家航空公司，他曾发表声明："如果旅客座位旁的伸缩桌上有咖啡残留，他就完全可以设想这架飞机的引擎缺乏维护。"

因素之一，但在细微之处给潜在买方留下的深刻印象，绝对有助于提高企业投资价值。

短期：企业正在出售，预计 12 个月内将完成交割

华盛顿特区，2001 年 7 月

"你做了些什么？"格雷格问，他是我们的一位高级投资经理。天气很热，是华盛顿特区典型的桑拿天（在 37.7 摄氏度的夏日中，为什么感觉这该死的湿度像是比 100% 还要高呢？并且，公司的空调系统怎么就坏了呢？这时的办公室比外边的那团黑雾更让人难以忍受），大家的脾气随着温度升高而愈加躁动。

"你做了些什么？"格雷格重复着。作为一个土生土长的纽约人，格雷格习惯于扯着他那在曼哈顿两个街区外都能听见的大嗓门，让所有人都能听见。他的办公室就在我的旁边，他在跟一位纽约郊区的客户通话，格雷格的吼叫让我都感到耳颤。幸运的是，他们是朋友。

"你说你刚花了 500 万美元买了一套印刷设备？恕我直言，我们正计划在两个星期之内完成企业出售，可你一转身就购买了一套价值 500 万美元的印刷设备？"

天啊——他们在使用免提功能打电话，我突然意识到这一点，因为我听见了来自格雷格客户的回答："是的，但是这个买卖真的太棒了，我实在难以拒绝。对于一套优质的印刷机而言，这个价格绝对合算。当业务量在一两年后增加起来，公司会真正需要这套印刷设备，所以我无法拒绝这笔交易。"

格雷格并不是一位简单的直肠子纽约客，他的率直让大多数纽约人感到羞愧。在仅一墙之隔的办公室里，我不住地摇头，真的要感谢这位来自纽约郊区的客户里德，他居然能够耐着性子继续对话。但是，在并购交易即将结束的 2 个星期之前，居然买了一套 500 万美元的印刷设备，我只能强烈地抑制住自己的冲动，让自己继续端坐在办公桌前，而不是起身冲进格雷格的办公室，亲自向里德大吼。我身上流淌的德州以及新英格兰的血液再一次告诉我，不管是哪种情形，言谈举止都要彬彬有礼。我咬住舌头，坐定座位，并且捂住耳朵，希望听不见那不可避免的对话。

"听好了，你这个傻瓜，"格雷格继续说，我只能在书面写作中用这个程度的词汇来转述格雷格的原话（感谢老天，里德是格雷格的老友和知己）。"收购合同上写着这家公司值 1 000 万美元。你为什么认为买方会冲着那套印刷设备再额外掏 500 万美元，而且他们为什么会看上那套设备呢？"

"唔,我可以租给他。"里德回答道,他的声调暗示他开始理解格雷格抓狂背后的担心之情了。

"好啊,"格雷格反驳说,"那你认为他会付多少钱来租?"

"嗯,我想大概每月7.5万美元租金就可以覆盖印刷机的成本,并且当市场变化时他们就可以拥有这台机器,然后他们就……嗯……准备好……嗯……来使用它了。"里德说每个字都吞吞吐吐,虽然慢了一拍,但他似乎开始明白了。

"好吧,就算每月7.5万美元,这大概是一年90万美元的现金流。因为我们将你的公司以5倍利润的价钱出售给了买方,我猜你愿意将1 000万美元的收购价格降低,比如说,降低450万美元?这是你在思考的事情吗?因为这就是买方在思考的事情。"

里德呢,他已经有些失神了,陷入了沉默。过了差不多一分钟,格雷格开始另一番质问:"你能不能把这该死的印刷机在市场上卖掉?"

里德几乎是小声嘀咕地说:"唔,一旦安装了之后,二手印刷机就不值这么高的价格了,并且我还得另外花费的15万美元用于拆卸和搬运机器。"哦,好吧!

尽管上面的故事听起来荒谬可笑,但它的的确确发生了。

我想针对短期内进行企业出售提几点建议。对于那些中型市场企业家们来说,一旦他们已经决定出售企业,就需要了解企业出售的过程往往旷日持久,为了完成并结束一桩交易,平均来说需要6~12个月的时间(有时更长)。但即便搭上了这些时间,交易结果甚至交易价格都仍然充满不确定性。

换句话说,交易有可能不能达成。总的来说,最好的过渡策略就是像假定交易并不会发生一样来努力经营业务。随着时间的流逝,任何事件都有可能阻碍交易进程,甚至摧毁交易,包括宏观经济的变化、类似于"9·11"事件的突发状况、买方所处行业的前景变化以及同类型公司以一个未曾预料的低价被出售等事件,还有就是卖方企业本身的财务或者运营情况突然急转直下,并且可能需要一些时间来恢复和改进……情况还有很多。有经验的投资银行家能够充分预料到这些挑战,并且在交易遭遇"大减价售卖"时,能够搁置提案;或者,有时候通过指导中型企业家对身边的事情迅速反应,竭尽所能地将破坏性降至最低,进而带来成功的结局。时机、运气以及响应速度,均在中型市场投资和中型企业出售交易中发挥着重要作用。掌握平衡非常重要,这看起来非常微妙,中型企业家需要维持企业运营常态,并同时意识到,实际上,企业是在等待被出售。

一旦买方完成初步尽职调查、决定继续交易之后，一般来说并不喜欢太大变动。但是，就像我所说的，在莺歌燕舞之前（即交易成功之前）对于交易能否交割是没有确定性答案的。是的，这是一连串的谜，但是当企业按照常态经营（假设企业不会被出售，并且在这个假设下做出大部分决定，尤其是在出售过程的初始阶段）时，事情往往会趋向最好的方向发展。千万不要忘记，将企业当作常态运营在大多数情况下是最符合潜在买方的期望的，因为他们才是赢得竞拍后继续运营企业的人。

如果仅仅从尽快出售企业的诉求出发做出管理决策，很多时候会给企业未来带来负面效应，因为若企业没有被出售，这些决策往往会对企业造成严重的破坏性后果。不管企业家是不是将信将疑，他们应该在做出这类决策前向投资银行家进行咨询。他们慷慨地支付给投资银行家大把支票，就是为了能在这类问题上得到建议。

企业总是在不断改变，并且会在存续期间一直变化下去。底线是：处事灵活，并且态度开放。当中型企业面临出售的时候，如果遇到办公室和工厂的租约到期，企业家是否应该签署长期的租赁合同呢？最好不要。企业家是否应该进行大型但非必要的工厂翻新项目呢？答案依然是最好不要。但是，企业家应该继续扩大公司的市场营销支出吗？最好继续。许多长期决议若是不能即时增加现金流（或者甚至减少），投行家在重塑客户的财务报表时，就应该把这部分企业活动造成的财务影响去掉，以便把对交易价格产生的影响降到最低。

诉讼

所有人都意识到如今我们生活在一个喜欢诉讼的时代。在这个充斥着奇怪的民法体系和让人不可理喻的好斗律师的时代，中型企业家不应该被那些不相关的第三方因为无伤大雅的小事就频繁地把自己送上法庭，并且还为对方希望获得的巨额赔偿而纠结不已。这就是说，中型企业家们在企业待售过程中，应该竭尽全力避免造成或者引发诉讼行为，尤其是在那些相对不太重要的事情上要特别注意。对出于报复、获取少数赔偿等原因发起的诉讼，企业家要竭力避免自己成为原告。如果诉讼造成了反诉讼或者其他影响更大的事件，就会威胁到交易的进程，甚至一笔快要交割的交易就此戛然而止。

由诉讼带来的并发事件几乎是无休止的。如果中型企业家在临近交割的时候被卷入诉讼之中，深谙此道的交易对家很可能会尽力拿这件事争取对自己最好的结果。若是卖方想在法庭宣判之前就完成并购交易，他不可避免地需要做出让步——肯定包括增加第三方托管保证金，并对可能发生的任何结果做出保证——把自己放在了不利位置上。若诉讼赔偿无法准确估量，潜在买方很可能会一哄而散，使得将要出售的卖方被无限期地踢出市场。

总结

虽然我们不可能把预备和正在出售的中型企业遇到的所有问题都一一列明，但这一章还是尽量找出核心要点来加以说明。若是客户决定出售企业，就要尽早开始准备。给卖方最好的建议是：要把每个可能对潜在出售产生影响的事件或决定都列出来，同时咨询投资银行家及其他可靠的顾问，并确保重大的决策能够与公司长期经营战略相匹配，避免在出售过程中产生重大变动。

本章小结

> 中型市场的企业所有者应当思考：在做出是否出售企业的决定时，要综合考虑企业初步估值和细致的企业价值驱动因素分析，以便在战略和战术上有充分的计划。

> 中型市场的潜在卖方会考虑以下三种情境中的出售计划：
> - 3~4 年的长期计划：找到可能会影响企业最终投资价值的价值驱动因素（积极的和消极的），并且推动企业改造来实现价值最优化。在这种情况下，对企业进行价值驱动因素分析最有裨益。
> - 1 年有余的中期计划：整理会计账簿和合同文件，锁定管理团队，保证业务平稳运行。
> - 正在出售的短期计划（6~12 个月）：卖方应该按照常态继续业务运营——这也是买方期待看到的情景，同时应当避免任何可能的新的长期承诺、业务经营的重大变更或者可能引发诉讼的行为。

> 在关注企业出售和维持日常企业运营之间存在微妙的平衡。我们并非想通过拖延经营决策来防止企业基本面的变化，达到破坏企业长期发展的目的。这些决策都是非常棘手的，最好的建议是向经验丰富的投行并购顾问寻求建议和帮助。

# 第 5 章

与企业出售关联的关键员工的奖励和维护：公平还是勒索？

突然而至的暴风雨警告

概述

在出售日到来时，很多中型企业的股东都会感到惊慌失措，他们会发现，很多关键员工和管理者一夜之间便不再是自己的左膀右臂。以前，我把这种现象称作"一种围绕大笔资金转移引发的可预见的奇特行为"。在出售中型企业时，关键员工的问题可以表现为多种形式，而本章的目的就是预防这些问题，并就如何避免或缓解这些问题提出建议。本章的内容似乎令人不安，甚至让人近乎绝望，唯有经验丰富的投行并购顾问才可以保持淡定。这里列举的问题一点都不意外，按照我的经验来看，它们在中型企业交易中发生的频率高得惊人。我们强烈建议中型企业的并购交易者尽早与潜在卖方讨论如下两个最重要的问题：对他们做出了哪些承诺，这些承诺的基础是什么？如果存在这种承诺，是否均已登记备案？如果投资银行家和卖家未能解决这个问题，极有可能在辛苦了几个月之后，在交易最后一瞬间遭遇挫折，甚至是完败。中型企业所有权人对少数股东或关键员工承诺的补偿，或是他们在出售收益中享有的分成比例，是一个极为敏感的问题，如不能适当处理，很可能会带来灾难性后果。无论是否是中型企业所有权人随意做出的承诺，如果受到少数股东或关键员工的误读，或者他们对补偿或是在企业出售收益中享有的份额想象得过于乐观，其后果同样不堪设想。

华盛顿特区——2000 年 3 月的承诺，但仅仅是承诺

这是一个星期五的早晨。我本应心情非常舒畅：因为一周的工作即将结束，星期六将安排打一场高尔夫球，届时，我们将体会本年度最美妙的高尔夫时光。

我本想在这个季节尽可能多打几场高尔夫球，再提高一下球技。

但是，当合伙人告诉我前几个月艰难耕耘的一个5 000万美元的项目可能泡汤、至少现在看来没什么希望时，我的心情便一落千丈。尤其是在这个项目完全是由于非正常原因而失败的情况下，更是让我们痛心疾首，这已经是我们今年第二次因为同样的原因遭遇同样的局面。据说，所有人向高管和持有少数股份的合伙人承诺，在企业出售之后，他们会以某种方式参与收益分配或是"受到特殊照顾"，其金额将超过他们在企业中实际占有的股权比例分配所得。

于是，我马上联想到一系列的问题。这到底是什么时候发生的？是在哪儿发生的？是在公司的圣诞节宴会上，因为被节日的欢乐气氛冲昏了头，还是因为喝多了酒而胡说八道呢？

天知道！

一年里出现两笔大额交易泡汤，一个项目发生在东海岸，一个项目发生在西海岸，几乎出于完全相同的原因，只不过一个项目由公司高管负责，另一个则由持有少数股份的合伙人负责——这也让情况变得更糟糕。

必须承认的是，在每一种情况下，抱怨者都是企业的经营者或是主要利益相关者。他们中的每一个人都曾经在创建这个企业的过程中发挥了不可或缺的作用。东海岸企业的领导人是一位女士，她曾在该企业的建立过程中立下了汗马功劳。显然，她无法确认自己能否在公司交给新东家之后继续担任领导者。在交易即将结束的时候，她还在犹豫不决。于是，她声称公司曾以口头形式承诺将转让收益中的很大一部分以补偿金的形式支付给自己，而且金额明显高于目前可能支付的数额。西海岸的交易也始终处于破裂的边缘，根源是因为有一名担任公司高管的少数股东，他不仅在公司中有非常大的影响力，并声称公司已承诺他在出售收益中可以拿到超过其股份比例对应的份额，而且同样是口说无凭。

于是，我问我的合伙人麦克如何考虑这件事。"天呢，我怎么知道？"麦克的回答让我感到愈加无助。当东、西两地的利益相关者都声称他们拥有本无权拥有的权益（至少在法律上）时，我的迷茫和愤懑丝毫不亚于麦克，因此，我非常理解他的无奈。我们根本就无从知晓事实到底是怎样的，也不知道这些事实是在哪里、怎样以及被谁误读，甚至是扭曲的。这样的事情或许只是假设，抑或仅仅停留在只言片语之间，但它们却成为实实在在的选择性回忆。若干个月或是若干年之后，就在我们即将启动另一笔收购交易时，这些回忆会再次浮出水面。老练的投资银行家会告诉你,这样的事情还会发生。

毫无疑问,促成这些交易需要付出巨大的代价,但交易还是要继续的,代价自然不可避免。这一次,同样没有意外发生。

关键员工报酬的常见情况

整本书都在讨论关键员工报酬的种种复杂机制。实际上,可采取的报酬形式涵盖范围极广,譬如股票期权或其他形式的持股计划、红利协议、在职津贴、虚拟股票期权计划及各种各样的变异。本章并不涉及针对关键员工可以采取的很多激励方式,而是关注于为实现企业出售而必须解决的 5 个基本问题:

- 必须在出售的适当时机对关键员工的维持问题做出安排。
- 必须对与关键员工签署不干涉(nonintervention)或者说竞业禁止协议问题做出安排。
- 必须对在职津贴、支付的时机选择以及避免薪酬过高等问题做出安排。
- 必须对可能存在的记录在案的早期薪酬承诺等问题做出安排,并且应避免模糊不清的承诺。
- 非参与型股东、关键员工以及关键员工报酬等特殊问题。

对特定的关键员工给予合理奖励的必要性

对关键员工给予特殊奖励是很多中型企业并购交易的一个重要元素。在并购交易中,尽管买家可能会给原来的关键员工提供适当的签约奖励,或是将他们纳入买方公司的股票期权计划实施范围,但在出售中型企业时,奖励和留住关键员工则会给卖方带来负担。与关键员工分享出售收益往往是利他主义和公平意识的体现。通常,卖方都会对这些关键员工在公司创建过程中发挥的建设性作用心存感激。不过,除了利他和感恩之外,卖方也会意识到,企业要成功地融入新企业、实现所有权的顺利转移,在很大程度上还有赖于这些人的继续奉献。因此,通过有效地激励关键员工与企业同舟共济,顺利地度过 1~3 年的收购转型期,也完全符合卖方的利益。而买方最担心的问题,同时也是本书经常提到的一个问题就是,星期五终于在费了九牛二虎之力后买到一家新企业,但是等到下周一重新开张时,却发现一切都变得物是人非,因为摆在面前的完全是一家不同的企业。在这个问题上,最大的风险就是一大批关键员工在星期五关门后和星期一开张前这段时间里悄然离去，这并不是夸大其词。

背道而驰的薪酬福利政策

为关键员工提供的回报到底是出于利他、公平，还是为了维持企业持续经营而不得不坚持的审慎性原则，这或许始终是一个没有答案的问题。但卖家肯定要认真研判这种报酬的性质和数额，以防适得其反，反倒影响了他们的积极性。我们不妨设想一种场景：假设出售企业的收益为2 000万美元，卖方将其中的10%用于奖励一名关键员工。这200万美元的意外之财可能会促使这名员工选择立即退休，尤其是那种已为企业工作了很多年、并进入职业生涯中晚期的老雇员。对于年轻的关键员工而言，尽管他们离退休还有很多年，甚至是几十年，但这200万美元的横财极有可能变成一种促使他们离开企业去追寻全新的职业天地的动力，也有可能促使他们长期怠工、不务正业。即使卖方相信这种支付给关键员工的财务激励不会诱使其他人离开公司，买方也极有可能会有这样的顾虑。在少数情况下，这种担心也可能会导致买方不愿意收购企业，尤其是在卖方意欲在成交后马上退出的情况下更是如此。

支付关键员工报酬的时机选择

由此可见，给关键员工支付福利的时机极为重要。在理想情况下，收益的分配应遵循有助于鼓励他们在公司继续服役2~3年的原则。按照我的经验，至少有50%的卖方没有考虑过支付时机的选择问题。在企业出售的过程中，任何涉及关键员工补偿的协议均应包含如下三个基本要素。为了得到激励性补偿，这些雇员必须做到：

1. 同意在公司出售后（转型期）的一定时期内继续留下工作。
2. 同意在公司出售后的一定时期内不涉足与公司存在竞争性的业务，并且不得干涉客户或顾客以及公司员工的行为，并损害其利益（不干涉协议）。
3. 如关键员工未能完全满足这些原则及相关要求，公司不得向其支付激励性报酬或补贴。

关键员工薪酬福利的纳税时间问题

鉴于资本利得持有期的要求，签署和实施具有法律约束力的关键员工激励协议的时间同样至关重要。如果时机选择不当甚至极不明智，或者雇员报酬的支付方式不妥（不管是买方还是卖方），具体纳税的选择可能会让卖方以及未来买方的收益减少25%，乃至更多。在没有书面证据支撑的情况下，在确认这些关键员工福利是否符合长期资本利得税优惠政策的适用范围，甚至是否属于资本利得时，支付此类激励的口头承诺很可能无法满足要求。为此，卖家及其关键员工应咨询税务顾问，以确保这种福利符合双方的共同利益及税收优惠政策。

澄清及备案的重要性——避免含糊不清的承诺

如果卖方做出"与关键员工分享收益"之类笼统含糊且无正式文件的一般性承诺，那么，就不可避免地会出现"到底是多少"这个问题。而且到了公司即将出售时，这个问题也必然会引发一系列无法解决的现实障碍。在没有制定和执行竞业禁止和不干涉协议的情况下，这个问题尤为突出。即便是在已达成这些协议的情况下，如果员工对转让后的企业非常重要，依旧很难规避这个问题。不管是哪一种情况，在企业出售时，卖方及其关键员工往往会在确定并解释到底应该如何分配收益时遭遇严重分歧。而缺少书面文件的支撑则会进一步加剧这些问题，尤其是卖方在成交后可能会带来巨大的财务收益时，更是如此。关键员工可能会觉得被雇主骗了，而卖方则会觉得被员工敲诈。此时，打官司往往就成了司空见惯的事情。当意识到这些问题时，买方当然不情愿继续这样的交易。潜在的买方同样心知肚明，心已散掉的关键员工不太可能为了成功转型和业务延续而尽心尽力。总之，卖方应提前以书面形式明确针对关键员工采取各项激励措施，这样的安排必须有坚实的法律基础，而且必须能被各方所清晰理解。此外，卖方还应在出售企业之前，以明晰的语言将这些安排告知潜在买方，以确保关键员工能继续留下来，并在随后的整个任职期内始终得到有效的激励。归根到底，以心照不宣的方式允许甚至鼓励为关键员工提供超乎寻常的报酬是一种严重的不当之举，但遗憾的是，这样的错误却屡见不鲜。

与关键员工就竞业禁止条款及不干涉协议进行谈判的时机

卖方应在准备出售企业之前就与关键员工达成竞业禁止及不干涉协议。最理想的时点是在聘用他们的时候，或是在他们获得重要提升、加薪以及担负更大职责之时。如果没有长期、出售前的安排，与关键员工的不干涉协议会更便于谈判，只要是协议与其他工具或激励方式相结合，尤其是经过慎重考虑的、与企业出售相关联的激励和留任期薪酬。

到底是敲诈勒索还是理性报酬？

一个人得到的报酬很可能就是对另一个人的敲诈。一方面，如果不能提前确定并书面说明任职福利或是出售收益的分配比例，卖方很可能会认为，如果老员工（也是公司始终认为值得信赖并且始终给予适当回报的人）在公司移交之际创立竞争性企业，抢走公司原有的客户和人才，或是更有居心叵测的人在企业移交过程中拒绝合作，并蓄意破坏与新雇主或者新买家的关系，面对这些不言自明的威胁甚至是恐吓，还要向他们支付一大笔报酬显然是不公平的。

另一方面，关键员工却很可能认为这样的安排完全合情合理、公平公正。毕竟，在他们的认知里，卖方更有可能因为卖掉他们呕心沥血创建起来的企业而大发横财。此外，如果关键员工认为，既然卖方希望在成交后限制自己的员工期权，那卖方就必须而且也应该为获得这样的特权而付出代价，这样的想法并非没有道理。与此同时，卖方和买方同样会寻求以契约方式保证关键员工继续留在公司，并在并购交易成交后的一年乃至更长时间里不从事竞争性或干涉性活动。

竞业禁止协议与卖方

当然，有些雇员还有可能本身就是所售企业的股东，鉴于我们在本章所讨论的是竞业禁止协议，因此，这个假设可能显得有点不合逻辑。但是，在雇员本身同时也是卖方（股东）的情况下讨论竞业禁止协议反倒更有典型性。对卖方来说，要绕开大股东/卖方竞业禁止协议这个重要问题显然是不切实际的。卖方通过出售企业实现的财务收益越大，则竞业禁止协议在法律上的可执行能力就越强。法律通常会规定，买方有权获偿已经支付的金额。在关键员工不是股东的情况下，烦琐的竞业禁止协议往往很难实施，因为这时常与工作权利条例相冲突。

不干涉协议

不干涉协议的目的不仅在于保护卖方，也在于保护买方。具体而言，不干涉协议禁止卖方、少数股东及关键员工干涉公司现有的顾客、合约及其他员工。如前所述，相对于从事非竞争性活动的员工，不干涉协议对非股东的关键员工往往更有约束力，实行效果也更好，因为它们虽不涉及雇员未来就业，但可以防止他们窃取有价值的商业关系。

当心：激励承诺与关键员工的职责或影响力不相符会带来潜在问题

即便是潜在卖方将关键员工即将享受的福利记录在案，企业转让成交前依旧会出现很多问题。当关键员工认为，按照公司出售的收益考虑，如果他们即将拿到的回报不够时，就会带来麻烦。从最根本的定义上说，卖方也希望能为这些关键员工提供让他们满意的回报和激励，这种回报和激励不仅完全合情合理，而且在客观上也是公平公正的。但如果卖方和关键员工不能协调各自的预期而在报酬金额上达成一致，那么，诉诸法律的可能性就很大了。事实上，在交易成交过程中的某些重要节点上，关键员工的不满很可能会让整个交易无疾而终，因为士气低落、可能招致的声誉损失以及潜在收购带来的收购后负效应，肯定会让买方不敢轻举妄动。关键员工可能会借助他们对收购后企业的影响，毫无顾忌地发泄不满情绪。这就是说，关键员工应避免其行为上赤裸裸地显示出阻挠交易的意图，否则，他们就有可能因蓄意干预而遭到卖方的起诉。然而，大多数卖方都希望在交易即将完成时规避诉讼事件，而这也确实给关键员工在法律上留下很多可以钻的空子。在某些情况下，尽管关键员工会给交易带来隐秘、微妙的影响，但是在更多情况下，他们会以辞职或者辞职威胁而给交易造成实质性影响。

第一时间避免关键员工问题的方式

卖方当然希望能将关键员工在交易前后带来的风险最小化，这自然会促使他们逐渐接受一种完全不同的行动方案：建立一个经验和技能极其广泛而深入的管理团队，这样，任何一个员工都不能影响公司后续的发展。乍看起来，这似乎是一个不可能完成的任务，但这显然是可以实现的。如果卖方能建立起一个具有足够实力的管理团队，并且能规避单一关键员工的任何不当请求，那么，这个团队就极有可能在公司出售时被予以激励，且卖方无须为某个关键员工支付巨额报酬。

针对非参与型股东的特殊问题

如果卖方作为不参与管理的股东已经持续一段时间，那么，经验丰富的中型企业并购顾问及其出售方客户就应对关键员工问题给予特殊关注。对于一个成功的中型企业，很多股东迟早有一天会意识到，他们所创建的企业完全（或者至少说在一定程度上）可以脱离他们的视线而正常运转。某些股东可以在退出时机远未到来或是还没有想要退出时，将企业的日常运营交给别人替他们去打理。这些企业的成功足以表明，它的关键员工完全可以在独立于非参与型股东的情况下，维护好与主要客户及其他公司职员的关系，同时还能不断地开发新的客户关系。鉴于非参与型股东已经撒手放权，因此，他们与客户、零售商、经理人及员工的关系自然会逐渐松散。与此同时，关键员工在心理上形成的公司所有权人的感觉则会不断强化。

当瞬息万变的技术变革迫使企业不进则退、不进行产品和服务创新便是宣告衰亡的时候，企业由依赖所有权人向依赖关键员工的转化也会不断加速，并且日益严峻。如果非参与型股东开始担心于此，并试图勒紧缰绳而重拾掌控权，那么，他们的举动不仅无济于事，反倒更有可能加剧与关键员工之间的紧张对立，此时，只会引发后者变本加厉地大肆阻挠。"一个没有参与过企业经营的股东还能知道什么呢，他们怎么能知道呢？整个行业都已经变了，企业也在变化。他们应该放权给我们，让我们毫无约束地为这些坐享其成的股东赚钱。其实，他们只需在发放红利的时候露一下面就足够了。"

在这种情况下，非参与型股东出售企业的努力自然不会一帆风顺，因为他们必须绞尽脑汁地鼓励那些企业赖以生存的人在企业出售并移交给新东家的过程中，继续留下来。更有甚者，在意识到他们可以对企业并购交易施加巨大压力甚至是让交易半途而废的时候，这些关键员工可能会迫使不参与经营的股东或卖方做出让步，以换取他们同意完成交易并承诺继续留在公司。当关键员工为补偿他们的贡献而提出报酬要求时，如果非参与型股东或卖方犹豫不决，所有高管人员就会揭竿而起，以各种各样的方式排斥交易。在这种情况下，不参与经营的股东或许更愿意考虑将整个公司或者至少是公司的一部分股权出售给关键员工。此时，他们可能会考虑杠杆收购（leveraged buyout，简称LBO）或各种各样的阶段性管理层收购（management buyout，简称MBO）。

非参与型股东最值得考虑的建议或许是……

作为一种选择，如果中型企业的所有权人意识到成为非参与型股东最终将要面对的风险时，那么，在他们还有能力控制企业时，就应该想到适当的退出策略。实际上，对于那些已经创建起成功企业并且正在考虑退出企业经营的老客户，我一直建议他们这样做。

第 5 章　与企业出售关联的关键员工的奖励和维护：公平还是勒索？

总结

如果一个员工没有为所属企业的创立、发展和长期成功做出过重大贡献，就不能称其为关键员工。意欲成功出售企业并实现平稳移交的卖方，必须审慎行事，以保证给予关键员工适当的回报，并以清晰无误、最能体现当前模式的方法将这种承诺记录在案，同时确保这种承诺与竞业禁止、不干涉协议以及转让后的预计留任期保持一致。

本章小结

➢ 中型企业的潜在卖方必须保证，对于企业的退出策略，以及相应的激励及奖励机制，无论是采取非正式承诺还是正式约定的方式，都应与少数股东及关键员工进行沟通，保证沟通明确无误，并正式记录在案。同时，在启动公司出售交易之前，对这些承诺进行调整和重新确认，以确保与潜在买家开始就出售事宜进行谈判时，不会招致严重问题。

➢ 为了换取关键员工在交易完成后继续留在企业的承诺，支付给他们的红利及激励应在整个转让期内分期逐渐发放；在交易完成后即刻全额发放或是加速发放，只会促使关键员工抛弃买家、提早跳槽，尤其是在报酬的金额非常可观时更是如此。

➢ 卖方应确保在宣布即将出售公司之前，获得关键员工签字的竞业禁止及不干涉协议，以鼓励关键员工在出售及转让过程中留在公司，避免他们离开公司，成为公司的竞争对手。

➢ 与中型企业卖方股东签署的竞业禁止协议通常具有较强的执行力，但是在协议涉及范围过于宽泛时，对雇员的约束力可能会大受影响。

➢ 如果关键员工对老雇主的企业出售计划或是出售完成后新雇主给予他们的激励计划犹豫不决，不参与经营的股东极有可能遭遇危机。避免这些困难的最佳途径是：①不要一开始就成为非参与型股东；②在成为非参与型股东之前务必要审慎对待出售公司的计划；③谨慎考虑将公司出售给由关键员工设立的投资公司。

第 6 章

水晶球和中型企业的出售时机

> 既为历史,当永远封存而不再出现。然而讽刺的是,在真实的世界里,历史却不厌重演。
>
> ——克拉伦斯·达罗(Clarence Darrow)

弗吉尼亚州费尔法克斯——1995 年 6 月

我正与尼尔森进行电话会议,讨论是否要出售由他创办的价值 4 000 万美元的科技人力服务公司。他是一个快乐的家伙,体贴周到,积极向上,办公室墙面上挂着的学位证书比你能想象得到的还要多。

但是,我们的看法不一致。

尼尔森显然占了上风。这并不是说我又成了并购投行家中的"怀疑论者"(总是试图说服企业家出售企业)。尼尔森相信我的客观性,他只是不同意我的意见。尼尔森和我真的是彼此欣赏,时至今日,我们俩已经认识近 20 年,是非常要好的朋友。

当时,我们身处技术热潮之中。行业内缺乏足够多的合格技术人员,每个人都试图在日新月异的技术发展中站稳脚跟。我们想做的也不过是站稳脚跟而已。同时,上至副总统艾伯特·戈尔(Albert Gore)下到普通老百姓,所有人都唱和着把工作外包给全世界。

所以,像尼尔森这样负责提供科技人力服务的商业人士,发现业务年增长率达到了 40%,同时也带来了惊人的利润。当企业准备出售的时候,企业 EBITDA 估值倍数达到了惊人的 12 倍。我试图建议尼尔森,现在可能是拿钱走人的理想时刻。

但是，尼尔森的想法则不同。"为什么不搁在那里，继续享受几年40%的高增长？"在1995年的时候，行业还没有出现天花板。"当然，"他说，"几年后，科技人力服务行业迟早会稍作休息，但是就像其他市场一样，总会迎来新的高潮。一旦所有人都看跌，股票市场就会迎来新一轮牛市。对不？"

尼尔森的信心反而让我更加不知所措。现在回头看看，如果当时我对并购周期有更多的了解，就可以告诉尼尔森如果他继续不出售，等待他的是什么。可悲的是，在随后的几年内，EBITDA估值倍数从12倍跌落至4.5倍，而行业的增长性也消失了——就跟其他行业一样。

泡沫、周期和商业价值

确定在正确的时间出售企业以寻求价值的最大化，有时候在中型企业卖方看来是一种奢侈，他们发现双手被以下各种原因牢牢捆绑：家人健康问题，或者死亡、合伙人纠纷以及企业经营困境等。幸运的是，有时候，中型市场的企业出售是由一些自然的可预见因素造成的：退休年龄、改变生活方式的想法等。

对某个行业的周期进行把脉并非完全不可能。对现有情况和条件进行审慎分析，能够鼓励卖方做出受过良好训练的选择。在中型市场里，众多细分行业产生泡沫是真实的。潜在卖方认识到，在泡沫出现的时候，就是出售企业的最好时机。20世纪90年代中后期，许多行业在很大程度上经历了技术驱动带来的欣欣向荣和泡沫破裂后的惨痛经历。例如，当时专业IT服务外包业务极受追捧，所有人都涌入该行业淘金。所有企业都认识到提升内部IT实力的必要，纷纷订购该项服务。一段时间里，IT服务外包变成了紧俏货。一方面，训练有素的技术人员出现了紧缺（获得了极高报酬）；另一方面，IT服务外包公司认为这种工作量激增的现象仅仅是短期效应，因而不愿意雇用长期雇员。突然间，IT人员和IT项目管理公司的投资价值猛增。IT人员、IT项目管理行业以及业内的公司发现业务年增长率达到了40%，甚至更高。反过来，这些企业的买方很快就开出了EBITDA倍数为10、11甚至更高的报价（如图6-1所示）。

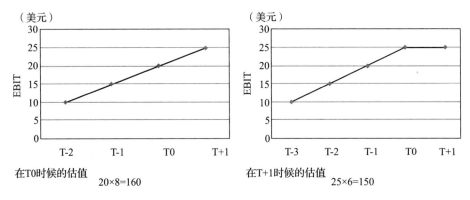

图6-1 交易时机或等待下一年的增长率:代价昂贵的潜在陷阱

现有泡沫

泡沫一旦破裂,企业出售方会发现本来市场追捧的项目一夜之间会出现大幅贬值。在2003—2008年,政府承包行业经历了由急剧增长的并购活动带动的行业泡沫。"9·11"之后,联邦政府在国防和国土安全方面的支出(在其他地区)激增,而政府承包商,像之前的IT人力公司,出现了两位数的增长速度,并带来了10~12倍的EBIT[⊖]投资估值,有时候,甚至还要高出很多。但是在2000年,政府承包商很难以超过4~5倍的EBIT倍数进行出售。[⊜]这种特殊的泡沫维持了相当长的时期,因为它是由事件驱动的("9·11"、伊拉克战争等),从2007年开始一直到2008年,行业泡沫才表现出明显的弱化迹象。其他的例子包括医疗服务和医疗保健技术行业,2008年前后这些行业正在经历快速增长阶段,对应的企业估值也较高。对于这些泡沫,把握时机就是重中之重,企业需要慎重考虑自己是否身在其中。行业泡沫是由突如其来的行业快速增长推动而来的,因此,浅薄无知地认为任何行业都能够保持较长时间的高增长率或者持续到永远,这是非常错误的。在科技时代尤为如此,几乎所有的企业和行业都发现企业经营方式和整体市场发生着如光速般的变化,甚至本来门庭若市的热门企业在一夜之间就变得门可罗雀。

行业泡沫犹如预言中的涨潮,让特定海域的所有船只都漂浮了起来。涨潮时,企业能够生存甚至兴旺的关键点在于——了解泡沫,识别泡沫,并且掌握最

⊖ EBIT, earnings before interest and tax,即息税前利润。——译者注
⊜ 我会在第23章详细讲述"五的法则"。

佳时机完成企业出售。

认识泡沫

企业老板如何得知所在行业正在经历行业周期呢？首先，通过流言蜚语——当大街小巷的人们都开始谈论行业内刚刚发生的一单并购交易和收购价格，并且声音又大又响的时候，你就该警惕了。另一些线索可能来自"五的法则"（详见第23章），当中型市场的估值倍数（EBIT等）超过5倍时（整合并购除外），也应该予以重视。企业的估值倍数越高，就越需要以某种合理形式的短期盈利增长加以证实——这种想法也反向影响了中型市场企业出售或者在泡沫行业中因为水涨船高带来的普遍高增长率的问题。因此，确认产生泡沫现象的一个关键点是，在单一行业中有许多企业（不只是少数，因为单一企业可能因为自发的高增长率而获得高估值）的估值倍数超过了5倍。根据以往的经验，EBIT或者EBITDA估值倍数在8~12倍甚至更高的时候，行业泡沫现象可能已经出现。

当EBITDA估值倍数达到8~12倍时，中型市场企业所有人或企业家应该认识到经济周期的顶峰即将到来，泡沫破裂也渐行渐近。⊖8~12倍的EBITDA估值倍数通常会出现在行业发展至高峰期前3/4的时点。买方很可能已经处于经济周期的高点，支付的投资价值也就最高，因为看起来未来增势依然迅猛，买方买的总是未来。在泡沫高峰期（末期），大部分增长已经实现了。当然，买方也会迅速意识到这一点，所以估值倍数会迅速回落至5倍左右。凡事预则立，不预则废：当买方愿意支付7~12倍的EBITDA时（凡事都有例外，在某些泡沫中，估值倍数可能更高，但是7~12倍估值就是泡沫即将终结的信号），带着对未来高增长的憧憬，他们支付的收购价格可能就处于最高点。

泡沫及持续期

泡沫在破裂前往往会持续3~4年⊖，我们可以从IT人力爆炸、物联网热潮、电信行业泡沫以及整合并购时代总结出来。最终泡沫总会破裂，因为行业泡沫总

⊖ 这里需要注意的是，单单企业规模一项就可能推高估值，规模较大的中型企业（企业价值超过1.5亿美元的公司）占了中型市场企业价值的2/3。

⊖ 尽管作者并没有在此声明其实两者是一回事，但是并购的泡沫周期与基钦周期（Kitchin Cycles）——美国经济学家约瑟夫·基钦（哈佛评论1923年）认为经济周期通常只有39~41个月——是非常有趣的对比。这也通常被认为是存货的周转周期。

会带来企业合并，而整合者（买家）总会变得心满意足、意兴阑珊，特别是不断上涨的交易价格抵消了高增长率和盈利潜力，并购变得越来越昂贵。当然，其他因素还包括对泡沫行业提供的商品或服务的消费能力。最终，供给和需求之间达到平衡。总之，行业泡沫就像是市场在打嗝。

正如我之前所述，中型市场卖方幸运地发现自己所在的行业正处于泡沫阶段，因此需要认真考虑出售计划，抓住估值高位，否则泡沫破裂之后就没有这样的好事了。错过这一波的机会成本非常高，泡沫一旦破裂，该行业在未来的很长时间里都不会成为并购热门。不过，就算等到下一轮估值高潮，弄潮儿将会以全新形式出现，包括业务流程和技术等。

总结：面对行业泡沫，迎风破浪

面对行业泡沫，我们应该如何应对它呢？我们至少知道了以下情况，并可以采取相应措施：

- 当流言蜚语盛行时，当众多企业的估值远超过中型市场的 5 倍 EBITDA 标准估值时，行业泡沫很可能已经来临。
- 行业泡沫通常持续约 3~4 年。
- 当行业泡沫周期进行到 3/4 阶段时，企业估值往往到达最高临界值。这时候，企业的未来高增长曲线仍然存在，而买方也愿意为此买单。
- 泡沫已达到最大的时候，企业估值倍数通常会回落至 5 倍水平。

泡沫及其再次出现

行业泡沫以同样的方式在同一行业中重复出现的可能性极低，但是随着信息技术时代的来临，一切皆有可能。信息技术时代效应可能会导致经验丰富的投行家对他们在 20 世纪 90 年代初担任并购顾问的企业再次提出建议，希望它们能够踩准行业新一轮的高估值泡沫，重新考虑企业出售计划。曾几何时，人们在泡沫持续膨胀的时候，认为企业家的年龄是考虑企业出售与否的重要因素。当然，背后的想法是这样的：55 岁的企业家正在考虑退休计划，应该抓住估值周期的高点出售企业；若是 25 岁的企业家就应该坚持继续经营，考虑等待下一个经济周期，毕竟，他有足够的时间赶下一拨，不是吗？

但是，年龄可能不再是一个很明智的参考标准，因为 20 世纪 90 年代初以后，同行业不会再以同样的方式出现泡沫了。这些中型市场企业家应该为自己身处行业泡沫时期而感到万分幸运，无论他们的年龄大小，都应该认真考虑出售计划。当然，在与客户沟通的时候，投行顾问要表现出沟通艺术，而不要被对方视为仅仅想签下新客户而已。

雄心勃勃的年轻企业家当然可以选择继续经营，并在企业长期发展和行业戏剧性变革之中，带领企业走向更高估值。但是，这是一个非常大的赌注，企业家需要有清醒的头脑，对企业自身实力、企业潜力、行业中长期前景以及企业家自己的后劲进行客观评估。一种评判方法是，企业所有者若处于经济周期的顶点，假设企业估值为2.5亿美元，他需要考虑自己是否能够在经济周期下行的时候，仍然保证企业价值等于甚至高于2.5亿美元。如果把时间放得更长远些，价值是否还能继续保持（如图6-2所示）。企业所有者的年龄显然不是决定在泡沫期出售企业的重要指标。

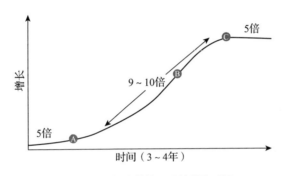

图6-2 增长率曲线和最佳并购时间

A：泡沫开始期　B：泡沫达到75%——最高估值　C：泡沫顶端——估值回落

EBITDA估值解释：

- 没有泡沫/收入增长放缓 = 5×EBITDA
- 泡沫/加速增长 = 9~10×EBITDA

从买方的角度出发，成熟的企业买方可能想继续保持业务增长和较高的企业价值，并相信他们可以通过在泡沫期收购企业来实现扩大市场份额的想法，即使需要支付较高的价格。做出这样的决定需要格外谨慎，因为正如我之前所述，估值倍数的高峰往往出现在持续增长周期进行到3/4的时点，买方在泡沫期收购企业需要综合规模经济、买方企业自身规模和价值、市场地位等因素审慎考虑。

其他时机——整合收购

除了行业泡沫，当整合收购的鼓声敲响之时（见第3章）——不可避免地以这种或者那种形式卷土重来——行业内被整合的中型企业所有者应该意识到，整合收购带来的大幅溢价也属于千载难逢的机会。但凡涉及整合收购，整合收购者都会借着收购私有中型企业，通过 IPO 在公开市场出售进行套利，而中型市场卖方将首先从套利行为中受益。实际上，整合收购者愿意与中型市场卖方分享一部分的预期利益，以确保他们能够成为大型企业，并得到公开市场的认可。"机不可失"通常是卖方在碰到整合收购时的首要法则。

本章小结

中型市场卖方希望在行业泡沫出现的时候出售企业，需要警惕以下几点：

➢ 泡沫的持续时间是有限的，通常不超过 3~4 年。最高的投资价值很可能会产生在整个泡沫周期进行到 3/4 的时点。

➢ 泡沫一旦破裂，很少能够再来过，至少不会以同样的方式在同一行业再出现。当上一个估值泡沫以同样方式在同一行业罕见地出现时，它表现出的行业动态与多年前肯定不同。

➢ 整合收购提供了另一个出售良机。

第 7 章

保密信息备忘录

纽约州纽约市——1994 年

我们项目支持服务部门的头儿约翰快要被气疯了。他负责的保密信息备忘录（confidential information memorandum，简称 CIM）已经改到第五稿了，但是客户仍然吹毛求疵。我更是充满疑惑。这家企业虽然属于高科技企业，还牵扯到数不清的潜在技术应用……但约翰是哈佛商学院的 MBA、斯坦福大学的新闻系本科生，是一位才华横溢的文件撰写者，这对他来说是小菜一碟。结果是，这位客户正准备炒掉我们。

在我们赶回华盛顿的火车上，我朝着窗外望去。"约翰！你看看到底出了什么问题？我看得很清楚，你为了这个项目花了数个小时与客户接触，并做了所有的标准研究，还亲自去了纽约两次跟客户面谈。到底是哪个环节出了问题呢？"

幸运的是，在火车由南往北穿越新泽西州的路上，我们各自喝了一杯葡萄酒。在酒精的作用下，我看到约翰逐渐平静下来，情绪稍有好转。

"丹尼斯！我跟你讲，这家伙对自己的生意一点概念都没有。你跟他做电梯演讲[一]，他却跟你神侃美国小说——还偏偏挑一本写得很臭的。他实在不愿和我

[一] 麦肯锡公司曾经有过一次沉痛的教训。该公司曾经为一家重要的大客户做咨询。咨询结束的时候，麦肯锡的项目负责人在电梯间里遇见了对方的董事长，该董事长问麦肯锡的项目负责人："你能不能说一下现在的结果呢？"由于该项目负责人没有准备，而且即使有准备，也无法在电梯从 30 层到 1 层的 30 秒钟内把结果说清楚。最终，麦肯锡失去了这一重要客户。从此，麦肯锡要求公司员工凡事要在最短的时间内把结果表达清楚，凡事要直奔主题、直奔结果。麦肯锡认为，一般情况下人们最多记得住一二三，记不住四五六，所以凡事都要归纳在三条以内。这就是如今在商界流传甚广的"30 秒钟电梯理论"或称"电梯演讲"。——译者注

们一起花时间把公司业务好好梳理一遍。这就是为什么保密信息备忘录总是不得要领，而我对此实在无可奈何。他对自己的业务都解释不清，我还能够做什么？"

我点点头，又喝了两口酒。今天真是漫长的一天。比起汽车，选择火车返程还真是不错的选择。至少你在心烦意乱的时刻，可以与同事借酒消愁，互相慰藉。如果是乘汽车或者坐飞机去纽约的话，就没什么乐子可寻了。

后记：最终，我们失去了这位客户。听说，他也没有再考虑出售企业。虽然非亲眼所见，但我敢肯定中间发生了一些事情。基本上，这位客户把企业当成没有明确方向的小型集团企业（包括他自己），而且不愿意接受我们的建议。现实生活中，这类企业并不少见。

收购项目概况

在并购出售流程中，要与潜在买方经过多轮沟通，首要的重要文件就是收购项目概况（如表7-1所示）。不过，作为保密信息备忘录的摘要，收购项目概况通常是在保密信息备忘录完成之后才准备的，出于对客户信息保密的考虑，需要等到买方签署保密协议（见第8章）后才能披露给买方。

保密信息备忘录——概述

保密信息备忘录通常有多种说法：保密信息备忘录（confidential information memorandum，简称CIM）、发行备忘录（offering memorandum）、情况备忘录（information memorandum）和信息文稿（the book），或许还有其他说法。无论你管它叫什么，保密信息备忘录在介绍企业以及把企业推向市场的过程中都发挥着重要作用。由于实际的尽职调查需要在重要交易条件达成一致后才进行，因此保密信息备忘录就相当于是初步的尽职调查文件，用于控制出售进程，让卖方引导潜在买方把注意力放在公司的特定方面，并为卖方提供了审视自身弱点及所面临挑战的机会。从另一个角度来看，保密信息备忘录可以是一份证券出售文件，需要用专业谨慎的态度来准备。

第 7 章　保密信息备忘录

表 7-1　收购项目概况样本

无线通信和信息技术服务联邦承包公司概述	
查尔斯·史密斯（Charles Smith） Csmith@ mcleanllc. com 703-827-0200 ext. 101	迈克尔·摩尔（Mike Moore） Mmoore@ mcleanllc. com 703-720-7980

卫星和地面无线通信网络首席供应商，整合信息技术解决方案，为美国政府及其合作部门提供专业服务
- 2003 财年收入：3 亿美元
- 2004 财年预估收入：3.25 亿美元
- 从 2000 年至今收入增长 500%
- 2.95 亿美元订单
- 面向全国政府机构，包括国防部、安全部、情报部门及其他民营机构

业务描述。 公司为无线通信和信息技术服务在安全合作、实时性、使用权等方面提供全方位的解决方案，为信息传送提供全方位的解决方案。公司在卫星通信系统设备更新、地面网络基础链接、服务导向的通信网络和信息技术服务方面具有权威地位。

公司创建于 1991 年，并已通过 ISO9001 认证，财务表现优异，并突破历史纪录。公司从注册之日起就开始盈利，最近三年销售收入增长超过 500%，2003 年盈利达到 6400 万美元。鉴于庞大的订单需求，这种奇迹般的增长势头有望在未来继续保持。保守估计，公司 2004 年盈利将超过 1.12 亿美元。公司卓越的管理团队为这一增长做出了突出贡献，并多次获得客户表彰。通过管理团队的努力，公司财务稳定，基础设施持续完善，与客户保持合作并保证服务品质。

服务。 公司总部在华盛顿特区。公司是卫星和地面无线通信网络首席供应商，并提供集成信息技术解决方案，为美国政府及其合作部门提供专业服务。公司有近 400 名专业技术人员在各自专业技能领域提供针对性的服务——从无线通信服务、信息技术解决方案到专业服务。公司提供的最新无线通信技术和信息技术得到了寻求高质量解决方案的客户信任，并凭借最优最有效的技术以及一对一的个性化服务应对各种复杂的客户需求。

市场。 联邦 IT 业务承包在公共和私人市场一直存在强大的市场需求，例如与政府环保部门签署的多年服务合同，这类长期服务合同可以将可见的市场转化为公司稳固的销售收入、现金流和利润。政府积极鼓励技术升级为持续稳定的 IT 市场需求提供了保证。2004 财年，联邦贷款在技术支持方面的拨款比例比前一年增长了近 13%，IT 业务外包量预计也会有两位数以上的增长。据估计，每年又会有 300 亿 ~ 400 亿美元投入到情报鉴别的相关工作中。公司的专业领域之一——卫星通信，在未来几年里将会有一个很大的服务和应用升值空间。例如，五角大楼计划将在未来五年内花费 15 亿美元用于商业卫星服务。

机遇。 公司正积极寻求兼并或收购，希望寻找行业战略公司，与公司技术、员工价值、完备的基础设施、长期目标实现完美融合。公司已经在政府市场部门建立了良好的信誉，这对希望进入联邦市场的企业，或者是已经拿到与政府建立合作关系合同，并希望扩大客户基础及开发新的合作项目的企业十分有利。

年份	2000	2001	2002	2003	2004
销售收入（美元）	15 000 000	25 000 000	70 000 000	300 000 000	325 000 000

麦克莱恩集团 机密收购/投资概览	1/1 2004 年 6 月

保密信息备忘录包含的各项内容对最终能否成功出售中型企业至关重要，需要卖方和投行家一起字斟句酌，仔细考虑。通常情况下，保密信息备忘录需要一个月到一个半月的准备时间。这并不是说30～45天只是专注于一份保密信息备忘录的编写，而是从搜集大量客户信息着手，按需调研，再经过多次起草及修改，到最终定稿并由客户确认，需要一个月到一个半月。

客户与保密信息备忘录：紧密合作

从投行家的角度出发，与客户一起准备保密信息备忘录是短时间内深入了解客户及其公司的绝佳机会。无论这位投行家在此之前对该企业所在的行业有多么深刻的钻研，都需要深刻意识到每家企业所具备的独特性。当新客户首次介绍自己的企业，对所在行业以及自身优劣势进行分析时，任何一位资深的投行家都能发现企业家有一些不太自在。

这丝毫不稀奇。中型企业家倾向于把自己全然置身于公司业务之中。他们总是行色匆匆、事务繁忙。能够把企业一步步带领到可出售的地步，企业家往往具备大多数的成功特质，并能够赢得客户们的青睐和尊重。一旦他们下定决心出售企业，并被问及"你的核心业务以及核心竞争力是什么？"诸如此类的问题时，通常他们由于在公司里浸淫已久，如非顾问团队的帮助，很难给出一个简单明确的答案。这就是投资银行家及其研究团队亮相的时刻：他们的工作就是帮助卖方总结出一份"电梯演讲"，能够将企业的精髓、成功因素、正在面对的挑战、短板，以及相应的对策和可能的机遇统统囊括。

捕获企业的精髓——无论是从企业自身的角度还是从行业内竞争对手的角度。客户需要主动参与故事构造，至少要提供文件支持，协助投行家整理文件（通常需要反复好几次），以保证企业故事诠释得有效而完整。这些是卖方的工作，没有人比他对自己的企业有更深刻的了解——即使他还没有学会如何在企业出售中描述自己的企业。

有时候，卖方更多地认为投行家会全权负责保密信息备忘录的准备事宜。这种错误的理解是由于投行家过度宣传自己，给潜在和现有客户留下了投行家会预备并拟订保密信息备忘录来争取预付金的印象。预付金是用来聘用投行家预先支付的订金，是项目佣金的一部分。其实这与准备保密信息备忘录毫不相关，虽然这肯定是整体服务中的一部分。当然，投行家也会将必要的市场研究结论放进保密信息备忘录中，包括企业及竞争对手的情况介绍。

投资银行家将负责把各类要点以投行约定俗成的方式组织在保密信息备忘录内。首先，他要将卖方给出的重要信息加以总结，辅以附属资料（例如市场及网站材料、能力声明等），然后再完成对企业及行业的额外调研工作，保密信息备忘录的第一稿就可以出炉了。不过，正如我刚才所说，高品质的保密信息备忘录在定稿前都要在客户、投行家以及分析师团队手中反复折腾几个来回。

保密信息备忘录的内容

一般来说，保密信息备忘录按照顺序包含以下几大板块的内容：

- 扉页：包含执行摘要和财务概要（前几年的营业收入、增长率以及净利润）。通常，执行摘要涵盖了并购项目概况的核心内容，在不透露客户或出售企业名称的前提下来吸引潜在买方的注意。
- 业务概览：待出售企业的业务范畴、产品或服务介绍等。
- 待出售企业所在的行业介绍：通常由投行家及其团队通过市场调研完成，使潜在买方对企业在行业内的定位有更形象的认识。该部分也会包含对企业直接竞争对手的介绍。
- 待出售企业的历史沿革：包括设立时间、大股东介绍、公司结构、纳税标准等相关信息。
- 待出售企业的特殊工艺、方法以及技术等方面适当程度的介绍。
- 待出售企业的优势和机遇分析——如果没有其他原因，甚至也包括劣势分析。在保密信息备忘录阶段披露劣势比延迟提出更好。
- 其他重大事件披露：需要潜在买方重视的租赁、财务抵押事件等（按照会计的重要性原则划分）。重大事件的相关披露信息一般出现在财务报表的附注中（在编写保密信息备忘录时也多次证明，在财务报表以外还有其他的重要信息）。
- 拟出售企业的雇员情况：包含核心管理层的组织结构图，核心雇员的教育背景汇总，按照部门、业务单元划分的人员总数列表等。需要注意的是，在此阶段人名通常是被隐去的。为了防止核心雇员被"偷猎"，有关核心雇员的信息仅给出职位而隐去人名。
- 重大合同及客户的信息——在此阶段通常也不会给出具体名称。

- 投行通用版的财务报表：相对税务或企业内部使用的格式，将财务报表用投资银行的标准格式呈现。
- 附录：包括拟出售企业的财务报表，最好是由第三方会计师准备，一方面可信度较高，另一方面可以为投行版本做参考。近期的税单、租赁合同等也是有用的。

充分与精简

若不包含附录，保密信息备忘录通常会有40~60页。若超过了以上篇幅，你需要确认内容会不会过于冗长或者重复。篇幅过长不见得是好事。行文烦冗的背后通常意味着或多或少的前后内容不一致。潜在买方或投资者在阅读过程中会错过甚至混淆重要信息。保密信息备忘录可以被理解为企业为出售预备的详细履历表。就像个人履历不能完全展示求职者的人生和工作履历一样，保密信息备忘录亦不能完全展示企业的历史或现状。保密信息备忘录是企业核心信息的汇总，期望能够让潜在买方对企业有足够了解而愿意进入接下来的谈判环节。最终执行投资意向书（letter of intent，LOI）的潜在买方有机会在随后的详细尽职调查环节对保密信息备忘录叙述的企业故事（虽然篇幅有限，但保密信息备忘录最好覆盖所有要点）进行核实。

把篇幅限制在40~60页（不包括附录）仅仅是约定俗成的习惯。保密信息备忘录的质量与篇幅长短毫无关系。确认将必需的板块和信息都涵盖了，不多也不少即可。必要时，请卖方协助去掉不必要的复杂技术术语。大部分情况下，潜在买方在并购中型企业时，并不需要把特定的软件源代码或物理原理搞得特别清楚；他们只需要根据现有的产品及服务情况，通过市场和客户的认可度，知道如何计算待并购企业的投资价值即可。

把业务、技术以及小型集团企业包装起来

在出售过程中，大部分中型企业需要包装和定位。这是非常真实的、甚至让中型企业家颇为头疼的事情。多年以来，他的企业均以小型集团的形象出现，向较为宽泛的行业或客户群体提供多种产品及服务。事实上，若是以小型集团的形象进行出售，中型企业的出售过程会荆棘坎坷。尽管该企业的营业收入可能非常可观，但很少有买方会对这类包含众多业务、涉及众多行业的集合式企业表示兴趣。潜在买方钟情于专注主营业务并且能够融入买方企业的并购目标。因此，若

企业的业务线过于庞杂，很可能只有小块业务在出售中能够体现投资价值，潜在买方可能提不起兴趣，或者认为与自身企业的经营战略不符。若潜在卖方预备3~4年后才出售，投行家可以建议他专注并大力发展核心业务，或许还可以将非核心资产剥离。除此以外，中型市场的小型集团出售者需要在保密信息备忘录的核心业务描述上多加努力，防止潜在买方因为疑惑而放弃该笔交易。某些情况下，卖方和投行家会考虑为不同的买方团体准备不同的保密信息备忘录，或者至少是分门别类地来介绍涉及的不同业务。

对于某些技术性企业，包装及定位的空间就比较大。由于大部分潜在买方并不一定对各类技术都非常了解，特别是某些新兴或者颠覆性的技术。因此，为了诱敌深入，适当的包装是非常有必要的。潜在买方的切入点（我在前一章有讨论过）是至关重要的。比方说，当卖方的技术在经营层面对潜在买方的吸引力越强时，代表买方出面的并购负责人在企业内部的职位就会越高。

设置时间表

设置并执行时间表听起来是老生常谈，但这样的陈词滥调往往是最基础不过的了。我曾在一家上市公司担任首席执行官和董事局主席，也在旗下数家子公司中担任董事会成员。几年时间里，我参加了所有的董事局会议（我其实不太喜欢这种场景）。就在这些数不清的董事局会议中，我看到了人性对投行并购业务的重要影响。

在一场会谈或讨论中，通过潜移默化的方式，把一个人的想法施加到其他人身上，从而掌控全场，这完全是可行的。但是，最微妙或许也是最有效的控制讨论进程的方法就是准备会议议程。你可以通过亲自准备会议议程的过程学习，或者通过让他人预备议程并观察不同情境下的对话进程来从中体会。很少有董事局会议在设定议程后偏题的。另外，预备议程就相当于为当下事件梳理脉络，对事情是重要还是紧急要有心理准备。在紧张激烈的会谈中，这样的做法非常有效和可靠。对《罗伯特议事规则》（*Roberts Rules of Order*）稍有研究的朋友都会知道，简单地提出问题也会直接影响到接下来的讨论形势。㊀

㊀ 但是，当董事会进入关键问题的讨论，且讨论越来越激烈的时候，优秀的董事会成员能够通过"重新表述"议题来扭转讨论情势。他们并不是容易被说服的董事，而是明确的议程提出者以及议题主张者，因为提供探讨基石以及探讨方向，他们在探讨过程中掌握着极大优势。

随着谈判的深入，经过修改的每一版文稿都能够追溯到起初的保密信息备忘录及相关文档。定稿后的保密信息备忘录将由卖方和投行家分发给一群潜在买方，预示着即将启动的谈判进程。那么，保密信息备忘录是如何有效地把握中型企业出售过程中的议程安排呢？首先，通过对关键卖点、企业优势以及机遇的描述，把卖方的想法行之有效地传递给潜在买方。每一位潜在买方在阅读保密信息备忘录的时候都有不同的诠释，这是由于他们各自对并购的期望和要求都不尽相同。尽管如此，保密信息备忘录仍需要把关键卖点、企业优势和机遇写得清楚明了。跟其他出售文档相同，保密信息备忘录里留给犯错的空间很小。

在保密信息备忘录中，卖方也需要在出售事件之外，对出售企业存在的发展机遇进行阐述，例如通过扩大分销渠道、扩充资本、雇佣或者内部提拔更多的优秀人才来帮助企业达成更好的业绩。保密信息备忘录中的市场和行业内容板块，通常也会为潜在买方指出，通过并购待出售企业能够帮助自己在大环境中抓住市场机遇以实现战略计划。

待投资企业的劣势

保密信息备忘录也可以通过指出企业短板来掌握谈判议程——这是高品质的保密信息备忘录要达到的重要目的之一。卖方以及投行家必须赶在潜在买方之前，尽量找出所有的企业短板，特别是在投资意向书履行之前。一方面，若是买方在履行投资意向书之后才自行发现待收购企业的重大短板，肯定会在谈判过程中抓住新发现的问题不放，并大肆砍价，这对卖方尤为不利。另一方面，若卖方在履行投资意向书之前就指出企业短板，会让谈判过程更为顺畅，若有数位潜在买方对并购仍然兴致盎然，则给了卖方更大的谈判空间。

显然，在每次谈判背后都暗藏着参与者极为丰富的心理活动，尤其是当企业短板被提出来的时候。一旦有买方同意在指定条件下出价收购，卖方若是没有按照指定条件"送上"企业，就给了已表态的买方放弃交易或者至少是大肆砍价的理由。卖方唯一能够在谈判桌上留住对方的方法（其他潜在买方已然拒绝提交并购建议书并消失得无影无踪）就是对大大降低的投资价值进行妥协，这确实不是很愉快的思想斗争过程。对比之下，卖方主动提出的企业短板常常被潜在投资者看作机遇，他们看到的不是未装满的空瓶，而是半杯清凉的净水。他们盘算着，自己有资本、销售渠道以及优秀的首席信息官，并购带来的协同效应是很可观的。也就是说，具有资源的买方被打动的原因正是这些企业短板，使得他能获得可观的经营及财务增长。

在投资意向书履行后,凉凉的悔意就会直涌买方心头(往往如是),特别是当投行家在谈判过程中为卖方争取到了好价钱时。深深浅浅的懊悔之情说明了买方承担的巨大压力:本次交易可能投入甚大,而并购本身与起初的预期不完全相称。卖方对于之前欲说还休的企业短板——更坏的情况是,买方发现的企业短板是在此之前卖方完全没有提到的——给了买方讨价还价的绝佳机会以弥补心理落差。在买方自我怀疑和不安的心理暗示下,即使是在谈判后发现的微不足道的错误点,也足够让买方有意识地甚至是在潜意识里过度反应(见第15章)。

初步尽职调查文件

通常中型市场并购流程会在投资意向书中提出来,若是能够合理计划并认真执行,所有的商业条款就能够提前确认。在买方发起详细尽职调查期间,买方会查阅相关账簿、记录、合同、法律和企业文件,以及在保密信息备忘录中提及的其他文件,以确认卖方的陈述准确无误。就像本书其他部分写道的,在竞拍环节中报价最具吸引力的买方会胜出,并且与卖方就基本的交易条款达成一致,在执行投资意向书后,验证性尽职调查才正式启动。允许多位买方在执行投资意向书之前就启动验证性尽职调查会比较麻烦,甚至还会把核心企业信息(即重点客户的名称、核心管理团队以及销售人员)透露给多家企业,而其中只可能有一家会并购卖方企业。

证券文件

虽然有些人可能持保留意见,但许多中型市场投资银行家把保密信息备忘录当作一份证券文件。这是因为保密信息备忘录虽然跟企业出售相关,但却没有规定要明确哪种具体的收购方式(股份收购或者资产收购)。通过向买方出售企业股权来进行企业出售在技术层面被称为证券交易,并由美国证券交易委员会(Securities and Exchange Commission,简称 SEC)监管。按照《统一证券法》(*Uniform Security Act*)(历史上被称为"蓝天法案",即 Blue Sky Laws)下的各州证券法规定,投行家通过分发保密信息备忘录给多位潜在买方,进行可能的证券交易活动,属于证券代理行为。

保密信息备忘录中的财务报表

作为商业社会的核心信息,财务报表是保密信息备忘录的重要组成部分。准备这些财务报表的人员可以对中型市场并购交易产生重大影响。

财务数据通常只会出现在保密信息备忘录的三个位置（尽管也会在某些图表中零星出现）：

- 执行摘要；
- 历史财务部分；
- 附录。

在执行摘要部分，大部分保密信息备忘录提供了近几年来的主要经营财务数据，通常有一页或者一页半的篇幅。这种财务概览是从保密信息备忘录重新计算的，或规范化的财务报表中提炼出来的。

财务报表在保密信息备忘录中第二次出现是在历史财务部分，比起第一次会更加详细，包括近几年的利润表和最新的资产负债表。这些规范化的财务报表是由投行家在企业或会计师提供的财务报表的基础上重新计算得来的。在阅读财务报表的过程中，无论投行家随后的改动幅度有多大，最好从会计师提供的原始报表入手。会计师准备的财务报表是投行家进行重新计算的基础。从基础入手，可以避免由于投行家重新计算而产生疑惑。我们对企业财务情况的探索是通过会计师预备的财务报表入手，而非投行家重新计算后的规范版本。换句话说，投行家是从注册会计师的财务底线（净利润）开始，一项一项对财务报表进行规范化处理。当卖方和他的投行家无法将会计师预备的财务报表和重新计算的投行版本对上的时候，他们的整个步调就出现了重大偏差。最好的情况是，被激怒的潜在买方只得亲自演算，直至得出规范化的财务报表。最坏的情况是，潜在买方会对投行家提供的数据准确性失去信心，甚至对交易过程充满疑虑，直至最后毁掉交易。有些潜在买方甚至根本不愿意花时间在财务报表重新计算或者对账上，就直接把有问题的保密信息备忘录扔进了垃圾箱，随即再拿起一份新的保密信息备忘录来审阅。不论是否有意向继续跟进，至少企业提供的信息陈述应该比较清晰。

即使安然（Enron）、世通（WoldCom）、Adelphia 通信以及其他会计丑闻一再爆出，注册会计师也仍然保持了诚实可信的身份和独立性，不可否认的是由他们核实的财务数据比那些由卖方本人或其投资银行家准备的财务数据更值得信赖。在中型市场企业出售中，想要实现最优结果，当务之急就是：从注册会计师的数字开始。如下面的例子（如表 7-2 所示）：

表7-2　财务数据调整前后对比

由企业或 CPA 提供的净利润	3 000 000
重新计算和规范化利润表后的调整项	2 200 000
重新计算和规范化后的利润（EBIT，EBITDA[⊖]等）	5 200 000

在保密信息备忘录中，财务数据——由会计师或企业准备的财务报表，出现的第三个地方是在附录位置。这些简单易懂、值得信赖的财务数据是投行家进行调整、重新计算并向潜在买方进行表述的基础。

重铸财务报表

息税前利润（EBIT）及其他变化（如 EBITDA）是以会计师确定财务报表的净利润为起点进行计算的。重铸调整是在净利润的基础上加回利息、所得税、折旧和摊销，即：

> 息税、折旧和摊销前利润（EBITDA）。

把财务报表进行标准化处理

若 EBIT（或 EBITDA）已经通过上述步骤得出，投行家接下来会进一步对 EBIT（或 EBITDA）进行标准化处理。标准化盈利通常以调整客户企业的财务报表来反映企业的正常运营。通常来讲，需要进行标准化处理的有四大类调整项：

第一类：包括一次性、非经常性的会计项（通常是指费用项，不过偶尔也会出现收入项），例如自然灾害、意外损失、一次性（希望如此）挪用公款造成的损失；非经常性的诉讼费用或收入，以及其他特殊商业活动引起的支出或收入的变化。

第二类：这类需要调整的是由于税收筹划（tax planning）带来的费用虚高（有时候会低估），或者与市场正常的成本和费用中存在不一致的情况[⊖]，又或者在存货成本法则与公认会计准则（Generally Accepted Accounting Principles，简称 GAAP）或经济收入（economic earnings）存在不一致的情况。例如，中型企业最

⊖　EBITDA，earnings before interest，tax，depreciation and amortization，息税、折旧、摊销前利润，是计算企业价值通常使用的估值指标。——译者注

⊖　例如，企业为避税的目的，向房东（同时也是公司股东）支付了远超过市场水平的房屋租金等。——译者注

常见的两种费用调整是当企业所有人的薪水支付更多用作税收考虑处理，而非市场行情下职业经理人应得的薪酬时，或者当房租是支付给企业所有者（同时拥有房产）时，租金是由企业最小的应纳税收入决定的。该类还应该包括斟酌性费用（discretionary expenses），例如捐赠、个人出行等。另外，非经营性收入，例如剩余现金的利息收入，需要剔除。

在标准化调整的过程中，生手往往会对某些情形比较陌生。例如，在实际情况中，斟酌性奖金（不是必须支付的）已经连续多年颁发了，需要再加回吗？答案是最好不要，新东家最不希望做的事情之一就是向员工宣告，今后你们再也拿不到这笔奖金了。每项加回的决定是否合理，需要应用生活常识和经过深思熟虑。

第三类：这种标准化调整是用来反映绝大多数潜在买方会意识到的规模经济（economies of scale），典型的会计项包括支付给财务人员和人事管理人员的工资支出等，这部分是众多买方已经具备的资源。首席财务官（CFO）、其他会计人员或人力资源人员，在大多数情况下，大型买方将不再需要，收购完成后企业将被纳入买方自己的组织架构。具体情况应该具体分析，因为不同的买方可能会，也可能不会保留被收购企业的首席财务官、其他会计人员或人力资源人员。因此，这些加回项应单独列示为"可能的规模经济"，或者类似的描述。

第四类：这类（也是最后一类）标准化调整项可以说是最难以鉴别的，但许多成功的交易都依赖于卖方或他们的投资银行家识别单一特定买方可能实现的协同效应。最后一类的加回项通常不会出现在保密信息备忘录中，而是为所有买方各自准备的。这些加回项是基于对特定买方的财务表现和经营结构深入了解的基础上为其量身定制的。这一类的标准化调整打着"诱敌深入"的旗号。卖方及其投资银行家不应该认为敌人会傻傻地掉进陷阱里，这样的假设是错误的，不能想当然地认为潜在买方自己就能识别出这些机会。买方若不能找出针对自己的协同效应，可能有两个原因：如果是大型买方，可能被自身的官僚体制所限而无法认清情况，导致他们只见树木不见森林；如果是小型买方，可够调用的可用资源实在太少，而无法对不明显的协同效应进行鉴定。为此，卖方和他的投资银行家就非常有必要向买方指出。"一个好汉三个帮"是必需的。这涉及实打实的工作，但其中的投资价值却能够为特定买方（也包括卖方）带来显著回报。

只要买方已经深入地介入交易，对于卖方指出的协同效应，买方要么否认，要么就必须为此买单。无论是哪种情况，只要卖方和他的投资银行家做足了功课，他们和买方都会心知肚明，势必会在谈判中巩固自己的地位。在激烈的竞拍过程中，这种信心绝对能够起到鼓励潜在买方提高报价，以赢得收购的作用。

标准化调整财务报告：总结

保密信息备忘录中财务报告（参考表7-3）的主要调整项目包括：

表7-3 对拟出售企业财务报表进行标准化调整

TYZ 企业	
公司会计师报告的净利润	$ 5 000 000
重新计算调整	
通过对净利润的重新计算获取近似现金流，例如 EBIT、EBITDA：	
长期负债的利息	900 000
所得税	4 000 000
折旧和摊销	400 000
非经营性损益	(100 000)
总计	5 200 000
EBITDA	$ 10 200 000
标准化调整	
排除非经常性支出和费用的调整：	
一次性诉讼费用	250 000
台风对工厂带来的非受保灾害	100 000
总计	350 000
把支出和费用调整至市场水平：	
企业所有者超出市场水平的薪酬	300 000
低于市场价值部分的租金（从企业所有者租用办公场所）	(75 000)
企业所有者的任意商务费用	25 000
总计	250 000
对所有潜在买方可能带来的经济规模效应进行调整：	
首席财务官	225 000
人力资源人员	150 000
其他职能重复的人员	200 000
总计	575 000
重新计算和标准化调整后的 EBITDA（对所有的潜在买方）	11 375 000
对某一特定买方反映协同效应和经济规模的投资价值：	
重复的工厂成本（对 XYZ 企业）	1 250 000
降低的渠道销售成本	800 000
总计	2 050 000
重新计算和标准化调整后的 EBITDA（对 XYZ 企业）	13 425 000

1. 将会计净利润调整为现金流模式（通常包括息税前利润和息税、折旧及摊销前利润）。

2. 在 EBITDA 中除去非经常性费用或成本，并将费用及成本按照市场标准进行标准化调整。

3. 针对大部分甚至所有买方，将财务数据进行规模经济调整。

4. 虽然在保密信息备忘录中甚少提及，但是最后一步的调整反映了某位特定买方在并购中获得的协同效应和规模经济效应。

本章小结

➢ 保密信息备忘录是：
  ◆ 一份出售文件
  ◆ 初步的尽职调查文件
  ◆ 用来控制议程的文件
  ◆ 一份证券文件

➢ 保密信息备忘录是一份由企业出售方、投行家以及分析师团队多方合作、共同完成的文件。

➢ 保密信息备忘录必须包含潜在买方在表达并购意愿前想要获取的所有信息。

➢ 对保密信息备忘录而言，简明扼要比行文冗长更重要。

➢ 保密信息备忘录不需要按照通行版本准备，可以针对不同的买方量身定做。

➢ 拟出售企业的劣势需要在保密信息备忘录中提及，如此可以使拟出售者获得与多位潜在买方进行谈判的优势，以及主动解释或更正企业劣势的机会。

➢ 保密信息备忘录的财务报表通常是在会计师审核的财务数据基础上进行标准化调整，以符合投资银行表述的投资价值。

➢ 标准化调整通常包括四大类。

第 8 章

交易过程的保密性

华盛顿州西雅图——1997 年 3 月

我需要把电话放得离耳朵远些,以避免永久性听力损伤。电话的另一头,我在西雅图的纺织品制造客户查尔斯已经火冒三丈。"你知道吗,你的××(在写作中,我不得不把形容词省掉了)分析师居然在没有任何提前示意的情况下,就传真了一份有关企业出售的执行摘要草稿给我……更令人抓狂的是,生产副总监居然在我之前就通读了一遍。太糟糕了,我跟你强调了多少次,你又跟我保证了多少次——在传真前先给我打电话,让我可以亲自去取传真?"查尔斯的确跟我们重申了多次,我们确实也同意了,而且那个年轻分析师艾瑞克也对客户的要求了然于胸。我对艾瑞克只能摇头叹气,但在当时的情境下,我的第一反应就是拯救这段业务合作关系,不想就此罢手。我已预订下一班飞机去西雅图为我方的失误当面致歉,艾瑞克也只能在当日就开始寻找下家雇主,为他的错误承担责任,这实在是无可奈何,令人唏嘘不已。最终,查尔斯原谅了我们,并继续与我们开展合作,尽管他花了很大工夫才忘记过去,抬头向前看。当年我们帮助他把企业卖了一个好价钱。

根据最新的消息,我听说查尔斯正在美国西北太平洋海岸驾驶游艇。

弗吉尼亚州麦克莱恩——2000 年 10 月

我公司的高级分析师卡姆莱与他漂亮的女友和她老爹在当地一家著名的意大利餐厅就餐。第二天一大早,他满脸纠结地来到公司。我问他发生了什么事情。"老板,我真的搞砸了。""好吧,你先跟我讲讲到底发生了什么吧。"我心底暗自打鼓,这实在不是好的预兆。今天不过是一周的第一个工作日,我可不想霉运伴随我一整周,即使我清楚"是福不是祸,是祸躲不过"的道理。不过,我真的非常讨厌周一，讨厌的程度与对周五喜爱的程度一样。我想，大部分人不外乎如是。原来，卡姆莱在私人（在可预见的未来就是一家人）晚宴上不经意地提到了某电信公司的并购交易。唯一的问题是——卡姆莱女友的老爹为客户的某重要竞争对手担任企业律师，这实在是难以预料。或许这位律师看在准女婿的面子上，会为这位年轻的分析师留住饭碗而守住机密，因而不会对交易产生影响。即使如此，卡姆莱在随后的几日也都是寝食难安。对卡姆莱来说，能够向我坦诚实在很宝贵，他也着实在这件事情上吸取了教训。自此之后，他使用代码来称呼不同的项目，并鼓励他的年轻同事们也这么做。事实上，我们公司把使用代码作为标准程序。

基本保密原则

在并购交易中，有四大类需要保密的区域：

- 第一，向拟出售企业的员工保密；
- 第二，向拟出售企业的客户和供应商保密；
- 第三，向拟出售企业的竞争对手和公众保密；
- 第四，注意交易是否涉及上市公司以及内幕信息。

缺少实战经历的读者通常会认为保密只不过是大餐中的甜点，并不是主角。但是，我的亲身经历告诉我，经常会有一些客户，同时也有一些非业务关系的朋友，拒绝与我在公众场合就餐。因为若是被人瞅见就餐对象是我（至少在我家乡，我是一位知名的并购专家），观察者很可能就会觉得客户的企业要出售了。我不知道这种议论对我个人是褒扬还是别的，不过午餐伙伴的选择着实被大大限制了。

员工和保密：两种方式

总的来说，在企业出售过程中，有两种方式来面对企业员工。虽然我个人更推荐约束性披露式（controlled disclosure），但是我必须承认，多年以来，客户们对于绝密式（surreptitious）和约束性披露式的偏好大概是一半一半。接下来，我会详细解释这两种方式。

绝密式

采取这种方式的中型企业所有者会选择尽量不对员工透露企业出售计划。这种情况下，除直接控制人和首席财务官以外，仅有极少数个人得知企业即将出售的消息。绝密式的明显优势在于：若越少人知道潜在交易，出售消息被曲解或利用的可能性就越低，出售者的利益就越能得到最大可能的保证。熟练的投行家在经验中总结，随着企业出售耗时的增加（通常为6~12个月），流言就会四处广传，这种半真半假的小道消息对交易的破坏程度是最大的。在中型企业并购交易中，墨菲定律（越担心的事情就越躲不掉）也百试不爽，特别是最想避开的员工。谣言扩散就如同轰炸机一般，以迅雷不及掩耳之势带来最大规模的破坏性影响，即使企业所有者已经意识到消息走漏，也没有机会进行危机处理。员工若从纷飞流言中得知老板要卖掉公司的消息，就会产生各种各样的情绪——愤怒、不信任、士气低落、对未来充满恐惧。而即将出售的企业本身也将陷入困境。

约束性披露式

除此以外，中型企业的所有者还可以选择在对信息高度掌控的情况下，主动披露相关信息。采用约束性披露式的企业所有者会向高级管理层透露自己当下的决定以及原因。这样做一方面可以消除众多疑虑，另一方面也给了高管留意其他更好职位的机会，给短期内公司发生大变动预留了伏笔。

当企业所有者采用约束性披露式时，更多人知晓了即将到来的企业出售计划。企业所有者则有机会主动地将形势导向有利于自己的一方，例如通过向重要员工证明自己对他们的信任和信心。约束性披露式甚至会鼓励重要员工协助企业所有者走完企业出售过程，甚至在稳定其他员工和重要客户中起到关键作用。如果流言传出，特别是对其他员工，这些得知内情的成员可以帮助解释出售交易和接下来重组过程中的各种可能性，以稳定军心。如果采用这种方式，企业所有者通常会与投行家一起探讨不同的并购方式，例如以增资来扩大业务，或者通过并购进行部分重组，或者引入战略伙伴等。卖方若诚实地选择约束性披露式，从某种程度上也反映了中型企业必经的成长阶段。随着时间的推移，企业对资源的需求包括资本、管理经验、销售渠道等。从这方面来讲，关键员工应该能够理解新的所有者和资本对企业发展的重要性，因为只有拥有充裕的现金，企业才能生存、才能成长。大型企业在提供更多资源的同时，也给预备留下的现有员工带来了更多的职业晋升机会。

投资银行与保密：在与客户沟通的过程中，要避免过早地披露信息

无论企业出售方是选择偷偷摸摸，还是选择有限度地披露出售消息，抑或是两者都沾点边，然而无意识地破坏保密初衷在某些情况下还是不可避免的。企业出售方与其投行家可以一起着手通过以下几件事来减少这种信息泄露的风险：

1. 预备一张完备的书面名单，包括交易可能涉及的所有知情人士——企业员工、专业顾问以及家庭成员等。投行家将负责确保自己及员工在与他们有任何联络之前都要参照并维护这份名单。

2. 预备一张清单，记录下所有客户与投行家沟通会用到的任何通信方式，包括邮箱地址、传真号码、快递地址以及企业邮箱等。一旦标准程序建立后，互相沟通就只能按照规定程序进行。例如，即使是已经事前同意的号码，若是没有事先通知客户，即他如果没有站在传真机旁，或者没有其他防止第三方接触传真文件的措施，投行家及其团队仍然不能传真任何文件。

3. 只有投行团队中的资深投行家和分析师允许与企业事先提出的员工代表进行接触。

4. 无论何种情况，投行团队的任何成员都不能透露客户名称，即使提及当前项目涉及的特定行业也不行，因为有心的听众总有办法联想到客户身上。我们使用并推荐你也使用代码来代替客户名称。

执行摘要和保密

在定稿前，企业出售方和投行家需要对匿名的并购文件（acquisition profile）或者执行摘要进行仔细查阅，确定无误后才能向潜在买方发布。跟其他地方无异，平衡的艺术非常重要。一方面，如果并购文件透露的细节太少（尽量模糊信息以求保密措施滴水不漏），事实证明这样做会得不偿失。另一方面，并购文件透露过多信息，可能使得潜在买方在签订保密协议之前就已知晓出售者的身份。一份匿名的并购文件可以提及拟出售企业"位于东海岸"，或者更详细地表述为"坐落在马里兰州"。两种表述方法各有优势。企业客户和投行家需要一起商讨究竟哪种方式更适合自己。另外，根据潜在买方的特质，并购文件也可以加工成不同版本，以满足不同潜在买方对信息披露的要求。

在网站上公布待出售企业列表

在通过网站或者群发邮件的方式公开待出售企业信息并寻找潜在买方的时候，一定要非常谨慎，即使描述性材料已经修饰过。总的来说，我不推荐中型企业使用这种类似于中介代理的手法寻找买方，这也不是投行家的手法。除非是极其罕见的情况，优秀的投资银行家不会仰赖这种伎俩（可作为最后的选择）。

保密协议

保密协议（NDA）不仅仅能够防止阅读者窃取拟出售企业的核心信息（包括员工、客户等），还能提供某种程度的保密性，使得拟出售企业不会因为在接下来的保密信息备忘录阶段向第三方披露企业名称或业务细节而遭到损害。

但是，保密协议真的奏效吗？与出售中型企业过程中的其他重要问题一样，这个重要问题的答案也是见仁见智："具体问题具体分析。"在很大程度上，保密协议发挥了作用。但是，当交易过程不断拉长（或者在延长期间，交易面临终止），犯错的概率就会增加，保密信息会被泄露或者不当使用。例如，交易内幕者说漏了嘴，不小心提到了应该封口的话题，更有甚者向不知情的第三人吹嘘自己消息灵通。俗话说，多嘴能沉船，话多也能搞砸一笔中型企业出售交易。资深的投行家见多识广，会严密封锁消息直到交易完成后才公布项目，毕竟他们对由于消息泄露导致交易终止的各类情况早已见多不怪了。

让企业出售方稍感安慰的是，对待消息泄露无须太偏执、太夸张：即使是提前走漏风声，经验告诉我，其带来的破坏性并不大。只有在极少数情况下，消息泄露才会给企业出售方带来自己以为的极端负面影响。尽管如此，任何可以防止信息泄露或影响到客户业务的措施都应该严格执行。最好的方式是：在与潜在买方和投资者签署全面的保密协议之外，最好与其就信息保密进行口头沟通，以避免潜在的信息泄露或不当使用的风险。保密协议像是对潜在买方和投资者发出的警告，他们务必在说话做事前斟酌再三。需要注意的一点是，未经许可的披露或使用信息可能使泄露者或使用者面临来自企业出售方的法律诉讼。在诉讼过程中，最严峻的问题是——是否能够证明披露或使用信息与已签署的保密协议相违背，不过这是律师需要下功夫的地方。

买方和投资者会签署保密协议吗？

潜在买方或者投资者会签署保密协议吗？对于大部分的人来讲，回答是肯定的（通常需要就细节进行沟通确认），但专注于早期阶段的科技型企业的投资者有时候就不愿合作。举个例子，在20世纪90年代末，风险投资者每年会收到近千份商业计划书。尽管其中许多并不靠谱，遗憾的是风险投资家事先并不知晓是否会恰巧碰到一出致命戏——他们可能在一年以前已经与一家企业签署了保密协议，而一年前的那家企业与现在的另一家企业的商业模式类似，但后者的技术和业务更成熟。若一年前的那家企业所有者声称自己的商业计划书包含重要的商业信息，而风险投资者却泄露给了一年后的这家企业呢？风险投资家不愿承担这类风险，因此很多人就宁愿不签署保密协议。这样的习惯一直保留到了今天。许多风险投资基金确实不会签保密协议，而专注后期阶段（并购或重组）的基金则不排斥保密协议。

企业客户若是希望风险投资基金能够对自身产生兴趣，就需要被迫放弃保密协议或保密条款。但是，大部分风险投资或私募股权基金并没有抱有窃取企业信息的目的，而是因为太忙而无法顾及各类细节以至于坦白承认不签为妙，当然也是害怕承担相应的法律风险。

保密协议提及的信息通常不包括公开信息，或者通过其他渠道已经探明的信息。

不到最后一刻不能透露的信息

有时候，意外状况也会发生。比方说，直到卖方有信心对方会购买企业之前，对那些用于做最后决策依据的细节，他有充足的理由拒绝告知买方。这些绝密信息包括核心客户、员工等。有一个原则是，这种情况是很少见的，5单并购交易中，碰到不会超过1单。

如果真是碰上了这种情况，可以向买方提供恰当的信息，让买方知道所收购企业的情况，如果交易失败，也不足以对待出售企业产生任何伤害。如果涉及政府相关的承包合同信息，例如，政府机构客户以及要执行的常规任务可能提早披露，而具体的合同信息则尽可能长地隐瞒，特别是实际接触的客户信息。核心雇员的职位、工作职能和教育水平可以在保密信息备忘录阶段进行披露，不过员工姓名可以等到最后一分钟。

无论如何，买方在最终交割前都需要知道这些信息。卖方和投行家可能选择推迟最终披露，直到最终协议的充分谈判结束后，然后让买家在最终披露后的 24 小时内对他的最终决定予以答复。无论这类信息的披露是在最终交易执行之前还是之后做出的（甚至在某些情况下，以款项到达卖方账户或者托管账户为限——干性交割，即 dry settlement），都对交易结果的影响有限。当并购交割来临时，双方往往在情感和经济上对即将交割的交易都非常投入，毕竟花了这么多时间，还高薪聘请了律师、会计师，双方都玩不起游戏。难道不是吗？

证券法和保密

当上市公司参与到中型市场并购交易当中时，必须特别注意避免不成熟或者不恰当的信息披露（俗称内幕交易）。否则可能会导致受到严重处罚，甚至是无法挽回的损失：刑事、民事和监管处罚，也会波及知情的非相关人士。

本章小结

- 有两种基本方法来向员工披露企业即将出售的信息：绝密式和约束性披露式。
- 客户和投资银行家应该对相关事务的通信方式进行协商和统一，并根据需要建立专门的电子邮件、邮寄地址以及客户联系人的清单。
- 匿名的并购文件必须在充分描述业务和不过早透露客户身份之间取得平衡。
- 通过网站进行企业出售一般是不可取或者无用的，还承担着将企业出售信息披露给不相关人士的风险。
- 保密协议像是对签署者的鸣枪示警，警示他们对不正当或者滥用企业信息要承担的可能法律后果。
- 一些风险投资基金会拒绝签署保密协议（有充分的理由）。
- 有时候，保密信息应该等到最后一刻才进行披露。信息是绝对敏感的，可以采用干性交割的方式予以披露。
- 当上市公司参与到并购交易中时，交易披露不当可能构成违反证券法。

附录 A 保密协议范例[一]

保密协议

本保密协议为以下主体：

公司：（公司名称），依据××州法律设立的有限责任公司，注册地址：

公司的代表方：The McLean Group，依据弗吉尼亚州法律设立的有限责任公司

与

签字方_____

以及

公司的控股子公司：（公司名称），依据××州法律设立的有限责任公司，注册地址：

其他关联公司：（公司名称），依据××州法律设立的有限责任公司，注册地址：

（上述"公司的控股子公司"与"其他关联公司"合称为"目标公司"，单称为"一家目标公司"）

之间签订的关于"保密信息"的协定。

专属于目标公司的保密信息，包括但不限于财务信息、项目信息、员工信息、客户信息、专利信息。"签字方"专注于由目标公司所提供的、与收购目标公司股权相关的信息。上述由目标公司提供给"签字方"的信息，在本协议中称为"保密信息"，但已公开的信息及非因第三方的恶意或过失而进入公共领域的信息除外。

在本协议中，"签字方"指一家依据法律设立的公司，在本协议中的代表方为_____。

第一条 保密信息

"签字方"同意，其被提供的信息专属于目标公司所有，并同意对上述保密

[一] 本协议范例由律师杨媛提供翻译，新浪微博@杨媛1976，特此感谢。——译者注

信息严格保密。"签字方"进一步同意，其对保密信息的利用仅限于评价上述收购事宜的可能性。"签字方"承诺，非经公司事先书面同意，不直接或间接向任何第三方披露保密信息，但本协议第五条所述人员有权依据本协议条款的约定知悉上述保密信息。

第二条 保密信息的例外

上述对"签字方"关于保密信息的义务和约束不适用于下列情况：

（1）非经"签字方"或其代理方披露而被公众所知悉的信息；

（2）在"一家目标公司"或其代理方向"签字方"披露前已被"签字方"知悉的信息，但仅适用于下述情形：①此类信息资源不受与该目标公司之间的保密协议的约束，或者向"签字方"及其代理方披露该信息的行为不被任何契约、法律、信托或其他义务所禁止；②"签字方"已经通过如下方式向该目标公司以书面通知形式出示对信息的在先所有权：a. 在该保密协议交付执行前；b. 如果"签字方"事后知道（通过被披露或与收购交易相关的工作）其具有对任何保密信息的在先所有权，则在其知道该在先所有权时即刻以书面形式予以通知。

第三条 基于法律程序的信息披露

"签字方"根据传唤、民事调查、质询、信息请求或其他类似法律程序的要求，或根据任何政府行为、有管辖权的法院的要求披露任何保密信息，应将上述要求及时通知公司，以便公司能够依据本协议的条款以其独立的成本和费用申请对"签字方"的保护令或信息披露义务的豁免。如果"签字方"未能获得保护令，或未能以合理的、符合"签字方"要求的条件和形式获得信息披露义务的豁免，或"签字方"基于诚意决定遵守上述要求，被相关法律程序强制要求披露、扩散或传播保密信息，则"签字方"可以披露、扩散或传播保密信息，但其仅在被强制或通告的范围内免责。

第四条 返还或证明

"签字方"同意，如果其决定不与目标公司签订关于上述收购事宜的协议，将向公司返还或销毁包括复印件在内的全部保密信息。"签字方"进一步同意，如果其决定与目标公司签订协议，将制作一份独立的保密信息证明。

第五条 保密信息的审核者

"签字方"同意严格审核目标公司所提供的包括复印件在内的保密信息向下列人员提供：

（1）"签字方"的代理商和员工及其直接和间接投资的子公司；

（2）"签字方"的董事会；

（3）"签字方"的法律顾问；

（4）"签字方"的会计师和财务顾问；

（5）"签字方"的承保人；

（6）其他公司估值方面的财务顾问及在公司估值方面给予协助的财务资源。

"签字方"应尽合理努力以限定直接参与收购事宜的人员级别，同时，应对上述人员的保密义务承担最终责任。

第六条 不干预条款

"签字方"在此同意，除非公司以书面形式表示准许，其在本协议签订之日起两年内将不从事下列事项：

（1）利用或诱导"一家目标公司"目前在聘或过去 12 个月以内聘用过的任何人员去干涉该目标公司的经营活动，或终止他与该目标公司的雇佣关系。

（2）聘用"一家目标公司"目前在聘或过去 12 个月以内聘用过的任何人员进入到一家与该目标公司存在竞争关系的公司或企业；

（3）非经公司准许，与在过去 12 个月内的任一时间与任意一家"目标公司"有合同关系或商业往来的任何客户、贷款方、供货商、员工或代理商进行接触。

第七条 违约、赔偿、救济

各方在此一致同意并确定，"签字方"任何不遵守保密协议的约定的行为均构成违约，违约行为包括但不限于，"签字方"未经"一家目标公司"事先书面同意而将任何保密信息泄露给任一第三方，并且该违约行为给目标公司带来了不可恢复的损失。"签字方"对因其违反保密协议的违约行为而产生的全部索赔、损失和责任承担全部法律责任。"签字方"进一步同意，在其违约时，"一家目标公司"除应享有依据本协议约定的全部权利和得到相应救济之外，有权通过强制执行本协议以获得强制救济。

第八条 通知

所有依据本协议应向一方递送的通知、申请书、传唤、弃权及其他通信，均应以书面形式，通过人工递送、发送电子邮件或传真或者国际公认的提供担保的隔夜交货的快递服务，发送到该方已经提供的或变更后及时提供的新地址，并标明"董事长和首席执行官"收。任一方接收通知的邮政地址、电子邮件地址或传真号码发生变更,均应及时通知其他方。除非发生能够影响实际送达的地址变更的情形,所有的通知、申请书、传唤、弃权和其他通信,如以人工递送,则在递送当日视为送达;以国际公认的提供担保的隔夜交货的快递服务递送,则在当夜过后的第一个工作日(国际隔夜快递则在第二个工作日)视为送达;通过电子邮件或传真发送的书面通知,则在发送方收到对方的电子邮件或电话确认时视为送达。

第九条　其他

本保密协议对签约各方及各方的关联方、代理方、员工、继承人和受让人均有约束力。如果本协议的任一条款以任何理由被认定无效、不成立或不能执行,不影响其余条款的效力。除非另有约定,本协议的条款及据此产生的全部权利和义务将自本协议签署之日起两年后结束。

[本页无正文,为各方签字页]

第 9 章
中型企业投资银行顾问及中介机构

了解他们的业务并选择适合自己的帮手

马里兰州巴尔的摩——1999 年 8 月的一次并购

我的朋友拉里是一名专司并购业务的律师,我们以前就有几个共同的客户,上星期四,他又向我推荐了一些从事电信业务的客户。拉里还清清楚楚地告诉我,这些客户并不想让我帮他们出售企业。他们需要的只是一名顾问。客户已经找到了买方,买方已经给出了 900 万美元的出价。

"丹尼斯,客户只想让你就估值和谈判过程提出建议,"拉里解释说,"他们已经一鸟在手。"一般来说,我通常会不遗余力地说服客户不要只和一个买方谈判。但如果客户坚持要这么做的话,比如说这里提到的情况,我当然愿意顺水推舟,采取按时间收费的方式为他们提供并购咨询,而不是在交易成功后一次性收费。就这样,我们在星期一上午安排了一次会议。

星期一,我如约来到一个兼有仓储和写字楼的工业园区。拉里把我介绍给客户,并推荐我担任客户的投资银行顾问。买方此前为客户公司提出的报价为 900 万美元,并且已经和客户签署了收购意向书。但就在这次会议开始几分钟的时候,买家便将报价提高到了 1 100 万美元,此时,我只是和对方握了握手,甚至还没有坐稳。这眨眼之间收获的 20% 的涨价难道仅仅是出于我的运气吗?一向有着良好判断力的妻子对此表示怀疑。

买方是一家来自佛罗里达州的企业集团,目睹了电信业如日中天般的大爆炸,他们马上便信誓旦旦地以为,一个投行顾问的出席,就意味着还有其他潜在买家关注卖方公司。遗憾的是,他们的假设并不成立。为了在收购卖方公司的投标中占得先机,这个买方便不加犹豫地将报价提高了 20%。这是买方犯下的第一个错误，这让我的客户渔翁得利。但这笔 200 万美元的意外之财绝非毫无意义！

不过，尽管买方的第一个错误确实非常有利于我的客户，也让我的客户洋洋得意，但也给我的客户造成了一种错觉，而且这种错误或将招致惨重的代价。直到星期一上午以前，客户都以为他们深知本公司在市场中的价值。实际上，900 万美元的报价就已经超过了他们心目中的价值，否则，他们或许会邀请我参与这笔 900 万美元交易的谈判过程，而不仅仅是提供并购咨询。但是，就在这几分钟的时间里，买方便让他们大开眼界、胃口大涨。我的客户突然意识到，事实上，他们根本就不了解自己的企业在市场上到底值多少钱。抑或买方也不知道这个企业到底值多少钱，但买方急于成交的心情显然让我的客户明白了一点：他们的公司很可能不只值 1 100 万美元。

在买方离开会场后，这位客户问我，他的企业到底应该值多少钱。经过简单的计算，我认为，将公司的初步估价定在 2 000 万美元似乎较为合理。在询问了我的收费标准后，客户便爽快地应允，尽管收费不低，但只要我能帮他们拿到那另外的 900 万美元，也不算为过。在 1999 年 8 月的会议开始时，客户便决定以竞拍形式出售企业。

8 个月之后，我帮助客户以超过 3 800 万美元的价格达成了交易。实际上，对公司的最高出价至少比卖方最终接受的交易价格还高出了 600 万美元。

最后，我需要补充的是，如果成交时间延迟不到 90 天，这家公司有可能很难以超过 500 万美元的价格被卖掉，与 3 800 万美元相比，两个数字显然有着天壤之别。此间，电信业市场如经历了一场原子弹爆炸一样，轰然崩溃。顺便提一下，我的客户现在已经赚得盆满钵满，正在悠然自得地享受衣食无忧的退休生活。现在，他每天做的事情就是打高尔夫球，我不得不承认，我真有点妒忌这家伙了。连他的一场球击球杆数都减少了 15 杆，我猜想，如果你有这样的时间和金钱，也能达到这样的水准。

电信公司收购交易

我经历的这笔电信公司并购交易体现了中间业务的诸多特征。首先，它不仅反映了公正公开的竞拍方式对交易结果的重要性，也揭示了以初步估值为出发点的必要性和荒谬性。对于一个最终卖了 3 800 万美元的企业，我的 2 000 万美元的初步估值算不算胡说八道呢？当然不是。就整个交易的发展过程而言，我给出的初步估值是非常精确的,而成交价只是众多买方在招标过程中共同演绎的一场大型交响乐。

这个真实的故事还映射出一个我们即将讨论的概念:交易条款。它每次都会推高交易的标价,或者说名义价格。在这个例子中,客户同时接收多个买方的出价,如果完全以价格衡量,这些出价已远远超过他们最终接受的价格。客户接受的是中标买方报出的价格及条款,而非某些虚高的名义价格,原因很简单,钱只有实际到了他们自己的口袋里才更值钱,毕竟,真的能拿到钱才是最重要的。

此外,这个例子还体现出交易时机和业务周期对估值的显著影响(详见第6章)。我的客户在电信业泡沫达到最高点的时候出售了公司,从而在最合适的时机全身而退。如果在几个月之后成交的话,他们就只能接受更低的价格了(很有可能不会超过500万美元)。

专业投行机构和内部团队的兼顾

我们将在下文详细讨论外部团队在完成并购交易过程中的价值,但专业投行顾问则会将很大一部分精力用于组织内部的专业团队,因为内部人员更能体现客户的需求,更能理解其业务职能。比如说,在我的公司里,最典型的投行团队应至少包括一名高级分析师、一名助理分析师和一名估值专业人员。正确的站姿和握杆动作是准确击打高尔夫球的关键,同理,这样的团队对保证并购交易取得成功至关重要。有些人认为,问题的关键仅在于最后一击。但是,如果你的站姿和握杆动作不正确,很难指望击球不出错。

并购交易中的专业支持

大多数情况下,客户需要将出售交易实现的相当一部分经济收益用来为经验丰富的投行并购顾问支付费用。遗憾的是,尽管这听起来会让人们觉得投行顾问过于自私,但现实就是如此。每个月,都会有人告诉我某个已经成交的并购项目或是带来一份尚未成交的并购交易意向书,而我都会毫无例外地从中发现,如果客户聘请外部专业咨询顾问或交易代表,就有可能或是极有可能给他们带来一笔价值巨大的额外收益。在大多数情况下,这种收益既立竿见影,又并非微不足道。遗憾的是,大多数客户对此一无所知,甚至在事实发生之后也浑然不觉,因此,我们通常只是出于礼貌而听之任之。尽管很难在统计上得到验证,但那些完全依赖自己来面对如此复杂任务的客户，最有可能得不偿失，因为他们在谈判桌上损失的钱远远超过为聘请优质投资银行而支付的费用。最近，我的一位助理对大量中型企业并购业务进行了一项非正式研究。他对聘请投资银行的卖方和独立完成出售业务的卖方进行了比较，结果显示，相对于卖方独立完成的交易，通过投资银行完成的交易在成交价上高出了10%～30%。尽管这只是一项非正式研究，但结果足以说明，向投资银行顾问支付3%～5%的费用显然不是没脑子的做法。

从理论上说，中型企业并购交易是一种高风险业务，一旦犯错便再也没有翻身的机会了。这种交易需要主要谈判人员以专业技能调节情绪和节奏，而这个人必须熟知标准并购实务的局限性、规范性，并运用和严格遵循这些标准。谈判者必须通晓中型企业并购交易谈判的本质，只有这样，他们才能区分什么时候需要装腔作势，什么时候需要坚持立场，什么时候该顺水推舟，什么时候该针锋相对，什么时候该适可而止。为了确保万无一失，即便是某些非常细微之处也是必须要遵循的。

所有专业谈判者都知道，每一笔并购交易都可能死过上万次，但只能成功完成一次。一个打算独立完成交易的卖方很可能会发现这一切让他难以承受，尤其是在尝试第一次出售企业的时候，这种感觉会更加强烈。在成交前，他必须面对这些让他窒息的"上万次"死亡——特别是这个垂危的企业又是他精心呵护、一手带大的"宝贝"，而在最后同时也是最关键的几个月里，他依旧要细致入微地照料这个即将离开自己的孩子，因为就是在这段时间里，企业的业务表现和财务业绩成为决定最终成交价格的重要因素之一……天哪，想到这个就让人头疼。

有经验的并购谈判专家对卖家的价值，不仅仅体现在招标过程中。拳击比赛或许可以为我们提供一个有价值的比喻。如果一个投行专业人士代表中型企业并购交易中的一方，而交易对方则独立参与并购交易，那么胜负结果显而易见，如同一个业余拳手遭遇一个职业拳手，最有可能的结果就是一场一边倒的比赛。

但具有讽刺意义的是，即便是专业人士也不愿意与业余者交手，原因很简单：这种错位本身也有可能造成马失前蹄、走进死胡同或白白绕圈子，这必然会给交易过程带来不必要的麻烦。另一种情景同样会让人感到郁闷和无聊：毫无顾忌的职业拳手在拳台上追着业余拳手，而后者毫无还手之力，只能四处奔逃，以至于职业拳手根本就打不到对方，这样的比赛当然难以为继。在这种情况下，业余拳手对双方的差距心知肚明,于是,他唯一能做的就是躲闪和逃避,绝不前进一步。在这种环境下,无论是对于拳台还是交易,都不会有任何进展。

成功的交易应出现在势均力敌的对手之间,只有这样的比赛才是公平公正的,因此,最理想的情况应该是买卖双方均委托专业投资银行代表自己进行交易。这是因为专业人士可以凭借技能和经验拨开阻碍交易进程的迷雾,直指最终目标,但不聘请投行顾问的买卖双方却往往因为交易过程中的细节而一筹莫展。显而易见,专业顾问的目的就是以最快的速度和最高的效率达成交易,并实现客户收益的最大化。然后,他们又奔向下一个交易项目。

当代表买卖双方的专业顾问面对面时,他们不仅深知对方最可能采取的战略战术,而且都通晓并购的惯例和实务,因此,即便是他们在试探对方的底线和交易意愿时,也会以职业、公正和高效的方式推进项目进程。当买卖双方不匹配时,一方惨遭杀戮或是交易戛然而止的概率就会大增。显然,两种结果都令人沮丧。

投资银行顾问的初步估值

在我看来,卓越的技能来源于深入的正规估值培训和长期的经验积累,要在诸多相互矛盾、前后不一的估值指标中建立一个相对可靠的初步企业估值,这种技能显然是不可或缺的。合格的投资银行家总是会首先考虑基准日的行业状况,然后再确定一个企业在基准日的大概估值范围,最后,在这个估值范围的基础上再进行初步估值预测。他的职责不是高估或低估这个价值,尽管也有些不择手段的并购中介机构可能会为了签约客户而人为做出高估值。最近几年,投行顾问为达到这一目的而给出过高估值的做法引发了一系列的共同诉讼事件。还有一些投行顾问可能会为了降低客户预期而人为给出低估值,以便减轻后期工作的压力。任何一个诚信为本的职业投资银行家都不会刻意地低估或高估潜在客户的企业价值。认真审查他们的资质证明材料,有助于潜在卖家远离居心叵测的投行顾问。

资深投资银行家给出的初步估值与卖家客户最终出售价格间的差异,往往来源于成功的协议竞拍,而非初步估值的不当。协议竞拍本身最能反映一个中型企业在特定时点的价值,而且也是决定这一价值的最终因素,因为它反映了最终中标人通过与其他买家竞争而支付的收购对价。

职业专长与投资银行顾问

"为自己辩护的律师,是对客户的愚弄。"毫无疑问,这条名言同样适用于中型企业的卖家。无论是买方发起还是卖方发起的并购交易，都是一个在技术上非常复杂的过程，它要求当事人熟知企业估值、税收、合同法、谈判、企业财务、证券法、并购财务处理以及并购流程。

同样不能缺少的还有最重要的客观态度。《谈判就这么简单》（Negotiate This）一书的作者赫布·科恩（Herb Cohen）的话或许最为恰当，他认为，最优秀的谈判家会向对方传递出一种强烈的意识："我确实关心，但并不是很在乎。"这种态度可以让他们在保持谈判顺利进行的过程中，始终坚守应有的职业判断和冷静思维。最有效的谈判家往往会在最合适的时间、以最合理的态度提出自己的要求，这恰恰是经验不足的交易新手与经验老到的交易高手之间最大的差距。

投行专业人士对并购交易的推进作用

公司的一位负责人曾经向我讲过一个故事，我从不怀疑这个故事的真实性。故事中的一位主角是当地一家价值2 000万美元的中型企业CEO，另一位主角则是另一家来自互补行业、规模相差无几的中型企业的董事长，他们偶然相遇并开始了一次聊天。

"如果将我们这两家公司合并到一起，岂不是一件很好的事情吗！"于是，他们认真地思考了一下，趁着一见钟情的热乎劲儿，开始列举合并给双方可能带来的种种整合效益。不过，即便是在第一次干柴烈火般的约会中，两个人还是谨小慎微的。这很像是第一次和女孩（或是男孩）约会，既希望能给对方留下一个美好的印象，但又忐忑不安，担心在不经意之间触犯了对方。于是，你就会变得像一个蹑手蹑脚的小孩子一样。

于是，双方在兴奋与不安交杂的心态中开始了漫长的相处。CEO和董事长又安排了一次午餐，继续讨论合并的潜在协同效应，详细分析合并给双方带来的好处。随着讨论的深入，双方都变得越来越兴奋。但这里也有一个问题：任何人都不愿提及一个最关键的问题（在生意中，最重要的当然就是价格），尽管双方都很清楚绕不过这个问题。

在随后的3个月里，双方一直含情脉脉地进行着午餐约会，每次午餐的菜单都很昂贵。最终，还是有一个人先提到了价格。此时，CEO和董事长都意识到，他们对彼此公司的估值相去甚远，以至于这种约会已无法延续。遗憾的是，在这3个月无果而终的甜蜜约会之初，双方都拒绝面对这个关键问题，其实，他们原本可以不必为此操心费神，也不必浪费这么多宝贵的时间。CEO和董事长在最初都不愿提及价格，这反映出他们都不清楚各自企业的价值。此外，这也反映出他们很难针对自己一手创建并精心呵护起来的公司探讨如此"私密"的话题。事实上，CEO 和董事长根本就不可能心平气和、开诚布公地解决这个最关键的问题，尤其是在甜蜜约会刚开始的时候。

如果他们在约会之初便聘请专业投行顾问解决价格兼容问题，那么，价格问题或许就不再是问题了。投资银行家可以为他们营造一个更和谐的约会氛围，从而让他们一开始便直面双方在估值问题上的分歧。一个优秀的投行顾问完全可以提高整个进程的速度，原因很简单：因为成功是他们获取报酬的前提，时间就是他们的财富，他们当然不愿意让 3 个月的时间打水漂，更不用说客户的时间了。客户支付投行费用，就是为了让交易更加顺畅高效，帮助他们区分良莠、去粗取精，这样，买卖双方都可以直抒胸怀、开诚布公。

投资银行顾问是出色的时间管理者

在一笔典型的并购交易中，从开始到成交，投资银行家一般需要花费 700~800 个小时——实际上，这已经是一个很漫长的旅程了。这些时间通常要在本章开始提到的内部团队中进行分配，包括分析师、估值人员、初级投资顾问、高级投资顾问以及研究人员等。极少有几个卖家能在维持企业运营的同时，拿出 700~800 个小时去打理公司出售事宜。通常情况下，卖方都是以管理层陈述（management presentation）的形式为出售业务投入 150~200 个小时。这些时间主要用于为企业出售备忘录和尽职调查材料编制提供数据及其他相关活动支持。如果让他们用 700~800 个小时（如果缺乏相关经验的话，可能需要更长的时间）处理交易事务，绝对是再愚蠢不过的事情了。在维持企业正常经营的前提下，卖家根本就不可能拿出这么多时间。有生以来，我还从来没有遇到一个曾独立操作交易并表示他以后还要这么做的卖家。自力更生的卖家显然还有很多需要学习的东西。

投资银行顾问是食罪者、出气筒和个人情绪的防火墙

很多中型企业交易即便是在成交后也远未告终。这是因为，大多数企业出售协议可能会、甚至是必须约定如果企业在出售后能达到或超过双方在出售时约定的财务指标或其他绩效指标，卖方将获得额外的补偿，譬如利润分成等形式的收益。这种协议还有可能包括卖方股东需以全职或兼职身份继续管理企业、担任企

业的顾问或关键员工等要求。要成功地在成交后维系这种关系，取决于交易双方的相互谅解和配合，尤其是在买方可能会出现一定悔意的情况下。

同样，如果并购交易是由具有职业操守、公正的投资银行为媒介，就很有可能让买卖双方维持彼此间的相互理解，因为有了职业化的专业中介机构的参与，一方将交易标的经营结果的不力归罪于另一方的可能性就会大大减小。

这种情况更适用于交易后按企业经营情况进行的盈利能力支付。在动辄涉及数百万美元的并购交易中，当事人在谈判过程中掺杂了一定程度甚至是大量的个人情绪。此时，有一个相对公正的中间人缓和这种情绪的爆发就非常有必要了，因为一旦买卖双方将愤怒的情绪带入交易中，其结果可想而知，或许可以说，情绪是扼杀一笔交易的最大杀手。平心而论，情绪往往会彻底摧毁完成交易所不可缺少的相互信任。在并购交易整个过程中的每一个阶段，为中型企业并购服务的投资银行都会发现，他们像是古代欧洲战场上驾驭战车的车夫，子弹从身后呼啸而过，利箭从前面直飞而来。这当然不是故事中最有趣的部分，但是为了交易的顺利进行，买卖双方把愤怒发泄到信使的身上总比双方直接开火来得"更安全"。经验丰富的投行顾问深知其中的奥秘，而且会很好地掌控这个过程。他们的回报不仅是因为所做的工作，还因为他们甘当买卖双方的挡箭牌而遭受的摧残。

选择最适合自己的投资银行顾问

如果没有经过至少五年的在职培训和实战操练，很少有几个投行顾问能够担当起中型企业并购的牵头人。在这个过程中，高级别同事给他们的指导和训练是不可或缺的。即便是经历过这样的培育，拥有多么深入和广泛的实战经验，一个投行顾问也很难具备完成一笔交易所需要的所有技能——不管是从业技巧还是必备的技术。因此，一名投行顾问必须能够调动一个由各门类专业人员组成的团队，只有让他们结合为一个整体，才能具有并购交易所需要的全部技能。由此可见，卖方必须选择一个有能力组建起一支内部团队的投行顾问（当然，其规模远不及第10章所述的全部团队），从而保证卖方利益的最大化。在这个问题上，规模往往至关重要：作为实践经验，顾问人数不超过三人的投行很可能无力组建起一个称职的团队，更无法配备必要的人员，以确保交易各方的约定权益在成交前6~12个月内都能得到保障。在这个方面，老练的投行顾问也可以单独行动，抑或是带领一个非常小的顾问团队，这当然是极罕见的例外。但即便如此，卖方也需要非常慎重地考虑依赖某一个人或少数几个人可能带来的风险：他是否具备完成约定任务所需要的全部资源？他的能力范围是否足够宽广？如果他遇到意外事件或是因为其他交易而不得不分散一部分精力，该如何应对呢？另一方面，一个从事并购业务的投资银行也不能太大，只有这样，才能保证每一笔交易都能有一名高级投行顾问牵头挂帅，或者至少有一名高层顾问对项目进行督导。

犹他州帕克城——2001年2月

这一天，我来到位于城郊最高山顶上的一座豪华别墅。进入1 200平方英尺的会客厅，接待我的是一位70多岁的男主人和50多岁的女主人。身临其境，你会觉得只要打开这座天境城堡的大门，踩上滑板就可以直通山下。主人邀请我到家里待上几天，以便讨论一下出售其主要企业的事宜。显然，投缘对他们来说非常重要，我觉得他们邀请我来这里的主要目的，就是在决定聘请我担任其企业出售业务顾问之前确认这种感觉。

当初，吉姆和玛格特携手从零开始创建了这家价值2 500万美元的公司，但是在企业的发展过程中，两位企业家却不得不面对各种各样的考验和煎熬。他们经常不得不面对手头上连发工资的钱都没有的尴尬境地。他们凭借机智、胆识和极端的审慎多次化险为夷，躲过破产的命运，现在，他们已经是毫无争议的胜利者。

他们给我的印象是，他们比中型企业的任何人都更清楚在任何时刻、任何事情上都有可能出错，除非他们同舟共济，将一切都紧紧地掌控在自己手里。这也不是什么坏办法，找一个可以无所不能的人帮助他们完成这件事，当然也是可靠的。

在我造访的几天之后，吉姆找到我，他直盯着我问："丹尼斯，你有过在我们这个细分市场上代表卖家从事投行业务的经验吗？"虽然说这个问题一点也不意外，但它到来的时机的确让我感到意外。我用眼睛的余光看到，玛格特就如同一只凶猛的猎鹰一样盯着我，在等待我回答的那一刻，细细搜索和揣摩着我的每一个反应。

针尖对麦芒的时刻终于到来了，我要么针锋相对、迎难而上，要么打开大门、逃出城堡。其实，在我乘飞机来犹他州的路上，我就知道这一刻迟早会到来，所以说，我早就开始设想各种可能性，并构思出各种应对方案。尽管我已经准备了很多种答案来应对吉姆的问题，但每一个答案似乎都不合时宜，与此时此地的这种场合不相配。因为面对这个特定条件下的问题，不管我用哪一种答案来应对，最大的危险就是被吉姆和玛格特视为逃避。就我所知，在发展事业的历程中，吉姆和玛格特从来没有逃避过任何问题，一旦发现机会，他们的大脑就会发出警报。

所有这一切都让我别无选择：我只能如实奉告，告诉吉姆和玛格特一个再简单不过的事实，不管结果如何。实际上，这个再简单不过的事实也是所有可能方案中最好的一个，尽管它经常会让人付出代价。

"吉姆，我对你这个问题的回答是没有……哦，是的。"我支支吾吾地说。（尽管这是再简单不过的事实，却未必一定要直截了当地说出来）。玛格特似乎有点迷茫，至少在我回答她的那一瞬间。

"我从来没有代理过你这个特殊行业的业务。不过，我确实也出售过几个类似或相关行业的公司。坦率地说，我认为这些代表卖方客户的项目和你的业务是直接相关的。当然，前提是你们两位聘请我代理这个项目。"这个回答反映了两层意思，一方面，我是坦诚的，丝毫不想掩饰或是杜撰以往的经历；另一方面，我有胆量说，我完全有能力接受他们对这笔交易的所有要求，而且不止如此。

在随后的一两天时间里，吉姆、玛格特和我又继续深入讨论了这个问题。尽管如此，他们最终还是聘请了另一位熟知这个细分市场的顾问（他是一个人负责这个项目的）。根据我目前所了解的情况，他用了3年时间，还未能卖掉这家企业（这还算是一家不错的企业）。我从未后悔我当初的回答。没有人能无所不能。

可以说，吉姆和玛格特都是非常成功的企业家，都是不可多得的人才，而且也是生性好客的主人。即使是现在回头想想当时的情况，我也无法确信自己能完全按他们的预期轻易地卖掉这家企业。

专家型顾问与通用型顾问

几乎每一位经验丰富的投行顾问都完成过横跨诸多行业的一些交易，因此，与这些行业相关的经验要求可能会被夸大。但即便如此，还是有些人会低估这种行业经验的作用。在这里，我们不妨解释一下这个矛盾。

如果一家从事中型企业并购的投行认为自己缺少交易必需的行业知识，既称不上行业专家，也算不上通用型机构，那么，它就应该在一开始便直言相告，拒绝客户的聘请。原因如下：①维护自己的企业名誉和职业操守；②固有的缺陷可能会导致交易结果不力，甚至根本就无法成交。一笔拙劣的交易不仅会让投资银行付出代价，更重要的是会给客户带来损失。

任何规模的投资银行都要以有偿方式获取各种深度、广度的专用、非专用数据库或搜索引擎，需要精于获取相关行业信息的分析师，并且有能力将行业相关信息转化为可使用的商业情报，从而以最快的速度和最高的效率促成企业的出售。但是，在某些特别复杂、鲜有人了解的行业里，如果投行顾问对业内每个细节都能做到无所不知，而且又与高层决策机构的主要人员维持良好关系，那么，他必然能在与全能型中型企业投资银行的竞争中占得先机。

但矛盾就在这里。从理论上说，这种投资银行家的关注点比较集中，这应该有利于交易的完成，但是和积累了诸多行业从业经验的全能型机构相比，它又缺少交易的灵活性，这就需要衡量利弊，在专业与通用之间做出权衡。我确实认识一些喜欢独来独往、但的确非常成功的投行顾问，他们曾经是某个行业内业绩非凡的企业高管，而后投身投资银行业，再代理以前企业的雇主完成一笔或是若干笔收购、剥离业务。这种类型的并购中间人可以充分利用他们的人际关系和社交能力。遗憾的是，这种丰富的阅历必然会导致他们缺少卖方投行业务所需要的技巧和技术。在他们当中，肯定会有一些人不知道该如何计算复利。此外，在最关键的交易谈判过程中，他们往往也只会简单地引见一下交易双方，提供一点基础背景数据，然后便抽身而退，留下交易双方你来我往、互相攻击。相当一部分所谓的行业专家，甚至从未成功地完成过一笔交易。通常来说，他们在投行领域游荡几年之后，就只能另寻出路了。

我是怎么知道这些的呢？在过去的几年里，我所在的公司就曾多次聘用过拥有行业专长的投资银行顾问。在他们来到公司最初的三四年里，我和其他高级顾问都要在他们身上花费大把时间，之后，这些行业中的专家才能独立开展交易。但是，在这些行业专业人员（而且仅限于极少数真正的冷门行业）最终成为专业并购交易顾问时，他们就有可能成为跨越两个领域的最优秀的综合性人才。在投行并购顾问中，可能有95%的人不以特定行业为主，因为这会大大限制他们的工作机会，只有5%的人属于冷门行业的专业型顾问。但正如我所言，即便是这样，在当今信息时代，大多数称职的通用型投行人士都能在短时间内掌握特定行业的具体知识。

认为行业具体经历在大多数情况下胜过通用交易经验是一个误区，它会促使很多客户选择不适合自己的投行顾问,比如选择的专业型顾问是单打独斗的从业者,或是除客户所在行业之外鲜有从业经验的专业人士。

最后一点,即便是对于大公司,在与专业型投行顾问打交道时还要考虑另一个问题:在长期关注于某个特定行业之后,如果他们很成功的话,必然会与这个行业内的主要买家形成一定程度的默契,就像政治说客和政治家之间的那种关系,只可意会不可言传。他们之间会形成一定的依赖性,在某些情况下,这种依赖性会伤害客户的利益,破坏交易的公正性。我并不是说这种事情永远存在,而是说,在一定的条件下,尤其是在被为数不多的几个买家垄断的行业中,这种事情确实司空见惯。如果片面地强调盯着狭隘的专业能力,并以此为基础选择了不合适的投行顾问,很可能会让交易价值大打折扣。

投资银行顾问是交易的撮合者

卖方客户中最常见的误区就是,中型企业投资银行家最重要的职责是代表卖家提供媒介和"约会"服务。很多人信誓旦旦地声称,在中型企业投资银行顾问为卖方提供的服务中,寻找并推荐潜在买家是最简单的事情,也是最不重要的事情(这显然有悖常理)。这也与我们通常所讲的隔行如隔山的道理一样。

在我所参与的绝大多数交易中,最终买家都是在签署意向书后的四周内确定的。针对最优质企业的中型企业并购业务通常要持续6~12个月,或者说180~360天,因此,确定最终买家的这四周时间大致相当于这个"约会"时长的15%或更少。毫无疑问,这四周时间对于一家中型企业的出售来说至关重要。其余85%的时间基本用于执行、设计交易结构以及谈判等。

的确,从事中型企业并购的投资银行偶尔也会扮演起"媒人"的角色,而且他们扮演的"媒人"会非常称职,尤其是在投资银行发起的"约会"中,这种作用更加明显。此时,投行顾问能未卜先知地预见到这段买卖双方尚未认识到的"天赐良缘"。(见第30章)

简而言之,在接受卖家委托后,中型企业投行顾问确实可以帮助他们物色潜在买家,但是,在他们的全部业务中,这个阶段的工作最缺少挑战性,增值性也最低。

证券法与投资银行家

华尔街的大型企业并购交易几乎完全由经过美国全国证券交易商协会(National

Association of Securities Dealers，简称 NASD。到了 2008 年，该机构并入美国金融业监管局，简称为 FINRA）认证许可的经纪商或交易商及证券代表承揽。但中型企业的并购业务则不尽然，尽管越来越多的中型企业投资银行也开始寻求在 FINRA 注册为证券代表。建议潜在客户最好选择在 FINRA 登记注册的投资银行专业人员及企业为其提供服务。

自 1986 年以来，根据《美国国内税收法》（U. S. Internal Revenue Code）的修订，对于大多数中型企业的并购建议，买方必须通过股份收购的形式对拟收购企业进行收购（以规避严重的双重纳税）。如果股东不采取股份交易的形式出售其企业，他们往往要面对难以承受的税收重负[一]。委托给在 FINRA 注册的投资银行，并借助于收购已发行证券的形式购买中型企业，可以将违犯联邦政府及州证券法的可能性降至最低，因为一旦违犯这些法律，其后果不堪设想，或将招致诸多预想不到的法律责任，比如说，买家解除收购合同。

投资银行顾问与专业估值人员

在实际操作中，很少由独立、守信的估值专家做中型企业的卖家代理（他们也很少具备这种能力，除非他们本身又是经验丰富的投资银行顾问）。但另一方面，卖方的投资银行顾问除了应具备完成并购交易所需要的各种能力之外，还应拥有提供各种估值服务的能力。因此，投行还应为包括并购交易在内的各种业务提供正规的估值服务。只有这样，才能确保他们拥有足够数量、具有正规培训的内部人员，在并购交易的最初阶段提供所需要的初步估值。如果从事中型企业的投资银行无力提供这种技术或服务，则应该提高警觉，并对他们的建议或对潜在卖方客户提出的方案持保留意见。

对于潜在买家，不管是大公司还是经验老到的私募基金机构，都会委托具备专业能力的估值人员。显然，卖家也应具备与买方相匹配的人员配置。面对一个拥有专业估值人员的潜在买家，缺乏内部正式估值能力的中型企业投资银行必然会处于劣势，进而也会让卖家处于劣势。完全依赖于"交易艺术"的投资银行往往会忽略某些原则性的基础（譬如估值技术）[二]，他们最终凭借的只是对乘数

[一] 一个例外就是 S 公司的资产出售业务。见第 29 章有关税收的部分。

[二] 关于投行估值的基本实践，请参考《投资银行：估值、杠杆收购、兼并与收购、IPO》（原书第 3 版）（机械工业出版社 2022 年版）。——译者注

和经验等的肤浅掌握，因此，这些投行极有可能忽略或是误判交易的财务价值，尤其是在代表不一般的大卖家或是客户以融资为目的的交易时，这种情况会更为突出。在需要确定产品线销售收入的价值、初创企业、资产负债表、可交付使用的运营资本以及纳税结构等诸多特殊情况时，很可能无法在投资银行专业人员中找到具备正规财务及估值能力的候选人。

本章小结

- 对于由具备相应资质的投资银行并购顾问代理的竞拍，无论是真实的竞拍还是表面意义上的竞拍，通常都会为客户带来增值（相对于仅针对单一买家）。
- 对每一项委托，大多数具备相应资质的投资银行并购顾问都会组建一个不低于5名专业人员的项目团队。
- 名义上或者说对外公布的交易价格受条款或交易结构的影响，往往都远低于真实价格，它也是客户的底线。
- 从实际收到的交易对价来看，由客户自主独立完成的交易往往会让他们付出惨重的代价。
- 除了深入的专业技能之外，投行并购顾问还应在如下几个方面为客户提供技术支持：
  - 初步估值；
  - 代为完成正常的竞拍过程；
  - 纳税筹划；
  - 合同法；
  - 谈判；
  - 企业融资；
  - 证券监管的合规情况；
  - 并购业务的财务规范及处理流程。
- 投资银行顾问除上述以外的其他职能：
  - 加速交易进程；
  - 为公司管理层节约大量的时间；
  - 担当食罪者和情绪防火墙，以确保交易理性发展。

- ➢ 符合条件的投资银行应具备足够大的规模,从而承担各种很难由一两个人承担的技术服务。与此同时,也不能过于庞大臃肿,只有这样,才能为每一项交易配备高级别的投行顾问。
- ➢ 大多数(尽管并非全部)中型企业都不需要专业型投资银行顾问或行业专家。
- ➢ "媒人"被人们普遍视为是投资银行家最重要的任务,但这其实只是一种误解。
- ➢ 尽管仅具备正规的估值技能还不足以承担代理并购交易的任务,但它却是一个优秀投资银行不可或缺的重要能力。

第 10 章

巧用外部并购团队

弗吉尼亚州里士满——1996 年 4 月

"托尼，拜托——早就告诉你不要这么做了。"

我的联合投行家正在和托尼·巴特罗商议，我感觉他压抑许久的怒火快要爆发了。托尼是我们一家客户企业的首席财务官（CFO），为人非常和蔼可亲，他喜欢与不同人士周旋和对话，喜欢品尝美酒和欣赏歌剧。在大部分时间里，跟他相处是非常愉悦的。不过，他的老毛病又犯了，被逮了个正着。他刚结束与某私募股权投资机构的会议，接受了对方提出的约 2 000 万美元投资的同时，却把所有交易条款拱手让人，而作为其并购顾问，我们对此次会议却毫不知情。我们只知道，托尼在短短 30 分钟的会议里就毁掉了我们与拟投资机构耗时一个星期的艰苦谈判。托尼根本无法摆正自己的位置，总是按照自己的想法"提供帮助"，尤其是当他收到拟投资机构的邀请希望就某些细节进行商榷时，即使我们在事先已经与其达成一致，他仍旧不按照计划执行。他为人太过友善，又大大咧咧，实在无法拒绝别人的请求。该私募股权投资机构已经意识到这个问题，并抓住托尼的弱点大肆利用。作为企业 CEO，托尼也是一位伟大的人物，但是因为他较为被动和容易焦虑的性格根本不适合参与到具体谈判中。

"你搞砸了，托尼！"我的合伙人说，"如果你要请我们来处理这些事情的话，你必须停止这样做。要知道，你的所作所为只会让并购回到最初的一步，甚至更糟。"

"鲍勃，我知道。我真的很抱歉。这是最后一次了，我保证，今后我会听你们的。"

鲍勃和我面面相觑。事到如今，我们就像了解自己的姓名一样，对托尼无法拒绝他人的性格也一清二楚。如果不是他接受拟投资机构就某些条款提出重新谈判的请求，交易合同早就按照我们的期望签署了。算了，胜利在望，也就不计较了。最终，我们做到了。交易终于达成，不过就是客户这边出了一些岔子。

外部并购团队

在本书第9章，我详细叙述了并购顾问的内部团队。现在，我想花些篇幅来描述并购交易中同样重要的外部团队，即在企业出售中代表客户的外部聘请团队。外聘团队通常包括投资银行家、交易并购律师以及会计师等。此外，其他领域的专家也会加入，例如法律或税务顾问、技术人员及行业权威等，在特定情况下，鉴定专家也会加入……是的，鉴定专家，要知道，这个世界不全是好人。

并购律师

中型企业出售方在聘请并购交易律师代表企业时，需要格外谨慎。任何的熟人、社会名流、负责你个人离婚事宜的律师或者欠缺中型企业并购经验的律师都不应该在考虑之列。卖方亦不应该聘请一位百折不挠地专注于诉讼案件的律师来负责企业并购，因为这两种法律细分专业的从业人员对经验和气质的要求往往是对立的。

因为律师选择不当而遭受严重损失甚至失败的交易数量超乎你的想象。这也并不代表企业出售方在选择并购律师的时候就要期待对方彬彬有礼并且很好说话。优秀的并购律师在代表企业时应该表现出坚定的态度、百般的手腕以及丰富的并购经验……但并购律师的工作绝不是与潜在买方对峙的时候将其"灭杀"。大多数并购律师在灭掉潜在买方的同时，差点就把交易本身扼杀了。击败对方并不是最终目的，最终目的是替客户为交易把关并促成交易执行，这与法庭诉讼是有本质区别的。优秀的中型企业并购律师能够平衡客户出售企业的动机以及潜在买方的交易意愿，并避免客户遭受严重法律错误的伤害。

注册会计师

并购交易中另一支非常关键的团队是企业出售方的会计师团队。中型企业的并购交易必须符合公认会计准则（Generally Accepted Accounting Principles，简称GAAP），财务报表必须以权责发生制等原则进行编制。如果出现与会计准则相违背的地方，无论是否有意，将直接影响到企业利益。为确保拟出售企业的财务报表符合会计准则，最好的办法就是聘请信誉良好的会计师事务所进行审核，至少对会计账目进行审阅。若仅使用会计软件而没有会计专家指导仍然不够充分。在企业出售之前，不要小看按照会计准则对财务报表进行审核的重要性。如果潜在买方在尽职调查中发现企业有财务违规或其他与会计准则不符等问题，企业出售方在交易中将面临失去主动权的风险，尤其是在签署并购意向书之后的阶段。

最常见的错误或遗漏包括收入确认不当、研发费用和支出资本化、产品保修费用准备记录错误以及库存核算错误等。这些会计错误在实际情况中很容易发生，即使是由注册会计师编撰的财务报表，若不严格按照会计准则进行审计或核查，也常常会出现错误。

财务报表和鉴证级别 会计师事务所通常会根据自己为客户提供的保证水平高低把财务报表鉴证分为三种级别：

- 财务报表编制（compiled financials or compilation financials）
- 财务报表审阅（reviewed financials）
- 财务报表审计（audited financials）

有人可能认为，既然中型企业规模的销售收入起于 500 万 ~ 1 000 万美元，肯定是要聘请会计师进行审计的，但事实上并非如此。经验告诉我，当企业的销售收入超过 2 000 万美元，其财务报表很大可能性是经过审计的；若是销售收入低过该金额，那么任何级别的财务鉴定都是有可能的（甚至是没有）——不管你是否相信，客户准备（通常也不太健全）的财务报表也就是财务自修课第一课或者 QuickBooks⊖ 自动生成的程度。我曾见过 500 万美元销售收入的企业仅用 Excel 表格进行会计记账，实在是让人大跌眼镜。

编制财务报表 在进行财务报表编制工作时，注册会计师仅需要协助客户按照会计准则合成标准化的财务报表。会计师事务所不会对财务报表中各项数字的真实性进行核实。即使是这个鉴证级别也值得向自行编制财务报表的企业推荐，因为若是出现明显的错误（无论是表述、会计准则或是数据的实质错误）注册会计师都会予以纠正。经验丰富的投资银行家普遍认为经过会计师编制的财务报表代表了在中型企业并购备忘录中可接受的最低财务报表水平。即使是这样，在

⊖ QuickBooks 是中小型企业的会计软件。我的意思是，会计软件是远远不够的，企业需要专业会计人员的会计指导。根据我的经验，年营业收入在 1 000 万美元 ~ 2 000 万美元的企业还没有只依赖会计软件就能解决问题的。

随后的全面尽职调查过程中，真正的问题还是会浮出水面，因为拟出售企业仅接受了会计师事务所最低级别的财务信息鉴证。

审阅财务报表　注册会计师会对财务信息进行一系列测试，虽然不及审计级别的强度，但会计师的参与度显著提高，进一步降低了财务数据失实的可能性。在审阅级别，注册会计师会对相关财务数据进行大规模验证，最起码通过测试将重大错误的可能性尽量降至最低。注册会计师更深入的参与程度使得财务报表的可信度得到更大的保障。

审计财务报表　注册会计师的参与程度越高（最好是进行审计），就越容易促成交易。为什么呢？因为独立的会计师事务所出具的完整审计报告会增加拟并购者的信心，也印证了拟出售企业的财务水平。更重要的是，完全由独立注册会计师出示的财务报告能够有效地避免拟出售企业错误的财务数据陈述，特别是在执行投资意向书之后的阶段，这种错误被证明是灾难性的。

会计方法　中型市场并购交易通常是基于历史或预期财务数据进行的，只有符合 GAAP、满足权责发生制的财务报表才具备可信性。

在 GAAP 以外的收付实现制和其他会计准则都是不恰当的。在大部分并购交易中，拟并购者评估投资价值都是以其他可比企业计算而来的投资价值作为参照的——事实上，几乎所有的可比数据和参照点都是以权责发生制的 GAAP 会计准则进行编撰的。

最后，各位不熟悉中型市场交易的读者和并购方或许对权责发生制的普及率颇有质疑。这些规模不小的企业真的会使用收付实现制编撰会计报表吗？事实上，这样的企业不在少数：根据美国国税局的现行规定，亦允许相当数量的企业在较长时间内使用收付实现制。

税务顾问

与会计师和并购法律顾问一样，专业的税务顾问在并购交易中扮演的角色也非常重要。企业出售方的会计师或交易律师（或他的合伙人之一）在谈判中也可以提供税务建议——取决于并购交易的税收复杂性。在并购交易中，企业卖方往往会在四个关键阶段寻求税务建议。

第一阶段，在企业正式出售前，卖方就可以进行税务意见咨询。在这样的早期阶段，卖方的目的是建立税收策略，包括选择企业实体以及优化税收结果等。在此之后，例如，企业出售方与他的会计师和税务顾问将聚在一起就交易架构进行商议，在不同场景下，根据现行税收条例决定是股权出售还是资产出售。税务顾问若能参与到并购筹划中，在某种程度上会直接影响企业的出售方式以及最终的交易价格。

第二阶段，在与潜在买方进行谈判前，税务顾问变得格外重要。此时，企业出售方的投资银行家只有熟悉客户的基本税务结构，才能够选择有效合宜的客户代表与潜在买方进行谈判。此外，投资银行家自身对并购税法的理解，也会在随后与税务顾问和会计师的沟通和协作过程中起到积极作用。

第三阶段，企业出售方的税务律师可能会参与并购合同起草和审查环节，因为这些文件会在今后的数年中对企业出售方的缴税产生影响。比方说，基于财务表现的盈利能力支付计划条款以及有关企业重组的递延税等都需要专业的税务知识，这往往超过了大部分审计师的知识与经验范畴。

最后，税务顾问（在这种情况下，通常是指注册会计师）在并购交易结束后将负责企业出售方的报税工作。中型企业的并购交易可能会带来一系列的文件整理及报告工作，合规申报的工作量极为庞杂（特别是当交易需要遵循税务法规中企业重组章节的时候）。

谨慎聘请外部团队并进行排序：将单个任务和单次谈判分开

仔细选择每一位外部专业人士，细心考察团队成员是战场老手还是入行新兵，优秀的投资银行和支持团队在中型企业并购交易中有扭转乾坤之能，因为经验丰富的专业人员知道如何与企业出售方进行有效沟通，并确保交易成功前没有漏掉任何细节。企业出售方不能在聘用有经验的并购团队方面有半分妥协，因为财务、税务或其他环节的经验欠缺导致数百万美元的损失也是有可能的。

第三方机构的排序很重要。投行团队会牵头进行交易谈判，直到投资意向书阶段，不过需要与卖方的并购律师、会计师和税务顾问保持实时沟通。律师通常会审阅投资意向书，建议或修改交易文件，但并非总是如此。因为投资意向书在大多数情况下对潜在投资者不具备约束力，虽然内容非常关键，但却不及最终的收购协议在法律意义上重要（不是针对商业意义，见第15章）。即便如此，投资意向书若是能尽量详细准确，交易双方在面对最终收购协议的时候就能减少隔阂。在准备和谈判投资意向书的时候，最好自动自发地按照最终的交易条款进行预备，即使不具备约束力。

很多情况下，企业出售方若未能有效使用交易团队，将可能带来灾难性后果。我将列举两类经典的错误，希望引起你的足够重视，千万不要再重蹈覆辙。

首先，在投资意向书起草阶段，企业出售方只能启用一位谈判代表。若同时启用多位谈判代表，任何一位忽视重要细节的风险就会大大增加，因为他们彼此间会假设其他的律师、会计师、税务顾问以及投行顾问会负责。直白一些，多位谈判代表会是一场灾难。记住：在投资意向书及随后阶段产生的错误都会有利于买方，而对企业出售方造成损害。若一份投资意向书或最终收购协议有多位谈判代表，卖方的并购团队将不可避免地会被买方各个击破。企业出售方可能不了解其中的利害关系，但是有经验的并购专业人士会非常清楚分工明确、责任到位的重要性，因为任何细节都会直接关系到交易的成败。有经验的并购专业人士会主动向企业出售方表示抵触多位谈判代表一事，若企业出售方予以驳回，就是跟交易本身过不去了。

若客户对专业团队的意见不管不顾，还是坚持己见，投行顾问也只能尊重客户的决定，即使这意味着会对交易本身产生负面影响。客户并不是完美的，若他的决策是错误的并且还咬住不放，投行顾问及其他专业人士只能不计代价地遵循。毕竟专业团队都是客户聘请的，他对所有决议都拥有最终话语权。我们只能期望客户对他的专业团队有足够的信心，并且在关键时刻能够依赖团队并给出足够空间让他们在各自的职责上发挥功效。若企业出售方总是对投行顾问、并购律师、会计师和税务顾问指手画脚（或者仅是对投行顾问和并购律师），用不了多久他就会发现错漏百出了。

企业出售方可能犯的另一项重大错误就是对投资银行及支持团队的使用不当——这会带来极大的代价——发起或者容忍"越级事件"。这种情况通常是由于买方直接找到企业出售方引起的，买方希望与企业出售方直接对话，从而拿下交易或者比竞拍环节拿到更优价格。当企业出售方允许买方绕过交易团队与自己直接谈判时，买方就成功地把企业出售方与专业团队隔离开来，这会使得交易天平向买方倾斜。有时候，企业出售方认为自己比高薪聘请来的交易团队更善于出售自己的企业，即使咨询费率高达交易总额的3%~5%。

对中型企业并购交易卖方的建议：相信你的交易团队的判断和经验。他们是为了保护你、代表你的利益在市场上争取最佳交易的，因为这是你花钱聘请他们要干的事情。企业出售方可能会被某位看起来特立独行的买方所吸引，甚至错误地相信"两位与人为善的商人——买方和卖方,只要坐下来和和气气地沟通,就能解决所有问题"。事实绝非如此。企业出售方即客户,在交易过程中享有绝对控制权,这是理所应当的。他的交易团队,归根结底不过是他花钱请来服务自己的,由他决定是否寻求交易团队的建议,但是当项目正式启动之后,最终决定权仍归企业出售方所有。

另外,当买方主动接触企业出售方,并指望能够跳过交易团队达成交易时,企业出售方需要不动声色,让潜在买方猜不出意图。实际上,从潜在买方企图越级交易的想法就看得出他们对交易的渴求。企业出售方应该由衷地感谢这类买方,一方面要对交易团队保持信心,另一方面要将这次私下沟通的详情只字不漏地告诉交易团队。

从买方角度看越级交易

如果买方继续选择对正常交易程序不屑一顾,坚持要绕过企业出售方的投行团队和其他交易顾问,就等于把自己置于穷途末路的地步,将自己与企业出售方的交易团队隔离。当众多潜在买方中的一位企图甩开交易团队对企业出售方进行死缠烂打时,他就把自己业余外行的一面在专业的卖方团队面前暴露无遗。若是手法太过激进,这种买方只会被排除在外。

越级交易总结

企业出售方若是拒绝或看轻专业交易团队,对他们使用不当,或者默许甚至鼓励越级交易,最终会付出惨重的代价。即使是最成熟的客户,也会在交易过程中受到越级交易的诱惑。当被买方追逐时,企业出售方应该为抵制诱惑做出应有的努力。根据经验,仅在极少数案例中,企业出售方能够达成超越交易团队所能企及的最佳结果。即使企业出售方对交易团队已经失望至极,依然有比越级交易更好的选择——雇佣其他专业交易人士。

本章小结

➢ 并购交易律师不是诉讼律师,也不要期待他们是诉讼律师。他们代表客户,从交易本身着手,为交易执行过程中的法律问题把关。

➢ 注册会计师在企业出售方的交易团队中扮演着重要角色,在企业财务的会计处理方面,他们的知识和经验在实际交易中对交易价值以及后续的

- 税务处理有着直接影响。
- 注册会计师根据为客户提供保证水平的高低,把财务报表鉴证分为三个级别。要避免因会计错报问题而导致交易失败,可接受的级别从低到高分别为:
  - 编制;
  - 审阅;
  - 审计。
- 律师在起草复杂文件的时候,可以作为特别的税务顾问,为拟出售企业在不同的假设情境下提供税务方案。在这种情况下,拟出售企业的税务顾问起着关键的作用。
- 在交易启动前的初步调查期间,注册会计师在会计处理和税务合规等方面扮演着重要角色;在交易结束后的税务申报以及遵循法规等方面的作用亦不容忽视。
- 如果可行,专业交易团队作为客户的整体代表,需要在交易启动前对各自的分工与协作进行确认。
- 在交易过程中,拟出售企业在雇用并购顾问团队时,需要明确各自的角色以及秩序:
  - 在起草投资意向书的过程中,投资银行家通常是各中介机构的团队领袖;
  - 在投资意向书完成后,并购律师会作为团队领袖直到最终收购协议签署;
  - 税务顾问在交易结构中负责税务部分,而投资银行家将继续负责投资意向书谈判。
- 客户需要协调并支持他的专业交易团队,并拒绝买方的越级行为。
- 越级行为对于买方自身来讲也是非常危险的,这会给企业出售方留下不成熟、不专业的印象(根据我的经验,通常如此)。

第 11 章

任何人都可以做并购吗？

> 不要对牛弹琴。这不仅是在浪费生命，也会把牛激怒。
>
> ——匿名
>
> 不要和手无缚鸡之力的弱者战斗。
>
> ——漫画家沃尔特·凯利（Walt Kelly），*Pogo*
>
> 长时间不犯错的人总是虚有其表。
>
> ——托马斯·潘恩（Tomas Paine），《常识》（*Common Sense*）

这活儿谁都能干吗？

最近我听到一种声音——非常直接和直白——企业估值领域的某专业人士提出企业并购是教不出来的。纯属巧合，我在一次并购交易中与这位自诩老手的专家有过短暂的交锋，我明显感觉到对方是毫无头绪的。这让我想到了18世纪的一位重视理论却固执己见的哲学家，他认为互联网是教不出来的。不过呢，如果你本来就没有听过互联网，甚至连它是否存在都不知道，当然是没办法教出来了。

我观察到的是，在大部分情况下，中型市场的并购团队需要在财务、法律、会计以及行业等方面有相当的经验积累，对操作一笔并购交易的所有环节都谙熟于胸。这让我想起盲人摸象的古老寓言。每个盲人都认为自己双手所触及的地方就是大象的全貌。这些专业人士肯定也都是这么认为的。中型企业的所有者通常亦是如此。他们都不是胆小怕事的主，而并购交易归根结底不过是商业谈判，这是企业高管每天都在面对的事情，难道不是吗？不过，多年的并购实战及授课经验让我坚信，若是没有经过培训，不管是专业人士还是企业客户，大多数对并购交易的理解还是零。

> 企业高管的工作就是决策：有时候他做了正确的决策，但决策不过是他的工作而已。
>
> ——约翰·帕特森（John Patterson）

弗吉尼亚州麦克莱恩市——2001年1月

我们又开始旅程了！我和团队刚结束了对某潜在卖方并购客户的拜访——董事长是一位精明老练的知名企业家——对赢得客户非常有信心。克莱格（化名）是工程师出身，有着深厚的技术背景。他说话言简意赅，在对话过程中总是一针见血。不过，我们做了充足的功课，给他做的陈述也非常清晰。

克莱格决定前往华盛顿，与CEO一起到我们的办公室会谈——这是很正面的信号。我们对企业所在的行业有着丰富的并购经验，对交易本身也是驾轻就熟。另外，CEO对我们的印象颇深，评价很高。在2000年互联网泡沫破裂之后，众多投资银行对规模上亿的交易挤破了头，而我们对于拿下这笔交易已经十拿九稳，我对自己的团队尤为骄傲。这将成为我们的经典之作！

让人始料未及的是，拦路虎出现了。在企业成长初期就引入的风险投资基金推选了新一任董事会主席。另外，虽然说交易或将成为经典，但是也存在棘手的问题。在20世纪90年代，众多快速成长的企业纷纷引入风险投资。这类企业通常都有同样的问题：当商业模式没有达到风险投资基金的预期时，风险投资家们就开始疲惫，想要退出，管理团队亦是如此。

平心而论，这家企业的资质和实力都不错，潜在买方应该不少，但是疲弱的公司治理是很大的软肋。新上任的董事会主席还处于与董事会和管理层的磨合期。企业治理的持续混乱给了他史无前例的权力和影响力。

在给公司董事会的汇报里，我们把自己对行业的深刻洞察和独到见解展现给了董事长和各位董事。作为回应，他仅仅轻描淡写地说道："你知道吧，我刚把上一家公司卖了6 000万美元，我对企业并购的流程非常熟悉。"

然后，我和坐在会议桌另一头的并购合伙人默默地看了对方一眼——都不太愉悦。现在我们知道这场并购交易的真正对手是谁了——是董事长，一位自以为是的并购专家。

我们又回到了原点。我透过宽敞的会议室窗户向外看，楼下就是停车场。（我暗自思索着：当租期届满的时候，我不要再租以停车场为外景的办公室了。还有，我要告诉物业公司，这些窗户需要擦了。）

客户达不到的专业高度

在出售企业时，中型企业的卖方并不知道自己将要面对什么样的并购条款，也不知道买方的谈判底线，即使他们自以为无所不知。我经常做的白日梦之一就是我在打一场梦幻高尔夫，每一轮都是依照我的自信程度而非实际技巧来得分。其实自信心是无迹可查、无据可依的，否则我就可以参加专业巡回赛了。

想到这里，我不禁要问：打高尔夫球到底有多难？毕竟摆动球杆、大力击球……不过就是摆动球杆、大力击球嘛。为什么我们中的大部分人没有达到专业水平呢？我们在体力和肌肉强度等方面都相差不大，在技巧学习和不懈努力上也是齐头并进。我们的高尔夫运动装备都是类似的，也都在寻求专业指导以纯熟技巧。

难道我们中的一流高手真的是上帝选择的吗？其实，我们在梦想成为专业选手的过程中，只有一个障碍：积分卡。俗话说，魔鬼在细节中。3个小时的18洞跨度是由成千上万个细节组成的，高尔夫挥杆是其中的细节之一。就这么简单，我们这些凡夫俗子只需要一如既往、精益求精地执行。中型市场并购交易的复杂方式类似于高尔夫球。卖方企业家的"一场球"通常需要绵延数月的时间，甚至要耗上一整年。达成交易的收购价格无疑就是卖方企业在比赛结束后的得分。

此外，君子之间的高尔夫赌注，一场不尽如人意的比赛也就是输几美元罢了。而对于中型市场企业出售，如果表现欠佳，损失的可是数千万美元。在并购游戏中，大部分不幸的企业所有者即使表现非常糟糕，照样有安慰奖可拿：在离场的时候，把自己当专业选手的他们仍然对损失的财富毫不知情。

不得要领的我们与专业高尔夫选手的差别在哪里呢？我仅列出以下几个简单原因：

- 职业球员终身学习，与其他职业选手一起努力，不断精益求精，提高耐力和智力。
- 对于职业球员，高尔夫运动不是比赛，而是工作。
- 职业球员的成功反映了他们对高尔夫球比赛的投入和赢得比赛的决心。
- 由于职业球员"使这一切看起来那么容易"，我们常常发现自己被骗了。

"我也可以做到",太多的人都认为触手可及,但却从来没有接近过。

对于这个问题,我们上一次看到某领域非常出色的运动员转到全新领域后仍然所向披靡是什么时候?迈克尔·乔丹(Michael Jordan)是篮球场上最有成就的运动员之一,后来他决定参加棒球大联盟,结果并不如意。

诚然,一路走来,许多成功的中型市场企业所有者或企业家已经有了一些商务谈判经验,对并购有了一些接触,与专业的会计师、律师、资产评估师也共事了一段时间。半路出家的他们,端起一盘大杂烩,就想在并购市场上硬闯一番天地,在与专业选手的对弈中,他置自己的利益于不顾,注定要惨淡收场。

当企业所有者亲自参与到并购交易中时,有人可能会耸耸肩,任由他横冲直撞,毕竟到最后头破血流是他自找的。当然,那些半罐水叮当响的所谓专业人士代表企业家进行的并购交易,情况也不会好到哪里去——当某一位并购顾问企图单枪匹马做到整个并购团队才能完成的工作时,这跟企业CEO、经理人或者会计师认为"我能做到这一点"没有本质区别,都是糟糕透了。

经验和并购

与一群绝顶聪明、实战经验非常丰富的初级并购交易顾问共事多年的经历让我相信,经过短短几年的集中式实践,这些经理级别的年轻人比那些业余的或者半职业的并购市场老将还要靠谱。

本章小结

➤ 若客户选择在企业出售过程中亲自上阵,或者负责交易的并购团队不够专业,客户永远不会知道企业价值到底是多少,或者他留在谈判桌上的财富有多少。

第 12 章

两种竞拍方式：非正式竞拍和控制式竞拍

竞拍概论

- 贯穿全书，我都在使用"竞拍"（auction）二字，我希望能够借此机会对这个专用术语给出更为恰当的释义。多年以前，我给学生授课的时候，就把竞拍归纳为两种方式。一种是非正式场合进行的有效的、协商式竞拍，另一种是正式的控制式竞拍。

在现实中，大部分以卖方主导的并购会吸纳两种竞拍方式的多种元素。为了使用方便，除非特别说明，本书中使用的"竞拍"（其实我总觉得在买方面前使用该词会让我颇为尴尬）二字特指非正式的、有效的、协商式竞拍，这也是实际交易中最为普遍的竞拍方式。

非正式的、有效的、协商式竞拍

非正式的、有效的、协商式竞拍通常是出售中型企业的最佳手段。通常在竞拍和谈判平衡的过程中，会有几轮甚至数轮的讨价还价。多位潜在买方的价格角逐使得企业出售方能够通过有效还价来争取最大收益。在中型企业出售过程中，企业出售方和并购团队的首要目标就是保证有尽可能多的潜在买方参与到竞拍过程中，并鼓励他们彼此竞争（至少是潜在的），以保持竞拍过程持续有效。

虽然我尽量避免在潜在买方面前使用"竞拍"二字，事实上仅有极少数后知后觉的买方才会对竞拍背后固有的竞争特质视而不见。有经验的职业买方并不会对竞拍本身过于排斥，他们对游戏规则早就谙熟于胸，对应付各种非理性举动的技巧与手腕已然纯熟。例如，交易对价和条款比名义价格更重要、在企业估值时使用的原则以及留有余地便于脱身等，这些都将分别在第 18 章、第 23 章以及

第 16 章中详细介绍。

- 相对正式场合中进行的控制式竞拍，这种非正式的协商式竞拍对表达收购兴趣以及签署收购意愿书（LOI）并没有严格的时间表。
- 这种行之有效的竞拍方式并不是一场单纯的拍卖（并不是在佳士得拍卖行[一]举牌的拍卖），但按照价高者得的核心原则，确实也像是一场拍卖，但是竞争关系比起传统拍卖而言显得更为明确。
- 另一点与传统拍卖不同的是，这类竞拍过程会涉及一系列来来回回的价格谈判。

正式的控制式竞拍

这种正式的控制式竞拍方式比协商式竞拍更正式且更受控制。根据我的经验，形式严格的控制式竞拍主要是用于已上市公司剥离较小的中型事业部或业务单元。具有讽刺意义的是，上市公司会因为缺乏非正式竞拍经验而采用正式竞拍方式（通常是由于他们因过度相信内部经营者和对并购知识略知一二的财务人员而对业务剥离的理解产生了错误判断）。在其他情况下，上市公司选择正式竞拍方式以求更快捷也更低成本地完成业务剥离，并保证继续专注于业务重心，持续经营。大型机构一旦做出重大决策，总是倾向于以最迅捷的方式结束战斗。

在业务性质尤为特殊的时候，采用正式的控制式竞拍更为恰当。多年以前，我所在的投行曾协助一家特殊的采矿企业进行出售，而在全世界范围内不会有超过六家企业有兴趣收购。控制式竞拍过程对卖方是非常有利的，因为这在潜在买方中制造了一种紧张氛围——实际上从卖方角度来讲，这是正式竞拍最大的优势。正式竞拍的每一细小设计都是为了在潜在买方的小群体中营造出这样的氛围。

但是，太过追求速度会对企业出售方在协商式竞拍中产生不利影响，因为相关行业的更多潜在买方也可以逐步加入竞拍，以达到最终售价最大化的目的。在协商式竞拍中，紧迫感可以在竞拍初期有所延滞，而在最后阶段才被带入。虽然

[一] 佳士得拍卖行：（CHRISTIE'S，旧译克里斯蒂拍卖行），世界著名艺术品拍卖行之一。拍品汇集了来自全球各地的珍罕艺术品、名表、珠宝首饰、名车和名酒等精品。——译者注

竞拍方式可以有无数种变化，但是为了方便起见，在图12-1和图12-2中我们会重点介绍两种竞拍方式。

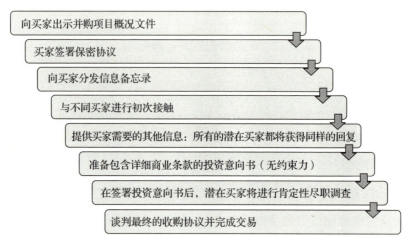

图12-1 非正式的、有效的、协商式竞拍的步骤

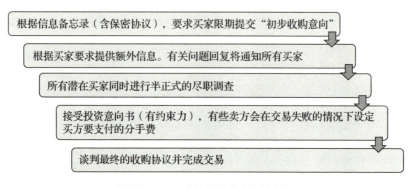

图12-2 正式的控制式竞拍的步骤

资料室以及协商式竞拍和控制式竞拍的次序

在控制式竞拍方式中，企业出售方会邀请潜在买方提交意向或表达兴趣，这就是初步投标/建议书，而非通常更为详细的最终版本的意愿书（LOI）。对于最终入围的买方，企业出售方会开放资料室（documentation room，不过当下更多的是采用电子化的有密码保护的网站）。

企业出售方的信息会在资料室内向潜在买方开放，以协助其完成尽职调查，相对初步尽职调查，这就是最终的详细尽职调查了。另一点值得注意的是：存在竞争关系的潜在买方们会发觉企业出售方会安排几乎同一时间让彼此出现在资料室里。随着电子资料室的出现,有形的资料室可能不会开放太久,不过从谈判心理学的角度出发,有形的资料室通常也是要提供的。

两种竞拍方式对资料室的最大不同是,协商式竞拍通常有且只有一位潜在买方有资格进入详细尽职调查阶段。对于协商式竞拍而言,详细尽职调查之后就是对商业条款(即无约束力的投资意向书)进行实质性谈判。而在控制式竞拍中,大多数详细尽职调查过程中会穿插着谈判以及对投资意向书中商业条款的完善,使得在接下来的阶段中投资协议能够尽快签署。

协商式竞拍小结

有时候需要较长时间来完成一笔并购交易(或者仅是因为交易的达成本来就耗时就长),协商式竞拍更有可能为中型企业出售方实现交易价值最大化的目的。协商式竞拍在多个潜在买方中营造出的收购兴趣是渐进式的,一波接一波,愈发浓郁。这种方式不但可以使代表卖方的投行家在潜在买方出示的多个初步竞价中有更多的回旋余地,而且还可以更深入地探查到各个潜在买方的偏好以及交易价格的计算方式。一位有经验的投资银行家可以利用多方多轮的竞价为企业出售方争取更有利的条款。

例如,我若获得两份竞价:一份是2 000万美元(包括500万美元的现金),另一份是1 800万美元(包括1 600万美元的现金)。我就会诚实地告诉第一位买方——我已接到另一份包括1 600万美元现金的报价,并告诉第二位买方——我已接到另一份总计2 000万美元的报价。我在本书的其他地方也都提到诚信是商业谈判的基石,这也是我的信条。总之一句话,你要始终讲实话。没有人会期待对方在谈判中和盘托出,这并不是商业谈判的本质。在这种情况下,我的意见是企业出售方没有义务透露其他买方的出价细节,亦没必要透露他的价格底线。竞价不过是设计来决定买卖双方的出价是否有交集的过程(如果有)。

协商式竞拍不仅很好地保护了企业出售方的隐私,而且极为便利。因为在竞价的过程中,随着其他买方的退出,最终只有一位潜在买方能够进入详细尽职调查——在最终的商业条款清单⊖确认之后。大部分企业出售方显而易见地倾向于

⊖ 关于投资意向书的主要条款清单的内容,请参见《风险投资交易》(机械工业出版社出版)。——译者注

仅有一位潜在买方开展详细尽职调查，而非乱哄哄地七八位一起上。若是有多位潜在买方同时开展详细尽职调查，将会对企业出售方及其业务经营的持续性造成最具破坏性的影响。另外，若有多名潜在买方参与详细尽职调查，会大大增加重要商业信息被泄露的风险。在详细尽职调查之前就对收购最终条款达成一致，也会为企业出售方降低不确定性并减少为难之处。有确认性条款在手，企业出售方会认为完成收购不过是时间长短的问题。

竞拍过程中的诚意金以及分手费

不可退还的诚意金和分手费在协商式竞拍中很少见，因为在签署投资意向书后，几乎没有买方会在尚未开展详细尽职调查去核实数据之前就甘冒风险支付一大笔诚意金。不过，任何的规则背后都有例外存在。诚意金和分手费的事偶尔也会发生，尤其是在：

- 每一条交易条款都经过了充分协商谈判。
- 详细尽职调查已经完成，由于某些原因，如果唯一的潜在买方延长排他期，将会严重伤害到企业出售方。
- 并购交易需要的详细尽职调查内容并不算复杂（例如，只是并购某个业务模块而非整家公司），而唯一的潜在买方延长排他期，将严重影响到企业出售方。
- 若有新的潜在买方在最后时刻出现，愿以更诱惑的条款让现有卖方放弃手头收购要约。

诚意金或分手费的金额

企业出售方应该如何计算诚意金或分手费呢？根据过往经验，我曾用过以下两种方式：

第一，向企业出售方计算若买方真是放弃了，会给企业带来多大的经济损失。这样的计算是非常直接的，可以把不可恢复交易、各样支持性费用（包括两边的外部顾问费用、内部人员工资等）以及时间成本（通常需要数月才能找到另一位潜在买方而启动新一轮谈判）等进行加总，就是这位偏执的买方应该承担的。

第二，若企业出售方真想避免潜在买方放弃交易的情况——要么因为企业出售方认为这单来之不易的交易已经板上钉钉了，要么因为一位新买方在最后一刻出现而希望企业出售方与前一位买方终止谈判，这样再终止交易会对企业出售方造成严重影响。若是以上情况，特别是第二种情况更为适用。在这种情况下，企业出售方计算出的诚意金或者分手费要比真实的损失更甚（我们称为惩罚式计算），这会迫使交易双方在考虑放弃交易时思量再三。

竞拍的需求：买方不愿告诉企业出售方的是什么？企业出售方如何发现？这样公平吗？

在 MBA 的某堂课上，弗吉尼亚州——2007 年

最近，我与一位新客户碰面（她曾是我作为客座教授在某研究生课堂上的学生，随后她继续攻读 MBA）。在并购课堂上，客座教授中的另一位是某家上市企业的高级并购经理，公司总部也不算远。这位高级并购经理在几年时间里完成了数笔规模较小的中型企业并购交易。在课堂上，他把自己刚完成的一项并购交易作为案例进行课堂讨论，而交易条款也是刚向公众披露不久。根据他的学生、即我的客户的描述，我对这位讲师的坦诚惊叹不已。我甚至对某些未披露的事项非常感兴趣，毕竟我代表的投资银行曾与这位并购专家所在的企业有过业务接触——我们不得不承认他的公司实在是一位并购经验丰富的伟大买方。

根据并购专家在 MBA 课堂上给出的情景，这家上市企业是唯一的买方，尽管目标公司非常优秀而并不难找到更多的潜在买方。但是为何目标公司并没有找出更多的潜在买方呢？对此我没有答案，我的客户即 MBA 学生亦毫无头绪。

在课堂上，并购专家作为客座讲师还向学生们透露了实际交易价格和上市企业对目标公司的心理价位。我的客户告诉我，课上所有人对两个价格的巨大差异都目瞪口呆。多年的并购经验告诉我，其实这样的结果并不稀奇。我告诉她，我希望朋友们或者企业出售方的家人都不会在谈判桌上遗漏数百万元本应该属于他们的美金。事实上，这家上市企业的心理底价是实际交易价格的近两倍。

单一买方——鲨鱼和落水鸡的游戏

无论在哪种情况下，买方都没有任何义务对外透露自己的价格底线。投资价值（与公平市场价值不同）必然是主观的，更是极为保密的。希望从潜在买方探明目标企业的最终价值简直是做白日梦。企业出售方判断企业最高价值的唯一可行方案就是集齐尽可能多的潜在买方并发起竞拍行为。

企业出售方若没有找到两位或两位以上的潜在买方，就会逐渐发现自己在与单一买方的谈判中逐渐丧失主动权。实际上，我认为企业出售方在面对单一买方时会显得无足轻重，就好像一只落水的小鸡面对大白鲨一样，只能使劲拍打软弱无力的翅膀来表现自己的恐惧，而买方的心情就像置身于天堂之中。不久以后，脆弱的小鸡也即将奔赴天堂。

当鲨鱼在水箱中

有时候，无论尽了多大的努力，仍只有一位潜在买方出现。狭路相逢勇者胜！企业出售方和他的团队需要打起十二万分的精神，想方设法去寻找突破口。这里有一些谈判技巧可以拿出来与大家分享：

- 尽量传达出一种对交易模棱两可、进退两难的情绪：你不需要急急忙忙地把企业卖掉，亦对交易是否完结不太在意。说起来容易，但是要让对方确信却需要极大的自制和节制。这一点也是在单一买方的谈判中，企业出售方能够做到的最重要的一步了。
- 买方也会受到某些情况的约束和时间限制，即使卖方并不易察觉。
- 一定要从容不迫，因为耐心往往反映出人在当下情况的自信。
- 不要忘记买方很少能完全识别出卖方的弱点。
- 至少要对外表达出有别的买方对企业仍有兴趣的意思（在很多情况下，只是没有找到而已）。
- 找出自己的心理价位并坚持到底，若低于此价，宁愿放弃交易。
- 把投资银行顾问作为与买方的中间桥梁，即使你只是按照小时支付薪酬；投资银行顾问的出面代表了竞拍正在进行中。
- 但是不要过分伪装或者夸大自己的处境，以免买方看穿了你的伎俩，反而陷自己于不利的处境。因为这样做会破坏交易的各种可能性以及让少得可怜的优势也荡然无存。一定要保持冷静。企业出售方切记不要试图营造虚假竞拍，这会造成许多问题。首先也是最重要的：如果市场上只有一位买方，这唯一的买方不久将发现自己的独特位置——企业出售方唯一的出路。如果穷尽各种方法，有且只有一位潜在买方，企业出售方应该选择有技巧地暗示对方市场上有其他感兴趣的对家（肯定是这样的，无论你是否已经找到他们），而不是冒着失掉信用的风险假装一场声势浩大的竞拍。千万不要把伴装的部分放在聚光灯下让对方审视，这样很容易把与单一买方的交易节奏和竞拍之间的明显不一致暴露出来。

本章小结

- 有两种竞拍，一种是控制式竞拍，一种是协商式竞拍。
- 大部分中型企业并购交易对交易双方都具有极强的特殊性。
- 协商式竞拍几乎是中型企业并购交易的最佳选择。竞拍给了企业出售方及其顾问团队较大的自由度，因此在实际操作中使用最为广泛。
- 控制式竞拍主要适用于上市企业分拆下属子公司，或者是某些特殊卖方在面对非常少的潜在买方的时候。
- 两种竞拍方式在程序和效果上有显著不同：
  - 控制式竞拍：投资意向书（LOI）是在双方已经对竞拍兴趣进行充分沟通、大部分详细尽职调查都已经完成的情况下签署的，可以是具备约束力的，可能会包含分手费。
  - 协商式竞拍：在初步意向中更多地采用投资意向书而非展示竞拍兴趣，投资意向书可以是不具备约束力的，大部分情况下不包含分手费。签署投资意向书后再开展详细尽职调查。
- 协商式竞拍更有利于企业出售方，使得竞拍过程更为便捷，因为只会有一位潜在买方进入详细尽职调查。
- 协商式竞拍会最大化企业出售方的利益，因为可以利用各种交易环节以及各位潜在买方的具体情况来控制交易进程，更利于企业出售方。
- 基本上，单一买方的情况并不理想，因为这意味着企业出售方用于判断买方的实际投资价值和心理价格的方法会很少。
- 买方可以在竞拍过程中使用"五的法则"（见第 23 章）来为自己争取利益，也需要设立心理底价。
- 当企业出售方遭遇单一买方——大白鲨的时候，可以通过以下方式为自己争取利益：
  - 不要对这种紧张对抗太过介意。
  - 暗示有竞拍的可能性（尽可能温柔、谨慎并且持续地表述）。
  - 设置心理底价。

第 13 章
财务顾问协议、评估专家费用以及面对金钱诱惑保持诚信正直

>上帝,请帮助我拒绝诱惑,特别是当没有人在观察的时候。
>
>——匿名
>
>永远行事正直的人最终会获得极大回报,而其他人只能侧目惊奇。
>
>——马克·吐温(Mark Twain)

深思熟虑的财务顾问协议

本章的部分内容乍一看会让人觉得愤世嫉俗,但这就是本书的初衷——实事求是地描述真实的并购世界,为了给潜在的待售企业和投行家们提供帮助。或许有些读者在有些地方不太同意我的观点,但这里出现的是通过大量的现实情形、真实经验,并且历经波折才获得的宝贵教训。我不愿把这些财富束之高阁,而是希望跟各位读者分享,无论你们是企业出售方或是并购从业者。

在我的职业生涯里,我与大约95%的客户都有过很美好的合作和相处,其中的大多数甚至成为毕生挚友,直到今天。但必须算上剩余那5%的客户才成就了100%的职业生涯。"真是难以回首。"对团队的每一位成员来说,就是那5%让生活和交易本身都成了一场煎熬。95/5 规则对其他的投资银行家在并购生涯中也同样适用。其中所需要的可以归纳为正直、专业性以及对客户和专业团队真诚的善意。事实上,人生苦短,中型市场的圈子挺小,你要如何树立自己的品牌。嘴多舌长,众议成林。同样地,也有5%的投行家让中型市场并购交易涉及的买卖双方和其他专业团队的日子也很艰难。因此,大家也要提防他们。也许最好的方式就是提前预警,这就是本章的目的。

律师和财务顾问协议审阅

当某位潜在企业出售方和他青睐的投行家已就企业并购顾问服务达成一致时,双方的共识必须落实到投资银行财务顾问协议(financial service agreement,简称 FSA)上。这份协议里的大部分内容都是标准模板,其中的细节条款对于各家投资银行都是类似的。但是,企业出售方在签署投行财务顾问协议之前,即使是与最知名的投资银行团队合作,最好也要将协议交予律师过目。在过去几十年的工作中,我经手过上百份的财务顾问协议。我发现了一个有趣的现象,只要是对方律师审阅过的财务顾问协议,寄回的时候都会有一两处修改。虽然都是些微不足道的地方,但是每位律师修改过的地方都不尽相同。于是,我把这个有意思的发现告诉了一位律师朋友。他思忖了半晌,告诉我:"我们修炼的方式各不相同。"也对。不过,律师针对投行财务顾问协议的修正意见包括法律或业务两方面。

律师提出的法律意见通常是可以接受的,不过也不太紧要,有些律师的日常工作就是对各类法律文件进行标点符号、字句段落的修改。很可能是因为这份投行财务顾问协议本身就是根据其他律师起草的模板直接套用过来的,没有什么大错,否则也不会一直延续使用了。

不过,律师提出的关于业务方面的修改意见,例如对投行收费吹毛求疵等,就完全不合时宜了,除非这位律师对中型市场投资银行费率有着大量的项目经验,而这份财务顾问协议与他的经验不符。另外,他必须对本次并购的独特性有充分了解。

只有在满足上述条件的情况下,企业出售方的律师对投行费用的意见才是中肯的。遗憾的是,一些律师对费用结构的建议是不合时宜且没有必要的。或者律师也只是想试探一下投行家会不会在常规费用收取上有所让步,又或者他仅仅是不太了解每家投行收费都稍有不同,根据服务质量、过往经验以及项目特性会有一定幅度的变化。该位律师可能相信"不入虎穴,焉得虎子"的道理,或者经验不足的律师以为这是一个取悦客户的好手段。但是根据过往与不同客户达成意向的数百次中型市场并购项目经历,潜在企业出售方和我早就在基础收费结构上达成一致了(大部分是通过协商),列在财务顾问协议中不过是一种形式。

简单地说,对双方已经达成一致的收费结构进行毫无意义的修改,就是对企业律师和投行家的关系上插了一把刀。顺便说一句，对从事法律工作的众多友人来讲，我从未建议潜在出售者降低他的法律顾问费用。我认为这是客户与他的律师之间的事情。

那么，在什么情况下审阅投资银行收费情况是合理的呢？

- 当客户出于谨慎考虑，主动向律师咨询意见的时候；
- 当某交易价格已经确定的项目收费与律师的经验不符的时候；
- 根据律师的个人经验，收费结构已经远超出行规的时候，并且律师对该项目的特殊性有足够的了解。

大笔财富和离奇行为

有一种叫作通牒博弈（ultimatum game）的游戏，神经学家也仔细研究了核磁共振对大脑的扫描片。游戏中，A 会向 B 暗示自己将获得一笔钱（假设是 50 美元），不过只能在分享一部分给 B 的条件下才能据为己有。假设 A 提议拿其中的 10 美元给 B。理性的选择是，B 会放弃 A 的提议，即使 B 并没有付出任何劳力。在世界各地进行的实验表明，绝大部分 B 在没有获得大约 1/3 收益分配的情况下，宁愿选择放弃。B 们都觉得若不这样分配自己就会感到不公平，认为自己被冒犯而恼羞成怒。人们总是不患寡而患不均（通过脑扫描测得的反应是非常有意思，并且存在教育意义的），虽然自己并没有损失什么。在并购谈判中，这样的引申应用版几乎每天都在上演。

当财富总额越来越大的时候，需要给出去的数额也更加令人目瞪口呆。例如，A 即将获得 10 000 美元，A 建议拿 2 000 美元给 B；或者 A 即将获得 1 000 万美元，那么建议给 B 的资金也将提升至 200 万美元。对于后一种情况，面对更大数额的财富，20%的额度看起来怎么样都会接受的，事实上也是如此。人的理智是建立在财富规模之上的，与具体情景相关㊀。

蒙大拿州——1996 年 6 月

我对本次客户的交易非常满意——事实上按照计划，交易已于昨日完成交

㊀ 我要再次感谢理查德·瑞斯塔克（Richard Restak）的《赤裸的大脑》（*The Naked Brain*，Harmony Books，2006 年）。整本书是对人类思维的描述，令人难以置信。

第 13 章　财务顾问协议、评估专家费用以及面对金钱诱惑保持诚信正直

割。当我接起电话，客户的律师在电话的另一端，我自然而然地以为他是想约我一起去庆祝一下。我们一起共事的日子非常快乐，律师和投行家通常都是惺惺相惜的。一路走来，充满艰难和挑战，整个项目花了我们近一年的时间。一切已然终结，真是有乌蒙磅礴走泥丸的情怀。我尤为欣赏这位客户——贝斯·麦克莱伦先生，跟他一起工作非常愉快。贝斯时不时会表现出他迷人的另一面——蒙大拿牛仔、好丈夫、教会执事等。贝斯以养马起家，在他的细心耕耘和精心料理下，他开始与政府合作，逐渐把业务越做越大。

"你好，狄克。"我向电话另一头的律师问好，"昨天一切顺利吗？"

"昨天挺好的，但有一件事情，我需要告诉你。昨日贝斯收到了你的账单，无论如何，他都没有想到需要支付这么多。"律师说道。

这个电话好似晴天霹雳般。在接下来的对话以及稍后的几轮电话中，贝斯的律师态度坚决地告诉我，在结束了这场艰辛的奋战后，贝斯突然发现注明在财务顾问协议中支付给我的顾问费太高了，尽管他对我在交易中做出的卓越贡献赞叹有加。

要知道，任何律师在任何情况下都可以替客户找出提起诉讼或者延迟支付的理由。针对本项目，律师也搬出了一些晦涩的蒙大拿州房地产税法对本次交易的潜在影响。这虽然是技术问题，但是实际上，贝斯只不过是不想支付高昂的顾问费用罢了。

狄克和贝斯给了我两个选择，却没有一个是我心甘情愿的。一是我接受25万美元的还价，二是我需要花上两三年的时间为了协议上的31万美元顾问费与其对簿公堂。虽然我的律师告诉我，胜诉几乎是板上钉钉的事情。但是，狄克和贝斯深知我将为之付上的相关诉讼费用、时间成本以及因此分散的精力，这些加起来远远超过了他们拒绝支付我的6万美元。贝斯通过这次交易获得了数千万美元进账，6万美元对他来说真的是九牛一毛。

不过，贝斯就是不愿意多支付我6万美元，因为他认为自己完全不必支付这笔钱。当然他可以逃脱，因为他和我都知道我是不会为了这6万美元就把自己卷进一场无休止的诉讼之中的，得不偿失。这就是成长的代价。

最终，团队的所有成员都不愿意在追讨应得佣金上浪费更多的时间和精力，只能安然承受这份失之交臂的遗憾。不过，一朝被蛇咬，十年怕井绳。大部分投行家在有过类似经历以后，都会在随后的财务顾问协议中对有关费用结构的条款

119

盯得死死的。

华盛顿——2003 年

我正在面试一位候选人,他着实对投行业务很有兴趣。从个人背景来看,他有着丰富的财务顾问经验,对热门的航空航天业也有一些接触。我心想,这个候选人不错!

"看起来,"他说,"700 个小时——在一个项目上耗费的时间可真不少啊!"

"这是当然的。"我回答道。

"不过呢,"这位年轻人报以一笑,"个人报酬也不少。"

"大部分情况下是这样的。"我回答他。

"大部分情况下?"

"是的。在并购完成交割的最后一刻,总是会有各种突发事件。稀奇古怪的事情我见多了。企业出售方可能流失了一位重要客户,或者心脏病突发,或者业务骤缓,又或者新的竞争者进入等。在并购市场任何事情都可能发生,而你花费的 700 个小时也许就蒸发无效了。"

面试者眼中的亮光顿时黯淡了一些。"听起来似乎让你愤懑不已。"

我耸耸肩,回答道:"不会,虽然听起来有点让人沮丧,但是并不会阻止我的步伐。反正有得就有失,这就是所谓的职业风险。"

他用手狠狠地抓住椅子把手,说:"我的天啊。究竟还有什么会让你真正不爽的呢?"

"当然有了。比如说交易已经顺利结束,但是客户却想尽办法要削减给我的服务佣金的时候,我会非常不爽!"

"所以你说的 700 个小时或者其中的一部分就白白送人了?你会怎样避免呢?"

"挑选好的顾客,祷告事如我愿。"我回答道。

奇怪的是,我再也没有在公司见到这位候选人了,但是我听说他做了会计,拿着不低且稳定的月薪。

成功费或者额外奖金的计算

成功费的计算方法有很多,但是大部分的卖方投行家都倾向于使用雷曼公式

（Lehman formula）的变形体来计算。雷曼公式是 1970 年为大型华尔街投资银行量身设计的。根据公式，交易价值（卖价）越高，按交易价值计算投行佣金的费率就会适当降低。该公式是为了大型市场或者中型市场中规模较大的交易而设计的，至今已经有 50 余年历史。中型市场的投行家在雷曼公式的基础上做了些调整，使得计算法则更贴近现实、更公正。一种当代常用的中型市场投行佣金的变形体被称为双重雷曼（double Lehman）。交易价值的第一个 200 万美元，征收 6%～8% 的费用；随后的几个 200 万美元，将分别征收 5%、4% 和 3% 的费用；超过 800 万美元的部分则按照统一的 2% 计算。在有些情况下，当交易价值足够大时，在 2 000 万～1 亿美元之间的部分仅按 1% 收取。不过在所有的情况下，成功费都会设定最低收费，例如 25 万美元。

有些中型投行并不按照交易价值的百分比来计算顾问费用，而是采取某固定结构。即便如此，最终的结果与双重雷曼计算出来的也相差无几。当交易价值少于 500 万美元的时候（这种情况较为少见），25 万美元的最低收费可以用来保护投行团队的利益。在有些极端情况下，双重雷曼公式按照交易价值头 200 万的 10% 收取顾问佣金。这样的调整是因为中型市场的投行家们深知，他们在 5 000 万美元价值的交易中投入了 700 个小时，在 500 万美元价值的交易中也要付出同样的时间和精力。

中型市场服务费用的支付结构还包括混合百分比，例如：

- 规模特别小的交易（交易价值通常在 300 万美元或以下）的费用收取也很少会低于 25 万美元；
- 规模较小的交易（交易价值在 300 万～1 000 万美元）的费率一般在 5%～7%；
- 中型规模的交易（交易价值在 1 100 万～2 000 万美元）的费率一般在 3%～6%；
- 规模较大的交易（交易价值在 2 100 万～3 500 万美元）的费率一般在 2.5%～4%；
- 规模超大的交易（交易价值在 3 500 万～5 000 万美元）的费率一般在 1.5%～2.5%；
- 交易价值大于 5 000 万美元的，收取费率比例仅稍大于 1%，这是企业出售方与中型企业投行家协商的结果。

其他费用计算方式

双重雷曼公式反映了交易价值与费率之间成反比关系，这是因为最终的交易价值与完成交易本身所需的期待工作量并不完全相关。⊖同时，中型企业出售方和投行家都知道给投行家支付合理的报酬有利于交易价值的最大化。雷曼公式采用的渐低式收费结构保证了投行家在交易价值增大的同时可以获取更高的报酬，即使费率有所降低。坦白来讲，从务实的角度出发，这更多的是指对客户的公平性而非对投行家的激励性，我会在随后详细讨论。

有时候，客户会谈到交易价值底线，即实际交易价值若低于该值则费率应低于双重雷曼公式的费率，若高于该值则费率可高于双重雷曼公式的费率。客户总会拿出各种理论来支持自己的意见，例如这会激励投行家帮助企业出售方谈到更好的价格。实际上，客户不可能通过调整收费比率来左右谈判的结果，除非是把价格调整到过低，乃至优秀的投行家都不愿意接这趟活儿。在大部分竞拍谈判中，潜在买方是为了在竞争中获胜才来竞价的。有经验的投行家也确实可以对竞拍过程带来重大影响，但是他们依然无法决定最终结果。事实上，在交易过程中，他们不会也不允许去计较不同的出价背后代表的佣金额度。对我个人而言，在热火朝天的竞拍过程中，我常常已经不记得具体的费用比率了。我相信那些优秀的同行们亦是如此。只要对签署的服务协议上的收费比率还算满意，就足够激励投行团队了。

客户坚持高估值对应高费率、低估值对应低费率的原则，并不能达到客户的初衷。这种客户自以为从人性出发的提议完全是由于内心缺乏安全感。当客户开始虚张声势的时候，往往是因为他对并购流程不熟悉而无法掌控全局所产生的抵触心理。他认为若高估值对应高费率，就可以用金钱控制投行团队，从而获得较高的交易价值。遗憾的是，这不是市场运转规则，也不会达到目的。

这种方式还会对客户产生始料未及的负面影响。在多年前，某并购项目，潜

⊖ 最有经验的中型市场投行家认为，对规模很小的交易所付出的工作量可能还会更多。规模较小的交易往往是很难做的，因为它们对潜在买方的吸引力是有限的，潜在买方的数量也是有限的。此外，并购交易涉及的各方——卖方和潜在买家——对并购交易的理解往往不够全面，经验也更少。因此，投行家需要花费大量的时间和精力用于思维培养和手把手教导，使得交易比看起来要更复杂。

在买方由于特殊的市场原因，在上市利益的驱动下，花了最初心理价格的3倍买下了另一家企业。其他潜在买方的出价完全无法与这位动力十足的买方匹敌。我曾建议客户不要使用高估值对应高费率的方法。由于他没有采纳我的意见，只能按照约定给了我6倍于双重雷曼公式计算出的顾问费用，虽然我并未觉得自己多做了些什么。总之，这种方法很可能会引火上身，反而伤及企业出售方自己。

交易价值该如何计算

交易价值——购买企业需要的花费——并不是这四个字乍看起来这么简单。交易价值的评估是非常复杂的，很费心思。在财务顾问协议中，为了客户和投资银行家的利益，对交易价值的定义也愈来愈细致、复杂，外延性也更大。如果从合作刚开始双方就难以达成一致，那么到交易接近交割的时候就更难统一二者的诉求了。如果客户与投行家对合同关于交易价值的定义和看法不一，那么双方对到期应支付费用的理解很可能也是南辕北辙了。无论付出什么代价，各方都应该避免因为对投行家费用的不同看法而毁掉并购交易。

交易价值定义的复杂性来源于在交易完结时、对细分类别的资产/收入可实现的潜在价值的定义：

- 或有交易 vs 非或有交易：交易价值在并购交割后可能或者不可能实现，实际操作中将按照并购后的实际表现来决定是否包括基于财务表现的额外盈利能力支付⊖（earnout，也即所谓的对赌协议）。
- 第三方托管：无论最终的投行佣金是如何计算的，在未来托管期限内，客户都无法拿回这笔款项。
- 交易价值中非现金形式的或有元素：例如股票、票据等。
- 晦涩的或伪装的交易价值：在交易谈判中达成一致的特殊财务处理方式以满足税收优惠的目的（例如，特别顾问费用）。
- 对价（包括交易中难以衡量部分的价值）：例如某私营企业所持的股份以及私募股权机构入股的公司。
- 由投行团队经过激烈谈判后为客户争取到的交易价值：将企业出售方的部分资产剥离出交易，例如资产负债表中的现金或者多余的流动资金。

⊖ 也是通常所说的盈利能力支付计划或对赌协议。——译者注

或有和非或有交易价值

这个很简单。因为或有对价——有时候亦被称为基于财务表现的额外盈利能力支付——在交易价值中与未来业务表现相关,在当下是无法准确衡量的。一般来说,大部分投行家不会期待成功费把或有对价包括在内,除非客户确实有收到对价中的或有部分。

第三方托管

这个比较难办,我见过两种方式都有的(在交割的时候支付,或者当第三方托管结束后再支付)。两种方式都有各自的理论支持:

- 第三方托管是为了已经确定会发生或进行事后结算的项目而设立的,因此,交予第三方托管的成功费应该在交割之时支付。另外,既然投行团队完成了所托付的工作,对随后发生的事件或索赔不应再承担连带责任,即使客户不完全承认。
- 交割后对托管金额的调整是有效的,因此投行团队应该等到托管结束以后再拿到成功费。

虽然两种论点各说各有理,但最重要的还是要回到托管账户的具体情况上,再根据各自的优势进行综合评估。一种合理的折中方式可以是:交割后支付托管金额的一部分,另一部分则可以等到托管期结束后再行支付。根据我的经验,如果双方在交割前完成了详细尽职调查,很少会出现托管金额没有支付到位的情况。另一种折中方式为,在交易交割的时候支付75%~85%的托管金额,其余部分在托管期结束后再支付。这些细节都需要在托管协议中注明。

交易价值中非现金、非或有形式部分对投行收费的影响

交易价值中非现金、非或有形式部分包括期票、股票等。交易对价是固定值,在交割之前就已经确定,即使交易价值是随着时间不断变化的。大部分的投行家希望以结算时的交易对价作为佣金计算基础。这样做通常不会给客户带来过重的负担,因为中型市场投行收取费用也就是交易价值的3%~4%。交割后,客户通常会收到足够的现金(实际上是投行佣金的许多倍)用于支付投行的费用,即使部分是非现金对价。另外,客户总是能够接受非现金、非或有形式的对价,而投行家则不可以,而且客户收到的总交易价值是支付给投行家的许多倍。有时

候，从客户的最大利益出发，卖方收到的交易对价中支付给投行的部分应该是现金形式，不管是为了完成交易也好，还是锦上添花也罢，但是千万不能自以为是地认为给投行的专业顾问费用也能用非现金形式替代。我从未见到过某位律师或会计师在为并购交易提供服务后获得非现金形式的报酬。

晦涩的或佯装的交易价值

这类交易价值可能存在多种形式，通常是投行家在交易谈判中特别设计的——通常涉及税务、融资等买卖双方重点关注的因素——以达到为客户完成交易的目的。例如：

- 租赁合同通常在支付给企业出售方的交易对价中以期票作为替代。
- 为了某项特别昂贵的咨询合同，卖家以较低的收购价格作为抵换也是可行的（假设所有的权益和赔付都是同等的，不论买方采用租赁合同、期票或者咨询合同的方式，卖方认为月收 1 万美元、共计 60 个月的分期付款协议与降低的收购价格是对等的）。这种抵换在实际交易中也是允许的。

发生在交易完成后的部分交易对价

交易价值在交易完成后数年才会实现，这会涉及某些交易后事件，例如买方收购的某项资产已经对外出租了，却并未包含在交易价值中。买方可能拥有对该项资产的购买权，或者该项租赁是经营性租赁而非融资性租赁（此处的租赁仅是一种融资工具，是投行家在谈判中为客户争取到的支付手段，而买方将在随后决定是否购买这项资产）。那么，投行家是否应该向客户要求这一部分的对价呢？这个问题不能一刀切，实在是由很多因素共同决定的，每份财务顾问协议中注明的细节条款都不同。例如，做出这些选择或事件的时间点与交割时间点之间到底相隔多久。另外，在上述事例中，可能会出现重复计算交易价值的情况，投行家应该重视合同的书写，力求避免重复计算。

交易中难以衡量部分的价值

若一笔交易中牵扯到两家中型上市公司的合并要怎样处理？这类企业合并通常考虑的不是绝对交易价值（absolute transaction value），而是相对交易价值（relative transaction value）。企业出售方可能认为收购方的企业价值是自身的

133%，并拒绝提供对任何一家企业的绝对估值。这种相对估值方式在实际运用中并不少见，因为对于两家中型市场的合并对家来讲，双方更容易对相对价值达成一致。要找出相对价值，仍然需要很大的工作量，尽管得出的结果比起绝对价值要模糊许多，但却更加直观。例如，对同行业两家企业的销售收入和净利润进行比较，可以帮助计算相对价值。但是，上市公司合并的交易价值要如何计算呢？这其实是很难捉摸的，需要独立评估师的介入或者投行家和客户的协商。当完成交割以后，投行家和他的客户也要避免事后诸葛亮式的争执。这些都是我的经验之谈。

由投行团队经过激烈谈判后为客户争取到的额外利益

中型市场交易价值的谈判很大一部分是围绕着资产负债表的科目而展开的（例如，运营资本和现金）。投行家花在资产负债表上的时间和精力一点也不比花在谈判基础交易价格上的少。实际上，对资产负债表的确认还可能极大程度地改变交易价值，有时候可以达到5%~15%，甚至更多。

客户在正常情况下不会保留（或者不会带走）的部分现金以及资产，投行家会通过谈判争取到由客户保留或者支配。总的来说，投行家希望把这部分现金及资产纳入交易价值的计算。问题是如何对正常情况进行区分。例如，你可以放心地假设，根据定义，企业价值（enterprise value）是不含现金的；任何由客户保留的现金带来的交易价值是不计入投资顾问费的，这是正确的。

还有运营资本（在第27章里提到，计算运营资本时也不应该包含现金部分，否则在设立运营资本目标的时候，含现金的运营资本就会与不含现金的企业价值产生抵消作用）。计算运营资本其实没有惯例，也就是通常讲的卖方所需的"足够"⊖运营资本（不含现金）。所谓的"足够"往往是以近期发生的实际运营资本为参考，条件是企业的运营资本为正。资深的投行家会帮助他的卖方客户在资产负债表上保留尽可能少的"足够"运营资本。若是操作成功，他的客户将从此

⊖ 这里的"足够"是从企业出售方的角度来讲的，通常是一种惯例上的定义，因为它未来由买方所有，但不一定能满足买方的实际所需。买方需要计算出所需的运营资本，尤其是在支持未来增长预期的基础上。买方通常使用某种现金流折现的方法进行主观性分析。如果通过计算，在维持现有业务的基础上，企业需要额外的运营资本，那么这部分运营资本应该由买方提供，而不是卖方。

获利不菲。可惜的是，对投行家在谈判中付出的精力往往缺乏衡量标准，除非客户与投行家提前就确定了运营资本的目标值，并以此来评判投行家为获取额外交易价值的谈判能力。不过，在实际操作中却很少执行，有些投行家可能只把这些努力当作对客户的附加服务。我认为，客户很少认可并感谢这类投行服务，这仅是因为他们不太能明白其背后的含义。

有一点可以确定的是，若是这类附加值能够被准确衡量，投行家就能得到应有的回报。因此，只要在卖方收到投资意向书之后，投行家就介入并购交易并开始提供投行服务，就可以一遂心愿。无论有意与否，运营资本和现金的目标值都能通过显性或隐性的方式设立，以方便对额外交易价值进行衡量。既然投行家为客户争取的交易价值净值是显而易见、明确无误的，投行家的辛劳付出是有据可依的，获得酬劳也就变得理所当然了。

订金（委托费）

订金——更准确的表述是委托费，在大多数情况下并不能够涵盖并购交易的所有启动费用，例如第一个月的薪酬。因此，从经济角度来讲，这类收入对投行家来说是无足轻重的。但是，委托费背后的含义对投行家又是非常重要的，因为它把蠢蠢欲动的卖方客户和还在思前想后的潜在卖方加以区分。实际上，那些待价而沽的潜在卖方对交易价格的好奇心远超过交易本身。若是没有收到订金（委托费），大部分投行家只能把整个职业生涯耗在找到买方但卖方却不为所动的来来回回之中。投行家四处奔波却一无所得，到处都是虚假的客户，难道不是吗？投行家是经不起这类潜在客户折腾的，虽然某些行业新手或者半吊子的中间人有时候也愿意承担。过不了多久，他们也就会学到教训。当 3.5 万~5 万美元的订金到手以后，大部分投行家就能确定，一旦合适的机会出现，客户就会出售企业，因此也愿意委身在该项目上。

最后，订金是否需要从成功费里扣除，则需要根据交易规模以及投行家和客户之间的具体协议而定。

基础合同期限

企业出售方通常会与投行家签署 6 个月~1 年的合同，随后会以 60 天或 90 天作为自动续订的期限。大部分投行家认为，6 个月时间足以向客户证明自己的价值了。而 1 年的基础合同期限，通常是在美国完成一单中型企业并购交易的平均时限。

弗吉尼亚州首府里士满市——1995 年 10 月

一日清晨，一位名叫本杰明的律师请我作为专业顾问，对一项中型市场并购的收费进行核查。该交易发生在美国南部，某中型投行在没有做出实际贡献的情况下，向企业索要 100 万美元的服务费。

这家投行在与客户签署的财务顾问协议的某项条款中写道，若在 18 个月之内（合同期限以内），企业出售方完成与由投行介绍的买方的并购交割，则企业出售方需要向投行团队支付费用。而这家投行涉嫌在了解客户即将炒掉自己的几日前，向其能想到的所有潜在买方发送了项目计划书。其中好几位买方正在进行行业内整合收购。

在炒掉投行团队以后，客户终于与一家买方达成收购协议并完成交割。而这位买方正是收到了投行家在被炒掉之前发出的最后群发邮件。

看起来，虽然投行团队的手法下作、品行卑鄙，但条款是白纸黑字、无可抵赖的，客户仍然要硬着头皮支付 100 万美元给几乎一事无成的投行团队。作为专业顾问，我给本杰明想了一个办法。在这种情况下，这家投资银行必须在美国全国证券交易商协会（National Association of Securities Deale，简称 NASD。现在为 Financial Industry Regulatory Dealers，简称 FINRA，详见第 30 章）登记证券经纪人资格才能开展并购交易咨询业务。而事实上，这家投资银行并不是 NASD 旗下的证券经纪人。被人拿住了把柄，投资银行只能放弃与客户对簿公堂，否则他们将接到来自 NASD 的诉讼，甚至是 SEC 的审查。我听说客户最终只给投行团队支付了很少一笔费用。

延长期

所有的财务顾问协议里都会包含延长期（trailer）的条款，即投行家已经与某潜在买方就拟出售企业进行接触，而该潜在买方最终与客户达成交易时即使已经超出合同期限，投行家也可以按照协议里提及的费用细则索要顾问费。大多数投行家及其客户认可以 18 个月作为合理的延长期，即在双方共同决定的基础合同期限（加上顺延期）结束以后开始生效。投行家很可能在看不见发薪日的情况下，为客户工作数百个小时。若投行家为客户找出的潜在买方最终能够完成收购，那么投行家在该项目上耗费的心血和精力也应有所回报。

不过，问题出现了。"投行家已经与某潜在买方就拟出售企业进行接触"这句话的描述实在太过模糊。这种"接触"具体代表了什么呢？若投行家仅仅是通过一些筛选法则找出了买方，如此简单的服务对于客户来讲恐怕难以接受吧，对任何人来说都是如此。通过任何数据库都可以让投行家列出一张像模像样的潜在买方清单。投行家花了一叠复写纸的价钱（若是用电子邮件方式成本就更低了）打印出来的1 000家潜在买方名录，并希望最终买方就会在此中出现。这种瓮中捉鳖、守株待兔的天真想法只会让投行家的信誉受损。

最好的解决方法就是与潜在买方建立实质关系，而这种实质关系是投行家和客户均认可的。例如，投行家已经与潜在买方签署了保密协议，并且买方已经收到了保密信息备忘录。这类买方会被挑出来作为有诚意的潜在买方，经过投行家的初步筛选，会作为竞拍环节的拟入围选手。拿到保密信息备忘录以后，潜在买方对拟出售企业和并购框架有了基本了解，对何时启动并购流程有了基本判断。这类买方才算是正式踏上收购征途。

分手费

有些财务顾问协议上会注明，若投行顾问在合同期限内被炒掉将获赔分手费的条款。在中型并购市场，分手费的浮动范围通常在10万~20万美元。与订金类似，分手费是在企业出售方临阵变卦的时候用来保护投行顾问的。同时，投行顾问和客户都会认为分手费条款是令人不快的，并且难以执行。对投行团队失望透顶的客户只能被动地等到投行服务合同到期。这虽然让客户进退两难，但对于大部分投行顾问而言，若是他们设身处地站在客户的角度，也会拒绝执行财务顾问协议里的分手费条款。同样地，大部分中型市场投行顾问会秉持职业道德，不会坚持让客户签署分手费条款。如果客户已经对自己的服务不满意，投行顾问没有必要为不愉快的合作而惩罚客户。

买方剥离及其方式

若客户在聘请投行顾问之前，已经与某潜在买家进行了对话，该怎么办呢？在这种情况下，投行顾问应该期待收取全部顾问费用吗？大多数投行顾问会想到买卖双方已发生对话的详细进度。对潜在买家的简单电话接洽算不得什么，但是持续数周的早期谈判就很难被忽略了。然而，卖方若只是向投行顾问简单介绍或提起某潜在买方，就不要自以为是地把这部分功劳排除在外，甚至降低费用了。据估计，通过客户介绍的买方最终达成并购交易的占美国中型市场交易总数的1/3。

如果只是提提名字就可以算作买方剥离的依据，卖方可以进行数据库搜索，创建自己的潜在买方列表，以求计算投行顾问费用时排除这部分的成绩，或者期待降低投行顾问费用。根据最后分析，简单地指名道姓，甚至与潜在买方进行简单接触，都算不得中型市场卖方交易的"繁重"活儿，也不值得降低费用。如前所述，投行顾问的大部分心血是放在管理竞拍环节中的，其包括了构建不断发展的交易流程、建议投资意向书的起草和执行，并在最终谈判到完成交割之前提供额外支持。投行并购顾问的工作并不是外行人通常理解的牵线搭桥，至少他一直在陪伴和扶持卖方，并处理解决各种各样的问题，以成功达成一单并购交易。

但是，当卖方对1~3位（通常不超过）潜在买方起到了不容忽视的影响力的时候，投资银行顾问会愿意降低费用。或者，投资银行顾问可能允许把1位或2位潜在买家的成功费进行"剥离"，并根据实际情况，对一些组合服务按照小时数向客户收费或者降低成功费。

但是，任何买方剥离或降低收费的安排，可能给投行顾问带来或者至少是一种无意识的利益冲突。当一位潜在买方将为投行顾问带来大量成功费，而另一位则只会带来数量有限的按时计费或者大幅减少的成功费用时，即使是最严谨的投行顾问也可能在潜意识里希望高收费的准买方获胜。这只是人之常情。一种有效的、比较公平的解决办法，是对买方剥离进行设计，使得在顾问合同生效后的某一时刻作废。根据我的经验，约30~45天是有道理的。如果被剥离的买方在该期限以内没有递交投资意向书，那么就应该把他算作竞拍环节的完全参与者（对投资银行顾问在时间和精力上的付出而言）。既然是投资银行顾问组织的竞拍出售，即使是被剥离的买方最后胜出，也是经过了竞拍环节。

最后需要告诉各位的是：投行顾问在遇到单一买家的情况时，需要的是额外收费而不是降低收费。这与直觉相反，真是极其讽刺。要知道，说服客户去接受已经很不容易，更别说让他们去理解，因此在大多数情况下，这是无法施行的。然而，在单一买方的并购交易中，卖方和投行顾问需要对整体薪酬加入按小时计费和意外计费。当卖方不想让投行顾问对自身企业进行竞拍出售时，不管是出于什么原因，都可以让双方好聚好散。从客户的角度来看，这种混合的薪酬模式也是很好的办法，因为纯粹地按时计费可能积累大量的顾问费用却没有达成交易。降低的时薪与降低的成功费进行组合，客户就可以避免高费用、无交易的情况。同样地，投行顾问也因为这种付费安排在风险和收益之间取得了平衡。

认股权证、购股权或其他权益的报酬形式

在大多数中型市场并购交易中，卖方只需接受金钱或其他形式的对价，就可以一气儿把整家企业卖掉，拍拍屁股，拿钱走人。但在资本重组及股权融资的项目中，客户会保留公司的部分股权，投行顾问有可能会在交易结束的时候，向客户索要公司5%股票的认股权证（warrant）或者期权（option），有时候会少一些。作为替代，投行顾问可能会要求一小部分股权，比期权或认股权证对应的股权要小很多。这表明了一个事实，投行顾问需要协商整家公司的价值，而双方（投资者和被投资企业的所有者）在交易结束后，将共同拥有一家更有价值的企业。这也为交易后的企业创造了未来价值。但是，投行顾问只能通过卖出股票来获得收益。

认股权证或期权可能在小规模融资（如200万美元）的情况下适用，投资银行的最低收费（如25万美元）相对于被投资人获得的资产净值而言，远远超出了被投资人可承受的水平（尤其是从投资人的角度来看），但无论是投资银行还是客户，都希望能够联手为所谓的A轮融资做些什么。

用股票、认股权证或者期权来代替部分顾问费用是有意义的。这样联手协作的理由包括投行顾问对客户企业的未来抱有极大的信心，希望把自己在该行业的专业投行经验带给企业，并在未来的资本融资中获得更多的顾问费用。例如，投资银行的期权行权价可以根据A轮的企业估值计算，并在随后行权。在B轮融资的时候，企业估值会上升。这种做法不仅为客户在A轮保留了现金，而且也把投资银行和客户的未来目标进行了捆绑。

○ 通常情况下，这种不情愿是出自客户对信息保密的考虑，虽然可以理解，但往往被夸大。（见第8章）。

○ 若企业接受多次资本融资，从最初的开始，依次称为"A轮""B轮""C轮"等。

一些投资银行和投行顾问把索要股权、期权或者认股权证作为每次资本融资的惯例，尽管他们也认识到其中存在固有的困难。

诚信、投资银行和大笔钱财

在面对大笔钱财的时候，客户身旁的投行顾问也需要面对诚信的考验。但是，卖方如何确信自己的投行顾问是否对自己保持诚信呢？对于不同的人，金钱会鼓励一些无法预测的行为发生，甚至是令人反感的行为。最好的办法是，客户在与投资银行签订财务顾问协议前做足所有的功课。对投行顾问进行诚信调查，与他的几位前客户联系。只考虑聘请工作年限较长、完成多项交易、并在一家信誉良好的公司就职的投资银行顾问。交易经验越丰富越好。投行顾问的交易经验越丰富，对大笔钱财的迷恋程度就越低。资深的投资银行家虽然非常重视自己的财务收益，但相比之下，为客户谋求最优的并购交易才是重中之重。这并不是说他们特别地大公无私，只是他们已经习惯了大笔财富，而不再对其产生迷恋或者依赖，至少是对单一交易而言。最后，客户应该相信自己的直觉，在这种抉择上，直觉往往至关重要，特别是那些直觉敏锐的客户。

另一个对诚信的考验是，当投资银行顾问为客户在诸多交易方案中进行权衡的时候，若按照交易对价票面价值的净现值进行排名，最佳的交易方案往往带给投行顾问较低的顾问费用。非现金对价的市场价值可以通过许多信息渠道得到。大多数真正优秀的投资银行顾问，会实事求是地建议客户接受最高现金等值的交易报价，而不会向客户推荐产生较大投资顾问费用的交易方案。在随后的第18章，我会继续讨论这个话题。

在聘用了投行顾问以后，客户可以继续留心观察投行顾问在向自己推销潜在买方时的表现。投行顾问会准备接受第一份报价吗？他会特别指出某些报价方案的问题，而建议自己不接受它们吗？他是否有耐心、愿意与自己合作、从长远出发，而不是仅仅盯着短期利益？如果投行顾问的行事有违诚信，客户可以抓住投行顾问的错误判断而随时解雇他，或者干脆在合同到期时不再续约。

在结算时的投行顾问费用——大笔钱财之外的

这笔交易即将结束。跟其他人一样，投资银行顾问正期待着从卖方那里获取顾问费用，那是按照合同规定他在履行全部义务后应得的。有时候，在卖方的大日子和支付顾问费用的当天，卖方会无缘无故地要求他的投资银行顾问接受一个较低的顾问费用。投行顾问可以而且应该保护自己不受这种噩梦般的情节搅扰。在财务顾问协议里规定，结算代理在交易结束时将顾问费用通过电汇方式进行支付，这跟房地产交易的处理方式类似。这样的条款将使得卖方对投行顾问的合同义务从一开始就明确了下来。虽然有些争议，但这样做还可以为投行顾问提供一位强大的盟友——买方，以确保他会收到由财务顾问协议事先确定的全额投行顾问费用。这是因为，当投行顾问被拒绝按照合同获得应得的顾问费用时，这笔费用可以作为卖方受让给买方的负债，特别是在股票收购的情况下，不过即使是资产收购也没有问题。如果买方收到了投行顾问的收费通知，买方就有支付的义务。

并购律师及费用

以下内容仅作为卖家评估交易成本的指导，我没有对律师费用的合理性做出任何暗示。这完全取决于每一笔并购交易，因为它们所涉及的法律复杂程度非常不同。但是，卖方可能给出的初步合理评估为：若投资价值在 500 万~1 亿美元之间，对应的法律费用应该占 0.25%~1%。律师通常是按照小时收费的，但是按照投资价值的百分比计算是对总体律师费用良好的初步估计。

大部分情况下，较大规模交易的律师费用百分比比规模较小的交易低，这与投资银行顾问费类似。对于规模较小的交易，律师会花费同样甚至更多的时间和心血。另外，具体情况要具体分析。交易的复杂程度与证券或税务法例、交易结构、谈判过程以及企业的基本法律文件有关，将极大程度地影响律师的计费小时数。

会计师及费用

- 在本书的前面章节里，我已经讲过注册会计师在并购交易卖方顾问中通常扮演的三类角色。请不要认为这是冗余。首先，注册会计师会确保在尽职调查开展前，出售企业的财务状况处于良好状态。在执行投资意向书后，交易失败（或基本上卖方需要重新启动谈判）的大多数原因是，潜在买方在企业的财务会计中发现了不足之处。这样的情况应该尽早处理。如果出售企业尚未聘请注册会计师，那么它应该抓紧了。
- 其次，注册会计师会与投行顾问展开密切的合作，特别是有关客户的税务事宜——在即将面临的交易中，为卖方客户提供多种税务处理选择。

- 最后，交易完成后，注册会计师会代表卖方客户处理合规事宜以及纳税申报等。会计师收取的费用与这部分工作相关性较大。

总而言之，注册会计师在支持中型市场卖方并购交易中，一般会收取2.5万~15万美元的费用。

客户对专业顾问费的总体估算

我花了大量篇幅对各类费用的计算公式和变形进行了叙述，读者可能会有些混淆。虽然这不是目的，但完全可以理解。作为经验法则，就让我们以2 000万美元投资价值的并购交易为例，可能会产生的专业顾问费用如下：

- 投资银行顾问费用：占投资价值的3%~4%，即60万~80万美元。
- 基本律师费用：占投资价值的0.50%~0.75%，即10万~15万美元。
- 注册会计师的费用（假设无论如何，审计或审阅工作都会进行）：占投资价值的0.25%~0.375%，即5万~7.5万美元。
- 总费用：对2 000万美元的并购交易，粗略估计卖方的总体顾问费用大约是75万~102.5万美元，即约为企业出售价格的3.75%~5.15%。取平均值4.5%作为初步估算的标准比较合适。

本章小结

➤ 财务顾问协议是一份颇为复杂的文件。大多数情况下，按照双重雷曼公式或者公式的几种变形体来设计成功费明细表：

- ◆ 设定最低收费（如25万美元），而不是分手费。
- ◆ 设定卖方订金（委托费），前期支付约3.5万~5万美元，可能会或可能不会被计入最终的成功费。
- ◆ 对交易价值（包括或有交易和非或有交易、递延以及非现金部分等）进行事先规定，以确定成功费的收取基准。
- ◆ 基本的合同期限为6~12个月，随后每60~90天自动续约。
- ◆ 延长期条款是指投行顾问已经与某潜在买方就拟出售企业进行接触，而该潜在买方最终与客户达成交易时即使已经超出合同期限，投行顾问也可以按照协议里提及的费用细则索要顾问费。
- ♦ 在卖方客户已经与买方开始谈判的情况下，可以剥离投行顾问费用或计时收费。

➢ 企业律师对投行顾问协议进行审阅是有帮助的，但是在极少数情况下并非如此。律师需要把审阅限制在法律层面，而不要拓展至商业层面，除非是特殊情况。企业律师对投行顾问费用进行审阅往往是不合理的，特别是在客户和投行顾问已经商量好了费用支付方式和金额的情况下。

➢ 在交易结算时，如果没有把顾问费电汇给投行顾问，结果堪忧。

➢ 在与投行顾问签署服务协议的前后，客户需要对投行顾问的职业操守和经验进行调查，确保自己聘请的是优秀的投行顾问。

➢ 对并购交易的专业顾问费用进行估算（律师、会计师及其他）。根据个体交易，具体情况具体分析，给出可能的费用区间。

附录 B　财务顾问服务协议范本[一]

财务顾问服务协议

本协议由以下签约方于20____年__月__日在市区签署：

甲方：（以下简称"公司"）

地址：

乙方：The Mclean Group 及关联方 Mclean 证券公司，本协议中统称为 The Mclean Group（以下简称 The Mclean Group 或财务顾问）

地址：

协议正文：

鉴于：

1. 公司有募集资金的需要、欲出售公司部分或全部资产或公司股权，愿意在本协议期限内采取必要财务措施以实现上述目标。

2. The Mclean Group 在募集资金和出售资产方面具备丰富的经验，有资格为公司的上述需求提供相关财务顾问服务。

3. 公司有意聘请 The Mclean Group 作为其财务顾问，The Mclean Group 亦愿意接受公司的委托，为其提供如本协议条款所述的募集资金、出售部分或全部资产或公司股权相关方面的财务顾问服务。

有鉴于此，为明确双方的权利义务关系，双方本着平等互利和诚实守信的原则，经过友好协商，达成以下协议，以资信守。

第一条　协议目的

公司有募集资金、出售部分或全部资产或公司股权的需求，为此，特聘请 The Mclean Group 作为其依据本协议唯一指定的排他性机构，为公司提供本协议所述的财务顾问及咨询服务。

[一] 本协议由律师杨媛提供翻译，特此感谢。——译者注

第二条 双方的陈述和保证

The Mclean Group 承诺，有权签署本协议，其依据本协议的约定为甲方提供财务顾问和咨询服务与任何对 The Mclean Group 有约束力的其他协议、义务均不存在冲突。

公司知悉并认可乙方为除公司之外的第三方提供财务顾问和咨询服务；本协议的任何条款均不构成对乙方为第三方提供任何财务顾问和咨询服务的限制和约束。

第三条 释义

3.1 出让方：指作为公司股东的全部自然人、法人以及他们的关联方。

3.2 关联方：指任何能够通过一方或多方直接或间接控制出让方、被出让方控制或与出让方共同受另一方控制的自然人或法人。

3.3 受让方：指在本协议履行期间，任何愿意购买或以其他方式取得出让方或公司所售公司全部或部分股权或公司资产的自然人（包括公司股东或雇员）或法人，且无论该自然人或法人是否为财务顾问所推荐。

3.4 委托人：指上述提及的公司、公司股东、出让方以及他们的关联方。

3.5 贷款方/参股方：指在本协议履行期间，任何向公司提供贷款、垫支资金或其他形式资金（贷款方）或者对公司进行一项以获得股权、可转换为股权或资产的证券为对价的投资的自然人或法人（参股方），上述自然人或法人不以财务顾问的推荐和授权为限。

3.6 资金：指任何贷款方/参股方或受让方承诺以公司能够接受的方式和条件向公司提供的贷款、投资或相关利益等全部货币和其他对价的总和。

3.7 完成交易：指贷款方/参股方或受让方向公司支付货币或其他对价以获得公司全部或部分资产或股权（包括可转换为股权的证券）的任一已完成的交易行为。

3.8 交易价格：指所有资金和用于支付公司全部或部分资产或股权（包括可转换为公司股权的证券）的全部对价的总和，无论该等对价的形式。对价的形式包括但不限于：货币现金、本票（不论是否为买方签发）、股权、可转换为股权的证券、被承担的计息负债、应收账款或应收票据、出让方或公司持有的其他资产［但是不包含因触发"基于财务表现的奖励对价条款（对赌条款）"而产生的奖励对价权益（对赌权益）］、版税、租金，以及公司基于接受咨询服务、

（与员工签订的）竞业禁止协议等事宜需向销售商、公司的其他股东或雇员等人支付的全部递延补偿金（此类递延补偿金不包括公司雇员、顾问、代理商等人基于相关服务而获得的不高于行业同类标准的薪水、咨询服务费、代理佣金等）。

如果：①公司股权（或可转换为股权的证券）被出让、交易或以其他形式被转让，或②公司在本协议履行期间发生收购兼并，则交易价格应包括出让方和公司所收到的全部对价的价值总和。在此情况下，财务顾问有权比照公司资产被出售情况下的交易价格收取佣金。

如果出让方或公司的任何资产被租赁给受让方（租赁资产），则交易价格应为整个租赁期间（包括任何展期、续约、变更）预期租金收益总额比照纽约花旗银行同期优惠利率折现后的现值。如果任何租赁给受让方的资产被受让方在60个月以内出售，不影响财务顾问依据本协议的约定收取佣金，除非依据本条关于租赁资产的约定而产生的任何交易价格和因此产生的预先支付费用是允许赊欠的。

3.9 发售备忘录：指根据约定向潜在受让方、贷款方或参股方提供的关于公司的商务信息，并描述本次出售。主要由财务顾问负责此项工作并负责提供财务数据，但公司亦需要提供与公司业务相关的必要信息，并解释公司业务的核心技术和经验，必要时需要由公司来撰写发售备忘录草案的相关章节。

第四条 财务顾问的义务

公司在此委托 The Mclean Group 为独立的、具有排他性的代理方，以顾问身份代表公司实现募集资金/出售公司的目的。The Mclean Group 接受公司的上述委托。依据协议条款的约定，The Mclean Group 应就募集资金/出售公司事宜提供专业咨询服务。公司同意以其认为合理的、必要的或适合本次募集资金/出售公司的方式，就财务顾问向潜在贷款方、参股方或受让方提供相关信息予以适当协助。在协议履行期间，The Mclean Group 应依据约定，以合理时间向潜在贷款方、参股方或受让方及公司提供有效咨询服务。

第五条 协议期限

本协议期限自双方签字之日始，协议期间为发售备忘录完成日的第二天起满一年。如果协议双方均未在依据协议的原始条款或任何自动延期条款约定的协议终止日期届满前30天内以书面形式通知对方解除本协议，则本协议自动延期90天。

第六条　服务费用

公司应该向财务顾问支付如下费用：

6.1　订金：本协议生效，公司应支付订金肆万伍仟美元（＄45 000.00）。

6.2　交易费：交易费应依据本协议第八条的约定，根据成交金额计算。

第七条　相关费用的支付

考虑到财务顾问依据协议开展业务可能发生的费用支出，公司应于财务顾问提出请求之日起30个工作日内报销财务顾问依据本协议的约定提供服务时所发生的全部合理费用，包括：

（1）合理的住宿、餐饮等相关费用；

（2）合理的差旅费；

（3）为履行本协议而产生的其他合理费用。

任何单笔超过100美元的费用均应由公司预先核准。

第八条　交易费（成交佣金）

公司同意根据如下约定向财务顾问支付成交佣金：

8.1　出让方和公司连带同意向财务顾问支付不低于25万美元的"最低交易费"，或者以交易价格的百分比确定成交佣金，具体比例如下：

交易价格	佣金比例（％）
＄2 000 000	6
＄2 000 000	5
＄2 000 000	4
＄2 000 000	3
＄8 000 000	

8.2　公司应向财务顾问支付的成交佣金及其他全部未付费用，均应于交易完成后经由受让方、贷款方或参股方账户电汇至财务顾问账户，且无论交易结算方式为现金、股票、现金加股票，抑或是分期付款，上述佣金及费用均应以货币现金形式支付。

8.3　除上述现金部分以外，财务顾问应得的交易费还包括相当于交易价格＿＿％的、可以＄0.01/股的价格购买公司股票的、十年期的认股权证。

8.4　无论公司以任何理由拒付财务顾问全部或部分到期应付费用，均应自逾期之日起按日计算向财务顾问加付未付款项的利息，利率在纽约花旗银行同期日优惠贷款利率基础上上浮 4 个百分点，并根据花旗银行的利率调整作相应调整。

8.5 除非经有管辖权的法院认定，财务顾问有欺诈、故意的违法行为或重大过失行为，公司或出让方如以任何理由提前解除协议，同意向财务顾问支付金额相当于上述"最低交易费"的 50% 的费用。（通常选择放弃）

8.6 如果公司于本协议的原始条款所确定的协议终止日起 18 个月以内，或于本协议任何延期期间内，与财务顾问推荐或独立联系（"独立联系"指与财务顾问签订有效保密协议并收到发售备忘录）的任何一方达成与本协议所述标的一致的成交协议，公司应于上述成交协议的履行期或本协议解除之前的任何延期期间，依据本协议所确定的标准向财务顾问支付交易费。

8.7 相关方签署的任何关于依据本协议产生的预期交易及约束受让人、贷款方或参股方完成该笔交易的协议，均应根据本协议的相关约定，以书面形式确定财务顾问应收取的费用。该笔费用实际应以货币现金方式结算，于交易结束时从应支付给公司的成交资金中直接以电汇形式划转至财务顾问。

第九条　授权

公司在此承诺，公司聘请 The Mclean Group 为财务顾问已经公司董事会充分授权并核准，本协议经公司充分履行，公司依此协议负有合法、有效、有约束力的义务。

第十条　公司徽标的使用

公司授予财务顾问在其网站/以宣布签约或任何成交信息为目的的宣传资料上，对公司徽标具有可撤销的非专有使用权。财务顾问亦可以将公司徽标用于证券发行公告或其他以宣告成交为目的的公告。财务顾问无权对公司徽标进行任何除尺寸变更之外的修改。公司对其徽标及相关信息、图像、商号、注册商标以及其他全部知识产权保留全部权利。

第十一条　财务建议的使用

公司知悉财务顾问依据双方之间的协议向公司提供的与交易相关的全部观点和建议（书面或口头），公司同意，任何公司之外的自然人或法人均无权使用上述观点和建议，在任何时间内，上述观点和建议均不能用于任何其他目的，亦不能以其他任何形式或目的被复制、传播、引用或查阅。同时，非经财务顾问书面同意，公司无权在其年度报告、其他任何报告或其发布的消息中公开引用财务顾问的观点或使用财务顾问的名称。

第十二条　证券推荐

公司在此承认，其已知悉，在任何情况下，财务顾问概无担保其将会对公司的证券进行做市，也概无担保其将会向财务顾问的客户或任何第三方推荐购买公司的证券。财务顾问制作的（如果是其制作的话）任何调查报告或相关商业报告仅作为其研究成果和分析判断独立使用。

第十三条　公司信息和保密

公司在此确认，财务顾问在履行本协议的过程中，将使用并依据公司向其提供的数据、资料及其他相关信息。公司知悉并同意，财务顾问可以依据公司向其提供的数据、资料及其他相关信息履行本协议项下义务，而不需要独立验证上述信息的准确性、完整性和真实性。此外，在为公司提供财务顾问、咨询服务的过程中，财务顾问在其认为合适的情况下，也可以依据其他此类真实信息、经济建议或基于其向公司提供的建议而做出的研究。除非本协议的明确约定或相关法律的要求有相反的规定，财务顾问应对公司提供的全部非公开信息保密，非经公司事先同意，不得向任何第三方披露此类信息，但是财务顾问认为有必要知悉上述信息的雇员及顾问除外。财务顾问将根据要求返还或销毁公司向其提供的全部保密信息。

第十四条　损害赔偿

公司应对财务顾问因履行本合同项下义务或与完成和本合同相关的交易而产生的法律责任、（第三方）索赔及诉讼（包括任何或全部依据《1933年证券法》及《1934年证券交易法》或者任何联邦或州法律所做出的裁定和判决）所带来的损失予以赔偿，赔偿范围包括上述法律责任、（第三方）索赔和诉讼（包括诉讼费、其他相关费用，裁定和/或判决认定的责任金额）损失，除非上述法律责任、（第三方）索赔及诉讼系由财务顾问的故意行为或重大过失导致的。如果因为公司的错误信息和虚假陈述，致使财务顾问的工作产生错误或事故而导致承担相关责任、被索赔或被起诉，公司亦应该赔偿财务顾问的相关损失。最终，公司应该向财务顾问赔偿因前述原因引起的任一和全部合理成本及费用，包括合理的法律顾问费及相关费用。

财务顾问在遭受任何需要公司最终赔偿的法律责任、第三方索赔及诉讼时，应该立即通知公司。同时，财务顾问同意，公司有权采取任一或全部必要且恰当的行动以降低其专属成本及费用，公司有权与相关方就上述法律责任、索赔或诉讼进行解决、妥协和调解，但无权先于相关主体或机构进行任一或全部诉讼程序或听证会。

财务顾问应对公司因财务顾问提供的服务而导致承担的法律责任、第三方索赔及诉讼（包括任何或全部依据《1933年证券法》及《1934年证券交易法》或者任何联邦或州法律所做出的裁定和判决）所带来的损失予以赔偿，除非上述法律责任、第三方索赔及诉讼是因为财务顾问基于对公司所提供的信息和陈述的信赖而产生的工作失误或事故而导致的。此外，财务顾问应该赔偿公司和出让方因上述原因产生的任一或全部合理成本和费用，包括合理的法律顾问费及相关费用。

公司在遭受任何需要财务顾问最终赔偿的法律责任、第三方索赔及诉讼时，应该立即通知财务顾问。同时，公司同意，财务顾问有权采取任一或全部必要且恰当的行动以降低其专属成本及费用，财务顾问有权与相关方就上述法律责任、索赔或诉讼进行解决、妥协和调解，但无权先于相关主体或机构进行任一或全部诉讼程序或听证会。

第十五条　The Mclean Group 系独立承包商

财务顾问以独立承包商之身份，而非公司或任何关联方雇员的身份履行其在本协议项下的义务。各方确定并同意，非经公司及时以书面形式同意，财务顾问无权以任何方式代替、代表或约束公司或任何关联方。

第十六条　完整协议

本协议在各方之间构成一个完整协议，其效力优于先前各方之间无论是口头或是书面的所有讨论、协商和协定。

第十七条　其他条款

17.1　任何与本协议相关的通知或信函均应以书面形式，通过人工递送、传真、预付费用的邮件、挂号信及其他带回执的邮件等方式，按下文所列地址或各方以书面形式提供的其他地址送达各方：

公司通信地址：

财务顾问通信地址：

17.2　本协议任何条款无效，均不影响其他条款的效力。

17.3　无论如何选择，本协议均应依据弗吉尼亚州法律解释并履行。双方同意，任何一方违约，另一方均有权将争议提交至弗吉尼亚州有管辖权的联邦法院或州法院通过诉讼解决。协议一方如果在弗吉尼亚州之外的法院作为被告人被起诉，有权驳回该诉讼案，并要求另一方将争议提交至弗吉尼亚州有管辖权的法院。

17.4 如果必须通过诉讼强制执行或解释协议的某一条款，则胜诉方有权要求对方赔偿已支付的合理律师费。受害方（守约方）有权在普通法或衡平法范围内以适当的方式继续行使自己的权利。

17.5 本协议由协议双方签订并履行，在双方认为必要和方便时可签订进一步的法律文件以更有效地执行本协议。

17.6 本协议为各方的利益而制定，可由任一方或各自的继承人、法定代理人或受让人来执行。

17.7 本协议的若干副本，与正本具有同等法律效力。

17.8 所有对于本协议的变更、修订和放弃，均应由本协议各方以书面形式进行。

* * * * * *

[本页无正文，为各方签字页]

本协议各方的签约代表已经各方充分授权。

为昭信守，各方特委派各自正式授权代表于文首所书日期签署本协议。

甲方：（公司）

授权代表：

日期： 年 月 日

乙方：（财务顾问）

授权代表：

日期： 年 月 日

第 14 章

买方投行顾问业务

对买方的进一步思考

> 如果你看到一条蛇,直接把它杀了——不要再为处理它而设置一个委员会了。
>
> ——罗斯·佩罗(Ross Perot)

马里兰州贝塞斯达——1990 年 6 月

史蒂夫并没有跟我提前预约,就急匆匆地闯入我的办公室,告诉我(更准确地说,态度非常坚决),他有很强的识别优秀收购目标的能力。然而,当我问他他理想的收购会是什么样子、如何把收购标的融入自己的公司以及他的战略计划等问题的时候,他却一直支支吾吾答不上来。其实,在这一点上,史蒂夫一直都在大海里尚未靠岸。这并不是说史蒂夫完全在盲目操作。他对自己所拥有的规模不错的中型企业和所在行业的潮起潮落都了如指掌。

毫无疑问的是,当完美的并购标的出现的时候,史蒂夫肯定会第一时间识别出来。但是,这句话存在陷阱。事实上,并不存在完美的并购标的,即使有大量的不完美标的不断地在接近完美。史蒂夫能够明白吗?我不敢肯定。如果史蒂夫不明白这一点,他可能不会接受事实——并购标的不完美是并购市场的规则,无一例外。

接下来,史蒂夫向我建议,如果我不能从介绍给他的潜在卖方身上收取顾问费用,他可能给我支付买方顾问费用。

嗯,他"可能"。嗯,再次……我不知道史蒂夫有多少潜在客户告诉他,"可能"为他公司提供的产品和服务付费——如果客户不能找到其他人代替他们付费。另外,对于史蒂夫而言,我亦不知道他接受这类建议的经历是多还是少。

我强烈怀疑自己会知道答案。在这里，在我的办公室里——是那些真正的客户支付的房租、员工工资以及数据库费用等，史蒂夫并没有激发我太多兴趣为其寻找"完美"的收购标的。他似乎也没有支付订金的想法，毕竟在这种情况下，投行需要开展大量的前期工作：认真制定战略规划以确定并购目标，确定和研究候选企业和它们的符合程度，提出后期融资和整合问题，以及其他各方面的考虑。

所以我给史蒂夫展示了我的保留项目——标准的短演讲，试图保证有礼貌又有见识："事实上，我们所有的客户对支付成功费都表示认同（我们若继续谈判和执行交易），而目前，至少应该给我们合理的每月固定费用吧。我非常感谢您的关注，但是为您寻找合适的并购标的需要我们付出大量的时间和精力。如果没有收到每月固定费用，并对交易成功后支付成功费达成一致，我们不能接受您交予的任务。再次感谢您的莅临。"

史蒂夫站起身来，朝着大门走去，看起来他对我的建议一点儿也不担忧。身影消失前，他转过身来，说道："好吧，若是你想到一些有意思的东西，至少告诉我一声。"

"史蒂夫，那就这样说定了。"我用礼貌的口吻回答他，但也没有表达我是否愿意。我会把可能的候选企业展示给几十家潜在买方，当然包括史蒂夫的竞争对手。

买方

这本书把重点放在中型企业卖方的并购交易，这有两个原因：①受篇幅所限，但我也不能把笔墨只放在卖方一边（可能加点有关买方的资料能让这本书更充实）；②大部分中型企业并购顾问都是为卖方客户服务的，因为大部分买方企业的规模都比较大，有内部的并购团队和拓展团队来识别拟并购目标，启动并购流程，直至交易完成。即便如此，大部分投行顾问参与的一些买方的案子都有着各自独特的挑战和考虑因素。我会在本章中提到一些。如果企业出售方和投行顾问新手能够从买方角度出发，肯定会帮助他们更好地在企业出售中充实自己、应对挑战。

买方顾问 vs 卖方顾问

实话实说，做买方顾问比做卖方顾问头痛很多。作为卖方顾问，投行家代表的是其他企业争相想获得的（不变的优势）；而作为买方顾问，投行家就需要获取其他企业的垂青，或许收购目标早就成了并购市场的香饽饽。显而易见的是，买方代表并没有占据有利的谈判地位。而作为卖方客户的潜在企业出售方，无论时间长短，总是真诚地期待有一天能把企业卖掉。他不会把自己与买方企业绑定，在竞拍过程中，至少有一家潜在买方会脱颖而出，提出的报价会让企业出售方难以拒绝，肯定比继续经营的选择更好。

作为买方客户的潜在收购方，完全可以从并购市场中全身而退，而且是永久性的！他虽然移步到池塘边，掷鱼钩（投行顾问的角色往往就是那鱼钩）于水里，但是有鱼儿上钩之后却不愿意拉竿而起。潜在买方甚至会完全颠倒方位（我已经碰到过好几次了），若遇到合适的买方出的报价足够诱人，就决定先卖再买。

代表卖方客户的投行顾问深深知道，只要自己做好功课并与客户同心协力地找出潜在买方，候选企业中很可能会有一家买方报价。另外，如果竞拍过程顺利，会有好几位买方为了得到目标企业而互相竞争。而对于买方而言呢，他通常会把精力放在一位潜在目标上（同一时间里）。如果协商竞拍使得卖方的价格高于买方认可的投资价值（或者是条款不能达成一致），买方往往就会选择放弃。这也是理所当然的。

因此，作为买方代表的并购顾问意味着有更多的不确定性和风险。最重要的风险就是当投行顾问已经搭上了足够的时间和精力，找来数个拟并购企业，而买方却因为价格谈不拢就放弃了交易。我实在认为，由买方发起的并购的成功概率比卖方的要小很多。

换一种方式来讲，代表买方客户的投行顾问可能会做很多工作，包括找出潜在并购企业、对其进行估值、与企业所有人接触并谈判等，但是这些工作都无法保证交易最终能够达成。与潜在买方进行接触后，企业出售方往往会向自己的投行顾问进行咨询，对收购交易进行评估。这样可能导致的结果是——企业出售方启动竞拍流程，而买方客户发现自己仅是数十位潜在买方中的一员。按此估算，在其他条件相等的情况下，买方客户和他的中型企业投行顾问只有10%的概率拿下交易。

买方顾问费用

由于代理买方客户的固有风险较大，投行顾问的收费结构与代理卖方客户时有所不同，尽管二者都包含了订金和成功费。若投行顾问的工作职责除了寻找收购目标并对其估值（初步）以外，也包括交易谈判、执行以及提供交易融资建议等，那么事成之后投行顾问将收取成功费。

买方订金通常是按月支付的，而卖方订金往往是一次性支付的（也有例外）。按照惯例，买方将月付 7 500~30 000 美元订金，时间周期至少为 4~6 个月。买方订金不会从成功费中扣除（尽管有些中型市场投行顾问会因为成功费金额过大，也会选择扣除订金）。另外，买方的成功费相差较大，也没有严格按照双重雷曼公式或其他公式变形来计算，大多是卖方中型企业投行顾问费用的 2/3，不包含较大金额的月付订金。

另一种方式则并不是以交易价值为基础来计算的。按照逻辑，投行顾问的角色应该是尽可能地为客户降低收购价格，因此以交易价值计算投行顾问费用会产生固有的利益冲突。根据交易价值计算成功费，客户会因为收购价格越高而支付投行顾问越多的顾问费用。另一种合理的计算方式是根据"被收购方的年销售收入"来计算成功费——肯定是比以交易价值（通常是被收购方的年销售收入的 50%~60%）为基础的费率要低很多。

与计划相关

你还记得第 10 章里讲述的奇闻轶事吗？厨房里太多的厨师只会搞坏一次聚餐。上市公司，特别是特大规模的企业，有犯同样错误的倾向。近 50 人组成的收购委员会或者工作委员会，往往会一无所获，或者是为了平衡多方利益而做出低效决策。因此，首要原则就是，若买方要设立委员会，需要控制规模。本章开头引用的知名房地产商佩罗集团董事局主席罗斯·佩罗的经典名言就是针对此情此景的。

买方交易需要大量的前期规划。俗语有云，计划得当，事半功倍。在高尔夫运动中，当你击球时站立位置距离不对，与目标的方向不一致时，无论球杆挥舞得有多高，球都不会朝着你期望的方向飞去。买方交易的前期规划至少要包含以下要点。

- 买方并购的主要目标（参见表 14-1）：

表 14-1 协同效应——期望 vs 实现调查

	计划实现	最终实现
新市场准入	76%	74%
市场份额增加	74%	60%
获取新产品	54%	72%
获取人才	47%	51%
巩固商誉	46%	48%
降低运营成本	46%	39%
获取销售渠道	38%	60%
获取新型技术	26%	63%
减少竞争者	26%	80%
获取新品牌	25%	92%

资料来源：普华永道。

- ◆ 获取或保持地理优势；
- ◆ 扩张或巩固现有可供产品或服务内容；
- ◆ 进入新型产品市场或服务领域；
- ◆ 降低生产、渠道及其他成本；
- ◆ 获取额外的销售渠道；
- ◆ 获取新的客户群或用户；
- ◆ 获取新的专业人士和技术人才，以提升整体人力资源水平；
- ◆ 减少或至少是中和竞争（至少对目标企业）。

- 对买方自身的情况分析，包括企业文化评估，以确定与买方最契合的目标企业类型，以及并购后最宜整合的候选企业。
- 整合方式探寻：
  - ◆ 维持目标企业原状，不改变现有管理层；
  - ◆ 以最快速度、最完整方式使得目标企业融入买方整体经营中；
  - ◆ 逐步地使得目标企业融入买方整体经营中。
- 针对不同的目标企业，对买方的收购资本进行全面分析。买方是否有：
  - ◆ 足够的现金来支持并购交易；
  - ◆ 其他融资渠道；
  - ◆ 根据现有的融资条件，买方最大可承受的出价是多少（即按照目标企业的销售收入规模或其他参考指标）。

- 由投行顾问或者买方自己建立的财务模型和行动计划（通常在识别目标企业以后）：
  - ◆ 根据潜在收购企业交易结构和整合后的财务计划，审视收购目标；
  - ◆ 假设买方的并购计划执行顺利，估算整合后的增长率；
  - ◆ 针对上市企业，计算并购后每股收益和股份稀释；
  - ◆ 根据对并购目标的深入分析，买方和他的中型市场投行顾问一起创建初步企业清单，对每个目标企业的并购适合度和总体匹配度进行评估；
  - ◆ 建立买方团队来专门分别负责有关运营、并购交易和法律等管理事务。

只有将以上所有分析完成，买方才能进入并购执行阶段。上述任务大纲是运作过程中很重要的一步——代表了买方勾勒出的锦绣蓝图。认真并彻底地依照上述任务执行，找到适合的并购目标的可能性就会大大增加。

但是，只依靠充分的功课准备是不能完成交易的；即便如此，立志于完成交易又做足功课的潜在买方在接触并购目标后，也可以按照潜在卖方的心理价位进行出价，那么卖方就有可能会直接接受报价而不再强求是否有竞拍了。

我想给买方提个醒：虽然通过评估，买方的报价是丰厚且准确的，但在投资意向书里也不要寄希望于异想天开地戏弄对方或者单方面的投机行为。这样做会被卖方的投行顾问抓住把柄，为可能的竞拍过程落下口实，甚至可能因此而失掉这个并购交易。买方应该按照自己对目标企业的真实估值进行出价（或者说，越接近越好），并且应该采取开门见山的方式。

同一时间应有多少家并购目标？

很奇怪的是，许多资深的中型市场投行顾问观察到，若买方投行顾问在识别和介绍潜在并购目标方面越成功，那么潜在买方做出决定的难度就越高。这样的现象可能是本章开始时讲述史蒂夫之"当我看到就会知道了"产生的错误理解而导致的直接后果：太多的候选目标往往会让潜在买方产生错觉——存在完美的并购目标。代表买方的中型企业投行顾问在遇到上述情景时有以下处理方式：

1. 我已经说过了，充分的前期规划使得投行顾问和买方客户对并购的理解是一致的。

2. 只是向买方客户建议最适合并最有可能的潜在并购目标。

3. 放慢介绍潜在并购目标的脚步，在 4~6 个月的时间里每月不要超过两家，以便买方客户有时间对每一家候选企业做充分深入的分析。

平台方式 vs 财务方式

有些上市企业在参与竞拍时总是能够持续拿下并购目标。是因为他们花钱够多吗？完全不是！实际上他们在公司经营方面有着辉煌的业绩，模范式的股票表现就是最好的佐证。这类公司提供的平台方式使得采取财务方式的其他买方在竞拍中节节败退。采取平台方式的买方会对并购后的协同效应和财务结果进行大量的前期研究分析。这类买方会聚集内部的并购团队来谈判和执行交易，并许诺让合适的业务部门总监来执掌新并入的企业。

采取财务方式的买方，虽然在购得目标企业时洋洋得意（或者说频繁地高溢价收购），却常常在独立于自身现有平台的情况下，只关注目标企业在此时此刻值多少钱，并没有对并购后的前景经过深思熟虑。遗憾的是，并购目标在竞拍过程中的投资价值被远远抬高。这类买方要么出价过高，要么就会与并购目标失之交臂，因为他们太过注重目标企业的现值，而不是并购后作为集团中的一员的未来价值。更糟糕的是，由于他们并没有做足功课（工作量确实不小），没有把未来最大化收益与企业现状进行有效联结，因此往往在竞拍中出价过高。准备工作和信息是最重要的。采取财务方式的买方，若是没能把目标企业作为并入集团平台的一员考虑，最好就不要参与竞拍了，否则迟早都会由于各种各样的原因折戟。

你可能认为平台方式和财务方式的差异是很明显的，但实际上并非如此。卖方投行可以证明，历史总在不断循环，这就是某些买方总对不太成功的并购经历无法理解的原因。

买方团队由谁主导谈判？

买方客户的部门高管虽然身为项目负责人、协同效应和机遇的发现者，但往往不直接参与竞拍谈判。企业内部的并购团队或者买方客户的投行顾问可以负责谈判，双方都有着丰富的经验，并在谈判过程中有着良好的纪律性。理想的情况是，好的并购交易往往存在一种辩证关系，远见者（部门高管或者项目负责人）、精打细算的管理人员和谈判者（并购团队）相互的作用力能够酝酿出成功的交易。这种辩证关系，如果不是特别偏向某一边（远见者对比精打细算的人），那就是一种合理的平衡。

艺术 vs 科学

对并购交易的态度，卖方投行顾问业务 50% 是艺术，另 50% 是科学（估值、交易结构、谈判等）；买方投行顾问业务则倾向于 90% 是科学，另 10% 是艺术。

买方的科学估值（90%）部分并不意味着就是公平的市场价值。在买方并购交易中，对目标企业的估值根据潜在买方的独特目的有多种不同方法，并且主要是根据现金流折现分析法（详见第 24 章）引申而来。根据定义，各种估值方法变形都是买方主观意愿的体现。买方的主观估值是指按照模型得出某一价格，并以此设定的价格区间。如我所说，这个价格区间考虑了并购后未来可实现的现金流现值，包括目标公司的现有现金流以及并购后由协同效应产生的现金流。

但是，可比公司价值（根据最近市场上的并购交易）也提供了值得信赖的参考值。可比交易对自身交易的影响，企业出售方及其投行顾问都是烂熟于胸的。对此，买方投行顾问和他们的客户都心知肚明。可比公司估值数据对潜在买方就好像是叫醒电话，让自己看清楚对比同类交易而言，自己给出的估值是太高了还是太低了。

对于估值过高的情况，需要仔细考虑，不要立刻就给出结论，认为这没有很好地反映出买方自己的现金流折现模型。如果较高的估值对于待出售企业是成立的，那么估值过高的评价就不再相关了，毕竟很可能是平台不同导致的。若是通过同类交易比较发现估值可能过低，买方则需要认真复核在估值中有没有被忽略的重要因素。没有买方客户会对并购目标给出与同类可比交易完全相同的出价，但完全把这些数据放在一边的买方客户也几乎不存在。例如，与潜在目标相同的企业按照 6 倍 EBITDA 的估值售出，而买方客户通过现金流折现模型和目标企业的数据算出来的估值仅为 5 倍 EBITDA。若是买方期望能够在竞拍环节中胜出，5 倍 EBITDA 的估值让他胜出的可能性很小。因此，为了 6 倍 EBITIDA 的估值（甚至更高），买方必须要重新考虑潜在协同效应，例如经济规模、降低成本等本章讲述的因素。即便买方并不倾向于支付较高的协同效应，但这实在是危险的决定。买方若想在竞拍中胜出的话，就需要拿出有竞争力的报价。买方愿意为协同效应支付多少，也体现了报价的吸引力程度。毕竟如果交易合理有效的话，评估协同效应是非常重要的。

投行顾问代表了谁？作为买方代表可能的利益冲突

我已经强调不止一次了，对大部分资深并购从业者来讲，卖方业务占到了总业务量的75%，而买方业务只占25%。但是，中型卖方投行顾问也经常代表买方客户。有时候，卖方投行顾问会发现自己置身于两位客户之中——一位是买方客户，一位是卖方客户，且双方对彼此都很有兴趣。投行顾问在并购交易中同时代表买卖双方客户，肯定存在利益冲突。投行家需要将自己从一方的交易顾问角色中退出来。

这是很痛苦的事情，特别是投行家认为自己完全可以公平公正地代理双方完成交易时。但是，任何投行家若执意代理双方客户，等于是把自己暴露于重大风险中。当买方或卖方发现自己正处于这样的尴尬位置时，很可能认为代表自己的投行顾问没有服务到位。若是出现这种情况，代表双方进行交易的投行家可能会面临法律诉讼。总的来说，在一单交易中，代理买卖双方客户对中型市场投行顾问来讲是顾此失彼，对谁都没有好处。

那么，投行顾问若恰巧碰见买卖双方都是自己客户的情况，应该选择哪一方呢？投行顾问可以选择客户关系较为长久稳定或者业务关系中（各种层面）获得较多利益的一方作为本次代理的客户。如何与放弃代理的客户确保客户记录的完整性也是至关重要的，因为投行家可能已经涉及了某些重要的客户信息，若不是因为之前的代理关系，投行家是不可能获取的。甚至有些情况下，投行家可能需要针对本单交易放弃双方客户以求回避。

中型企业投行顾问作为中间人得到交易双方的认可并获得双份顾问费用的事件也不是没有听过。对于这种情况，在保证双方签署了所有必要文件之后，还要确保买卖双方支付给投行家的顾问费用必须师出有名。

最后，即使中型市场投行顾问拒绝了交易的一方而接受了另一方的顾问合同，被拒绝的一方也许会提议让投行顾问安排同事来接手自己的顾问合同。在过去的工作中，我收到了数次来自客户的提议，但问题仍然很大：在同一家投资银行里，由一位同事担任并购交易的买方顾问，而由另一位同事担任卖方顾问，这仍然无法解决严重的利益冲突问题，应该予以避免。额外的顾问费用不值得投资银行承担这种长期的风险。

本章小结

➢ 总体而言，卖方顾问要比买方顾问简单。

➢ 买方投行顾问费用倾向于支付较高的订金，如果买方邀请投行顾问参与交易谈判和执行并顺利完成，可能包括额外的成功费用。这反映了相较卖方顾问业务而言，买方顾问更类似于咨询业务的事实，遗憾的是这可能会更复杂。

➢ 买方交易在启动前需要大量的战略规划，以识别潜在并购目标在企业文化、整合难度、可利用资本（融资渠道）等方面与买方集团的匹配度。

➢ 成功的买方客户倾向于使用平台方式在竞争激烈的竞拍环节来吸引卖方。

➢ 买方在交易执行方面比卖方更科学，包括使用现金流折现等方法来计算主观的投资价值；相反地，卖方在交易执行中更多使用艺术的竞拍环节，并参考类似的可比交易。

➢ 主观的买方估值包括设立价格区间和价格底线两个层面：

  ♦ 并购目标的独立价值（客观的，或者根据可比交易价值得来）。

  ♦ 并购目标的独立价值加上对潜在协同效应的整合价值估算（可能实现也可能无法实现，是主观的投资价值）。

➢ 对于买方而言：

  ♦ 部门总监或者业务团队将负责并购后的整合。

  ♦ 企业内部的业务拓展团队、并购团队或者外部专业人士可以负责具体谈判。

  ♦ 双方需要紧密合作并互相尊重彼此在团队中的角色。

  ♦ 买方团队不需要太多人，尽量保证高效。

➢ 中型市场的投资银行家不能在一单并购交易中同时代表买卖双方（除非仅是项目中间人），即使是买卖双方同意这样的安排。

第 15 章

投资意向书：最重要的文件

让人难以理解的是，交易各方花上数月时间，只是为了在中型市场并购交易中执行一份文件，而这份文件还算不上是一份协议，至少在法律效力上不算。它不过是烹制一道美味佳肴的详细食谱，而最终的美食是确定性（最终）收购协议。说起来，投资意向书（letter of intent，LOI）的作用也是让买卖双方就少数的重要条款（排他性及保密性）在法律上达成一致，执行投资意向书绝对是并购流程的重中之重。实际上，我可以拍着胸脯说投资意向书绝对是并购交易中最重要的一份文件，因为如果这个不重要，其他的就更无关紧要了。

那么，为什么投资意向书的大部分内容都不具备法律约束力呢？当多家潜在买方同时对一家企业出售方产生兴趣时，虽然卖方与数位潜在买方同时开展并购谈判，但是无法拿出足够的时间和费用，一边审阅出售文件，一边还要协助尽职调查中的审计和其他审查工作。另外，中型企业出售方和最终胜出的买方都不愿意企业核心业务信息被其他方所知，因此，往往是最有意愿参与并购的买方才能进入详细尽职调查环节，直至拿下交易。

优秀的投资意向书的前期考虑内容

实际上，投资意向书的内容都不具备法律约束力，这是因为企业出售方三个方面的考虑：

1. 对商业条款严谨性的需要。
2. 在初步尽职调查期间以及详细尽职调查前，对企业的不足进行披露的需要。
3. 对初步尽职调查和投资意向书所依据的数据和前提出于准确性的考虑。

买方/卖方的优势曲线

企业出售方在签署投资意向书前，要确定自己理解并同意所有的条款。若没有对交易认识的重大调整，在签署后任何对投资意向书进行修改的尝试都会给企业出售方的商业道德和商业敏锐度大大减分。这对于买方也是同样。如图15-1所示。

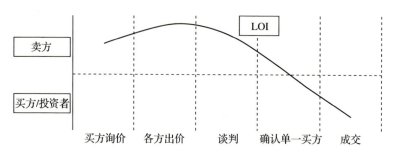

图15-1 不要隐藏问题：投资意向书不是下一步谈判的邀请函

就企业出售方而言，对投资意向书的内容和前提没有审慎对待的后果是灾难性的。在执行投资意向书之前，特别是当协商式竞拍顺利进行的时候，企业出售方在并购交易中的优势最为明显。一方面，买方对目标企业保持兴趣，也知道自己需要通过一番竞争才能拿下交易；另一方面，有数个报价在手的卖方掌握了谈判主动权，显得自信满满。在卖方与选出的单一买方达成排他性约束后，力量的平衡会发生巨大改变，在接下来的60天里，卖方和他的投行代表将承诺不会与其他买方接触。这使得该笔交易的市场行为告一段落。虽然本章随后提及的肯定性回复条款可以稍作缓解，但其他潜在买方也不得不另寻出路。重新点燃离场的潜在买方的购买兴趣几乎是不可能的。或者说，即使离场的潜在买方得知卖方与选出的买方签署投资意向书之后的谈判无疾而终，也仍然会面临重重问题。总之，在投资意向书执行以后，谈判优势会向买方转移，因为卖方在交易谈判失败后需要承担更高的风险。若是选出的买方放弃交易，卖方差不多需要重新来过。

初步尽职调查 vs 详细尽职调查

某一买方接受了企业提出的要求和前提（是正式投资意向书的基础），初步尽职调查就可以开始了。要求和前提大多数都记录在发售备忘录（offering memorandum，详见第7章）中，或作为卖方提供给买方及其投行家的附加信息。

初步尽职调查是潜在买方预备初始报价——投资意向书的基础。

双方签署投资意向书后，买方可以开始详细尽职调查（或称为最终尽职调查，通常通过在线的电子资料室来进行），以判断卖方提供的信息的真实性和准确性。作为初步尽职调查，投资意向书的执行通常不具备法律约束力（除非是特别提出来），直到买方对详细尽职调查的结果满意且最终投资协议执行以后。

排他性、保密性以及投资意向书

虽然投资意向书中的具体交易条款不具备法律约束力，但在两个重要方面却是有约束力的：保密性和排他性条款。前者是保密协议（详见第8章）强调的保密原则在投资意向书中得到了再一次确认，且又进一步得到了引申。投资意向书在保密方面有法律效力是非常清楚明了的。排他性条款又可称为不营销（nonmarketing）或不招揽条款（no shop clause）。同样地，卖方同意排他性或者不营销条款，来保护在详细尽职调查期间买方的利益（在这个阶段买方花了大量的金钱和时间）。与此同时，卖方也在参与激烈的谈判及起草最终投资协议。

通常来讲，也为了避免过度苛刻，卖方及其投行家要拒绝超过60天的排他期的请求。投资意向书一旦签署后，买方有充足的时间进行详细尽职调查，并准备最终投资协议。但过长的排他期只会间接鼓励拖延症；或者在潜在的最终谈判阶段间接鼓励双方在几点法律问题上纠缠不休。过长的排他期也会把卖方暴露于不必要的风险之中，例如若遭遇经济周期低谷，那么企业出售价格会大幅缩减。投资意向书要清楚地写明排他期的持续时间、到期时间，以及只有在卖方书面同意后，排他期才可以继续延长。

肯定性答复条款

从20世纪90年代末以来，我常常代表卖方客户在潜在买方提交的投资意向书中加入肯定性答复条款（affirmative response clause）。我发现有少数投行家也在做同样的事情。如果卖方怀疑买方正在对投资意向书约定的条款进行重大改动，肯定性答复条款是为了让卖方能够提前终止排他期而设计的。

有一些投行家可能会谨慎使用肯定性答复条款，除非他们发现买方可能只是为了争取进入排他性阶段而随便提交的投资意向书，特别是在最后时刻才提交。对投资意向书之前的谈判过程，有时候会让卖方及其投行家对正在接触的买方产生某种直觉。在投资意向书执行后的谈判阶段,若买方不断地单方面提出对已确认的投资意向书中的条款进行修改,对卖方会非常不公平。当排他期开始之后,需要对买方的特质以及缺乏诚意的谈判行为进行区分,因为卖方及其交易代表并不会收到有关买方对并购想法的每日更新报告。肯定性答复条款在这里能够发挥较大的作用。

卖方若执行肯定性答复条款,不仅会在排他期结束前给卖方留一条出路,而且也可以在某种程度上展示卖方对缺乏诚意的行为是零容忍的态度。就像其他地方一样,在起草投资意向书的时候,对这份不具法律效力的协议在文字上一点细微的调整都会对最终结果产生重大影响。当投行家发现备选的报价方案中,有的与台面上正在交易的相差无几,甚至更具吸引力时,也可能对肯定性答复条款青睐有加,毕竟心里已期盼良久了。在这种情况下,肯定性答复条款可以帮助卖方及其投行家在发现当下买方缺乏交易诚意的明显证据后,通过提前结束排他期,把失去备选买方的风险降到最低。

根据我的经验,大部分买方和代理律师都会接受这一条款,只要解释清楚了,接受与否不过是时间问题。这不会改变投资意向书不具备法律约束力的本质。另外,买方和代理律师若是强烈反对,只会暗示他们在职业道德方面可能真的有问题。

肯定性答复条款可以按照以下方式书写:

在不改变投资意向书对双方不具法律约束力的实际情况下,除非特别注明,买方保留对一、二、三……的要求权,在排他期以内,要求买方予以书面肯定性答复,表示(买方)不考虑对投资意向书里的交易条款进行重大改动。若买方没有给出正式答复,投资意向书的排他性条款将会自动终止。

虽然投资意向书不具法律约束力,但如果卖方认为买方违反肯定性答复条款会给自己带来不利影响并提出索赔,也可能需要律师来判断。但是,大部分卖方及其投行家都会比较满意,因为肯定性答复条款主要是把自己从排他期中抽身而出作为威胁,来防止缺乏诚意的买方,此举本身就已经把由买方造成损失的风险降到最低了,并且这也让备选买方重新回到了选择圈之中。

不足与机遇——初步尽职调查数据的披露与准确性

卖方应该在自己掌握谈判主动权的时候尽快披露公司的不足之处。我在第7

章中已经写道，最好是在投资备忘录中就进行披露。如果不这么做，那么这些不足之处迟早会在详细尽职调查中暴露无遗。如果买方在签署投资意向书之后的详细尽职调查中，发现了重大未披露或披露不充分的弱点，卖方就需要面对严重后果，而交易也会随之变得非常艰难。我想用下面的笑话来激励大家，虽然听起来有些陈词滥调，但可以把不足之处转化为机遇。

你知道在我们科技型公司的首席技术官已经82岁了。也行，这单仍然有戏！赶快把你26岁的技术宅侄儿找来吧。

我想说的是，如果一家总体来说颇为优秀的公司存在某几处弱点，这些不足之处也可以转化为机遇，因为各种原因尚待挖掘。至少，卖方采取主动，较早地讲出了不足之处，会比逮个正着有明显不同。

"亲爱的，我完成了交易！"原则——完全掌控交易条款

投资意向书将完整彻底地记录所有相关的交易条款，执行的重点就是不要过度。投资意向书不是进一步谈判的邀请函，而是用来继续对不够明确、不够透彻的部分再谈判。投资意向书代表了交易谈判的高峰——除此以外，再没有其他重要交易条款还需要商议了。不过，不可避免的是，签署最终投资协议的时候，买卖双方的律师还会有一些讨论，不过仅停留在法律层面。

让我再重申一次：
所有对重要商业条款的谈判必须、必须、必须在投资意向书之前完成，并且在投资意向书执行之前完整无误地记录在投资意向书当中。

买方，特别是上市企业，通常会把自己起草、执行的投资意向书当成对自己的一份邀请函（而卖方还傻呆呆地同意），直到开展详细尽职调查后才认真对待。他们的投资意向书的价格部分往往是愿意支付的一个大的区间，具体情况"有待尽职调查或者下一步审查的结果"。一旦这类投资意向书得到执行，详细尽职调查开始，卖方很快就会发现买方的最终出价会往价格区间的哪个方向变——永远都是较低的那一边！

这种极度松散的投资意向书极受买方青睐——卖方也会接受区间价格的最高价，给了买方在签订投资意向书后更多的回旋余地。资本充足性（当具体目标或

清楚的公式没有在投资意向书中注明时）通常是容易被攻击的目标。这些目标或者公式应该在投资意向书之前就确立，并记录在投资意向书当中。

买方也会坚持"卖方对处于转折期的劳动补偿以及主要条款应该在详细尽职调查期间建立。"对于买方提出来的这种或者其他类似的情况，原则上，卖方不允许在签订投资意向书以后再谈判。但是，有一种解决劳动合同问题或者类似的比较重要但不算特别重要的问题的方法——通过缩短60天的排他期来处理。例如：

卖方与员工的劳动补偿和其他相关主要条款将在尽职调查阶段确定，解决的期限从执行投资意向书开始并不晚于（填上期望的天数）日。

任何允许潜在买方在投资意向书执行以后修改或者重新谈判交易条款的行为，应该不计成本和时间来避免，即使卖方只有少数几家潜在买方在手。只有在最艰难的时候——例如已经没有其他潜在买方，或者卖方企业的经营状况和大环境急转直下——这类投资意向书才可以考虑，毕竟这样做不会给卖方带来任何好处。

总之，任何实质性商业条款，包括准确的购买价格、交易形式（股票置换、资产交易或者混合方式）、卖方对税务的特殊考虑、支付条款、交易后劳动合同的可能条款等等，都应该在执行投资意向书之前落实。

执行投资意向书的时候应该尽可能详细和全面，卖方应该回家跟太太说："亲爱的，我完成了交易！"他信心满满，知道所有即将发生的交易条款以及准确的交易价格。如果卖方在回家后发现对交易细节没有足够的信心，他的投资意向书就不够详尽，而且他很可能违反了"亲爱的，我完成了交易！"的原则。

在投资意向书中精准使用交易语言："是"的定义是什么？

投资意向书的内生悖论，即虽然大部分内容都不具备法律约束力，但是那些遣词造句的细微差别隐藏了交易条款从无到有的谈判历程。卖方及其投行家们在执行或修改投资意向书的时候，要尽可能直截了当。他们要避免任何意义模糊的、有保留的、让人迷惑的或者有多种解释的字词或句子。类似的用语如下：

- 这是我们可能有兴趣收购贵司的意向书。（这里表达的意思是此文件并非投资意向书，就如同它所叙述的，不过是一份谈判的邀请函。）

- 我们准备以 7 倍动态 EBITDA 出价，不过要看尽职调查的结果。（举个例子，一份 1 400 万美元的报价，即使买方给出了 7 倍 EBITDA 的估值倍数，在尽职调查中仍有许多回旋余地。如果是这样写的话，若买方对 EBITDA 有 5 万美元的异议，那么出价就可能少 35 万美元。很显然的是，对 EBITDA 的最终认定会产生很大差别。投资意向书不应该至少是不鼓励这些化零为整的机会。）
- 我们报价 1 400 万美元，并会在尽职调查后决定是以资产收购，还是以股权置换的方式进行交易。（哇，这对卖方净收益会产生近30%的差异。）
- 我们会按照基于财务表现的额外对价（earn-out）支付 400 万美元，并在尽职调查中具体协商。（再一次，哇。这说明基于财务表现的额外对价可能执行，也可能不会。）

现实交易中还有很多例子，我就不一一列举了，你肯定知道我要表达的意思。

谈判礼节和投资意向书

修改投资意向书的理想方式是交换最新修订版的草稿（可以采用微软文档的审阅方式，或者类似的其他文字处理软件）。买方递交投资意向书的纸质版和电子版。卖方根据自己的需求进行修改，保证随后买方会收到包含所有修改内容的纸质版和电子版。这种有效的持续修订方式也使得双方能够及时看到对方的反馈，并予以回复。买卖双方在修改新一版草稿前，要以新的文件名进行保存，再继续修改。这样会反映出谈判历程，当双方发生争执时，或者回忆过去的细节发现不一致，又或者不记得谈判的过程时，这些文档将会帮上大忙，特别是在谈判早期的权衡过程中。

需要注意的是，太多次的修改可能会降低文件本身的清晰度。只要保证了每一轮更新投资意向书都保留纸质和电子两种版本，买卖双方就可以在开始新一轮商议的时候，拿出干净版本，而不再有上一版的修改痕迹。

为了使用方便，最终稿的投资意向书需要与前几版分开保存，并使用不一样的文件名，以清楚明白地表明这就是最终执行的版本。最终的电子版必须与纸质版保持一致（让纸质版文件在首行或者信笺抬头上就能够识别出来）。我建议使用 PDF 格式保存最终稿。

我还要强烈建议卖方及其投行家和买方，分别审阅每一份更新版本，以方便所有人都能够清楚地理解他人在修改背后的动机，并自始至终保证诚实有信。我建议你阅读第 16 章——并购谈判背后的心理活动，特别是邮件使用的部分。

反向投资意向书

有时候，买方的投资意向书实在是不够充分或者跟标准距离太远，卖方的投行家和/其他交易代表就会准备一份新的草稿，至少是他们（卖方）可以接受的一稿。虽然没有卖方可以把自己提出的条款强加给买方，但卖方推荐的投资意向书格式可以帮助买方较早地认识到基本的投资条款，更重要的是这是卖方可以接受的投资意向书格式（例如，不能有含糊其辞或者限定词）。如果卖方及其投行家决定对买方提交的投资意向书进行重写，投行家应该在发送文件之前与买方进行沟通。投行家应该向买方解释，重新起草投资意向书完全是出于意思明确的考虑，并要传达出"这些条款对于卖方至关重要"的意思。投行家还要告诉买方，买方认为需要修改的地方，就将其当作谈判投资意向书的过程，尽管修改就是了。

从买方角度看投资意向书

买方在执行投资意向书的时候有什么想法呢？完全与卖方的理想情况相反。买方更希望投资意向书有尽可能少的详细规定，使得详细尽职调查中有更火的解释和再谈判的空间——在此过程中，谈判的平衡点和主动权会向买方倾斜。投资意向书越粗略，买方对交易条款就会拥有更多压低企业投资价值和最终收购价格的机会。买方可以充分利用卖方将自己的企业脱离出售市场的事实，把其他潜在买方隔绝在 60 天排他期以外。

本章小结

➢ "亲爱的，我完成了交易"原则——投资意向书应该尽可能详细完整，其中的交易条款应该尽可能地精准。粗略的投资意向书是不妥的，除非卖方想在执行投资意向书之后丧失对谈判的重大影响力。

- 企业的所有不足之处都应该在执行投资意向书之前进行披露。
- 要不惜一切代价避免投资意向书中出现用词含糊或者不明确的情形。
- 在竞拍中提交的投资意向书大部分是不具备法律约束力的。
- 通常，排他期的时间不会超过 60 天。
- 肯定性答复条款应该在投资意向书中列明。
- 卖方要提防：在投资意向书执行以后，买方与卖方的优势平衡将迅速向买方倾斜。
- 投资意向书在谈判期间通常使用红笔审阅并保持连续更新。
- 当卖方收到一份特别模糊或者不充分的投资意向书时，应该立刻起草"反向投资意向书"，以完全去除原稿中用词模糊或不充分的地方。
- 对买方及其投行家的提示：在准备投资意向书的时候，如果可能的话，应该按照本章提出的每一条原则，完全按相反的方向来使用。

第 16 章

并购谈判背后的心理活动

> 别跟我装蒜,你在这方面不及我。
>
> ——科隆尔·福莱克-蔓什(Colonel Flagg-Mash)

弗吉尼亚州费尔法克斯市——2004 年 1 月

有个特别笨的傻瓜(难过的是,我认为就是我自己)曾经满怀豪情地表示:"我永远不会搬到南部生活,因为这样会错过四季变迁。"这并不能完全代表我此时此刻的心情。在华盛顿,寒流来袭已经数日。这几天是我在这座大都市居住近 50 年中最寒冷的记忆了。在寒风刺骨的日子里,我只能躲在房间里专心撰写这本书,因为外面的天气实在不适合打高尔夫。

我钟爱高尔夫运动,除非是在被比赛气糊涂的时候——我经常会控制不住。孜孜不倦地追求卓越,让每一场普通无聊的比赛都成为提高球技的阶梯。

他们说,业余选手挥杆,杆头接触球的瞬间速度为每小时 95 英里。作为业余爱好者,在击球的一刻,怎样才能控制速度、动作以及保持眼睛与手的协调呢?业余选手未经训练的大脑不是转动速度不够快就是不够集中,而其本人可能在技巧上太过执着。他们说,高尔夫的技巧就是让它顺其自然。不过,这里的"他们"或者"它"到底指的是谁呢?

高尔夫是一项智者游戏。学习并购谈判就好像练习高尔夫,困惑、慌张、疲惫在入行的前几年会一直伴随着你,直到你的感觉培养起来为止,特别是当你花了太多精力专注于技巧时。

大部分高尔夫专业选手会告诉你,头脑中只能有一次挥杆,不能有第二次。同样地,只要你掌握了并购基本面,就可以直接进入谈判,别再犹豫。我承认到现在为止,我打高尔夫球都没有找到这种感觉。

在谈判前的思考

有关谈判的书籍多达数百册，经典著作也有几本。中型市场投行家在职业生涯刚开始的阶段会读一些。最畅销的几本包括赫布·科恩撰写的《谈判就这么简单》，以及詹姆斯·C. 福伦德（James C. Freund）撰写的《谈判智慧：如何在现实世界中达成交易》（Smart Negotiating: How to Make Good Deals in the Real World）。这两位是非常优秀的谈判专家，两本书是他们丰富工作经历的结晶。我相信，在众多的营销培训课程里，许多学生都会因为迷失在海洋般的技巧中而忘记了大局，即正直、诚信、真诚、信任、准备、感觉等基本要素构成的谈判核心。

神经学博士理查德·瑞斯塔克在《赤裸的大脑》一书中提到，经验丰富的谈判专家在经验和直觉两方面都认为信任很重要。"经济决策……让人们不仅仅要与他人互动，也要互相信任。我们要付出代价去培养信任是另有他因的。根据最新的大脑研究，不信任是很危险的，因为这使得处处怀疑的人们采取威胁行为的可能性大幅增加。"

准备充分

厉兵秣马是为了战场得胜，充分准备才能在谈判中游刃有余：知己知彼方能百战不殆，尽可能地了解你的谈判对家以及目标企业。从行业研究和买方研究着手，对买方业务要了解透彻。最好能够对谈判对手的谈判方式也做一番调查。跟与交易对手有过交易往来的人沟通，会有很大帮助。

具有讽刺意义的是，投行老手也可能因为准备不足而马失前蹄。在数百起交易之后，投行家可能对自己的能力过分自信，转而依赖自己的技巧，而对提前准备工作应付了事。这样是对客户极端不负责任的，最终也会自讨苦吃。要知道，谈判场上没有常胜将军。

经验丰富的投行家知道，从买卖双方以及他们的谈判代表第一次见面握手一刻起，交易谈判就已经开始了。不论是有意的还是无意的，在举手投足间，在此时此刻，一切已尽在不言中……各方都尽量把对自己最有利的一面展示给对方，调整各自的身体语言和沟通风格，并不断地打量着对方的反应。作为团队的一员，投行家往往是在仔细地观察和倾听，实际上观察员的角色也非常有意思。在此之前，投行家和他的团队已经做了充足的基础工作，在谈判现场则显得胸有成竹。在数千万美元的谈判面前，若不做足功课，简直就像是拳击手在入场时没有做热身运动一样。无论拳手有多么出色，即使他是世界冠军，如果不做好准备也会被打趴下。

客户与谈判

本章（或者本书中其他地方）记录的谈判现场并不是为了评判客户，虽然有些情况看起来确实如此。中型市场的并购客户，特别是卖方，往往是企业并购的新手，我需要再三强调这一点。无论有多大成就，无论多么天赋异禀，在中型市场企业并购谈判中，他们中的绝大多数都还是未成年人。

特别是卖方，由于他们为企业付出了太多心血和精力，无法把自己与企业分离开来，从而理性客观地评价企业价值，更不要说是谈判出售了。科恩在他的《谈判就这么简单》一书中就写道，与企业分离是很重要的事情。他并不是说谈判者应该表现出冷冰冰的态度。他想表达的是，要有能力让自己跳出框框，这在谈判过程中代表了一股强大的力量。

政客和正直

如果用词浮夸又强词夺理，那么争论从开始就不可避免。通常情况下，人们通过提供有力的论据，让听者能够接受其观点。有时候，一个论点是由不真实、不适用、不完整的论据作为支撑的，这些论据构成了一个由泡泡糖、钢丝圈和逻辑术语勾勒成的虚假陈述。太多的政客都以夸夸其谈、变化无常、虚假陈述而闻名，作为回应，人们都认为他们虚伪至极。

夸夸其谈、变化无常、虚假陈述的最终影响就是让当事人的信用破产。俗话说："欺骗我一次，你真丢脸；欺骗我两次，那就该轮到我丢脸了。"在中型市场并购交易中，投行家们靠着坑蒙拐骗可能打胜一场战役——可能获得对卖方客户极其有利的，甚至是不公允的条款——但是这样的一场胜利是以声誉和长期业务利益为惨痛代价的。在这样的一场战役胜利之后，投行家会以失掉整场战争作为代价。

风险实在太大了。夸夸其谈、变化无常、虚假陈述可能会毁掉交易意愿。良好的交易意愿是并购交易成功的重要条件。我只能用战役和战争作为比喻。交易意愿才是所有并购活动的核心。交易双方都希望能够达成双赢，而不是抱着你死我活的目的。这也不是说谈判中就可以完全不讲战略战术，不为自己争取利益，而是说最优秀的谈判者能够为自己的立场设立合理界限，并以同样的态度和方式来表达。

> 聪明的聆听者不仅仅在哪儿都受到欢迎，一段时间后，他会洞悉一切，了然于胸。
> ——威尔森·米兹纳（Wilson Mizner）

诚实和正直仍然是交友的最佳策略

诚实永远是最佳策略，不仅是出于道德考虑，在长期看来也是最切合实际、最持久的。在最终分析阶段，卖方及其投行家不可能再虚构事实，否则很难成功地把中型企业卖出去。仔细想一想：无论卖方在保密信息备忘录和附属文件中对自身企业业务表现如何描述，与多少位潜在买方谈判、有多大的掌控权，迟早会挑选一家进入投资意向书阶段。当投资意向书执行以后，卖方不得不面对最严苛的测试——详细尽职调查。买方在随后的60天中，几乎可以查阅企业的所有财务信息及相关文件。在一份已执行的投资意向书中对公司进行虚假陈述，然后在60天的排他性期间完成验证性尽职调查，这可能与卖方的利益相违背。我说的不仅仅是避免明显的欺诈性虚假陈述，我说的是过度粉饰和倾向性严重地扭曲事实的情形，还不是实际的造假。大家都说"要尊重事情原貌"，你最好也以大家说的"事情原貌"之原则来办事。

诚实永远是最佳策略。经验老到的投行家常常提到谈判艺术的座右铭："从诚实和诚信出发"。交易对手可能不同意你的估值，对你给客户企业建议的出售价格嗤之以鼻，更不欣赏你主持的竞拍过程，还有其他等，但是只要你是基于诚实和诚信的角度提出来的，都会赢得对手的尊重，甚至信任。若是没有尊重或信任，你是无法说服买方按照有利于客户的条款进行交易的。

当人们看到你一贯的诚信和正直时，他们会逐渐喜欢上你。你为自己赢得了朋友，实际上这是最好的谈判对手。我曾经不止一次让失败边缘的交易起死回生，就是因为我和对方的谈判代表能够建立一些私下关系，虽然仅仅是建立在交易当中。我们能够信任彼此并且尊重对方的立场，即便我们意见不同。在大部分谈判中，你需要在某些关键时刻把自己放在对方的立场来想问题。很多交易之所以能够继续，就是因为谈判代表有替对方着想的能力。你不用着急知道具体的解决方案，因为当你有能力换位思考的时候，解决方式已经水到渠成了。

危险的电子邮件

网络、邮件、即时消息以及其他现代沟通工具极大地方便了我们的生活。在商业活动中，沟通的文字记录也呈几何倍数增加。仅仅是 35 年前，电子打字机和半透明的复写纸还是当时商务交流的流行工具。现在，简单的邮件形式就可以进行交流——不再需要复写纸——直接按一下发送键即可。但是，在不知不觉中，这样做的缺点在交易中浮现了出来。

中型市场并购交易的参与者可以迅速以邮件方式回复他们的团队以及交易对手，通过提纲模式再加上附件，简单明了。隐含的缺点是这些回复由于缺乏语音语调，显得颇为冰冷，甚至粗鲁。回想当初，在复写纸的年代，笨拙的书写形式比见面互动更受欢迎。这类书面回复是字斟句酌的，要花上几天时间来修改，再花上几天才能送达（在过去懒懒散散、糊里糊涂的疯狂岁月里）。毫无疑问的是，在过去，书面交流中流露出的浓浓温情和客气尊敬甚至比见面沟通时更浓，因为相比较而言，由于缺乏其他的沟通媒介，当时的书信往来比起现在的电子邮件更受重视、更被小心翼翼地对待。

现如今，电子邮件回复的速度比拳击赛场上的出拳还快。电子邮件并没有带来语音语调、身体语言或者任何人与人之间互动的其他信号来协助传递准确合宜的信息。即使在电话中或者电话会议中，参与者都可以在字里行间，甚至是用词的停顿中来区分背后的意义，而这些在电子邮件里是无法做到的。缺失语气的电子邮件交流会让对方感到冷酷、粗鲁——特别是你想通过简单直接的语言以避免误会的时候，结果往往会事与愿违。这样会使电子邮件的接收者揣测对方的意图，是期待，是害怕，又或者是怀疑，而后者往往会造成更深的误解。故此，卖方及其投行家们在出售企业的过程中一定要认识到书面交流的优点和缺点，特别是快速的电子邮件交流。书面交流的两大原则如下：

- 使用书面交流的方式交换法律文件的草稿
- 在表达自己对交易的看法或观点时，不要使用书面交流的方式，尽量使用直接的交流方式，即使是电话沟通也行。

不要忘记墨菲定律在沟通方面的应用：如果书面交流特别是快速的电子邮件的形式可能会造成误解，那么事实上就会造成误解。而每次的误解都会让卖方及其投行家不得不出些怪招来挽救交易，或者挽留住某位潜在买方。过不了多久，太多的误解就会让信用瓦解，并让垂头丧气的潜在买方或卖方在迷惑不解之中黯然离场。

别哭丧着脸，还有更糟的呢。

——菲兰德·约翰逊（Philander Johnson）

每笔交易都有一千种死法

弗吉尼亚州费尔法克斯市——1996年9月
一位焦虑的客户和一扇太快打开的门

我在位于费尔法克斯的家里办公，愉快地憧憬着即将结束的交易。在9个月的时间里，各种各样的事务颠来倒去、不胜其烦，终于快要熬到头了。在绷紧心弦多日以后，我终于有种如释重负的感觉。望着窗外由妻子精心照料的美丽小花园，此时此刻，我感到精疲力竭。多么希望能够常常回到这里工作。本次交易提醒了我，即使做这行这么多年，也仍然充满挑战。

就在一个小时之前，我刚刚结束了与南美买方的紧张通话，他准备收购我客户的企业。这样的紧张氛围反映了一个不争的事实，越是接近交易结束，变数就会越大——就像高尔夫球赛的最后一个推杆，球就是不愿轻易地滚进球洞。我们再次表达并且同意了一些重要的最终谈判细节。买卖双方在价值1 200万美元的交易里为了最后的35万美元而死咬不放。我的客户——卖方坚持认为这35万美元应该由对方让步（在习惯性地抱怨后，他不得不选择妥协）。

电话铃又再次响起。我接了起来，是我的合伙人、联合投行顾问吉恩打来的。"丹尼斯，你肯定不会相信刚刚发生的事。保罗（卖方，我们的客户）愿意让步了。"

"吉恩，在不到一个小时之前，我刚与买方通了电话，他已经愿意让步了。"我不太相信电话里的消息。

"我知道，但是保罗被吓到了。虽然不晓得什么原因，他联系不到我，我也联系不到他，因此我不能把对方妥协的消息告诉他。他可能害怕就这样失之交臂吧，所以他自己打电话给买方，告诉对方自己愿意让步。他告诉买方，他已经告诉他的投行家不会再有下一步谈判，他愿意让步，一切到此结束。"

保罗的故事是真实的，尽管出于保护客户的考虑，我把客户名字换了。记忆中，好多类似的不幸客户，因为内心慌张，把本来往有利于自己方向发展的事情活生生地给搅黄了。这让人大伤脑筋、无可奈何。每位久经沙场的并购中间人对接下来这句大俗话都有切身体会——"每笔交易都有一千种死法，而最后成功的就只有一种方法。"中型市场投行家们会不厌其烦地把这句大俗话讲给客户，因为它一语道破了交易谈判全过程的关键。

不过，对于大部分投行家来说，完全了解这"一千种死法"需要花上一阵子。一旦他们意识到问题，就会开始担惊受怕。因为要应对一千种死法，在七个月的交易时间里，就需要制订一千零一种救赎计划。○

所以，经验尚浅的投行家及其客户在前进每一步时都会备加小心，害怕太过激进或者太过保守了。令人讽刺的是，这种以不变应万变的防御策略往往会让自己陷入泥潭。新的交易总会有的，因为有人想买，有人想卖。200多年前，多位代表齐聚费城，花了数个月时间进行激烈讨论，才完成了美国宪法的第一稿。数不清有多少次，代表们都已经备好马准备返程了，因为太多的提案看起来没办法达成共识。但是，代表们顶住了压力，坚持了下来，终于找出了共同点，就像他们的先辈们最终发现了新大陆一般，尽管数次海上航行都是无功而返，甚至认为自己已然抵达地球末端。

完成一笔中型市场并购交易，远没有从无到有拟定美国宪法那么艰难：因为参与方少多了，但两种情况都需要时间才能够达成一致。在"应该接受还是拒绝"的左右摇摆中，面临失败是显而易见的。只有抱着"一定要达成交易"的决心，才能够拨云见日。

投行家在代表客户的时候，应该果断专业，根据他们的最好判断和客户的最大利益行事，把思前想后、患得患失的心情放到一边。另外，当交易将要死去的时候，投行家要争分夺秒地拿起如电视里播放的急救室中使用的"心脏起搏器"，插上电，然后大喊"闪开"，把交易抢救回来。

投行家需要常常向客户讲述这一千种死法，甚至在最终谈判阶段，还要再三

○ 这里想说的是，制订应对方案是非常有必要的。交易并不是真的死掉了，不过是人们如此形容罢了。

强调。这是很重要的，若是心脏不好或者经验不够，就不应该参加最终谈判，投行家应该鼓励客户在价格和条款的最终谈判时对谈判者保持信任和信心，并能够退到二线。但是，最终的决策权永远在客户手里，因为这是他的交易、是他的钱。

客户应该尊重投行家的专业性（这是投行家应具备的），并且要抵制住内心的想法——认为自己与他们在交易判断上是一样的。这或许对客户的要求多了点，但所有的交易中间人都应当获得这样的尊重。有了客户的这份信任和信心是多么荣幸啊！因为这份宝贵的信任，投行家肩上的担子更重了。所有优秀的投行家都非常珍惜这份信任背后的使命。

水刑谈判法

有些谈判家在商业谈判中会使用水刑谈判法：他们冷静地、简单地、一遍又一遍地重复某个观点。这招在某些情况下非常有效——要么谈判者对他的观点非常自信，并且确信对方最终会沉入水底并认同他的观点；要么谈判者只是没有其他观点了，但这种情形较为罕见。

如果不具备上述条件，那么这种方式不过是一种策略、一种技巧或者仅仅是谈判者在固执己见而已，因此，危险产生了。这种方法会令人厌烦，甚至会摧毁谈判双方已经建立起来的关系，特别是当提议都集中在非核心条款上时。例如，买卖双方在某一点尚未达成一致时，其中一方就一直喋喋不休地重复自己的观点。对于某项条款好像肠梗阻式的沟通，可能会成为交易杀手。

当肠梗阻式或潜在的死胡同出现时，谈判者应该立刻停止，注意观察和倾听对方。他们需要仔细审查自己的谈判立场，并思考是否有其他解决方案。另外，他们必须仔细反思，对方停留在某一点是否有更深刻的客观理由（而不是顽固不化或者在玩游戏）。谈判是寻求双方一致的过程，而不是单方面的妥协。

渐进式交易/爬楼梯

通过一系列的让步来一个台阶一个台阶地引对方上楼梯，也是一种危险方式，会带来灾难性后果。这里，谈判中的一方需要不断地让步。"对了，我已经拿下了一项（条款），我还要再拿下另一项。"这种情况可能是一方为了达成交易，做出的最后一次让步，而另一方还想对其他条款进行讨论。这并不是说对条款一条一条地进行谈判是不可以的，只不过在某个谈判阶段，不应该再加入新的议题，除非是作为解决方案加进来。

有时，双方最好把所有的谈判要点或者最好是谈判目标（而不是具体条款）在谈判刚开始的时候就摆出来。有时候，谈判陷入僵局也未必是一件坏事，因为它可以避免推倒重来或者爬楼梯式谈判把双方拉回起点。这样让双方可以更清楚地了解彼此的真实意图，并愿意做出让步，以"可有可无的条款"替换"必要条款"。双方都需要在坚持自己立场和结束交易的天平上找到平衡。

> 不要将自尊依附在立场之上，以免一旦输掉了立场，自尊也一块失去了。
>
> ——科林·鲍威尔（Colin Powell）

谈判者要有足够自知：有时候中间人才是问题——避免神一般的复杂问题

马里兰州哥伦比亚市——1993年9月

谁抓住了权杖？

我们租用的酒店会议室快要闹翻天了，总共有12人参加。如此大规模的谈判队伍很少见。谈判人员超过10人就很难保证客观理性了，至少我是这么看的。

我是本次中型市场并购交易谈判的卖方高级投行家，这家企业跟高科技企业毫不沾边。卖方运营着某行业的一家大型零售企业。他们都非常聪明，也足够幸运地从一位近亲那里继承了企业（包括企业文化），只有那些英勇无畏的企业家们才敢踏足。一位大型的战略整合买方盯上了这家企业。这些客户机警地认为拿钱走人的时刻到了。

最合适的买方应该是同行业的战略收购者。谈判过程中的某一时刻，我和合伙人决定把各方组织到一起见个面，以有利于形成化学反应。大部分交易条款都是比较粗线条的。尽管如此，所有人还是炸开了锅。

我永远都记得自己是多么的沮丧和无助——在这间特别不协调的会议室里，一浪高过一浪的喧哗，伴随着难以容忍的迷惑和吼声。本来我的内心里还怀揣着客户们对我干好苦活累活的信任，脑海里还记挂着大笔的顾问费用，现在全部一扫而空了。我实在没有遇到过这样的情况。

那时，我刚读到一篇有关原始部落"议事规则"的文章。文章中提到，在每次部落聚会的时候，一根"说话的权杖"会在参与者之间传递，谁持有权杖谁才有权力发言。手持权杖的人可以在一段时间里发言而不用担心被打断。我们的会议室实在是需要一根这样的"说话的权杖"。

终于,我站起身来,大声说起来(只有这样才能让大家都听见),很快地把这个故事讲给了所有人听,希望能够重新建立秩序,并保证余下的讨论都能够清醒理智。我的发言就好像朝着会议室中央抛出了极为恼人的臭鼬一样,达到了我期待的效果。至此之后,无休止的争论再也没有出现,最终交易完成交割,并且非常成功。

听了这个故事有什么启发吗?当然了!就像我说的,这些客户以及买方都是同一行业的,做事说话都已经有了一套固定方式。即使在这种打打闹闹缺乏规矩的氛围中,他们还是固执己见,拒绝向权威让步。

并购中间人总是错误地认为交易存在着某些严肃必行的步骤,而只有他们才知道什么是对客户最好的。优秀的中间人会向客户提供建议,因为这才是客户雇用他们的目的,但是他们也清楚客户可以选择不听取他们的意见,甚至按照完全相反的方式行事。当客户准备"按照自己的方式来",假设至少是合理合法的,中间人就需要保证客户一路走来有足够的空间或者退路。回到那吵闹的会议室,我年轻的时候显然还缺乏足够的投资银行经验,认为客户所做的都是错的。我认为停止吵闹就是最好的调节方式,哪里想到这样做只会让客户对投行家失去信任,因为我根本没有弄清楚情况。我想,这就是生活,边学边活。

这么多年过去了,回头看来,这些客户事实上很适合亲自来谈判企业出售事宜,而我应该做的就是一路陪伴、保驾护航。这些客户行事雷厉风行,我认为,自己不可能替他们在谈判中争取到更好的结果。这些客户需要的不过是技术性意见。他们都是出色的谈判专家,因为谈判在他们的行业里是极其重要的,面对微薄的利润,只有精于盘算才能生存。我没有意识到自己的工作应该是提供技术性建议,并在一定程度上置身谈判之外,继续眼观六路耳听八方,以便在客户需要技术性支持的时候为客户想好解决方案。

一点点的谦卑能够让投行家在职业生涯中走得更高更远。当客户坚持自己驾车,并且已经展现出保证安全驾驶所需要的绝大部分技巧时,那么就乖乖地把钥匙给客户,自己坐到副驾的位置上吧。优秀的副驾驶也有很多工作要做。当然,前提是按照谈好的顾问费用支付。

投行家的工作就是要协助客户完成交易,扮演的具体角色根据每单交易有所不同。这就是为什么投行家在接下每个新项目的时候都要仔细审视自我。他需要考虑在何种程度上客户可以或者不可以掌控交易，以及如何给出自己的意见。在大部分的情况下，我给出的建议就是，投行家需要传达给客户，主要是要证明，自己能够提供广泛而深刻的并购经验，而这些都是客户可以依靠的，事实上大部分客户都会如此。但是，在交易过程中，投行家需要充当的角色包括心理学家、教练或者教师，甚至是教官。投行家要把耐心、友善和幽默带入到这些角色中，并且要学会判断从项目启动到结束的各类场景中应该扮演何种角色。

一位并购律师，也是我的好哥们儿，倾向于按照某些黄金法则办事。例如，提出多种建议以及背后的结果给客户，而不是告诉他们怎么做。这招对他是有效的，但是大部分投行家会认为在实际操作中难以执行。当客户拒绝倾听并开始犯重大错误时，投行家很难置之不理。与客户同甘共苦很重要，但更重要的是引导客户，在客户自己的意见与自身利益相悖的时候，给出客户最优选项。这是一种平衡。

提前与客户沟通：预先警告便能预先防备

最好是在项目之初就跟客户进行全方位的沟通。通常，这类沟通可以幽默轻松的方式展开，不需要令人不快。在达成合作意向之后的晚宴上，三杯暖酒下肚，一切都会变得轻松自在。在插科打诨之间，你可以提上几句"你不会相信并购交易到后期会多么让你食不下咽""准备好上云霄飞车了吗？"诸如此类的话。你需要向客户指出，有时候他可能会受到某些条款的诱惑，但最好不要接受，特别是临近结束已经快精疲力竭的阶段，又或者在谈判的某些时候对方想要跟他直接沟通，等等。作为回应，你应该从客户那里得到承诺，或者至少建议他在没有和自己商量前不要接受提议。对交易条款进行不恰当修改，即使看起来很小，有时候也可能会对其他已经协商好的众多条款造成较大的负面影响。同时，要向客户保证，所有的决定权都在客户自己手里，这是理所应当的。

把买卖双方分开？

以上所述是否意味着在谈判期间客户不应该与潜在买方进行直接沟通？答案肯定是"不"！双方进行直接沟通会带来很多积极意义，从简单的信息交换到建立亲密的个人关系，以致在交易达成中产生催化作用。投行家绝对不能在整个交易过程中把卖方和买方隔离开来，除非是重要的财务谈判阶段。

当谈判面临失败时：懂得妥协才能加分

在激烈的谈判中，有三条生存法则可以参考：

1. 缓一缓。

2. 给双方足够的时间来消化最新的条款，不管条件多么苛刻或内心多么抵触，一方或双方死咬全部或部分最新条款绝对是交易杀手。

3. 如果真的遇到了交易杀手（通常情况下，在一定时间的冷静和重新思考后，是不会发生的），想想其他的方法。

有时候，若缓一缓也没有用，我们就得另寻良方。这时候，投行家可以退后一步，然后再仔细找找有没有其他的方法。可能是回顾最后一两次的谈判要点，再呈递新的议案；或者也可能回到原点，重头来过，尽管已经花了数月的工夫。这两种方法都可以拯救交易，我经历过不止一次。

嗯，若上述方法都试过了，还是不行呢？不入虎穴，焉得虎子！当一方抛出"交易杀手"条款，并在一段较长的时间里仍然不妥协时，可能你需要接受他的条件。那么，这项会杀死交易的提案对你所在的一方真的是不可或缺的吗？如果是的话，那么就无怨无悔地离席；如果不是的话，那么就好好整理一下思绪。面对胜利在望的情况，是建议客户从头开始（寻找新的买方），还是有其他选择呢？

然后打电话给提出"交易杀手"条款的那一方，"好吧，我们同意你提出的条款，但是作为回应，我需要你也接受我提出的另一项条款。"而这是并购谈判中很重要的概念——在很勉强地给出一些东西时，总是要求点什么作为回报。这是重要的谈判技巧，很公平，也不丢面子，实际上这也是对方已经想到的。特别是到了谈判后期，并购交易谈判就变成了零和游戏。你分一块蛋糕，我分一块蛋糕，但是总的蛋糕大小不变，而且会在你我之间瓜分干净。

成功地按照上述每一条原则执行（特别是因让步而获得信誉），需要精确地计算时间。如果行动太过迅速，会动摇客户最初的立场（也就是对方反对的条款），还会传递出对自己的立场缺乏信心的信息。但是，若是等了太久才行动，这笔交易可能已经泡汤（宣布最终死亡），因为对方眼见自己的提案不被接受，只能选择放弃交易。

砌砖和谈判

密苏里州圣路易斯——1994年8月

我觉得很疲惫，我的合伙人也是。对方的律师也快不行了，虽然从她高雅的新泽西打扮来看，是察觉不出什么的。一天乘两班飞机，还要开很远的车才能到达位于美国中西部的小镇上，再加上令人无比郁闷的酒店会议室，今天真是糟透了。谈判已经到了让人崩溃的地步，如果实在不能达成一致，恐怕就只能黯然离场了。

我跟另一位合伙人希拉一起，代表客户在中西部的一个小地方开展一场艰难的谈判。这位客户希望能从金融服务行业中的战略投资者手中拿到投资，他很希望达成交易。这笔交易颇为复杂，需要大量的权衡工作，但是最终谈判需要在一天之内完成，否则对方就不再考虑了。我真心觉得这场谈判就像是万福玛利亚传球^㊀，对双方来说，都是不同寻常的。

客户企业的 CEO 道格一同参与了谈判。他过分重视细节，以至于失掉了大局观。他有着博士头衔，在谈判过程中事无巨细，却总是找不着北。希拉和我多么希望把道格留在会议室外，只是在谈判结束的时候才告诉他结果。

不管怎么样，我们被他缠住了。我们唯一的安慰，也是最大的希望，就是道格时不时响起的手机铃声能够把他的注意力移开，他需要离开会议室接听电话，以显示在另一个地方他无与伦比的重要性，而我们就刚好趁他不在之际把我们的工作完成。不幸的是，道格在结束电话后总会回到会议室，打断会议进程，并且讨厌指数在进进出出之中不断攀升。在他离场的时候，交易进度前进了三步；他回来以后，又退后了二又四分之三步。

谈判每况愈下，我的合伙人、我以及对方律师一致决定，若是道格的另一个紧急电话响起，大家就让道格收拾东西，准备到远处的餐厅享受悠闲的餐点。

这一招也没有奏效。电话每一次响起，就把大家的心情拉向崩溃的边缘。希拉和我最终决定，她悄悄地离开会议室，打电话给我们客户企业的董事长，看他可不可以打给道格，让道格收敛一点，否则他就只能与心仪许久的交易失之交臂了。交易最终达成了，但是可以想象的是，道格的自尊心受挫，他在支付我们顾问费用的时候进行了强烈报复。生活有时候就是这么无奈。

从某种角度讲，谈判就是一场工匠活，就好像是砌砖。想象一下从墙的两边

㊀ 万福玛利亚传球（Hail Mary pass）是一个美式橄榄球术语，指成功率很低的长距离直传，一般在比赛快结束时使用，孤注一掷地传出去以求在最后时刻得分，剩下的就只有祈求圣母玛利亚保佑了。

同时开始砌砖头。各自都在忙手里的工作，但是他们共同倾注心血的城墙渐渐被加高，城墙上印刻了他们特有的风格。新的砌砖匠加入时，无论是加入哪一边，若不将他的能力与整个工程协调一致，且符合已有的风格，他的工作就可能让现有的城墙完全倒塌，只能从头来过。

通常，在谈判正进行得热火朝天的时候加入新的谈判成员，如果不是提供特别支援（一位参与者可以邀请一位伙伴加入），往往会适得其反。随着时间的推移和一轮轮的深入，商业谈判在整个过程中是精细的、紧张的，也是发散的。在谈判之中，每位谈判者都希望能够在方式方法上赢得对手的信任和认可。他们对彼此的进一步了解会加快谈判步伐。在谈判当中加入新的谈判者不可避免地会让原来的谈判者感到迷惑和沮丧。这招实在是弊大于利。

我非常在意"缺乏前期接触"这一点，所以拒绝直接加入由我的初级合伙人或投行家已经启动的谈判，因为这样会产生很大的破坏力。取而代之的是，我会选择以从旁协助的方式加入谈判。

首席谈判代表

佐治亚州亚特兰大市——1993年12月

谈判快要结束了——说实在的，挺烦琐无聊的，但是这一切快要终结了。把这家高科技磨粉厂带到谈判桌前花了团队数月的时间。我们遇到了最令人讨厌的单一买方的情形，但也得硬着头皮上。谈判双方都在装模作样地摆架子。这单交易已经死了一千次，但这次终于要复活了。我真心喜欢交易双方，虽然我是作为卖方代表。我的客户弗兰克是一位务实又精明的企业家（稍微有点情绪高昂），他是这家企业的第三代传人，是时候把企业脱手了。实际上，他想把下半辈子的重点放在慈善事业上。保险起见，他请来了合作多年的会计师汤姆对交易进行最后的复核。就在交割前的一天，居然出了岔子。

汤姆是一位勤勤恳恳的会计师。我已经认识他好多年了。他只是想确定自己的客户没有受到权益侵害。客户邀请汤姆进行复核，而汤姆却宣布收购价格需要调整。我们都目瞪口呆，就等着他接下来的解释。作为跨行业的会计师，我知道汤姆对并购惯例知之甚少，虽然他参与过几单并购交易，但仅仅是税务顾问和财务审计的角色，而他确实对自己的领域非常在行。

"我告诉你们，"汤姆说，"在资产负债表上有笔35万美元的有关这笔交易的应付款，弗兰克还没有支付。"

这是一笔价值1 200万美元的交易。汤姆不知道并购交易的规矩——买方拥有资产负债表（见第27章）。无论这些应付款是否已经反映在资产负债表当中，根据收益乘数来计算，收购价格完全不受其影响。汤姆对自己认为符合逻辑的事情无与伦比地坚持。顿时，客户被这位合作多年的会计师伙伴弄得下不了台。接下来，大家又花了数个小时来解决这笔费用的问题，交易才终于完成。哎！本来买方已经出了高价，我们差点失之交臂了。

中型市场投行家需要确保谈判中有首席谈判代表。作为谈判的关键人物（不见得是决策者），他的权威性是需要被尊重的。他可能需要团队的支持，但也必须由始至终承担起首席商业谈判的责任。换句话说，与其他团队成员的真诚合作会带给他新的见解以及更好的谈判。客户的投行家应该主导商业谈判进程，交易律师应该负责谈判的法律条款，而会计师、工程师以及其他专业人员也应该负责各自专业领域的问题。

经验丰富的并购交易律师都非常欢迎这种做法。投行家和客户的会计师之间的困惑通常比投行家与律师之间的困惑多。我想这可能是因为会计师通常充当了客户在经营周期中主要的业务顾问角色。他们是最合适的选择，特别是对于中小型企业来讲，请不起财务总监，只能请得起财务主管。在最终调查阶段，客户的会计师应该以技术顾问的身份加入谈判，而不是首席谈判代表，除非他拥有丰富的并购相关经验。

卖方及其投行家千万不要忘记多位谈判代表对买方的惨痛教训也适用于自己（不亚于多位买方对一位卖方的谈判）。这里我并不是针对新加入的谈判者，而是泛指多位谈判代表同时参与谈判。多位谈判代表往往会导致交易失败，因为他们之间的不连续性会让谈判对手迷惑不解。具有讽刺意义的是，虽然这一点很让人烦恼，但买方宁愿卖方有多位谈判者（反过来也是一样），这样就可以从各方发言中找出不一致的地方，来为自己争取最好的谈判条款。

什么时候需要放弃交易

南卡罗来纳州的高尔夫球场——1998年8月

办公室里，大家在讲一个笑话，虽然我一点都不觉得好笑："如果我们要谈成一项交易，就派丹尼斯去跟对方打场球吧。"我已经记不清楚有多少场球是耳朵贴着电话完成的，又有多少场18洞的比赛我还没有来得及完成前面9洞就要

第 16 章 并购谈判背后的心理活动

匆匆离场！这就是无奈的投行家生活！我不是出于炫耀或者愤恨,我只是想说:这就是我的客户花钱要我干的事儿。

1995 年的夏天,我住在南卡罗来纳州的希尔顿酒店,跟我的妻子和朋友一起,准备打一场没有搅扰的高尔夫球。这是四天旅程中的第一天。我有两笔交易已经到了关键时刻,但这场旅行是几个月前就计划好的,而所谓关键时刻的时间长短是无法预知的,所以这几天里我和我的客户就通过电话保持联系。

在我动身前往南卡罗来纳州的时候,我的合伙人乘飞机飞往买方位于法国的办公室。如果不是度假,我也飞去法国了。在巴黎的会面将是持续数月的竞拍谈判的最后阶段,我已与我的合伙人打了好多次高尔夫球来告诉他如何与巴黎人做生意:"说他们的语言!"(实际上,他的法语已经非常流利,但我仍然忍不住要嘲笑他几句。)我想象着他时而愁眉苦脸、时而露齿而笑的滑稽表情,总是忍俊不禁。虽然他是行业专家,但他加入投行时间不算长,很多时候还需要依赖我的帮助。

这单交易不太顺利。买方提出的条款总是变来变去,看起来好像是在玩弄我的合伙人和客户。当然,买方极力掩饰着老奸巨猾的本性。我的合伙人和客户乘坐昂贵的洲际航班到达巴黎,所面对的居然是一场毫无意义的谈判。他们很崩溃,很郁闷——虽然他们尽量撑着,至少外表看不出来——对买方的傲慢和好胜之心充满愤懑。我在每次通话时,都能感受到他们一点一滴的沮丧和不满,也让我内心的怒火熊熊燃烧。我本来想轻推完成一击漂亮的小鸟球,结果使力过了。我耸耸肩,再用力挥杆把球打飞,并把球杆扔进高尔夫球包。然后,我又拿起了电话。

"布莱恩,"我说,"告诉客户——不做了。然后告诉买方——'C'est fini!'(法语,意为到此结束)。然后,你们俩收拾好东西,甩门就走,头也不要回。"

"好的,老大。"布莱恩说道,并为之一振,"我们没有问题。"

可能听起来像是电影片段,但这就是真实发生的事情。我从未想过要把走出谈判室作为一种计谋(太过戏剧性),而且我很少这样做。不过,当你发现没有其他办法的时候,只能不得已而为之。有时候,卖方及其投行家肯定意识到了与眼前的买方不会产生好结果。如果真的碰上了,最好考虑其他备选买方。如果实在没有,你就需要重头来过。情况就是这样。

但是，有趣的事情发生了。就在他们准备前往机场的时候，布莱恩和客户刚走到买方总部大楼的大厅（这是一个豪华的欧洲跨国公司），突然，买方的CEO追上了他们，道歉并说道："从来没有人能够这样就丢下我们的。"游戏就在那时戛然而止，而交易也最终在一切烟消云散后成功交割。

过度筹算、装腔作势和过度分析

顺便提一下，作为新晋的投行家，布莱恩习惯于过度筹算和过度分析，这是经验相对不足的投行家和咨询师的普遍特点，通常反映了过于紧张的心态，无法泰然处之。有了丰富的经验，就完全不同了。过度筹算和装腔作势是不明智的，因为这会让你看起来不诚实。

对于过度分析来说，无论是从对方的行为上进行推断，或是揣测对方的动机，对我来说，通通都是假想，毫无意义，完全是浪费时间。在谈判中，依靠假想来臆断对方的动机（特别是当臆断的结果像是在冷嘲热讽时），就跟做白日梦没有区别。

并购谈判的中期结束时——其实就在投资意向书确定之前

在收到买方提交的报价后不久，卖方就可以予以回复，转而进入下一轮商议。事实上，每一次还价需要的时间比我们大部分人想象的还要长，前提还是用讲究策略、有理有据并且合宜的方式来表述。当双方达成共识时，你不得不承认，谈判需要艺术；中型市场的投行家一步步地积累了更多经验后，会越来越能够把握那条共识的平衡线。

一个重要的信号就是时间。已经过去了多少时间？每一次谈判都有独立的时间表，因为每笔谈判都包含了卖方、潜在买方和目标企业。成功的交易可能需要几周谈判就可以拿下，也可能需要长达四五个月。（平均来讲，从执行保密协议到签署投资意向书通常需要6周时间。）花在激烈谈判上的时间——没有间歇——差不多是两周左右……然后就结束了。卖方和投行家不要对买方提出的谈判间歇大惊小怪，特别是在竞拍过程中。一旦激烈的谈判再次启动，可能又要面临两个星期的艰苦谈判。对此，所有参与者都要有足够的耐心和韧劲。

想对最后谈判的步伐和进度有所感知，投行家还可以把正面和负面信息放在一起，加以综合判断。负面信息是指，买方逐渐抬高嗓门地强调——条款就应该这样写，或者交易就应该那样操作，等等。这些来自买方的"噪音"应该仔细分析：这是买方在佯装声势，希望卖方能够就此退缩呢（在早期谈判中尤为普遍），还是买方在真实地表达自己的沮丧之情，因此需要认真对待呢？不过可以肯定的是，竞拍过程中潜在买方越多，这种抱怨的谈判方式就会越收敛。

当我们谈到这些关键时刻时，更多的是把谈判当作一门艺术而并非一门科学。三四轮讨价还价之后，即使不是最好的谈判，双方都会感到彼此已经来到了谈判后期。投行家还可以通过观察买方的耐性来获取正面信息。持续的耐性通常表明买方在讨价还价之间的弹性。如果买方在谈判中保持平和，就是正面信息。

缺乏经验的买方在来来回回的讨价还价中已然坚守不住，从竞拍中撤了回来。投行家可以尝试跟他解释这个阶段谈判的重要性，若是这类买方怎么劝都不回头，那么就只能放手了。另外，应对这类买方还有一种方法：让他自己先冷静一下，并让竞拍在他缺席的情况下继续进行，直到对卖方企业的估值快要达成一致。此时，投行家也无妨告知顽固的买方有关出售的最新交易条款，多给他一次机会提出更优厚的报价方案。若是这位顽固之徒再次给出新的报价方案，你千万不要诧异，新报价会比你期待的更好。投行家若从谈判初期就公平公正地对待这类顽固的买方，可能会发现他不过是在竞拍过程中打了一个小盹儿。实际上，这位顽固之徒对该笔交易踌躇满志，他只不过是更倾向于在谈判进入尾声时接到投行家的信息，再给出新的报价，并就此达成交易。

直接说"不"

我几乎从来没有遇到过必须这么做的情形，但说"不"或类似的话，尤其是在谈判末尾，即使客户极其渴望达成交易，这样做也没有想象中那么冒险。在星期一的时候拒绝，交易失败了，一周之后再打电话，告诉对方，你又考虑了一下……很少有交易不能死灰复燃的，只要时间间隔不算太长。不入虎穴，焉得虎子。在什么情况下交易间隔就算过长呢？在行业里面混久了，你就会有感觉，就像高尔夫球挥杆一样。不过一周或者十天通常是让交易起死回生的平均有效间隔。

困难的或者不可理喻的谈判对手

我们都曾经历过完全不可理喻的、困难的，甚至是充满敌意的谈判对手。虽然这样的对手极为罕见（在我来看，平均25位谈判对手中会有1位），但一旦你遇到他，往往在一开始就会让你吃足苦头。因此，我认为很有必要提醒各位要重视，不要像初学者那样不知所措。

这里，我并不是说那些难缠的谈判对手。我说的是那些愤怒的谈判对手。我称其为充满敌意，其实不算特别恰当。这类人可能是家庭成员中性格最为鲜明的，只不过不恰当地出现在了谈判席上。他可能会因为一场普通的交通摩擦，就抡起拳头向你砸来。事实上，这也是最好对付的谈判对手。

在大部分情况下，若是你还有其他选择（如发起竞拍），在了解他的本性后，走开就是了。我只是告诉谈判新手们要注意到这类谈判对手，认识到他们在圈子里是无法持续的，并分享如何把他们与那些难缠的谈判对手加以区分。你需要了解两者之间的区别。他们的问题主要在于自己的日常生活与激烈的谈判缺乏交集，因此丝毫没有技巧可言。^㊀

有关谈判的最后感想：忏悔

我认为本人对规模较大的并购谈判非常精通。事实上，除非你有我这样的丰富经验，你在谈判场合上遇到我这样的对手实在是很不利。这是我的职业。若是我做得不好，我才真的要自惭形秽。但是，跟我做交易并不意味着不愉快。你应该不会，因为这不是我的风格。

成功的谈判需要一些特定要素，特别是我在本章里面提到的专业素养和冷静态度。我经历过无数次并购谈判，除此以外，我的生活中也充满了谈判（跟太太们、孩子们和合伙人等）。在专业以外，在我不能把情感分离开来的时候，表现如何呢？例如，和亲爱的人讨论这周该轮到谁洗碗时，或者跟合伙人讨论财务问题时，好吧，我不见得比你表现优秀。了解我的人都觉得我性格温和。很不幸的是，我不能让任何人代替我与我的妻子进行谈判，所以我只能硬着头皮上了。

㊀ 这种情况容易与文化差异相混淆。由文化（国家）差异带出的不同谈判风格可能很难理解，但这就是对方平常使用的方式。经验丰富的谈判家在面对跨境交易的时候，会识别出异域风格，并处理好与异域风格的谈判者进行谈判的方式。有时候会因为对异域风格的谈判对手缺乏了解，反而与烦人的不可理喻的谈判对手混为一谈。说实话，我更喜欢与那些态度强硬但是个性率直的谈判者打交道，至少你知道他们到底想要什么。

本章小结

- 谈判是一项逐渐精进的艺术。
- 要避免"爬楼梯式"和"水刑式"的谈判策略。
- 投行家应该对新客户开诚布公地就谈判中可预见的起起伏伏进行沟通（一千种死法和云霄飞车），表达要合宜，偶尔风趣幽默。事实证明，在合作之初就进行充分沟通对随后的谈判很有帮助。
- 千万不要"想太多"，这对于成功的并购谈判非常重要。
- 专业的谈判者需要有自知之明，特别是在与背景、特性不相同的客户打交道的时候，要为每一笔交易做好充分准备。
- 谈判是一个不断重复的过程，就像砌砖。每一层是如何堆砌的将直接影响到下一层的堆砌。同样地，目标清楚也非常重要。谈判过程中，尽量避免邀请新的谈判者加入。
- 每一笔交易只能有一位首席谈判代表对具体条款进行决定性发言。
- 从交易谈判中抽身而出可以是有效的计策，但是只能在万不得已的时候使用。这招"核弹计划"在实施之前，必须有审慎理性的部署。
- 在交易谈判中，很容易装腔作势或过度筹算。前者会让人感到虚伪、不诚实，后者往往来自于对对方的错误假设。
- 谈判末期是最关键的时刻，需要仔细观察、审视、倾听，以及评估谈判取得结果的可能性。有时候，让买方稍作休息可以成功地让他继续参与竞拍游戏。

第 17 章

与卖方的初次会谈，对企业报价并控制谈判节奏

佐治亚州萨凡纳市——1988 年
困扰多年的问题

季度合伙人大会刚进行到一半，我估计自己已经把其他人逼疯了。我的问题其实并不复杂，但就是没有一个直接的答案，不过事已至此，我已经能够感觉到答案并不简单。

"你们准备如何对这家拟出售企业进行报价？"（我仍在了解情况。）我朝着圆桌四周坐着的资深同僚望过去，随后他们也就依次回答起来。

每个人的版本都不尽相同。格雷德表示，最佳方式应该是找出几个你能想到的最高报价，然后死撑着不放。唐的风格更为柔和，他相信专家的估值和答案，并总是在交易开始前就觅得佳音。"来自专家的估值可以让暗自揣测靠边儿站。"唐说道。

菲利普则表示："让买方先给出报价，然后报出我们的价钱予以还击。"菲利普总是认为潜在买方倾向于往低了报价。只要他们给出价格，卖方及其投行家就按照这个价格往上谈，结果肯定会比原始报价要高。我承认菲利普提出的建议有长处，但是也存在不可回避的问题。若是买方直接拒绝第一个亮出底牌，那么总需要有人先提出报价，不是吗？

我认为以上所有答案都不完全充分，那么我又会怎么回答这个问题呢？格雷德、唐和菲利普可都是经验丰富的投行老手。

奇怪的角色交换和首次会面

从陌生到认识再到开始接触，买方已经签署了保密协议，收到了信息备忘录，并开始期待第一次会面。一般而言，出于信息保密的考虑，第一次会面通常

是在投行家的办公室进行的。有时候,卖方管理团队的其他成员也会参加这类首次会面,还会做正式的卖方管理层陈述……若是卖方已经告知他的管理团队——企业准备出售或者在寻找融资的消息,这样做是可行的,也是很好的。若这样做是有利于交易的,卖方需要在每一次会面时都这样做。

有时候,在第一次会面中,双方的角色会发生互换,这也丝毫不惊奇。有些人会认为应由卖方叫卖,但买方叫买也是再正常不过的。实际上,大部分情况还真不是这样。潜在买方会做大部分的叫买工作,负责向卖方展示自己是理想的收购者。这可能是竞拍产生的结果,买方想讨好卖方,并在竞拍中占领有利位置。在第一次商业接触时,我们都会自然而然地把最好的一面展现给对方,以求留下个好印象。对于潜在买方来说,在他们与卖方进行初次接触时有什么不一样吗?这里有许多需要掌握的诀窍。

初次会面:友好的专业卖方

颇具讽刺意味的是,潜在买方在积极"叫卖"自己和自身企业的同时,反而刺激了卖方及其投行家在"叫卖"自己时有所保留,至少是在看得见的层面上。在第一次会面的时候卖方应该态度开放、诚实并且友好,当然也应该无可厚非地有所保留。卖方任何过激的出售行为都可能会被解读为着急脱手,给买方传递放弃交易的信号(即卖方看起来有点太饥不择食或者太饥寒交迫了)。如果卖方及其投行家急于打断对方的自我展示,就增加了不能完全掌握买方的收购动机的风险。

所有的潜在买方都知道他不会被邀请会面,除非卖方有兴趣被收购。这是不言自明的。因此,卖方在初次会面时不用太过主动。大多数时间里,卖方更应该选择积极倾听。当然,卖方也要友好地回答对方提出的具体问题,客观却自信满满地把企业介绍给对方——千万不要太过浮夸。

在竞拍全过程中,初次印象会一直在后续环节中影响双方的判断。本质上讲,初次会面就是一场前期谈判。卖方需要避免任何强硬、不真诚或者另有图谋的表现。这样只会引起潜在买方的警惕和怀疑。给卖方的建议是:心态要放松,保持开放和直接的沟通方式,尽管有所保留,但也不能让人产生不舒服的感觉。借用通用电气前总裁杰克·韦尔奇(Jack Welch)的话:"你最好说实话,因为别人迟早会知道。"

投行家——芳香扑鼻的盆栽

那么，在初次会面中，投行家应该扮演什么角色呢？原则上，投行家应该彬彬有礼、细心观察，最重要的一点是保持安静。投行家应该尽量在买卖双方初次会面时闭上嘴巴，因为这场会谈的重点是卖方和潜在买方，而不是投行家。投行家若企图主导本次会谈、抢镜或者替自己的客户"叫卖"以证明自己的聪明，往好处讲是烦人透顶，往坏处讲就很可能会毁掉本次潜在交易。事实上，在这次会谈中，投行家可以扮演成一株香气扑鼻的盆栽，礼貌待客，当然，还要根据需要介绍双方认识、发起友好的闲聊等。记住，这些就足够了！留给投行家的重头戏在后面。在此期间，从客户的利益出发，投行家需要用心观察。他完全可以从买卖双方的互动中，通过积极观察和倾听，从参与者的角度来掌握关于本次交易的更多信息。

投行家需要重点关注潜在买方的身体语言：是肯定还是否定了他的说辞？在整个谈判过程中，潜在买方在初次会面中的主动性和开放程度可能是最高的。潜在买方在初次会面中提出的"买点"在随后的谈判中可能非常有用，卖方及其投行家可以引用或强调买方起初的话来称赞买方收购企业的行为，以达到说服买方的作用。因此，投行家需要格外关注买方对卖方、对自身企业特质的陈述。

- 买方对理想收购目标的陈述，卖方及其投行家觉得待出售企业是否符合。
- 买方对自己和自身企业的陈述中，对自己的个性、领导力和管理能力是怎么描述的。
- 同样需要考虑的是，他是哪种谈判风格：炸药包型、老顽固型还是公平明理型的？

买卖双方的初次见面是洞察买方的最好时机之一。我们总能够做到更加用心、更加有效地倾听。倾听不仅是在代表卖方进行并购交易的时候才有用，在平常生活中也很重要。要学习做一个有效的倾听者，一个纯粹的观察者。

给出报价：无法回避的问题

在买卖双方的第一次碰面中，无论以哪种形式出现，总绕不开报价这个问题。"你觉得你们公司值多少钱？"买方肯定会问，可能会比较含蓄，也可能会比较直接。这个问题往往是在会议接近尾声时出现的。中型市场投行家最好在此之前就跟客户（即卖方）打好招呼，不应该让卖方在毫无准备的情况下就硬生生地把这个问题接下来。

投行家要是不希望当场被客户雷到的话（很糟糕的画面），就应该帮助客户在买卖双方首次会面之前就准备好答案：

"我倾向于把这些讨论留给我的投行家。我就是冲着这个原因，才花大价钱把他们请来的。花钱要花得值当才行。"是的，不需要一字一句地照搬。重点在于能够风趣幽默、彬彬有礼、合情合理地给出类似的答案。卖方客户不能把自己陷进对价格的讨论之中，不论是多么雾里看花、水中望月都不行。最好是以幽默而不过激的方式，间接地予以回绝。这样可以帮助卖方树立起不卑不亢、掌握局势的风趣的大好人形象。

给出报价：正确答案

即使是职业投行家，有着丰富的估值经验，也要避免对拟售企业报出一个价格。大部分情况下，给公司出价都是个错误，因为买方支付的是投资价值，反映的是企业对他独一无二的价值。不存在任何捷径可以绕过竞拍环节而对某位特定买家的最大投资价值进行评估。若是没有竞拍，卖方及其投行家对企业的估值肯定与买家的预期值相差甚远。换句话说，对企业报价是没有任何好处的。

即使这样，仍然不能够改变一个重要的事实：如何回答"值多少钱？"的问题。若这个问题是抛给投行家的⊖，投行家应该诚恳地回答"我真的不知道"，并紧接着给出解释——卖方不可能在头一次卖公司的时候就知道自身企业的投资价值。虽然我不想用词太俗，但他不过就是"寻觅老公的恨嫁女"。对方也没有办法不接受，毕竟这是事实。

但是，面对"我真的不知道"的答案，潜在买方可能会裹足不前。他很可能会说，"我不愿蹚这摊浑水。我才不会期待竞拍有什么好果子吃呢！"或者类似可以达到同样效果的话。我们的目标是把潜在买方留下来，并且要以公正的态度，以事实为依据——这对缺乏经验的买方来说百发百中（因为有经验的买方知道总是逃不了竞拍的）——向他说明最高出价的买方往往不能拿下最后的交易，

⊖ 潜在买方通常会在客户离开会议室以后，直接冲着投行家，再次抛出这个问题。再次向投行家提出问题，会让各方减少尴尬。这样或多或少也建立起投行家作为中间人的角色，买方必须从并购启动到谈判尾声期间一直与投行家共同进行并购工作。

因为需要考虑到方方面面的因素，例如交易结构、对价支付方式以及其他细节条款，而"价格"就显得不那么重要了。投行家也需要指出，由于客户呕心沥血数年才打造出现有的企业，因此买卖双方气场是否相投、两家企业的匹配度有多高都是重要的考虑因素。事实上确实如此，特别是在交易初期。以上答复总是能够把潜在买方留在游戏之中，屡试不爽。谁不想通过自己创造性的报价方案，打败其他竞争对手，最终夺魁呢？投行家也可以协助买方寻找这样的创造性报价方案，保持买方的进取心是缓解买方焦虑的良方。

那么，卖方究竟认为自己的公司值多少钱呢？就像我上面所说的，他和他的投行家在开始的时候都不会知道（最多是一个很广的范围），因为他们不知道各位买方会出多少钱——确实如此。因此，卖方及其投行家不应该对公司给出报价，至少不能刻板地回答。他们可以通过可比交易给出估值范围。为了促进交易良性发展，投行家可以向买方分享可比交易和可比公司的估值范围，只要这样不会影响到交易价格的上限，但是也要说明这些交易估值也许不能够完全反映拟售企业的价值。

以上有关价格的对话如果进行顺利，可以达到以下目的：

可以帮助卖方及其投行家树立良好的形象——易变通，直截了当，若是有下一步实际谈判的话，双方更容易沟通。虽然竞拍的存在会让买方感到烦躁不安，但是他会理解如果自己是卖方，要求的绝对不会比现在卖方的少。另外，竞拍过程会给卖方对自己企业的估值提供无尽的想象空间。

对买方的提醒

稍微跑一下题。从买方角度来看，提出创造性的报价方案是机遇和挑战并存的。若是报价方案具有结构创新和对价支付创新，确实能够帮助买方在激烈的竞拍过程中脱颖而出，只要卖方保质保量地对多个报价方案进行精确比较。有经验的卖方投行家在中型企业竞拍环节中，往往会鼓励买方进行创新。例如，一定的创新设计可以抵消一定的金额，特别是把税收结构作为重要的交易因素。

应该对企业出价吗？出多少价呢？

凡事都有例外。某些情况下，确实应该对企业出价。在某些细分领域，合适的买方不多的时候，对企业出价可能会更有保障。最终，可能只能找到一位合适的买方。虽然投行家很不喜欢这样的情景，但事实上却时有发生。

尽管投行家已费尽心思，但仍然无法启动竞拍环节，他就应该根据可比交易和企业情况，对企业进行估值。另外，对于成长期企业以及有私募股权机构参与的企业重组交易，企业估值与未来表现直接相关，投行家就需要建立现金流折现模型（DCF模型，见第24章）对企业进行估值。这就是卖方并购中为数不多的DCF模型应用。

另外，在面对单一买方的时候，投行家也需要计算出并购带给这位单一买方的协同效应，以评估投资价值。这往往非常困难，但在信息足够的情况下也不是不可以。这样的方式叫作"姜太公钓鱼，愿者上钩"。投行家若希望从单一买方的角度对企业进行潜在的投资价值评估，就需要收集大量情报，并对买方业务进行大量分析。你可以说，卖方的投行家"把买方的活都做了"，但确实很有必要。若投行家把通过大量研究和分析得出的企业投资价值评估展示给买方，买方很可能不太愿意接受（至少会吹毛求疵），因此就只能进入谈判。即便如此，若是估值工作扎扎实实、兢兢业业，买卖双方都会知道，肯定会直接影响到谈判进程。另外，买方不得不对自己认为投行家的假设不合理的情况给予说明，并且要给出更令人信服的理由，以支持自己的观点。

鼓励所有的报价方案，无论如何把它们都赶进帐篷

卖方投行家的首要任务是启动并购交易，包括从各位买方那里套出报价方案，无论报价有多低。只要投行家有两个或更多的报价方案在手，他就有活干了。任一买方的初始报价方案都可以给卖方及其投行家对企业的单一投资价值提供依据。这些初始报价很少能够不被进一步修改。有了多个报价方案，各方开始对话，竞拍就自然而然地开始了。

卖方及其投行家在面对较低报价时，不应该恼羞成怒。事实上，他们应该为每一份报价方案都感到开心。对于那些实在太低的报价，好的回复应该是："谢谢，我们很感谢您的参与。我会把您的报价转告给我们的客户，但是根据我所了解到的情况，您的报价实在太低了。"

所有的报价方案都是有用的，或者它是全现金收购，或者它包括了一大笔基于财务表现的额外对价和专利使用费，这代表了丰厚的交易后报酬。但最重要的事实就是，任何不可接受的报价方案中的任何一个条款，都可以用来改进其他的报价方案，并且可以放进其他买方的最终收购方案中。目的是把各位买方赶进帐

189

篷。只要他们进来了，不是用来协助改善其他报价方案，就是成了真正的角逐者。

你敢发誓你说的是真话，句句实言，全部属实吗？

成功的谈判都是建立在谈判者诚信和互信的基础上。但是，我在本章之初就已经讨论过了，让我再在此处重点强调一番。卖方及其投行家需要认识到真话和句句实言的区别。在每场谈判中，卖方和潜在买方均有权利对某些重要信息有所保留。同样地，卖方也没有在任一时间点上对最高出价进行披露的义务，除非他选择这么做。另外，投行家出于让潜在买方提高报价的目的，从各个报价方案中有选择地披露交易细节的时候，也没有义务对报价方案的所有条款进行披露。

例如，当卖方收到了一个1 000万美元现金收购的较低报价方案时，他的投行家完全可以告诉另一位潜在买方（提出了1 500万美元的报价，包含700万美元现金），客户收到了包含1 000万美元现金的另一报价方案。投行家还可以告诉第三位潜在买方，客户收到了1 500万美元的另一报价方案。以上所有谈话内容都是基于准确事实之上的谈判。

出价的时机、秩序与节奏

当一位激进的潜在买方在竞拍一开始就表现得分外活跃时，投行家的感受可能会是复杂的。这位买方可能会引发出价时机的问题。成功有效的竞拍需要数位买方持续地发起竞争，这样提出的交易条款最有利于卖方。当激进的潜在买方出于自身考虑积极推动竞拍速度或者不小心缩短了竞拍过程，投行家需要尽力控制住竞拍场面，使大多数买方能够留守到最后的竞拍环节。

有时候，卖方及其投行家会收到来自潜在买方的劝告，希望能够在交易过程中保持一种紧迫感。事实上，缺乏经验的投行家也会如此建议（保持紧迫感）。不过，在所有的交易过程中，都需要有张有弛。总的来说，在交易初期需要放慢脚步，只有在临近交易尾声才需要保持紧迫感。

如上所述，最早出现在谈判桌前的潜在买方容易产生挫败感——竞拍过程比他们想象得还要冗长。若修复他们的情感需要加速竞拍进程，这会使得大多数买方没有办法完全投入，从而导致投资价值无法完全展现为价格，那么就别再勉为其难了。必须承认的是，投行家需要承担平衡各方的责任，这是他们部分价值的体现。那么，投行家应该怎么阻止某些买方以破坏竞拍为代价，制造紧张情绪呢？没有其他方法，就是诚实地面对。告诉这类买方，卖方很感谢他最早给出的报价方案，也谢谢他对其他潜在买方的耐心。虽然怨声载道，但这类买方也应该知道卖方有权利给所有的潜在买方合理的时间来递交报价方案。

当所有的买方都有机会提交他们的报价方案后，卖方及其投行家就可以加速进程，制造适宜的紧迫感，在几轮讨价还价后，就可以结束游戏了。我之前提过，有时候紧迫感是有必要的（通常是在后期的交易达成阶段），有时候则不是。做好心理准备，交易过程会比预期得更长。在大额并购交易中，不可测不可控的因素颇多。保持节奏，时快，时慢。

本章小结

- 不要一开始就对卖方企业出价，但是可以给出潜在价值的范围。
- 向潜在买方强调最高的出价很少能够最后胜出，并鼓励买方在竞拍过程、报价和设计条款中创造性地发挥。
- 与潜在买方沟通的时候，避免使用"竞拍"一词。"竞拍"是一个"坏"词，但揭露了事情的本质。
- 出价实际上是竞拍的主要功能。
- 礼貌地接受所有潜在买方的报价，吸引他们进入帐篷。
- 整合不同报价方案的元素，以创造最佳的交易条款。
- 在开始的时候竞拍节奏比较慢，到了谈判后期竞拍节奏可能就快了起来。不过每笔交易都有所不同。
- 交易过程往往比预期得更长。投行家需要在整个过程中管理卖方、潜在买方和自己的预期。

第 18 章

交易对价和交易结构

> 你付出的是价格,得到的是价值。
>
> ——沃伦·巴菲特(Warren Buffett)

重要的是条款,不是价格,笨蛋!

你得相信,巴菲特是对的。客户时常——实际上,在绝大部分时间里——想的是名义收购价格(nominal purchase price),而不是交易条款或者说实际对价(actual consideration,等值现金)。这一点儿也不奇怪,真的。交割完成后,财经媒体就会报道一个数字——收购总价格,除此以外就没有其他信息了。相应地,并购交易的财经数据库大部分仅会披露名义收购价格,有的时候,也会披露极为有限且不够精确的信息,包括销售收入或者息税折旧及摊销前利润(EBITDA⊖)。对于中型并购交易而言,绝大部分的真实信息是不会流出交易现场的。

媒体对并购交易的关注度也集中在名义收购价格上。当投行家负责的行业板块中有一笔并购交易完成交割时,他常常会收到前来打听交易价格的客户和潜在买方的电话,"你对收购 ABC 公司的交易是怎么看的?"由于缺乏进一步的细节,最好的答案可以是:"哎,要是我知道就好了……"

在第 9 章里,投行代表收到的报价方案最高可达 4 400 万美元,但是客户最终选择了 3 800 万美元的报价。为什么要拒绝 4 400 万美元的报价呢?因为 3 800

⊖ 报道给出的 EBITDA(或者类似的数据)的问题在于,在实际交易现场,这些现金流替代指标都经过了大幅调整,以反映正常经营情况。因此,作为对价基础的最终 EBITDA 完全不是媒体所披露的数据。

万美元等价现金的交易条款和交易结构比 4 400 万美元的更具吸引力。卖方的最终决定是出于对交易对价和交易结构的综合考虑，并不是名义收购价格——换句话说，他收到的是等价现金。

交易对价和对价种类

在并购交易中，由买方提出的交易对价需要换算成等值现金（如表 18-1 所示），否则无法将不同的报价方案进行横向比较，从而帮助卖方客户得出客观理性的结论。

表 18-1 比较不同的交易对价 单位：美元

对价种类	买方 1		买方 2	
	名义价值	现金价值	名义价值	现金价值
现金	20 000	20 000	20 000	20 000
144 条例股票	5 000	3 000	—	—
基于财务表现的额外对价	50 000	25 000	40 000	32 000
抵押担保承诺函（市场利率）	—	—	5 000	5 000
无抵押担保承诺函（低于市场利率）	5 000	2 900	—	—
收购价格中的补偿部分	5 000	2 800	—	—
托管资金	9 000	—	7 000	—
税前总交易对价	94 000	53 700	72 000	57 000

另有一句俗语是这样讲的——"现金为王"。买方向中型企业卖方提出现金方案，是给了卖方 100% 的流动性。卖方直接从银行提现就可以了。很少有买方会提出全现金的收购方案，相反地，他们会提供多种对价形式。[⊖] 按照卖方的偏好顺序，可选的对价形式包括：

1. 现金。
2. 以可转让票据为主的高级抵押担保承诺函（利率可能有所不同）。

⊖ 大多数超过 500 万美元规模的并购交易的对价形式通常包括两类：现金和基于财务表现的额外对价条款。若是买方为上市公司，偶尔也会把企业股票作为一种对价形式。通常情况下，现金支付会占到收购价格的 75%~85%，余下的 15%~25% 则为基于财务表现的额外对价条款或者股票。

3. 以不可转让票据为主的高级抵押担保承诺函（同上，利率可能有所不同）。
4. 以可转让票据为主的中级抵押担保承诺函（同上，利率可能有所不同）。
5. 以不可转让票据为主的中级抵押担保承诺函（同上，利率可能有所不同）。
6. 以可转让票据为主的无抵押担保承诺函（同上，利率可能有所不同）。
7. 以不可转让票据为主的无抵押担保承诺函（同上，利率可能有所不同）。
8. 自由买卖的上市公司普通股（浮动——在一日或者一周的平均成交价格——是考虑因素之一，公司发行股票多少也需要考虑）。
9. 不能自由买卖的上市公司普通股（144条例股票）。
10. 私有企业的少数股权（包含股票出售期权）。
11. 私有企业的少数股权（不包含股票出售期权）。
12. 有抵押担保的短期基于财务表现的额外对价。
13. 无抵押担保的短期基于财务表现的额外对价。
14. 其他长期基于财务表现的额外对价。

计算交易对价的三大定性指标：①相比现金的流动性强弱；②时间（固定的支付期限，包括期间内的市场风险）；③相对买方其他负债的敏感度。

交易结构

决定最终交易对价的其他关键因素包括：

- 税收影响，包括：
  - 股权收购或资产收购。前者会产生资本利得税，后者会产生一般所得税。
  - 买方喜欢而卖方可接受的方案。例如，根据美国税法第338条规定，在某些情况下，卖方可以根据买方在股权收购中的税收递增基数，按照税收目的，将股权收购看作资产收购。
  - 在重组过程中，股票和资产互换交易产生的税务递延。
  - 一般所得补偿，包括在并购交易完成后，咨询合同和非竞争性协议等作为买方收购价格中的部分对价。
- 资产负债表目标（详见第27章），无论是对收购价格的增加或消减，通常包括：

♦ 现金。
♦ 运营资本。
♦ 净资产。

常用的对价形式概览

在本书中，我将对主要的几种对价形式进行分别说明。（基于财务表现的额外对价将在第 19 章中详细介绍，而税务和资产负债表中的各种交易对价形式也会分别在第 29 章和第 27 章中进行介绍，这里就不再赘述了。）

- 延期付款票据（promissory deferred payment notes）。这些票据是中型市场买方向卖方支付的总交易对价中的一部分，用得不多，因为大部分并购中型企业的对价形式只包括现金、基于财务表现的额外对价和偶尔的股票部分。当买方以延期付款票据作为一种对价形式时，通常只会在较小规模（在 500 万美元或 700 万美元以下）的并购交易中使用，卖方需要仔细评估票据的具体条款，以计算等值现金。卖方还应该注意：

  ♦ 发行方的可信贷程度，因为卖方实际上就是在借钱给发行方。

  ♦ 票据的利率跟市场同类票据的市场利率是否一致（即有房地产抵押的第一层级信托票据的利率就应该与第一层级按揭利率一样，而第二层级信托票据的利率应该明显高于第一层级信托票据的利率）。

  ♦ 票据的等值现金额需要根据时间价值（高于或者低于市场利率）和票据是否可以转让等因素来综合计算。如果可以转让，那么票据对第三方的市场价值如何（中型市场卖方接受的许多种票据都可以在公开市场进行转让，不过会有上限至 40% 的折价）。

- 上市企业股票。在中型企业并购交易中，不是所有的上市企业股票都能同等地作为交易对价。大部分上市公司给卖方的股票是根据美国证券交易委员会（SEC）144 条例发行的未登记股票。跟自由交易的公开市场股票不同，144 条例股票并不可流通，因为它们要等到六个月之后（从发行之日起计算）才能实现自由交易。若是卖方在限售期内就要卖掉这部分股票，他就需要找到私有投资人以市场价值的 25%~40% 折价进行出售。因此，投行家需要建议他们的卖方客户，144 条例股票的等值现金应该记作其市场价值的 60%。上市公司若把 144 条例股票作为交易对价，这是因为相比已登记股票而言，144 条例股票作为交易对价更为便宜。

当卖方接受买方的 144 条例限售股票时，他们最好对这部分股票进行风险对冲，以防止市场大跌，不过同时也给股票价格上涨设定了上限。另外，卖方需要为 144 条例股票支付对冲费用，而且通常只有成交量较大（股票市场平均每日/每周的股票交易量）的大型上市公司的限售股才能满足对冲条件。

- 水滴原则（dribble rules）。当规模较小的上市公司收购了一家大型私有企业、并采取股票置换作为主要交易对价时，水滴原则就必须要考虑一下了。卖方最终成了买方企业的主要股东（超过 10% 的股份）或者是买方企业高管团队中的一员，SEC 对他的额外股票买卖限制将会启动。上市公司的主要股东和高级管理层不能在公开市场一次性地抛售所持的股票。想一想比尔·盖茨告诉他的经纪人把他所持的全部微软股票都卖掉的情形。为此，他们只能像水滴似的一点点地卖掉股票。水滴原则是指在一定时间里禁止受限人出售超出一定份额的股票，而具体多少则根据他所持股份总额以及在上市公司的管理层级别而定。

若是卖方在买方企业中所占的股份触发了水滴原则，那么他就需要对这部分股票按照票面价值进行折价，以计算等值现金。

- 锁定协议（lock-up agreements）。作为整合收购，卖方若接受了拟上市企业的股份，很可能会发现自己要遵守锁定协议，即在企业上市以后的六个月或者更长时间里，禁止出售所持股份。因此，对于这部分的股票也需要按照票面价值的一定比例折价成等值现金。

- 财务决定。卖方在接受上述股票支付之前，需要问自己的是，"若我有足够的现金来购买由买方支付的这部分股票，我会投资吗？"如果卖方的答案是"会"，那么他就应该接受股票支付；如果答案是"不会"，那么他就应该拒绝股票支付。卖方需要充分意识到，这些不同的报价方案代表了自己即将获得的不同类型的财富，也就是很大一部分的个人净值。因此，卖方应该从各个角度充分考虑，到底买方提出的哪些投资机会是对自己最有利的。买方提出了多少股票支付，又是以何种方式，这些都需要仔细考虑。如果买方的报价看起来不错，包括很大比例的现金和现金等价物以及很小比例的股票，那么就可以考虑接受对方的报价，也把这部分股票揣到包里。

若是股票支付占总对价的10%~15%，卖方不妨认真考虑一下。若是买方提出股票支付占总对价的60%甚至更多，那么卖方就需要三思了。这等于是说，卖方用自己的部分净资产投资购买了这家上市公司的股票。

- 私有企业股票。我的一位前合伙人很喜欢开玩笑。他曾经在一次演讲中告诉台下嘉宾，有关少数股东权益的规则手册有三英寸厚。停顿数秒……不过这本手册的所有页都是……空白的。我的前合伙人的冷笑话讲得还真不赖。卖方需要谨记，99%的时间里，在私有企业中，少数股东的权益是没有市场的。少数股东不能够决定是否派息，不能够制止高管或员工的加薪……总之，就是不能影响公司任何的重大决定。少数股东会发现自己硬生生地被抬进了豪华轿车，其实很有可能是大股东有意为之。少数股东只可能向其他股东出售所持股票——大部分情况下，需要以很大的折扣卖出。(当市场缺乏流动性而少数股东想要卖出股份时，难道潜在买方会手下留情吗?) 只有在下列情况下，投行家需要建议卖方客户接受私有企业的少数股权：
  - ◆ 所有的股东都是少数股东(最好彼此之间没有关联关系。当两位或者以上的少数股东有关联关系时，他们实际上就构成了联合大股东或者掌握了投票权)，而客户获得的股份将能够保证他在企业经营中有主动权。
- 按照某约定价格卖出期权(流动性的保证)，保证客户可以将股票卖还给公司以获取现金(不要忘记的是，如果发行人失去了赎回卖出期权所需的资金，那么卖出期权对客户就没有任何意义了)。
- 在可以预期的未来，该卖出期权与企业再次出售或上市相关联。
- 托管资金。任何进入托管账户的交易对价——所有的中型企业并购交易都会涉及资金托管，以偿付企业出售以前产生的不可预见的索赔来保护买方——都是递延对价，需要按照折价以计算等值现金。不同的买方要求卖方放入托管账户的资金额也不尽相同。根据经验，托管资金通常是10%~20%的现金对价。

大部分情况下，我会帮助客户进行估算。若是托管期等于或少于一年，那么这部分对价就按照账面价值的95%（减去时间价值的折扣）进行估算；若是托管期超过一年但不到两年，那么就按照账面价值的90%（减去时间价值的折扣）进行估算。大部分托管资金的托管期为1~2年。

总结：换算和比较报价方案

在评估各份报价方案的时候，一定要客观、量化地建立等值现金来比较交易对价。只有这样，卖方才能——通常是在投行家的协助下——根据交易对价和交易条款，选出最有利的报价方案。交易对价的各种元素需要根据两项基本标准进行加权：货币的时间价值和收取的可能性。投行家需要为卖方客户准备一张权重表格，让卖方能够根据以上两个标准进行评估，至少是根据收取的可能性。

投行家和他的卖方客户需要分开计算各交易对价的等值现金。完成之后，投行家和卖方就要审核他们各自的估值，并进行排序，以找出最佳报价。虽然投行家有着丰富的交易经验，可以准确地得出等值现金，但投行家需要与卖方共同承担计算等值现金的责任，以便在随后的讨论中双方能够充分理解彼此想要表达的意思，特别是对基于财务表现的额外对价的计算，卖方的计算可能比投行家的计算更为准确。详见表18-1的详细叙述。

拒绝报价方案

华盛顿——1993年6月

我在这座城市居住了多年，深爱着它的美丽，特别是在国家广场（National Mall）周边，有史密斯森协会（Smithsonian）等各种建筑，都在诉说着这个伟大的国家的历史。吉姆和凯洛的精品型纺织企业总部就在国家广场附近。

我对成功建议吉姆和凯洛拒绝刚收到的某报价方案得意不已。那位潜在买方看起来提出了一个合理的价格，但是考虑到交易对价中有很大比例是票据，加权之后就不那么吸引人了。我认为，买方的资产负债表中有太多的负债。于是，我花了一些工夫说服吉姆和凯洛拒绝这个报价，即使完成交割可以给我带来30万美元的顾问费。虽然我为这笔交易花费了数月的时间和精力，但我觉得这样才能使我心安。因为过不了几天，吉姆和凯洛又将会收到一份更诱人的报价。当我回到家以后，我对自己没有做的——以及即将要做的——甚为高兴，准备晚些时候开一瓶苏格兰威士忌以表庆贺。期间，我又开车在特区的街道上转来转去，看着远处落日余晖照耀下的华盛顿纪念碑，对这座城市的溢美之词又涌上心头。

这时候，我的手机铃声响起来了。

"你好，我是丹尼斯。"

"你好，我是吉姆。"

"噢，吉姆你好。"

"听着，哥们儿。我们想取消跟你签署的财务顾问协议。"吉姆说道，语气谨慎又坚定。

我停顿了半晌，继续认真地听着。

"我们就是觉得你不会帮我们达成更好的交易。"吉姆继续说道。

真是太讽刺了，是他们想进行交易的——按照他们所说的做实在太简单了，我轻轻松松地就可以赚到顾问费。坦白地说，对于交易结构而言，他们根本不知道什么是好的，什么是坏的。我当然知道，我也只是做了我认为对的事情。

好吧，你随意。我只好回家，还喝了两杯苏格兰威士忌。

有经验的投行家能够提供给卖方客户最宝贵的服务就是建议其不要接受某一单交易。实际上，这样做很难。当某份报价方案还算勉勉强强过得去、但不能完全符合客户利益时，建议卖方"不要交易"要求投行家具备很强的职业素养，而且这需要付出代价。虽然"不要交易"是英明之举，但是面对快要到手的 30 万～50 万美元的顾问费，大部分中型市场的投行家也会退缩。投行家心中的魔鬼很可能在叫喊："你到底在打什么主意？你是不是疯了？"有的时候，确实就是。但是，坏的交易对价通常比没有交易更差。

买方如何创造性地使用对价形式

我在本书其他地方也有提过，但是我要在此，向买方——而非卖方，指出对交易对价进行创新的重要性。或许卖方期待收到 1 000 万美元（不管什么理由），但是买方设定的投资价值上限是 970 万美元。事已至此，买方就可以向卖方提出支付 20 年到期的 30 万美元的票据，利息为 0，尽管同期票据市场利率为 10%。对买家而言，票据的现值非常小，但却能促成交易。若是没有这样的创新，买方就会因为 970 万美元和 1 000 万美元之间的差距，与并购交易失之交臂。

股票和估值

若是卖方在交易中接受了买方提出的把上市公司股票作为部分对价,那么在什么时间点上对这些股票进行估值呢?应该按照签署投资意向书的日期、交割的日期还是其他时点进行估值?通常会采取交割之前一两周的均价进行结算,将均价乘以拟对价的股票数量即可以得出估值。这样做是为了控制买卖双方受突发事件引起的价格波动的影响——越小越好。

有关对价形式配比的最后反思

卖方期待的中型企业并购交易的交易对价是怎么配比的呢?答案是:

- 现金占总对价的50%~100%(规模较大的交易应该是现金加上基于财务表现的额外对价)。
- 基于财务表现的额外对价占总对价的10%~20%。
- 卖方收到的延期付款票据占总交易对价的10%~25%(规模很小的交易,在500万~700万美元以下的,接受票据的可能性更大)。

一家权威机构的数据表明,并购交易主要可以分为三大类:全现金交易、全股票交易以及混合型交易,每一类大概都占总数的1/3。加入上述的总结,1/3的交易属于混合型交易,现金部分占到了80%~90%,其余的是按财务表现的盈利能力支付或股票。1/3的交易是全股票交易,主要是针对大型上市企业合并的。所以,对于中型市场而言,最重要的对价形式还是现金。

本章小结

➢ 为了对所有报价方案进行有效比较,各类对价形式都应该换算成等值现金作为基准。

➢ 货币的时间价值和收取的可能性,是给不同对价形式进行加权的两大基本要素。

➢ 投资银行家和卖方在计算加权对价时,特别是基于财务表现的额外对价条款,需要共同合作。

- 其他的交易条款也可以对交易对价产生重大影响，特别是税务处理和资产负债表目标。
- 在中型企业并购交易中，根据卖方是否对企业有一定的控制权——以所持股权份额和所在管理层级别而定，144条例和水滴原则很可能会限制卖方对收到的上市企业股票进行交易。
- 锁定协议是指在上市成功后，在6个月的锁定期内，卖方禁止对所持股票进行交易，因此需要折算成对应的等值现金。
- 卖方是否应该接受股票作为部分的交易对价，要根据实际情况（交易总体的质量）和量化分析情况（股票价值占卖方个人净值的比例）而定。
- 对于延期付款票据来讲，有抵押的会比没有抵押的好。
- 延期付款票据通常是买方的借款，卖方需要考虑利息、发行人的资信程度、抵押、次级和市场价值等因素。
- 托管资金（通常占现金部分的10%~20%）需要按照每年5%的时间价值的折扣换算成等值现金。
- 卖方不应该接受私有企业股票作为对价，除非对价还包括能够实现的卖出期权。
- 买方可以创新对价形式，以达成交易。
- 当股票作为部分交易对价时，它的价值是根据结算前一两周的平均交易价格计算的。
- 对价形式可以有多种混合，但是在中型市场交易中，股票和基于财务表现的额外对价仅占总交易对价的15%~25%，其余都是现金形式。

第 19 章

基于财务表现的额外对价条款（对赌协议）

弗吉尼亚州弗雷德里克斯堡市——1996 年 8 月

我正在从华盛顿往南出发，前往里士满。作为南北战争迷，我有一整天的时间参观历史古迹弗雷德里克斯堡。

弗雷德里克斯堡的市中心到处记载了历史的痕迹。市中心的六条街道就跟当年格兰特将军和李将军骑着各自的马匹穿过的时候一模一样，一点没变。小镇是典型的南方风貌，当地人轻柔缓和的弗吉尼亚口音跟 40 英里以外的短促口音完全不同。八月的下午感觉特别美好，虽然只有很少的旅客在驻足观赏，但是我认为自己完全被这里的风景吸引了。

我们坐在博的办公室，听他分享迄今为止收到的最高报价——2 800 万美元。

"我非常开心，但是基于财务表现的额外对价实在太夸张了。"博告诉我。

"哥们儿，你说什么呢？你不是再三强调，达到明年的盈利目标是板上钉钉的事情吗？"

"没错。但是，你也知道，我是在谈判的时候才说的……对吧？"

"博，你不能什么都想要。"

做人要谨于言而慎于行。无论说什么、做什么、祈求什么，都不能任意而为。客户需要记住，太过强调公司的未来面可能会使得基于财务表现的额外对价占交易总对价的比例过大。"行啊，既然你这么有信心，那么就做给我们看吧，我们也非常乐意给予额外嘉奖。"

有时候，我宁愿接受名义交易价值较低但是能够立刻兑现的报价。

为什么令人恼火的基于财务表现的额外对价条款总是出现在交易报价中

除现金以外，基于财务表现的额外对价条款[一]是中型市场并购交易中运用最广泛的交易形式。在近75%的中型市场交易中，盈利能力支付占了交易价值的15%~25%。但是，盈利能力支付可能会因为各种原因让人头疼不已，包括在交易后产生的业绩焦虑。实际上，它们就像交易的催化剂，是达成交易的媒介，否则就无法达成交易。通过盈利能力支付，买方把一部分收购价格放在一边，在交易达成后，若企业达到了一项或者多项财务业绩目标，才会把这笔钱支付给卖方。

盈利能力支付谈判是很郁闷的过程，把谈判内容落实在纸头上也相当不容易，因为盈利能力支付可以有各种方式的解读或者误读，而且有时候买方会有意或无意地进行操控……当然卖方也会。除此以外，盈利能力支付很可能会让卖方感到灰心丧气，因为卖方推动企业业绩以获取盈利能力支付的能力在交易达成之后就荡然无存或者影响甚微。盈利能力支付也会让买方感到力不从心，这会阻止买方把已收购企业纳入自己组织架构的决心。

中型企业并购交易主要是由利益一致推动的，因利益分歧结束。在并购交易刚启动的时候，卖方和潜在的买方群之间的利益诉求可能完全是南辕北辙。但随着竞拍环节拉开序幕，意兴阑珊的潜在买方纷纷选择退出，只有一位买方会与卖方签署投资意向书（利益一致）。在详细尽职调查和最终谈判中，卖方和买方都抱着同样的目的——达成交易。但是一旦完成交割，买卖双方的利益就再一次分开，大多数情况下就是永远分开了。大部分卖方只想尽快拿到所有的交易对价，然后跑开。大部分买方却想利用付款拖住卖方，而且时间越长越好。因为货币的时间价值可以说得通，但最重要的是因为未来业绩的不确定性。

曾经追求共同利益的买卖双方，最后都不可避免地分道扬镳。买方的懊悔之情不断地在内心酝酿，让他联想到一位出色的员工离开公司的情形——在员工离职后，老板的决策失误和人性弱点就慢慢凸现出来。在某种程度上，离开的卖方就好像这位员工。详细尽职调查和最终谈判是在企业（卖方一手缔造）对买方最具吸引力时进行的。在交易完成后的清冷早晨，失望和遗憾在所难免。买方会

[一] 即通常所讲的盈利能力支付或对赌协议。——译者注

责怪卖方使企业发展太快而超出了买方的控制范围，或者责备卖方没有披露无义务披露的信息，或者干脆把双方都不知道的风险怪在卖方头上。行业的变迁突然袭来（破坏式竞争或者科技革新）是第三种情况最好的例子。买方可能会把自己没有做好功课的失误全部推给卖方，从竞拍环节、详细尽职调查到签署最终协议。

完成交割后，大部分买方会认为现在拥有的企业跟之前谈判的企业并不完全相同。买方认为，他们购买的是忠实的客户群、委身的员工、合作紧密的经销商网络、良好的商业环境等。而现在所有的一切如同过眼云烟，早已物是人非，至少在他们的头脑中就是这样的画面。此时此刻，他们可能会回忆起在艰苦的交易谈判中忍辱负重的场景（特别是企业家参与的时候），内心充满愤懑。所有积累起来的负面想法会驱使买方对卖方期望拿到的盈利能力支付大打折扣。所以，在谈判这些重要的条款时，一定要打起十二分精神。

究竟是谁的盈利？

买方买的是未来的盈利，而不是过去的盈利。但是，买方也会买盈利增长率，至少通过支付当前盈利下的更高的 EBITDA 估值倍数以买下未来的快速增长。卖方也非常了解买方要买什么，因此卖方对强劲的未来盈利前景会要求更高的估值溢价。总之，并购交易价格、对价和交易条款都需要反映出企业的未来盈利能力和盈利增长率。

另外，买卖双方总会在"谁拥有明年的盈利"这个问题上争执不休。如果从明年起，买方将拥有企业，那么为什么他需要为明年的盈利买单呢？买方选择这家并购标的，而拒绝收购其他的企业，是对摆在他们面前的所有并购标的的业绩进行比较和财务预测后决定的。EBITDA 倍数肯定会或多或少反映出潜在盈利能力和未来盈利增长率，虽然它可能会（通常会）高出近几年的历史值。但是，对这方面（谁拥有未来）的妥协往往是通过盈利能力支付来实现的。

拒绝迷惑：了解盈利能力支付的两种形式

我并不想对盈利能力支付做琐碎的分析。只要你了解二者的差异，就能够对盈利能力支付进行直观地分析和设计。主要的区别在于盈利能力支付背后的动机（即是为了让人放心还是为了激励增长）。二者之间的税务结果也不太一样，无论是否有心。

投行家在分析包含了盈利能力支付的报价方案时，需要先把"小麦"从"玉米"里分离出来。安抚性质的盈利能力支付常常让人——有时候是买方刻意为之——对卖方的激励性报酬相混淆（换取卖方能够继续留在企业一段时间来帮助企业继续增长，并获得更大成功）。后一种盈利能力支付（激励性报酬）在以下情况下最有可能被提出：

- 完成交割结算后，卖方会作为买方的员工继续留在公司，通常以高级管理者的身份负责未来的收入实现。
- 在交割日，谈判得来的企业收购价格是合理的、没有分歧的，也是不与未来业绩相关的。

这种盈利能力支付应该作为激励报酬——并不是真正意义上的盈利能力支付，更像是收入提成。

第二种盈利能力支付（真正的支付）是希望使交易双方安心，并与公司未来盈利能力相关。安抚性盈利能力支付能够促使交易达成。每一位买方都有一定程度的焦虑，对收购企业的明年盈利目标（卖方说能够实现）不太有信心。

在谈判过程中，带着把当前的盈利倍数最大化的期望，卖方会尽量坚持企业会达到甚至超过盈利目标。毕竟，他们已经经营企业多年，对企业和行业的里里外外都十分清楚，也知道企业尚在正确的道路上前行。

安抚性盈利能力支付是为胸有成竹的卖方和焦躁不安的买方填补缺口所用，有了这份抚慰就能促成交易。安抚性盈利能力支付让买方在尚未完全相信的情况下达成交易，如同"把钱塞到卖方的嘴边"一样。例如，买卖双方都非常清楚，在收购后的第一年，企业会产生至少 1 500 万美元的销售收入，以及 10% 的 EBITDA 毛利率。企业过往的业绩让明年达标看起来像是轻而易举。卖方还拍着胸脯夸口道，在保证 EBITDA 毛利率的情况下，明年的销售收入可以达到 1 600 万美元。而对于这一点，买方还不太肯定。根据谈判，双方都同意 6 倍 EBITDA 的估值：

根据过去盈利的估值	900 万美元
根据明年盈利的估值	960 万美元
协商的安抚性盈利能力支付	60 万美元

安抚性盈利能力支付的谈判要点

安抚性盈利能力支付的要点包括：

- 盈利能力支付的计算基础（如销售收入、EBITDA、毛利率等）。
- 在盈利能力支付的期间里，谁来监督，或者至少由谁负责衡量。
- 盈利能力支付是否会：
  - 或者全是，或者没有，或者根据业绩按比例处理。
  - 允许业绩高低起伏来彼此抵消。
  - 有上限。
  - 盈利能力支付条款的有效期限。

以底线作为基准（EBITDA）

一旦买卖双方对盈利能力支付条款达成一致，问题就出现了：要怎样衡量收入业绩呢？乍看起来，可能会非常简单。若是按照上述情况，卖方企业产生了额外的 10 万美元 EBITDA，那么买方会支付额外的 60 万美元，即 6 乘以 10 万美元（额外的 EBITDA）。在最后分析中，卖方必须了解买方对所有的盈亏和管理层决议会有重大影响，而这将直接决定收购后的 EBITDA。从这个角度来讲，买方可以通过大量投资，用于业务扩展、工厂、设备、销售或者人员等方面，来"管理"企业的盈利。

盈利和 EBITDA 是可以"管理"的，甚至还可以被买方以各种方式进行操控。而卖方通常对安抚性盈利能力支付的扣缴或拨放没有任何实际影响力。买方还可以用正当理由来支持他的决定：他购买了这家企业，现在是所有者，可以按照自己的方式进行运营。买方甚至可以用合法理由来决定哪些产品需要修改或停产，以此来损害卖方的盈利能力支付。

以上线作为基准（销售收入）

若是以 EBITDA 作为盈利能力支付的基准，可能太容易被买方"管理"或者"操控"。因此，最好是能够回到销售收入上，即企业以 1 600 万美元的销售目标作为基准（继续之前的例子）。若是以销售收入作为盈利能力支付的基准，被买方做手脚的概率就要小很多。

但是，有时候当中型市场并购交易达成后，即使卖方按照合同规定继续经营企业，以销售收入作为基准来进行盈利能力支付，也可能存在问题。在这种情况下，我们最好对买方做出提示，因为希望把盈利能力支付最大化的卖方可能会把注意力放在提高企业的销售收入上，而忽视了对 EBITDA 的影响。例如，买方可能会在各大卖场上发现属于自己品牌的数面"大甩卖"旗帜徐徐飘扬。

以中线为基准（毛利润）

买方最倾向于以 EBITDA 相关的底线作为基准，来计算安抚性盈利能力支付。而卖方——特别是那些在中短期内还继续为企业操持的卖方，更倾向于以销售收入相关的上线作为基准。两者之间有可妥协的第三种方式存在吗？是的，至少有一些。

许多投行专业人士建议买方和卖方考虑使用毛利润作为计算安抚性盈利能力支付的基准。假设只采用一种基准，毛利润可能是双方能够达成一致的最佳方案，事实上也是这样。不过以毛利润作为基准，就与以销售收入或 EBITDA 作为基准一样，仍然不完美。但是，这是已知的买卖双方都认可的唯一基准了。以毛利润为基准不完美的原因是它忽视了净利润的表现，而净利润是买方收购企业的最终原因。

混合式基准

以混合式基准计算安抚性盈利能力支付也是存在的，同时也是最优选择，因为双方都能得到一定程度的保护。例如，根据协议规定，按照以下公式计算卖方将获得的盈利能力支付："在盈利能力支付条款期间内，公司的毛利润至少为 300 万美元，并且 EBITDA 至少为 100 万美元。"这些"至少"短语，当然也可以根据实际盈利水平按照比例进行调整。不过，可以想象，设计混合式基准会比较困难，要让所有人满意更是难上加难。以混合式基准计算盈利能力支付虽然保留了下来，但是用处有限，而且存在与以销售收入或 EBITDA 为基准计算安抚性盈利能力支付同样的问题（操控）。

权利金计算方式

简单地说，以权利金（royalty）作为盈利能力支付就是以"产品数量"为基准。盈利能力支付若是以权利金进行支付，仍然没有绕过以销售收入为基准的内生性"大甩卖"障碍。这种方式的主要优点是便于衡量，是以产品数量而非销售收入为基准。以销售收入作为基准的问题在于：销售收入到底从哪里来的？当买卖双方各自的产品和服务处于混合经营时，这个问题就特别明显。而权利金计算方式就可以避免这种担忧。

实际控制或者法律控制

无论买卖双方各自倾向于哪种形式的盈利能力支付，接下来的问题是："谁实际控制了公司？"从所有权的角度来看，当然是买方掌控了企业，并对业绩表现负全责。一旦交易完成交割，企业就不再属于卖方，而买方就需要做出所有的企业决策，无论是多么出色或者愚蠢，即使将影响到可能会支付给卖方的盈利能力支付。

从卖方角度来讲，唯一的出路是通过法定约束条款来规定衡量标准。例如，在盈利能力支付的执行期限内，由管理层通过的增加行政管理层薪酬的行为如果未在合约中被提及的法律承认，那么买方这种实际的控制就超出了支付的衡量标准。

有关盈利能力支付的其他问题

- 盈利能力支付是要不就全有、要不就没有，还是根据业绩按照比例支付呢？
- 盈利能力支付允许业绩高低起伏来彼此抵消吗？
- 盈利能力支付有上限吗？

大部分盈利能力支付是按照简单的百分比或者不同的业绩指标来分段计算的，并不是按照"要不就全有，要不就没有"的方式。事实上，没有卖方会同意"要不就全有，要不就没有"的盈利能力支付，因为很明显，这根本没有意义。不过，我确实在实践过程中看到过，所以把它提出来讲。

当卖方和买方同意多年期盈利能力支付的方式时，对超额完成（overachievement）和业绩不佳（underachievement）及相关累计或抵消的条款就应该被纳入协议。在一些多年期盈利能力支付的并购交易中，如果在第一年公司轻而易举地就完成了业绩指标，那么卖方将得到更高的盈利能力支付，超出的部分可能会累积到下一年，使得第二年企业若是未能达到预期指标，卖方仍然可以获得盈利能力支付（有时也被称为"结转"条款）。或者类似的情况，多年期盈利能力支付的条款还可以容许卖方把今年的超额盈利能力支付"带回"到上一年来抵消未达标业绩指标。

如果被收购企业超额完成了业绩目标，卖方的盈利能力支付会有上限吗？在众多盈利能力支付的谈判中，这个问题总是会跳出来，而答案需要根据双方的协商而定。在这一点上，盈利能力支付若是超过了现有的上限，就应该被记作激励性盈利能力支付（更像是销售佣金），并以另外的方法进行计算。

最后，多年期盈利能力支付往往是根据交易的具体情况厘定，在中型市场并购交易中没有现行的标准方法。

盈利能力支付的收款可能性和时间因素

多年期盈利能力支付随着时间的拉长，卖方收款的可能性会下降，甚至是加速下降。这在很大程度上取决于盈利能力支付条款的品质——具体谈判结果落实在法律条款上的清晰度，完全仰赖于卖家的投资银行家和律师的专业知识和精诚合作。大多数卖方在谈判盈利能力支付的时候缺乏实战经验。因此，他们与投行家和律师团队的密切合作将是至关重要的。卖方能期待什么、不能期待什么，这些中介机构应该对客户进行专业指导。

正如我之前所述，投行家应该特别邀请他们的卖方客户根据交易后的合理业绩范围，对盈利能力支付的期望值进行评估（见第18章）。这对客户专注于自己真正相信的结果将产生非常积极的影响。

- 业绩浮动范围和实际盈利能力对卖方期望的盈利能力支付有何影响？
- 那么，什么是卖方认为的最优盈利能力支付安排呢？
- 他们能把盈利能力支付"卖"给买方吗？如果不行，卖方的次优选项是什么？

并购投行家应该告知卖方客户有关盈利能力支付在现实世界中的运作情况，使得卖方在谈判前能够做好准备，在谈判中能够提供更有价值的贡献；并从长远来看，在未来盈利能力支付的收取过程中，不会产生过多的不愉快。经验丰富的中介机构会确保卖家能够理解"买家的懊悔"，以及买方对财务业绩的"管理"甚至操控会对盈利能力支付产生重大影响。

根据实际经验，虽然有些武断，但我建议卖方（在比较不同报价方案的时候）应该假设第一年应收取的盈利能力支付不超过总额的80%~90%，剩下的10%~20%留给随后的年份。当然，例外也屡见不鲜。当获得以后各年的盈利能力支付时，卖方的心情应该是非常愉快的。我还经常在并购交割结束的五六年后，因为盈利能力支付的相关问题收到客户的咨询费。

当盈利能力支付仅仅作为蛋糕上点缀的白巧克力碎片时

有时候，星星也会连成线。当然，一些幸运的卖家对出售对价已经相当满意，而出售后的盈利能力支付条款只是蛋糕上点缀的白巧克力碎片而已。对于他们来讲，交易条款已经足够有利，盈利能力支付从本质上变成了奖励。对于这些类型的盈利能力支付，卖方对其认识往往不足。正如我所述，它们只是蛋糕上的白巧克力碎片，只能作为点缀来对待。需要提醒的是，正常情况下的盈利能力支付与这类盈利能力支付不同——正常情况下，不确定性是值得关注的现实问题，但在这里不适用。

盈利能力支付和税收

盈利能力支付的税务处理也是一个重要的考虑因素。盈利能力支付应该作为资本利得还是普通收入计税呢？法院对盈利能力支付的看法没有绝对的统一意见。在大多数情况下，美国税收法律和先前法例倾向于把企业出售过程中分期支付的不确定金额的购买价格，作为卖方的部分资本利得来计税。

在任何情况下，卖方都应该聘请有经验的税务顾问，特别是在起草盈利能力支付协议的时候。碰到税收复杂的并购交易，投资银行家没有资格担任卖方客户的税务顾问，尤其是小心翼翼地使用法律语言。请不要把我定位为税务顾问，我只能提供有关盈利能力支付的一些粗糙的税务指引：

- 如果盈利能力支付完全仰赖于卖方在企业收购后继续为买方打工的情况，基于财务表现的盈利能力支付存在被当作普通收入计税的风险（支持盈利能力支付作为资本收益的论证是比较麻烦的）。
- 始终如一地在多份交割协议里把盈利能力支付表述为收购价格的一部分，会倾向于支持资本利得的计税方式。
- 当盈利能力支付被安排为延期付款票据，并在企业没有达到盈利能力支付目标时作税务抵减处理，会倾向于支持资本利得的计税方式。

还是那句话：在所有情况下，盈利能力支付协议的起草必须由经验丰富的税务顾问操刀。

本章小结

➢ 大部分中型市场并购交易把基于财务表现的额外对价作为一种达成交易的有效工具。(虽然可能带来麻烦)

➢ 盈利能力支付相关的两大主要问题:卖方收取的可能性和麻烦的衡量标准。

➢ 卖方收取盈利能力支付的可能性会大幅降低,因为:
  ◆ 交易后买方的懊悔。
  ◆ 交易前谈判的痛苦经历。
  ◆ 买方"管理"或操控交易后企业的财务表现。

➢ 两种形式的盈利能力支付:
  ◆ 激励性盈利能力支付。
  ◆ 安抚性盈利能力支付。

➢ 盈利能力支付的谈判重点要素包括:
  ◆ 以上线、底线、中线、权利金或混合形式,以交易后的公司业绩作为衡量指标。
  ◆ 要实现绝对的财务表现以获得盈利能力支付。
  ◆ 在盈利能力支付条款期间,买方或者卖方是否控制——无论是法律角度还是实际角度——管理决策以及衡量决策对企业业绩带给盈利能力支付的影响。
  ◆ 多年期盈利能力支付能否累积或抵消。
  ◆ 盈利能力支付条款的时限。
  ◆ 当超过业绩目标的时候,应该如何处理。

➢ 盈利能力支付的税收处理——无论是以资本利得或者普通收入计税,都应该由经验丰富的税务顾问小心谨慎、始终如一地起草盈利能力支付协议和相关交易文件。

➢ 卖家应该参与到估算盈利能力支付的潜在范围以及收取的可能性当中,只有这样才能更好地理解自身在整体交易中扮演的角色,并在盈利能力支付协议谈判中做出贡献。

附录 C 关于基于财务表现的奖励金额的约定事项

1. 从交割之日起至 2006 年终，ABC（买方）应当维护［并确保 XYZ（卖方）应当维护］一个财务报告系统，使 ABC 或 XYZ（以适用者为准）能够单独核算本节所要求的 2007、2008、2009 年度的各项收入项目和费用项目。在 2007、2008、2009 年度内，ABC 应当保持 XYZ 为其子公司。2007、2008、2009 年度内，ABC 应当（并确保 XYZ 应当）善意地对 XYZ 进行经营，包括但不限于尽商业上的合理努力以维持并提高其现有业务水平，并在合理可接受的利润空间内为 XYZ 的产品和服务获取新的订单和合同。在与某行动是否符合 ABC 及 XYZ 的最佳利益的善意判断相符合的范围内，ABC 应当确保 XYZ 对自身业务以合理且与下列标准较低者为准的水平进行运营：① XYZ 在交割前的业务实践标准；和② 合理且审慎的业务实践标准（但是，ABC 将 XYZ 收购为其一家子公司从而导致的变化、XYZ 因为该收购而经受的行政业务上的变化，及其他合理的与 XYZ 作为 ABC 的一家子公司相关的变化均属允许之列）。

2. 在不限制前款规定的约束力之前提下，在 2007、2008、2009 年度内，ABC 应当尽商业上的合理努力，并确保 XYZ 尽商业上的合理努力：

（a）在所有重要方面，依照适用法律和 XYZ 的合同规定进行经营；

（b）确保 XYZ 的资产和财物处于令人满意的运营条件中（正常磨损消耗除外），并对该等资产和财物进行所有对于公司业务的正常持续运营而言必要的维修、更新、替换和改良，或确保该等必要的维修、更新、替换和改良由第三方做出；

（c）维持足够的人员水平以确保 XYZ 的日常运营，并对 XYZ 的员工水平进行必要的提高以确保 XYZ 合同的履行；

（d）确保所有重要执照、许可、证书、授权、担保文件及资质处于完全有效状态。以拥有其资产并对其资产进行运营，并按惯常方式继续其日常运营。

3. 此外，在不限制前款规定的约束力之前提下，在交割后的 18 个月内，未经股东代表的事先书面同意，ABC 不得并应确保 XYZ 不得做出任何行动（或任何不行动），只要该行动或不行动将导致 XYZ 以无理由的方式（"**无理由终止**"的定义以《关键雇员雇佣协议》的规定为准）终止其与任何关键雇员的劳动关系，或对任何该关键雇员进行岗位调整或转移从而导致其不再全职服务于 XYZ 或不再全职为 XYZ 合约的履行而服务。但是，在 2007、2008、2009 年度内，未经股东代表的事先书面同意，ABC 不得并应确保 XYZ 不得做出任何行动（或任何不行动），只要该等行为或不行为将导致 XYZ 以无理由的方式（"**无理由终止**"的定义以《关键雇员雇佣协议》的规定为准）终止其对 Elmer Jones 的雇佣。

4. 此外，在不限制前款规定的约束力之前提下，在 2007、2008、2009 年度内，未经股东代表的事先书面同意，ABC 不得并应确保 XYZ 不得做出任何将导致下列后果的行动或不行动：

（a）XYZ 购买任何公司、合伙企业、协会，或者其他商业组织或其分支机构的任何权益或其资产的任何部分，除非根据合理判断该购买行为将不会对 XYZ 的息税摊销折旧前利润表现造成重大不利影响；

（b）XYZ 对其资产或负债进行任何重新分类，但依据法律规定或一般公认会计准则做出者除外；

（c）XYZ 因任何原因而终止或违反《Abramson 咨询协议》，但因 Abraham Abramson 违反该协议而导致的终止或违反者除外；

（d）XYZ 与 XYZ 的关联机构达成任何协议或交易，但该协议或交易的条款和条件与非关联方之间公平交易的条款和条件相同者除外。

5. 在 2007、2008、2009 年度内，如果 XYZ 被出售［无论是通过出售 XYZ 全部的资产或其实质上全部的资产，或出售 XYZ 的大部分权益证券，合并，整合或其他方式，以下简称为"**相关交易**"，但不包括 ABC 或其关联机构（XYZ 除外）的重组］予非 ABC 关联机构的任何人士，则在该交易完成之时，ABC 应当于相关交易交割日通过电汇方式向股东代表支付最终奖励金额，最终奖励金额根据下列公式计算得出：

（a）该相关交易完成的日历年度内的实际息税折旧摊销前利润金额应根据下列公式计算：

（i）如相关交易于该年度 6 月 30 日之前交割，则该年度的实际息税折旧摊销前利润总额应被假设为高于（或低于）该年度的目标息税折旧摊销前利润金额，且高于（或低于）该年度的目标息税折旧摊销前利润金额的比例与上年度实际息税折旧摊销前利润金额高于（或低于）上年度目标息税折旧摊销前利润金额的比例相同；且

（ii）如相关交易于该年度 6 月 30 日之后交割，则该年度的实际息税折旧摊

销前利润总额应被假设为高于（或低于）该年度的目标息税折旧摊销前利润金额，且高于（或低于）该年度的目标息税折旧摊销前利润金额的比例为：（x）截止相关交易的交割日所实现的实际息税折旧摊销前利润总额；除以（y）以直线法为基础进行算得出的、截止相关交易交割日止的该年度目标息税折旧摊销前利润金额。[纯粹为了说明之目的，如果该年的目标息税折旧摊销前利润金额为720万美元，而相关交易于该年9月底交割，那么根据直线法计算出的月度目标息税折旧摊销前利润金额为60万美元，则乘以9即得出（y）。]

（b）相关交易完成后任何年度的实际息税折旧摊销前利润金额（如适用）应按下列公式计算得出：（i）该年度的目标息税折旧摊销前利润金额；乘以（ii）上年度的实际息税折旧摊销前利润金额[包括根据上述第（a）项之规定而计算得出的实际息税折旧摊销前利润金额，如适用] 高于或低于目标息税折旧摊销前利润金额的比例的平均数。

（c）此外，奖励金额应受限于本协议第2.2（c）条项下规定的限制，并按照本协议第2.2（c）条项下的规定进行计算和支付。于该金额被支付之后，ABC在奖励支付事宜项下概无任何进一步义务。

上述第2.2条中引用的条款

购买对价

作为所有标的股份及标的期权终止的全额支付对价，ABC应当根据本协议的条款和条件，做出与预计交割现金购买价款（根据第2.3（c）和2.3（e）条之规定进行调整）相等金额的付款，支付股票对价，并支付奖励金额（如果根据本协议之规定卖方应获得奖励金额，且该金额应根据本协议的规定进行抵消或扣减）（"**购买对价**"）。所有付款均应按照《资金流转备忘录》（该文件将由股东代表和ABC签署并于交割时交付）的规定做出。

ABC应当根据本协议条款和条件支付下列各项：

（a）于交割时，支付"**基础对价**"，基础对价由以下各项构成：（i）根据下文第2.3（a）条定义并计算得出的交割现金对价；和（ii）下文第2.2（b）项下定义的股票对价；及

（b）于交割后，本协议第2.3（e）条项下规定的任何调整金额，及根据下文第2.2（c）条项下之规定而应予支付的奖励金额。

第 20 章

求证阶段，最后的日子

详细尽职调查、最终协议和交割

详细尽职调查

从卖方接受买方的投资意向书开始，从详细尽职调查（是与投资意向书签订之前的初步尽职调查相对的概念）到起草和谈判最终协议，再到最终完成交割，大概需要 60 天的时间。本章将避免不必要的技术问题，而把重点放在流程上，当然也会把本书其他地方提及的一些重点再翻来覆去地讲一讲。

在交易结束前的 60 天时间里，详细尽职调查主要包含三大块：

- 财务
- 法律
- 运营

财务尽职调查

财务尽职调查主要是由买方的会计师负责，他们会详细地审查卖方的财务记录。财务尽职调查的流程比较简单。买方需要抓住最后的机会对卖方在谈判过程中对企业财务表现的描述进行核实。我知道自己又在老生常谈了，但是这一块确实需要再三强调：如果在开展详细尽职调查之前，卖方没有跟自己的注册会计师（或者外聘注册会计师）就企业财务进行详细审计（或者至少是审阅），那么在买方进行详细尽职调查时将会危机四伏。在买方递交投资意向书之前，卖方至少应该确认企业账务是经过注册会计师审阅的；最好能够在买方发现问题前就开展初步尽职调查（不用太过详尽），以找出问题和相应的解决方案。

法律尽职调查

法律尽职调查会对买方与客户、供应商、房主、债权人、税务局、产权局、员工、分销商、安全生产监管局等各方签署的法律文件进行审查。在开展法律尽职调查时，买方律师和顾问需要确认专利、商标、版权、所有权等都完好无损。法律尽职调查通常是与起草最终协议同时进行的，因为这些法律关系和合同都会完全整合进最终协议里（卖方确认实际情况与自我说明的情况相符）。法律尽职调查的很大一部分工作就是替买方收集尽可能多的法律文件，以作为最终协议的附注。

运营尽职调查

运营尽职调查包括：

- 审查卖方的重要技术、工艺流程和固定资产。
- 与重要客户会谈。
- 审查及评估卖方会计系统的有效性（相对于财务内容而言）。
- 与管理层会谈。
- 其他。

最终协议

最终协议（definitive agreement）也被称为资产收购协议（asset purchase agreement）、股权收购协议（stock purchase agreement）等。最终协议是中型市场并购交易中具有法律约束效应的最后协议。从准备和内容上讲，最终协议可能会比较冗长，包含了协议提及的各种相关文件、附注和时间表等。其他法律问题包括：

- 把之前经双方讨论达成一致的谈判要点整理成可实施的法定条款放进最终协议。
- 设定买方对卖方的索赔上限，如果交易后有突发事件发生，以便追究卖方的责任。大部分买方要求的索赔上限可以补偿收购总价，不过由于各方面原因，卖方同意的实际赔偿上限会低很多。㊀另外，索赔上限需要与

㊀ 对于某些行业而言，赔偿上限确实有统一的传统。例如，对于政府合同企业，在过去的几年里，赔偿上限一般是收购总价的 25%~50%。我想这可能是因为在细分行业中有过丰富交易经验的某律师团体偶然间达成一致造成的。顺便提一句，美国律师协会（American Bar Association）曾就赔偿上限的交易准则和交易数据出版过专业报告（可以在他们的官方网站上找到），这份专业报告也可以在所有的交易律师和投行家的办公室里找到。

实际情况和交易风险相一致,不能仅仅根据经验或者传统进行设定("我们一直都是这样做的")。这对随后的几项也是一样。

- 设定潜在买方可能要求的索赔种类。在索赔确认之前,评估每类索赔的最低索赔金额以及在确定潜在索赔种类前约定赔偿金额的总数,这种方式通常称为"一揽子"。
- 确信程度。卖方在称述和保证条款中的表述是"百分之百肯定",还是"据我所知",这将直接影响后期处理事宜。例如,如果出现问题,买方可以坚持说这是卖方的原话等。
- 资产负债表是否包含了所有的负债(通常不会)。
- 财务报表的表述与公认的财务准则一致。
- 对结算分歧的法律规定。
- 权利设置。
- 若出现拖欠行为,买卖双方各自的权益和赔偿。
- 托管协议:
  ◆ 在基于财务表现的额外对价条款中,总交易对价的10%~20%将作为托管资金。
  ◆ 大多数情况下,托管期限为1~2年。
  ◆ 当大部分托管协议的托管期限设置为1~2年时,卖方更倾向于较长的托管期限而不是较低的托管比例,因为美国追究民事索赔的期限不超过2年。换句话说,卖方更倾向于拉长托管时间,而不是把更多的钱放进托管账户,但是来自经验丰富的律师的建议肯定比卖方自己的如意算盘更为可靠。
  ◆ 托管资金的利息是否可以累积——如果可以,按照多少比例——这些都需要商谈。托管的资金属于卖方,因此来自托管账户的利息也属于卖方。虽然是这样,但大部分托管机构不会给托管账户支付利息。
  ◆ 有些时候,卖方可能收到以买方的托管票据代替资金托管的建议。很少有卖方会采纳,因为没有第三方托管机构的参与,在托管形式上就不够完整。不过若是卖方认可托管票据的形式,他就应该收到由此产生的利息。
  ◆ 股票收购和资产收购也会产生托管协议。在股票收购中,托管协议的托管期限较长，托管比例也较大，这是因为当买方对卖方企业进行股票收购而非简单的资产收购时，卖方对买方的潜在负债可能会更大。

- 详细尽职调查应该在最终协议签署前完成。通常在交易交割时不需要更多的尽职调查。

最后的日子：投行家和律师

在交易临近尾声的时候，冒出来的大部分问题都与法律相关。这期间会有什么不同吗？经验丰富的交易律师若是没有参与之前的交易谈判，在处理这些法律问题时会听从投行家的意见，然后双方会一起解决。

我在本书中不断提到，在最后的日子里，交易律师是团队带领人。投行家，如果有必要，需要确认交易律师对所有情况都是了如指掌的，包括自执行投资意向书以来交易律师负责的交易条款细节以及由来背景。

这就是有经验的交易律师体现价值之处。缺乏经验往往会导致太过浮夸（通常是指太过依靠标准模板和一成不变的规则，而没有实事求是地具体情况具体分析），反而会忽视一些重要条款。

速度在最后阶段的重要性

在竞拍大部分的时间里，本书一直在强调审慎和节奏比速度更重要，如果面对的潜在买方数量较多，成功的中型市场并购交易需要慢慢来。但是，到了交易的尾声，投行家应该竭尽全力地保证交易达成。让大伙都动起来！在快要成交的最后时刻里，买卖双方的神经都绷得紧紧的，大脑都在飞速地运转。卖方对收到交易对价已经迫不及待了，满脑子都想着怎样到银行提现。而买方呢，正在仔细审查最后的每一处细节，甚至开始产生焦虑："我做的决定正确吗？"但是地球不会因为双方而停止运转，交易还需要买卖双方最后的共同努力。实际上，即使有经验的投行家也会开始胡思乱想，会不会就在此时此刻，世界就会像扳手插进齿轮一样停止运转。

在交易的最后阶段，全行业出现经济低迷的信号会影响到卖方或买方，甚至买卖双方。卖方或者买方可能会失去一位或者多位重要客户，也可能会收获几位客户。改变历史的时刻，可能会再次出现，例如9·11。任何事情都可能发生，就像墨菲定律一次又一次地提醒我们，任何可能发生的事情都会发生，而且总是发生在最坏的时间点上。一夜之间,所有事情都可能被改变。在交易的最后阶段,本人已经有过太多次的"濒死经历",而稍微地耽搁都有可能摧毁整个交易。有时候,交易可能就是在卖方(或买方)所在的行业发生巨变的几个星期里完成交割的。而对于这种情景,一点点的耽搁都会让交易如同预言般倒下。

交割和交割中的突袭

佛罗里达州西棕榈滩——2000 年 12 月

我的同事鲍勃在无休止的交易谈判中,脸色越来越苍白。

我们从早上八点就开始蹲在买方律师的办公室里整理最后的文件,现在已经下午三点了。我们的会议室正对着棕榈滩。朝窗外望去,红日下的沙滩美景尽现眼前,对照我们的现状,这简直是一场折磨。我猜鲍勃肯定想跟人猿泰山一样大吼。换作是我,我会这么做。幸运的是,我们早已经疲惫不堪,没有力气再学人猿泰山了。

"我们就到这里吧。"买方律师说,"不过,卖方企业对马里兰州和国家法律法规要求的遵守情况,你们律师顾问的看法是什么?"

我客户的律师没有到场参加结算,但是我已经记不清楚具体原因了。可能他在另一间沉闷的会议室里,整理总统选举的选票吧。

过了几分钟,我们终于找到了卖方律师。幸运的是,他不在佛罗里达,而是已经返回马里兰待命,以防我们需要他的帮助。我们向他解释了我们目前的窘境,并找他要法律意见书的复印件。

"法律意见?对不起,丹尼斯,我们只是卖方的交易律师,不是总顾问。我们不能出具法律意见。另外,这是买方顾问第一次找我要法律意见。"

此时此刻,鲍勃的脸色已经完全惨白。我知道他有高血压和心脏病,还挺严重的。看起来,他已经非常不舒服。我环视了一下会议室,希望能够找到一台便携式心脏除颤器。

最后,我们终于挺了过来。我们完成了交易结算。在随后的晚宴上,鲍勃的脸色也恢复了红润。我又开始胡思乱想起来,人的一生中有多少时间是在等待啊——但是,我已经为站在这里付出了所有的努力,即使今天交易失败了,我也虽败犹荣。

顺便提一句,鲍勃现在过得很滋润,光荣退休了,每天都在坚持锻炼,享受着农场、后院和儿孙满堂的阳光生活。

只有在交易完成交割后，这六个月、八个月甚至更长时间的辛苦工作才能告一段落。有的交易在交割时真的四平八稳，但大部分情况却不是这样。总有一些突发事件在最后时刻出现，就好像交易杀手一般，使得所有人都如临大敌。除非真的有些极端事件在最后一刻发生，即便如此，那满怀盼望的心情（虽然没有人愿意承认，但是信心总是非常重要）也应该继续保持。如果真的有些重大事情发生而把交易置于险境，则很可能是某位交易顾问掉链子了。

这并不是说交割是件容易的事情，事实上一点儿也不容易。交割环节非常无趣、让人疲惫、又消耗时间，那堆砌成山的纸质文件不仅没有人看一眼，还间接造成了几棵小树的死亡。每当处理交割文件的时候，我总会想起一位 FBI 特工在描述他的职业时说的话。他说，在百无聊赖之际，蓦然回首，才发现已然白头。

我并不想轻视结算环节。我一直亲历着那些真实的场景，因为经验不足，一切看起来好像都没有希望，就在交易结算的时候，我亲眼看到客户中风瘫倒，或者发生更严重的突发状况。这样的事情确实发生过，虽然不常见。不管怎样，如果客户已经开始在精神上享受亚利桑那或其他什么地方的新生活了，而某位年轻的律师说不可能完成交割，因为你的律师不能够对你是否遵守法规提供法律意见，因为他们不是你的总顾问，客户可能会有点气急败坏。⊖

本章小结

➢ 在买方执行投资意向书之后的 60 天排他期里，买方可以开展详细尽职调查，起草最终协议并准备最后的谈判。

➢ 通过对卖方的财务和其他相关文件进行最后的综合审查，详细尽职调查包括：
  ◆ 财务。
  ◆ 法律。
  ◆ 运营。

➢ 法律尽职调查主要是仔细审阅以下内容：

⊖ 这里的结算和执行交割文件可能不是同时进行的，虽然经验告诉我，它们常常是同时进行的。

- ◆ 所有的合同关系。
- ◆ 卖方的陈述和保证。
- ◆ 托管协议。
- ◆ 赔偿上限和内容。
- ◆ 用法律语言描述的商业条款。
- ➢ 托管协议包括：
  - ◆ 12~24个月的托管期限（虽然卖方更倾向于把托管期限控制在18个月以内）。
  - ◆ 总交易对价的10%~20%（与基于财务表现的额外对价条款无关）。
  - ◆ 股权交易或者资产交易都可以协商。
- ➢ 卖方的中型市场并购投行家和交易律师在最后谈判中各自独立又互助互补。但是在临近交割的最后时间里，卖方的律师常常扮演团队负责人的角色。
- ➢ 在最后阶段，与缺乏经验的律师相伴，就像是让从未登顶的新手带领攀登喜马拉雅山的感觉一样。
- ➢ 在交易的最后阶段，加快速度是非常重要的。
- ➢ 在临近交割的时候，总会有各种各样的突发事件发生。

第 21 章

联姻之后：兼并后情况和收购失败

本章十分简要，主要写给买家

弗吉尼亚州杜勒斯科技长廊——1998 年 5 月

走进北弗吉尼亚科技公司的休息室时，映入我眼帘的第一个画面就是：员工们正在乒乓球双人比赛的擂台上激烈搏杀，另外还有至少 15 个身着短款牛仔裤和旧 T 恤衫的员工正在全情投入地打着电子游戏。

我和客户埃利奥特向前台走去，前台接待人员的衣着让人觉得她是刚从 1969 年左右的伍德斯托克摇滚音乐节（Woodstock Rock Festival）回来的。我介绍了自己和埃利奥特，并补充道，我们预约了 15 分钟后与该科技公司的 CEO 安德里蒂先生会面。我们之所以安排了此次预约，是因为埃利奥特想要更加深入地涉足科技领域，以拓展其向美国政府机构提供产品和服务的业务，而他之前所从事的都是传统的政府承包业务。

"哪位先生？"前台接待人员一时没有明白，然后似乎突然灵光一闪，大叫了一声："啊，你是说冲浪者（surfer guy）？我去把他找来，老兄。"

与这里看到的员工的穿着相比，除了白色衬衫、深蓝色或炭灰色的西装和一条颜色柔和、非常职业的领带外，我没见过埃利奥特穿过其他衣服。所以当我们与这位"冲浪者"CEO 会面结束之后，我小心翼翼地向埃利奥特问了一个问题："你是不是觉得你们公司的文化和这家公司的文化可能有点儿不搭调？"

埃利奥特一副空洞无所谓的眼神看向我——很明显，他依然想要全盘接受。"呃，从分权管理的观点来看，我们还是能够做到的，我们会避免将两家公司的文化混合起来。这不是问题。"他底气不足地说。

那一刻，我知道埃利奥特已经决定买下这家科技公司了。尽管我再三但温和地建议他三思而后行，但他还是不肯听从劝阻，一意孤行地要完成这场注定会成为灾难的交易。

我必须承认,这个故事是被稍加粉饰过的(起码在故事角色方面),但我很肯定,我的经历与此相比有过之而无不及。

可能会有短暂的蜜月期,但成功的婚姻不多

并购交易后,会有一个短暂的蜜月期,但这个蜜月期恐怕比本章的内容长不了多少。毕竟成功的婚姻不多。整合计划应该在交易完成前尽早开始,并且交易双方的管理团队应该密切协作。

并购交易后,买方公司要将卖方公司并入自己的平台,这一整合十分重要,但难度不小,这是不言自明的。很多书中都表达过这样的观点。本书主要是站在卖方角度,重点讨论中型企业卖方并购,所以不会涉及有关交易后整合的具体细节。这样做的原因有两个:一是,交易一旦结束,卖方及其投行家就会离开(虽然一些卖家也许会选择留在公司,度过一段不太长的过渡时期);二是,笔者实际上并没有交易后整合的管理经验。实际上,笔者自认为在该问题上并没有特别的专长,而只是观察到了不同场景下所发生的一些现象,也就是俗话常说的,"观点就像肚脐,每人都有一个。"在交易后整合这个问题上笔者有许多观点,其中一些观点值得简短地讨论,但鉴于笔者的经验和体会不是很深入和独到,这些观点可能也会显得过于宽泛。

多年以来,我们身边一直流传着某些可能有点虚假的统计数据,该数据援引了一些调查资料,所得出的结论是:75%~80%的并购都失败了。在过去20年中,所有商业期刊或主要都市日报的商业板块的忠实读者都会多次读到这样的数据或类似的令人信以为真的陈述。事实上,所公布的75%~80%的并购失败率至少有25~30年没有变过了。

所公布的75%~80%的并购失败率,反映的并不是那些诉诸法庭以破产告终的失败案例(虽然偶尔也会出现某个运气不佳的并购交易破产的情况)。这75%~80%的"失败的"并购交易,之所以说它们失败,是因为它们并没有达到想要的结果。

并购交易达不到想要的结果,最根本的原因就在于买方在这一过程中至少犯了两个关键错误中的一个(通常两个都会犯)。买方通常会在交易结束之前犯第一个错误,即高估甚至是大大高估了并购之后所获得的协同效应。

第二个错误似乎是不能执行交易后整合方案。我认为，在整合过程中应遵循以下规则：

- 并购交易一旦完成就要开始着手管理该交易，并且让时间表尽可能地紧凑。要积极强硬，但是要确定优先事项，并且在确定优先事项时要十分谨慎。
- 要不断地交流：是什么、为什么、在哪里、怎么做。这是高层管理者的主要责任。
- 不要只站在一旁许愿，要马上训练合适的人员去处理紧急事务、制定整合措施。
- 预计到管理层调整。
- 要密切关注生产问题，将注意力集中在客户身上。
- 要考虑、估计并衡量所有重大决定所带来的经济影响。
- 要对企业文化问题以及诸如"谁得到了靠角落的办公室"之类的人事问题保持警惕。这些问题很可能会在转瞬间就失去控制，并且极具破坏性。

这样的错误也不只限于中型市场交易。一些书中写到过 AOL 与时代华纳的兼并案。在该案例中，一方面，吹嘘过头的合并协同优势从未实现；另一方面，兼并双方的公司文化具有巨大的分歧，因而整合方案非常不具可行性，很明显，该方案也被执行得非常糟糕。这两个方面共同导致了该兼并交易的失败。

在 AOL 与时代华纳的兼并案中，1+1 等于……嗯，小于 2！当 AOL 和时代华纳在 2000 年 1 月 18 日宣布兼并时，时代华纳的收市价格为每股 59.02 美元（所有股票的报价都根据其随后的股票分割和股利支付情况进行相应调整。当 AOL 与时代华纳在 2001 年 1 月 12 日完成兼并时，其股票收市价格为每股 45.67 美元。时代华纳（AOL 已经从公司的法定名称中被删除了）2006 年 12 月 11 日的收市价格为每股 21.33 美元。AOL 与时代华纳并购案无疑向我们表明，有些并购交易实际上并没有获得协同效应，也有些并购交易中两家公司文化方面的差异非常之大以至于在任何环境下都不能融合。这些都是现实世界中确确实实存在的情况。传统媒体与高科技网络媒体联姻，然后就这样内爆了。

有眼光的买家必须警惕对某一交易投入过多的热情。在以下情况下更应如此：卖方及其投行家明显地在努力培育和利用潜在买家的这种热情，以使卖方公司的价值最大化。然而，根据"五的超级法则"（The Super Rule of Five，见第23章），经过某一点后，中型市场投资银行并购交易迟早会呈现出一种惯性运动，即使所有的信号都指向错误的方向，这种惯性的力量也难以抵挡。

考虑这样的场景：某部门主管大力支持一项"必须进行"的交易，并向其CEO报告说，"这对我们来说是一个巨大的机遇"。那么，该部门主管必定会尽心尽力地向其CEO和其他人推荐该方案，以至于他不能客观地、充分地再三考虑其立场，更不用说承认该交易已经不适合继续进行下去了（如经过协商式竞拍之后价格上涨了、市场的基本面发生了变化，或者甚至是主管再次审视这桩交易时，对之前所看到的优势和好处不再那么确定了），这种情况是不可避免的。暂停现有交易或者撤退会迫使该主管不得不承认其错误或误判，使其面临丢脸的风险，甚至更糟。

最初，提出并推动收购方案的目的是做一笔好生意。但最后，当现实条件已不再支持该交易的完成时，其目的往往就变成了为了收购而收购。

买方容易犯的第二个错误是不能有效地整合两家公司，从而无法获得协同效应。买方在交易前和交易后都容易犯这个错误。让我们再次回顾AOL与时代华纳的并购案例，这样的失败案例在财富排行榜前1 000名的公司中和中型市场企业中大量存在。两家公司整合得太强势、硬性或者太迅速，或者以一种无精打采、漫不经心的方式进行整合，实质上无异于是告诉被收购企业，整合会"自发地进行"，凡此种种都可能会导致整合失败。

俗话说：买的不如卖的精。一旦并购交易完成，卖方的公司不管好坏，都会归买方所有，并且仅归买方所有。如果买方不能完全拥有合并后公司的控制权，并完全掌控其所有的内在机遇和挑战的话，并购公司、被并购公司以及并购后的联合企业都会遭遇麻烦。⊖有许多观点对"慢慢来"很有争议，但那些确定了合适的收购备选对象、并成功地完成交易的买方公司通常都明白为何要"慢慢来"。而且，这样的买方公司在新的并购计划完成之前就已经知晓，如何在圆满完成交易后、开始营业前打开一个好的局面。如果为了精确行动而放慢速度，可

⊖ 有时我会想象，在时代华纳并购案中，如果杰克·韦尔奇是兼并公司的CEO会发生什么。我怀疑被兼并公司在兼并后的第一天就会变成杰克·韦尔奇的。鉴于其坚定的意志和行事风格，我对此深信不疑。

以理解。但如果是因为不确定性、无法决策或者管理松散而放慢速度，那么买方及其公司就会面临各种问题。

本章小结

历史上，75%~80%的并购交易都未能达到其目标，因为：
- 对潜在的协同效应估计过高。
- 未能预见企业文化差异和相关后果。
- 交易完成后未能有效地整合兼并后的业务，因为买方：
  - 动作太慢（大多数情况下）。
  - 动作太快（比较少）。
  - 对交易后整合采取自由放任的态度（未能控制住）。
  - 没有做足功课，以至于没有贯穿始终的整合战略。

第 22 章
进入市场之前，卖方客户需要评估吗？

预测经济的人就像一个长了斗鸡眼的标枪运动员：他们赢不了几场需要精确性的比赛，但他们总能吸引公众的注意力。

弗吉尼亚州阿灵顿——1992 年 7 月

我还在阿灵顿一栋高层办公楼中参加过一场会议。令人高兴的是，这栋大楼楼下有一家很棒的南方烧烤店兼爵士酒吧。我们在这家店里吃了一顿很丰盛的午餐，可能吃得有点儿太多了。在餐馆中，大家小声议论着当时的总统选举：布什？克林顿？还是佩罗？这次竞选竞争十分激烈，双方互爆丑闻，政界精英们对 1993 年 1 月 20 日宾夕法尼亚大街 1600 号（美国白宫所在地）将会发生的巨大变化翘首以盼、拭目以待。在总统竞选期间，我有过多次商务旅行，我发现在我到过的地方里没有一个美国城市像华盛顿、北弗吉尼亚和马里兰郊区这样如此热衷于谈论政治，尤其是关于总统的政治话题。此外，政府就坐落于该区，当行政部门进行人事调整时，所有的事情都会变得不一样，不过那又是另一回事了。

当天跟我共进午餐的是迈克尔和依奇，他们是一对前所未有老搭档：一位是爱尔兰天主教徒；一位是俄罗斯犹太人的儿子，他父亲在俄国革命之后逃到美国。他们两人都非常聪明，也都很乐意建立起合作伙伴关系，这种合作关系非常成功，并且已经保持了 25 年之久。虽然他们也时常发生分歧，但一路走来，迈克尔和依奇凭借其智慧（当然这个过程中也免不了会出现些许争吵），建立起了一家世界知名的咨询公司。该公司以其专业性和良好的商业表现而闻名，该领域内的专业刊物也经常会引用他们二人的话，甚至连日本人也来向他们咨询。

迈克尔–依奇（Michael and Izzy）公司在三个大洲设有办公室，为大批的国际客户提供服务，所以两人经常前往不同的地点出差，这可能也刚好避免了两人争论的机会。他们两人都是从常青藤高校毕业，但谁都不曾因此吹嘘过。迈克尔是普林斯顿大学的本科生，并在哈佛大学拿到了 MBA 的学位。而依奇在耶鲁大学接受教育，（迈克尔一直对依奇强调这一点）并在哈佛大学法学院拿到了法学博士学位。之后，两人在剑桥大学相遇，从此争论不断，并在这个过程中一起建立了享誉全球的咨询公司。

然而，1992 年夏天，在迈克尔和依奇的公司风头正劲之时，他们却打算将公司套现，并寻求其他的选择与机会。㊀

我已经认识迈克尔和依奇很多年了，在这期间，我自己换过好几种职业，涉足的领域从公共会计到商业银行，最后再到投资银行。我很高兴当他们决定将公司放到市场上出售时能够想到我。在烧烤店吃午餐时，迈克尔一直在闲聊，直到依奇打断他："让我来直奔主题吧，丹尼斯。"（他总是这样）迈克尔和我正襟危坐，依奇继续道："这个公司值多少钱？"

当然，要想直奔兼并和收购这个主题，我想没有比"值多少钱？"更好的问题了。但是，我也很清楚对于这个问题我无从答起。在当时回答这个问题就像无头苍蝇一样一点儿线索都没有，而且我非常肯定他们也知道这一点。

"依奇，跟你坦白说，此时此地我没有办法给你一个公正的、不瞎猜的回答。你能给我几天时间，让我就这个问题琢磨琢磨，去做一些调研，然后再跟你分享我对这件事的看法。"

依奇和迈克尔答应了我的要求。我对他们的公司和行业进行了详细的市场调查。几天之后，我又去找他们。我告诉他们，他们公司的价值在 3 000 万 ~ 4 000 万美元之间。

依奇对着迈克尔哼了一声，说："瞧，我告诉过你，哈佛商学院趾高气扬的教授把他的头抬到了他的……哼。"依奇嘲笑着迈克尔震惊的样子。虽然依奇是一个很容易动怒的人，但在这次历时 8 个月的交易过程中，我与依奇也成了很好的朋友。在其坚硬的、有时甚至有点刻薄的外表之下，他不过是一只温柔的小猫。依奇一边向迈克尔点头（幸灾乐祸）一边转向我，解释道："我的合伙人曾提议去请一位哈佛商学院的天才来对我们公司进行价值评估，这位天才曾教过他

㊀ 回想起来，他们像许多其他人一样，非常精准地把握住了时机：1993 年克林顿开始执政后，他们就将公司卖给了一个业绩蒸蒸日上的集团，并获得了丰厚的回报。

金融学，其评估结果为 2 000 万美元。我认为他大大低估了我们公司的价值。"

迈克尔耸了一下肩说，"丹尼斯，如果你当时在场，看到依奇是怎么质疑我以前的教授就好了。那态度真是糟糕透顶！"

"依我的经验来看，这也很常见。"我回答道（我指的是那位教授的结论，尽管也可以指依奇的直率）。"那位教授的评估结果远低于我的评估结果，因为他的评估结果反映了静态市场中的标准 P/E 价值（公允市场价值），而不是投资价值，即你们公司可以通过与潜在的竞争买家进行协商式竞拍而带来投资价值。"㊀

这种由正式的价值评估者（尤其是经济学家）来进行的企业价值评估，其最终分析一点都没有考虑到驱动中型市场并购的动态因素。这种情况，我不是第一次遇到，也不会是最后一次遇到。但是，现实世界中却存在太多这样的专家，他们时刻准备能够凭借糟糕的建议收取巨额费用。他们在提出建议时充满自信，但这些建议也容易被人遗忘。当正式的价值评估人员进行评估时，他们得出的评估结果，从某种目的来看，理论上可能是正确的，但在现实世界中却可能是巨大的谬误，而中型市场的兼并和收购正是在现实世界中进行的。卖方要当心！

顺便提一下，不要误会我的意思——我是一个训练有素、拥有执业资格的正式评估人员，并且是一位这方面的国家级导师。在这里，我当然不是在说我同事们的坏话，只是在批评将好好的科学误用、滥用，从而错误地理解某些问题的行为。我自己的企业集团（The McLean Group）就经营着一个价值评估公司，它是通过一个独立的实体来运作的，有一套单独的人马，非常正规。作为两家公司的老板，我对两家公司以及两家公司的专业人员都感到骄傲。但同时，我也得以通过独特的视角来审视这两个专业领域在某些点上是如何紧密地联系在一起的，又是如何令人惊讶地相互背离的。

㊀ 一个正处于上升阶段的发起人购买了迈克尔和依奇的公司，以比我的估计高出 20% 的价格完成了交易。这又是一个例证，解释了为什么由缺乏实践经验的正式评估人员进行前期估价，是在浪费时间和金钱。并且，这种评估有时会造成灾难性的后果，它会鼓励卖家以远低于其可能的投资价值的价格达成交易。即使是有经验的投资银行家（具有各种估值证书），通常也只能提供一个关于投资价值的基准范围，而协商式竞拍（拍卖）的各种动态变化很容易就可以将其打破。

企业并购市场估值的四种基本情况

中型市场估值有四种类型或者情况，理解其差异是理解企业并购价值评估的关键所在。除非使用极为罕见的统计方法，否则这四类估值通常会各不相同。它们是：

- 公允市场价值（非常没用）。
- 市场价值的初步评估（总是很有用，备受推荐）。
- 针对个别买家的投资价值（依买家的不同而不同）。
- 最终交易（动态）价值（交易完成时的实际支付价值）。

市场价值的正式评估和初步评估

以上关于价值评估的讨论，可能会使潜在的中型市场企业卖方提出这样的问题："好吧，但是在我试图卖掉公司之前，去找某些评估机构对我的公司进行价值评估是明智的吗？"对这一问题，我负责任地说："是的。"但我也必须提出警告。

大多数企业评估者（也被称为价值评估者）将其专业领域限制在对非交易性事务的评估方面，如对不动产、收入、赠予税的筹划和诉讼支持。这些业务（或其衍生业务）的公允市场价值往往是非常重要的。

但这其中也存在障碍。首先，最重要的是公允市场价值是一个假设性的概念，它暗示市场中存在一只"看不见的手"，如果每个人都具备完全的或者至少是充分的知识，并且没有人受到任何强迫，即交易是在双方都具备相应的知识水平且公平、自愿的情况下进行，那么，对于某一项给定的交易，通过大量买家和卖家的多次协商谈判，就可以多多少少得出一个单一的中心货币价值（在一定程度上，由平均值决定）。此外，公允市场价值假设交易中仅使用货币。换句话说，这是一个精心定义的"术语"，仅限于在特殊情况下使用。

有经验的中型市场投资银行家（尤其是那些经过正式估值训练的）会建议说，公允市场价值对于中型市场投资银行业务，就像独角兽对于四足动物一样。在将公允市场价值用于现实生活中的成百项交易的过程中，我自己从未看到以上假设性概念像所描述的那样明确。换句话说，中型市场业务的实际价值经常与评估者以公允市场价值为标准所评估出的价值相去甚远。

不只如此，更糟糕的是：如果你雇用十个评估人来评估你公司的公允市场价值，然后靠着椅背等待结果，那么你等来的很可能是十种不同的结果。如今美国许多的专业评估从业人员缺乏评估中型规模市场业务的经验。太多的正式估值人员㊀（人们一般都把他们的意见看作专业权威的）最终只是一味地偏向于客户的主观意见，而这就是另外一个故事了。这非常令人遗憾，是的，我跑题了。

此外，在正式价值评估领域，专业评估者一般都被称为公司评估师（business valuator），但事实上，他们总是不评估公司。他们的典型评估对象是实体的资产净值和金融票据，特别是对企业。这些实体可能拥有公司，但它们本身不是公司。

每个企业都像是盒子（实体）里的一块手表（公司）。为了确定手表（公司）的价值，你不得不将盒子（实体）移去，这样就可以单独来看手表（公司）了，这就是企业并购银行家们所做的事情。最终，当公司被移交给新的所有者（买家）之后，该公司可能会被重新放到盒子里（也许不会）。这时，对购买价格进行一些交易调整（税收导向的实体调整，比如将业务从盒子中拿出来，或将其放进盒子里）就是必要的了。但是，一开始对该公司进行评估时要假设盒子（实体）不存在。

投资价值和动态价值

动态价值是某个特定交易的最终实际交易价值。看看周围：在现实的中型市场投资银行业务中，对于任何一家特定的卖方公司，一方面，所有潜在买方所掌握的有关企业的资料和相关信息都是不同的；另一方面，至少他们完成此项交易的迫切程度或冲动（比如自我了解）是不相同的。这就是为什么动态价值总是独一无二的，从不重复。浪漫主义者说"情人眼里出西施"，而中型市场投资银行家们则建议道"不同潜在买家眼中会有不同的投资价值"。于是，通过在几个有积极性的、相互竞争的买家间（甚至仅是一个买家）进行协商式竞拍（拍

㊀ 一大批价值评估者都在全天候工作，以提供高质量的正式评估。即使那样，他们的评估结果也在一定程度上会有差异，因为评估是一种艺术，是一种判断，而不是单纯的科学。

卖），来确定卖方公司的最终动态交易价值（真实交易价值），构成了卖方企业并购的本质内容。

答案

因此，中型市场企业的潜在买方不应该让公司评估师来进行正式评估，至少不能让没有交易评估经验（企业兼并和收购的专业知识）或经验很少的评估师来评估。我认为，参加过四五次交易，做了一些辅助工作，并不意味着就具有足够的经验，就有资格且能够合法地对一项实际的企业并购交易做出合适的初步评估。单单是可能对企业并购惯例（见第 27 章）产生误解这一点，就已经很糟糕了。

评估成本

初步评估的成本没有确切标准，差异很大，但其实不必这样。一个自称服务于全美中型企业并购多年的公司对一次"评估"收取 3.5 万~5 万美元的费用（对大多数中型市场企业评估来说，这非常非常高），而这种评估是将中型市场企业放到市场进行出售的前提条件。然后，该公司将大多数评估业务分包给了几乎没有交易经验的评估人员。最终，可能仅有不到十分之一的企业实现了出售。但评估公司却依靠这些评估费用过得很滋润。顺便提一下，我见过许多这种所谓的评估人，有些业务经常要价 5 万美元，而大多数能干的、训练有素的评估人对同样的工作只收取 1 万美元。

市场中的初步评估

中型市场的卖家在卖出企业之前，应该对其公司进行初步评估吗？任何有经验的投资银行家（尤其是经过价值评估训练的）都应该可以为其客户提供一个大致的价格范围，在这个范围内，客户的企业可以被卖掉，该价格范围上下有 10%的浮动（见表 22-1）。与公允市场价值不同的是，该范围会包含一个行业近期支付的战略价值，有经验的投资银行家可以对数据和范围进行解释，并对卖家提出建议。此外，许多投资银行家会免费提供原有的更精确的数值，以达到拓展业务的目的。有的客户可能几年之后才会将其企业卖出，在这种情况下，投资银行家可能会为这项服务收取 1 万~2 万美元（这样的服务会花费更多的精力，需要对现存的积极和消极的价值影响因素进行详细研究，还需要就未来想要达成的效果、可能受到的影响提出建议）。初步评估完成之后，他们并不预先收取费用，而是合理延后一段时间，如果能被客户聘请的话则从聘用费用中扣除，这种情况也很常见。就像我说过的，这样精细的初步评估通常可以帮助大家发现积极和消极的价值影响因素，而这些价值影响因素对于想要改善企业经营状况，并最终使投资价值最大化的卖家来说，应该是无价的。

表 22-1 正式评估与"并购实务"评估的比较：为什么正式评估不管用

	正式评估（法庭）	"并购实务"评估
标准	通常是公允市场价值	总是投资价值
环境	通常是在假设的情况下	在真实交易状态下
状态	静态的（计算）	总是动态的（谈判）
知识/迫切程度	平等/看不见的手	不平等/不同
考虑	现金/非竞争	混合的/竞争

为什么要费力地进行初步评估或估价呢？首先，了解其公司基本价值范围，对于卖方本身和投资银行家都非常有帮助。卖方会因为有一个底线而受益，在该底线以下，融资并等待企业壮大、利润提高，或等待企业并购市场的好转，可能比卖掉企业更合适。从投资银行家的角度来说，初步评估工作对于接下来代表公司准备保密信息备忘录（见第 7 章）十分有用。

同样重要的是，卖方会因为知道了基本价值的范围而受益，因为如果客户和投资银行顾问各自的价值评估结果大相径庭，那么他们可能不会进行合作。卖方会觉得公司被投资银行顾问低估了，因为该投资银行顾问的估价没有达到卖方心中理想的价格范围。反过来，投资银行顾问会感觉非常受挫，因为他认为卖方有不合理的预期，从而可能会拒绝投资银行顾问认为合理的出价（甚至是非常好的出价）。当卖方和投资银行顾问持有不同的预期时，卖方至少应该考虑聘请另一家具有相同或更高资质的投资银行顾问进行评估。

最后说一句，我真心希望这些关于初步评估的内容不会被买家看到。

马里兰州贝塞斯达——1989 年 5 月

……吹牛？

作为投行的董事总经理，我的第一间办公室在马里兰州的贝塞斯达。贝塞斯达是一个消费层次很高的城市，位于声名狼藉的华盛顿特区环城公路旁边。我的潜在客户皮特注视着我的眼睛。他充满自信、对自己没有丝毫的质疑，他说，"我只是想让你知道，这笔交易我最少要价2 000万美元。如果你可以拿到更多，很好，但是2 000万美元是我的底线。"

"我的天啊，"我心想，"他到底是怎么得到这个数字的？"

实际上，我知道他是怎么得来这一数字的：在睡梦中拍脑袋决定的！他下意识地相信仅靠自己的强势坚持就能够激励为他服务的投资银行顾问拼命工作，从而得到期望的结果。

本章小结

- 理解四类基本价值评估方法的不同，对于理解企业并购市场非常关键：
    - 公允市场价值（基本没用）。
    - 市场价值的初步评估。
    - 针对个别买家的投资价值。
    - 最终交易（动态）价值。
- 中型企业的卖家不要进行以公允市场价值为基础的正式价值评估。
- 经过正式价值评估训练的中型市场投资银行顾问，是进行初步评估的最佳人选。
- 初步价值评估最多只是针对投资价值的评估，而该投资价值是某特定买家在交易结束时对卖方公司的出价。所以即使评估进行得很专业，估价也可能会与最后结果有很大差异。

第 23 章

企业并购估值中的"五的法则""十的法则"以及"五的超级法则"

犹他州盐湖城——2005 年 9 月

我不知道人们为什么喜欢这个城市。我只知道一点,这里有终生热爱滑雪的滑雪者,而且它距离美国顶级滑雪运动场只有 30 分钟的路程。但现在是 9 月份,那里还没有下雪,而且我整天都在教授投资银行兼并和收购的课程。盐湖城被瓦萨其山所包围,景色美得令人惊叹,很显然,这就是人们喜欢这个城市的原因。在这里,全年都有各种户外活动。

我想我不得不接受这一事实:在这里,晚上无事可做……即使有,我也不知道有没有精力去做。这将是漫长的一周,但是我喜欢教授这些东西。现在是长达一周的培训课程的第一天的第一个小时。

我的学生拉里是个不错的小伙子,但有点多疑,他举手问道:"丹尼斯,我不得不告诉你,在中型市场并购交易方面,我并不是初学者。我从未遇到过哪场交易是根据你所谓的'五的乘数法则'来定价的。我在报纸上读到,前几天 ABC 公司买下了 XYZ 公司,他们是以 8 倍于 EBITDA 的价格成交的。是你疯了,还是他们疯了?"拉里是一个商业经纪人,正在中型市场并购交易业务的学习阶梯上攀爬。

我看了看表,然后清了清嗓子。这将是漫长却愉快的一周,好奇的学生们让这一切都值得了。

拉里最终变成了该理论的忠实信徒,我希望你们也会这样。

中型市场企业评估的基本知识

有一条（实际上我们最后是把两条归纳为一条）对中型市场投资银行业务和企业出售业务都非常有用的经验原则——其对买家来说也是一条不错的法则。下文将介绍该原则的两种变体："五的法则"和"五的超级法则"（见图23-1）。此外，还有"十的法则"。

图23-1　"五的超级法则"

"五的法则"技术性不强，但相比大部分微小型企业交易中使用的经验法则，它也不是完全没有金融理论的支撑。它是入门原则，不管是以专业观点开展复杂的正式企业价值评估，还是第一次对客户的中型企业进行初步估值。如果把它与"十的法则"结合起来，将会非常有用。

"五的法则"认为，任何中型企业的价值都大概是其息税前现金流（EBIT、EBITDA等）的5倍，除非有事实证明不是这样。当然，有趣的是"证明不是这样"的部分。

对数年以来的中型企业并购交易进行回顾，可以佐证这一点，即大多数中型企业都是按其正常化EBITDA现金流的4.5~5.5倍被卖出的。如果有人绘制现金流量估值乘数的传统钟形曲线的话，价值乘数是5的约占2/3。其他中型市场交易乘数都可以视为对标准的偏离。理解了这一点，并且理解了为什么会发生这种偏离，就为深入探索交易价值评估提供了一条途径。顺便提一下，当我们以这种方式讨论价值评估时，通常是指企业价值（无现金、无债务情况下的价值），它与评估实体（控制这一企业的实体）毫不相关。企业并不是实体，虽然实体拥

○　往绩市盈率（trailing PE），即按照过去12个月的盈利情况计算的市盈率。——译者注

有企业。抱歉总是重复这一点，但是这很重要，尤其是在本章中。

"五的法则"与"十的法则"，鸡尾酒会上的谈话和快速计算

有时在鸡尾酒会上或者其他社交场合，中型市场投资银行家总是会被问到（免费咨询？……好吧，在这些场合没问题），"如果我要卖掉我的公司，你认为它值多少钱？"我实在是没有太多时间花费在这种问题上——好像我在没有具体的观点可以参考的情况下能够凭空想出一个数字似的！当有人追问这个问题时，我通常会告诉他"五的法则"与"十的法则"。我当然会在我的答案中提及它，尤其是当我想要穿过房间，去取一杯苏格兰威士忌，或去见一位有吸引力的金发女郎的时候——我年轻单身的时候⊖。

两条钟形曲线

第一条钟形曲线（见图23-2）表明，大多数中型企业并购业务，尤其是中型市场中价格较低的那1/3（比如，价值从500万美元到1.5亿美元的企业）都以大约5倍于EBITDA的价格成交。虽然本书为了方便，经常采用EBITDA，但是其他代表税前现金流量的数据指标（如EBIT）一样也可以采用。具体用什么依情况而定（参见第24章）。

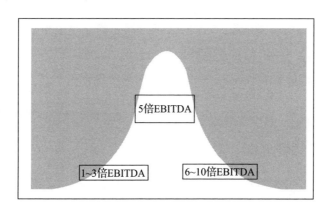

图23-2 钟形曲线——"五的法则"

第二条追踪中型市场企业的钟形曲线（见图23-3）显示，正常化EBITDA

⊖ 快点回答完好去做别的事，暗示该原则简单实用易懂。——译者注

（或其他代表税前现金流量的数据指标）一般等于其销售收入的10%左右——实际上处于5%~15%之间。于是，5乘以10%等于50%。这没有在同一条钟形曲线上画出来，它们在一定程度上是相互重合的。但与综合起来的经验法则一样，通过这种方法也可以得到一个比较可信的初步估值结果。很多中型企业的所有者都可以用其销售收入乘以50%，从而得到其企业价值的大致变动范围。

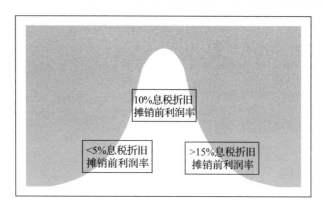

图23-3 钟形曲线——"十的法则"

但是经验法则就像拼写法则一样（"i一般放在e前面，i在c后面时会出现例外，但也不一定，这太诡异了……"⊖），确实也有个别的、经常出现的例外，并且通常这些例外更加有趣。在并购价值评估领域，这些例外指的是因为各种原因（大多是买家带来的独立增长和协同效应的共同作用）并购估值乘数有时远远超过5倍的企业。应该注意，"五的法则"暗示着，从投资的角度来看，就资本化率而言，中型市场中的企业能够接受的平均风险在20%左右，当把投资货币与投资其他资产的收益相比较时，这个比率对那些熟知资本化率、知识渊博的人来说并不稀奇。⊜

"五的超级法则"

多年来，中型企业的并购价值大约等于EBITDA的5倍，这一估值乘数反映

⊖ 是一条拼写规则，即通常拼写单词时i在e前面，除非i前面出现了c（这时相反，即i在e后），如believe, receive。——译者注

⊜ 假设许多中型企业的近似名义年增长率为5%，那么隐含的折现率为25%（25%-5%=20%，在替代理论下，当把中型市场的风险表现与其他投资品相比时，就更能说明问题）。

第23章 企业并购估值中的"五的法则""十的法则"以及"五的超级法则"

出一个只适用于中型企业的平均值,不过这里要假定增长率基本保持稳定、对于特定买家来说不存在显著的协同价值。但是要记住,除非潜在的战略买家认为其能够在交易中获得显著的协同效应或者增长,如可以获得更广泛的客户资源、新的产品或服务、新的分销渠道或者节约成本等,否则,他们不会考虑收购中型企业。

就像我说过的,在任何给定时间内(而且理由显而易见),大多数投资性质的企业并购交易都会以远高于标准的 5 倍乘数成交。这些交易对于潜在的卖家、买家和中型市场投资银行家来说都是炙手可热的,并且他们都对其非常关注。这其中的关键就在于理解为什么某个企业能够卖出高于(或低于)5 倍于 EBITDA 的价格。卖家和了解到其中之要害的中型市场投资银行家,也许可以在一段时期内推动卖家的公司逐渐转型,从而使卖家的乘数实现最大化。因此,中型市场企业可以卖出远高于 5 倍 EBITDA 的价格,是有原因的("非理性繁荣"不算在内)。这些原因涉及"五的超级法则"的各个方面。

原因一:独立增长率

一般来说,如果一个中型企业的利润增长率足以支撑其现在被支付的乘数,无论该乘数是多少,只要它大概是企业未来 18 个月[⊖]至 2 年[⊖]的 EBIT 利润的 5 倍,那么该乘数就差不多是公平的。比如,如果一个买家支付 8 倍的乘数,来购买一家当年 EBIT 为 1 000 万美元的中型市场企业,并且被收购企业的年利润增长率为 25%,那么该企业两年后的预期利润将达到 1 600 万美元左右。

买家现在的购买价格为 8 000 万美元,即被收购公司年 EBIT 利润 1 000 万美元的 8 倍。但是,这 8 000 万美元也"只是"被收购公司两年后的预期 EBIT 利润(1 600 万美元)的 5 倍。

换句话说,被收购公司的利润会增长到购买价格的水平。鉴于被收购公司的 EBIT 利润增长率是独立的,并且协同效应没有被考虑进增长率中,8 倍于 EBIT

⊖ 在 18 个月左右的时间里,企业的收益增长率可以大致确定下来,所以就可以对其第二年的利润进行合理估计,以检验其是否符合"五的超级法则"。

⊖ 也许有人会问,为什么要以"2 年"为衡量的时间段。原因在于,本质上,"五的超级法则"在实践中要求预先进行估计和预测。在企业并购领域,超过 2 年的项目可能不会被信任。

的价格对买家来说是合理的（见表23-1）。

表23-1 独立增长率下的"五的超级法则"举例

	收购进程中	收购后两年
宣布的价格	8 000万美元	8 000万美元
利润（预期年利润增长率为25%）	1 000万美元	1 560万美元
暗含的所支付的利润乘数	8倍	
实际支付的乘数		5.13倍

经验法则：

如果利润增长率足够大（或者协同效应足够大），以至于一年或两年后的有效乘数为5倍，那么该交易的定价可能是正确的。

现在的EBIT是1 000万美元，乘数为8倍，估价为8 000万美元。

假设年利润增长率为25%，两年后的EBIT为1 560万美元，有效乘数为5.13（8 000万美元/1 560万美元）。

从另一个角度（消极的）考虑这个结论也完全合理。假设一个公司预期明年和后年的EBIT利润与今年和去年的相等（利润增长率为零）。假设该公司被合理地估值为5倍于EBIT，在明年和后年，同一乘数将被运用到估值中：不发生改变，该公司不知为何对某些人可能很有吸引力，但它表现得很普通，不上不下，仅仅在钟形曲线的中间位置，并且对它的估值不会高于也不会远远低于5倍。

但是，考虑之前提到的中型市场企业，它们平均每年总EBIT增长率为25%。㊀两家公司（平稳增长的公司和高速增长的公司）中的一家会比另一家更吸引潜在买家，并让买家投入更多的热情。经过协商式拍卖中激烈的竞争之后，这些潜在买家将会确定他们愿意为这家具有强烈利润增长预期的公司支付多少溢价（相较于不具有利润增长潜力的那家公司）。这不是因为潜在买家想要支付带有溢价的EBIT乘数，而是因为他们必须支付溢价，否则他们就会失去一个有吸引力的并购对象，并让竞争对手夺走。

原因二：目标企业的协同增长率

假设有这样一个买家，他知道自己可以收购一家具有平稳增长率的企业，他

㊀ 我对刚开始几年的显著增长感到非常兴奋，它很可能是指数增长，但该增长仅仅是因为收入或利润的起点太低（通常两个都是）。

在周五完成了并购交易，并在下周一开始营业，这期间他知道自己可以达到25%的利润增长率，这会发生什么呢？

如果周末这两天，理论上买家能够充分消除自己原来的公司和新收购的公司之间所存在的冗余成本或找到其他协同效应，那么他可以这么做。这就是卖家公司能够卖出远大于 5 倍 EBIT 价格的第二个原因。预期的利润增长不仅会因为被收购企业的独立增长而实现，更会因为买家收购公司后获得协同效应而实现。简单地说，这些协同效应可能仅仅是规模经济效应。但是，如果买家能够在第一个周末（或是接下来的两年内）减少被收购企业15%的经常性开支，那么这笔节约下来的成本将会使公司的利润增加同样的数额。当然，除了通过规模经济效应节省支出外，协同效应还包含了更多的内容，比如获得新的客户资源、新的分销渠道等（见表23-2）。

表 23-2　协同增长率下的"五的超级法则"举例

如果把客观独立价值当作是历史盈利的函数，那么其值为 1 000 万美元×5	5 000 万美元
如果根据两年内预期年利润增长率为25%这一条件进行计算，那么客观独立价值为 1 562.5 万美元×5	7 812.5 万美元
如果根据两年内 100 万美元利润的协同效应增长进行计算，那么主观价值为 1 662.5 万美元×5	8 312.5 万美元
所暗含的主观的以及事后的往绩盈利乘数（这里能够支付的价格与"五的超级法则"相一致）	8.31 倍

协同利润增长和独立利润增长一样，可以有效地提高利润（虽然潜在买家不太可能愿意为这样的增长进行支付）。虽然针对一个买家的协同效应，对于另一个买家而言可能完全没有价值，但是协同效应增长同独立增长一样，可以在协商式竞拍中在潜在买家间制造激烈的竞争。参见第 22 章关于竞拍的内容。

在实际的企业并购市场中，被收购公司的实际利润增长通常来自于独立增长和协同增长的共同作用。潜在买家需要认真计算两者的价值，并且为两者支付尽可能少的钱；相对地，卖家应当知道在仅考虑独立增长时，其企业所具有的价值，并且同中型市场投资银行家一道，精心策划一场协商式竞拍，以最大化其投资价值——该价值建立在公司的独立增长和其为潜在买家提供的潜在协同效应上。这就是竞拍的优点。

原因三：杠杆交易

假设买家以现金购买卖方的企业，卖方企业不存在长期债务。其利润（EBIT）为 500 万美元。买家支付了 5 倍于 EBIT 的价格（总购买价格为 2 500 万美元）。买家预期其投资的税前收益率为 20%，即使在不存在利润增长的情况下也是这样。

但是，如果买家以部分权益（1 875 万美元的现金）、部分债务（举债 1 250 万美元）的方式来购买企业，即交易价格合计为 3 125 万美元（乘数为 6.25），会怎么样呢？买家对其债务支付 10% 的利息。

在这一情况下，买家可能会选择为被收购企业支付更多的钱，ROI 依然为 20%。由于扣除利息支出后的净利润为 375 万美元（500 万美元减去 125 万美元⊖的利息费用），买家可以为购买目标企业付出 1 875 万美元的自身权益（375 万美元×5），且依然可以使 ROI 达到 20%。这样看来，买家好像实际上支付了 6.25 倍于 EBIT 的数额（3 125 万美元/500 万美元）。

另一种选择是，买家可以支付 5 倍于 EBIT 的数额（2 500 万美元），并且用债务支付其中的一半（1 250 万美元）。在这种情况下，它的 ROI 为 30%（500 万美元 125 万美元 = 375 万美元；375 万美元/1 250 万美元 = 30%）。

这种杠杆交易确实要承担更大的现金流风险和杠杆风险，债务的利息和本金都要进行偿还。但是，私募股权机构在杠杆买入交易中会使用这种方法，并且他们的出价对于卖家来说都很有吸引力。⊖

博傻理论（买家要小心）

备选收购对象的独立增长、协同效应、投资价值或其杠杆潜力可以证明，为其支付一个大于 5 倍 EBIT 的投资价值是合理的，而在其他情况下并非如

⊖ 这里，我故意忽略了可抵扣利息的节税效应，以使计算更加简便。如果将节税效应考虑进来，那么结果对于买家来说将更加美好。

⊖ 需要提出警告的是：如果卖家想要在企业中保存一部分剩余利益，那么，他们必须非常小心地分析这样的交易，因为负债会对卖家企业的资产负债表产生非常不利的影响，并且高杠杆公司的利润波动非常频繁的话，会导致灾难性的后果。

此。⊖但是，在中型企业并购领域里，每天都可以见到非理性繁荣现象（进而，博傻理论），该领域中的潜在买家会因此失去原则和判断力，而这两者都是做出明智决定所必不可少的。于是他们会为目标企业支付一个完全不合理的 EBIT 溢价。"五的超级法则"可以成为买家清晰鉴别非理性繁荣的一种合理明智的工具。

协商式竞拍非常有效果，不仅对于卖家来说是这样，对于小心、谨慎的买家来说也是如此。这样的买家都做足了功课、细心地考虑了过程，并谨慎地避免了因为错误的原因而决定做或不做这项交易的冲动。

当某一行业中有多家公司都以某种价格出售，而该价格暗示着存在非理性繁荣时，所有的因素可能都会涉及。在最后的分析中，有一部分就是要讲到"博傻理论"，所以买家应小心。但当某个行业中的中型企业频繁地以违背"五的法则"（不是"五的超级法则"）的价格出售时，卖家及其投资银行家就应该注意了：并购交易即将迎来千载难逢的时机（见第 6 章，水晶球和中型企业的出售时机）！

本章小结

买家和卖家分析某一购买价格是如何得出来的时候，"五的法则"和"五的超级法则"提供了有用参考。

> 简要重述一下，如果利润现金流（EBIT 等）会以某增长率增长，在该增长率下，现在所支付的购买价格是企业未来 18~24 个月的目标利润现金流的 5 倍，那么在其他条件不变的情况下，该交易就可能是可行的。但新成立的公司除外，这些公司通常自动地呈指数化增长，因为其利润和收入的起点都很低。

⊖ 请牢记，"五的超级法则"，仅仅是一种对合理性的检验或者一种有用的经验法则。与提供确切结果的公式相反，运用该原则需要考虑公司的规模。研究结果证明，通常，公司规模越大，乘数越大。这并不违背"五的超级法则"，因为大公司更有可能为收购者提供协同效应，也更有可能拥有高于名义增长率或平稳增长率的增长。大公司具有的另一个特点是，由于其规模大，所以其稳定性更强，风险也更低，这最后一个因素独立于增长率和协同效应，它可能对大公司总体上的高乘数有促进作用。但是，一般来说，这种不同很大程度上可以通过协同效应和增长率来解释。

➢ "五的法则"中,内在的、具有讽刺意义的是,如果一项交易仅以 5 倍于利润现金流的数额成交,那么它也许不是一项非常有吸引力的交易:5 倍的乘数意味着其中不存在独立增长或协同效应增长,这让被收购企业不具有吸引力。

➢ 在大多数交易中,价格是由以下两项共同决定的:目标企业的独立增长率和协商式竞拍中最终买家预期的协同效应价值。实际上,这就是"五的超级法则"在实践中的运用,它尤其适用于低端的中型市场。

第 24 章

并购交易估值在应用中的艺术性和科学性（卖方 vs 买方）以及 EBITDA 的应用偏好

伊利诺伊州芝加哥——1996 年 6 月

分离现象

我环视整个屋子，估值专家们还带着昨天晚上聚会的醉意，我对此感到畏惧。我怎么会和这些家伙们坐在一起？他们中有些甚至是价值评估领域家喻户晓的人物。其中一位是个爱尔兰大鼻子，他在一定程度上将价值评估领域这片汪洋大海进行了条分缕析，从而使我们其余的人能够更好地了解该领域。他的书被誉为"价值评估界的圣经"，确实写得很好。

应美国一个大型注册会计师基金会之邀，这些眼神迷离的估值明星们齐聚一堂，为大量注册会计师如何在估值领域进行培训出谋划策。当我揉着太阳穴喝着咖啡的时候，我想到，许多人并没有意识到这门所谓的科学到底有多年轻。

我意识到，在这里我被当作了负责兼并和收购的人。这些家伙很棒，我喜欢他们，也非常荣幸能受到邀请。我猜，这些人感觉自己好像将要创造企业价值评估规则的"圣约"（Ark of Covenant），他们也许至少会承认存在这样的事实，即企业已经在现实的世界中买入或卖出，交易已经实实在在地发生了。虽然我认为他们中的大多数在一定程度上会质疑规则与实际交易价格的相关性，并告诉自己去找出答案吧，但是我依然努力保持低调。

我试图证明这一观点：在正式估值和中型市场企业的实际市场价值之间也许存在某种分离。因此，我提出这样的命题：也许用于正式企业价值评估的规则，在一定程度上很难应用到地方汽车修理工厂连锁店（local body shop chain）

的价值评估上。那个爱尔兰大鼻子，像小妖精（leprechaun）⊖般无礼地说出了许多关于"汽车修理工厂"（body-shop）的双关语⊜，并问我到底指的是哪个。不管怎样我活该被取笑，谁叫我举了这样一个不好的例子。当然，在我当时代理的交易中并没有关于汽车修理工厂的，除非它的规模特别大。

那么，这值多少钱？估值第一课⊜

作为一名注册会计师，一名拥有多年经验、被授权的价值评估专家，我非常清楚我的许多同事所面临的企业并购交易中实际投资价值和正式评估（经法院、诉讼或考虑到纳税计划等情况的估值）之间所存在的分离现象。这也许听起来很奇怪，但直到20世纪90年代早期，即使是我们这些CPA专业出身的、从事正式价值评估工作的人，也大多不知道其他从业者的估值技术。我们大多依据国内税收法典（Internal Revenue Code，IRC）中提供的建议来进行操作，而这些建议是非常有限的，且该法典还是几十年前颁布的（但是税收规则第59~60条依然是许多正式价值评估的概念性基础），其中的内容甚至可以追溯到禁酒令时期。

当我初次涉足并购交易业务时，我很快就意识到自己并没有对企业进行价值评估的工具，而这样的工具不管是在实际并购交易领域还是在正式价值评估领域都将非常有用。我很快就采取行动：我学习了所有相关课程，阅读了很多文献，甚至成了一名教员——在此期间，我一直在实际从事并购交易。我当时更加清醒地意识到，在这两个领域中的确存在一些分离。虽然两者会用一些相同的参考数据和术语，但两者似乎都不清楚在各自的世界中正在发生着什么，而我认为他们本应该意识到。我一向善于宣扬自己的观点，于是我受邀参加了上面所说的著名聚会。但是，他们却从来没有深入思考过这一领域有哪些知识、应该怎么去传授。

让我来厘清一些关于价值评估的错误观念，并解释一下价值评估在实际中型

⊖ 爱尔兰民间传说中的小妖精。——译者注
⊜ 英文中，body shop 还可以指美体工坊。——译者注
⊜ 我想再次提醒读者，本章和其他章节关于价值的内容，是直接针对企业并购投资银行家和其他稍微经过一点儿正式价值评估培训的人的，但是，即使是经过训练的专业人士也会从中发现一些有价值的东西。

第24章 并购交易估值在应用中的艺术性和科学性（卖方 vs 买方）以及 EBITDA 的应用偏好

企业并购交易中是怎样进行的。我发现自己会传递一些对于大多数读者来说非常简单的材料，但这些材料对于其他人来说却是崭新的。在本书中，没有关于价值评估会产生什么结果的内容，其他教科书里都有，而且许多都写得很好。所以我仅以叙述为主，而不是用数学证明来说明企业并购在实际和正式价值评估中的区别和联系，这就完全达到了我的初衷。我希望那些经验丰富的读者、甚至接受过大量正式价值评估训练的人士能从中获得关于并购交易的有用信息。

我真的认为，对于教授企业并购方面的内容来说，比较这两种相互区别又相互联系的方法（实际投资价值和正式价值评估），是一个非常有用的教学工具。可以说，卖方的价值评估和买方的价值评估（后者更像是正式价值评估）都会经常使用现金流折现法。

实际交易的艺术性和正式价值评估的科学性，就像是坐在跷跷板两端的兄弟。他们比各自想象的更加依赖对方，联系也比各自想象的更加紧密。但不幸的是，他们都自以为知道对方在做什么，而实际上并不知道，至少不完全知道。当他们偶尔尝试互换位置时，其结果会相当具有灾难性。实际上，在这两个兄弟当中，在跷跷板的两边都能轻易地坐下的那个是更有技巧的。在中型企业并购交易中。我所代表的就是这个更有技巧的一方。

一般性的经济资产评估和特定企业的估值

当然，企业是一种经济资产。经济资产的价值在于将来能够为其投资者带来利润或收入的能力。所以，基本上企业并购情境下的企业价值评估包括 6 个步骤，这 6 个步骤是艺术性和科学性的结合。这里的科学性与正式价值评估中的科学性类似，除了以下例外情况（在本书中我已多次强调）：企业并购投行顾问对企业进行的评估，以及正式的价值评估人员通常对拥有企业的实体所进行的评估。企业并购交易价值评估的 6 个步骤是：

1. 确定企业在并购之前及之后（历史的和预测的）的正常化利润（包括其稳定性和增长率）。

2. 估计在并购某个特定企业或行业时涉及的风险会有多大（与其他投资相比，或者说根据替代原则），其经常表示为卖方的往绩市盈率或买方的未来利润的现值。不论在哪种情况下都要确定其风险，并确定与目标价值相一致的投资收益率（ROI）。

3. 确定企业中隐藏资产的价值，这一点在企业盈利能力的估计中往往不是被高估就是被低估。

4. 从企业并购卖家的角度看，可以通过竞拍的方式确定买家的投资估值，针对特定买家尤其有用。

5. 从买家的角度来看，应尽可能地避免竞拍；不管是否可能，都要采用有技巧的谈判、交易结构化工具和现金流折现法来分析投资价值，以尽可能少地为投资价值进行支付。

6. 通过以上步骤，就可以得出企业并购领域的交易价值。⊖

并购和息前税前（摊销）前利润

E——利润实际上是现金流量

在企业兼并和收购交易领域和正式估值领域之间还存在一种分离，至少在一定程度上存在。在正式的企业价值评估中，专家可能会使用各种形式的利润指标，如税后净利润、营业现金流等。此外，他们还可能会使用归属于股东的利润和现金流量，或归属于股东和债权人的利润和现金流量。即使正式评估人员使用现金流量进行估值，他使用的现金流量的版本也可能与卖家的估值人员所使用的版本不同，因为它可能是税后的（营业现金流量）。

对于正式的评估人员来说，这些方法通常是用于评估一个实体（一般是大集团，corporation）的价值，而不是一个经营业务（business）的价值。一个实体会支付所得税，也会因为长期债务而产生利息费用。然而，企业并购价值评估者经

⊖ 此处当然存在税收问题以及税收如何影响评估价值的问题，但是我所讨论的是经营业务。经营业务不支付税收，只有实体才支付。我很久以前就推荐使用两步法来处理结构问题。第一步是确定给定经营业务的价值。第二步是进一步考虑税收对交易价值的影响，这是出于对"经营业务经常被独立于它的实体所控制"这一事实的考虑。进一步地，从正式估值人员的角度看，至少所有的估值结果都应该被 EBIT（或 EBITDA）乘数所印证，该乘数是正式估值人员所评估的、被实体所控制的经营业务的乘数。我正想写更多的关于正式评估的两步法的文章，即第一步先评估经营业务的价值，第二步才从实体层面考虑税收问题。本文也许涉及了太多关于税收对公司之影响的讨论。我将在第 32 章再次讨论这个话题。

第24章 并购交易估值在应用中的艺术性和科学性（卖方 vs 买方）以及 EBITDA 的应用偏好

常需要评估经营业务（business），经营业务又被称作"企业"（enterprise），因而在企业兼并和收购交易领域中引用了"企业价值"（enterprise value）这一概念（这一概念我已在本书其他章节进行了详细解释）。对实体进行估值与对经营业务进行估值在方法上有很大的区别，我们应该牢记这一点。在中型企业并购领域中，对经营业务的评估是独立于拥有该经营业务的实体而做出的。因而，我要说明一下，在企业并购领域中，像 EBIT、EBITDA 这样的项目，是针对经营业务的利润来说的，而不是针对实体的利润来说的，对于卖方来说尤其如此。

我会对此进行解释。利润实际上是用该企业所有者扣除所得税之前的近似现金流量来衡量的。代表利润（Earnings）的 E 只是一个开头，如 EBIT、EBITDA 等（顺便提一下，其中的 B 仅仅代表"before"，即"之前"）。

鉴于我们是在讨论利润（现金流量），应该提醒一下，我们使用现金流量的原因在于之前提到的替代原则。"如果不投资于该项业务，我还能将资金投资于哪些企业？"这是一个所有买家都在问自己的问题，至少背地里在问。在考虑投资其他备选的经济资产（股票、债券、大型上市公司证券等）的过程中，等价利润流量（对于潜在投资者，而不是对于实体来说的税前现金流量）明显是一个有用的工具。比如，以债券投资者的税后收益来评估债券价值，或者以股权投资者的税前价值来评估股权价值都不太合理。

I——现金流量是扣除利息费用之前的现金流量……受长期债务的影响

投资者是否举债进行投资（或者买入一家企业），是其个人的决定，这与投资无关。如果你的房产代理商同意卖出你的房子，他可能连你的房产抵押贷款是多少都不会问。房子的价值就是房子的价值本身，与抵押贷款的多少全然无关。你可以相信：你的房产代理商的佣金是建立在你房子的价值上，而不是建立在你对该房产所持有的权益上。同样的道理，当地的房产税评估者也不会关心你的房产抵押贷款是多少。在并购交易中也是这样，没有人会关心企业中的长期债务。在评估企业价值时，长期债务被简单地忽略了。你终将把债务还清，但是买家不关心这些。这就是为什么在企业估值的过程中，企业长期债务的 I（利息费用）被忽略了（又加回到了现金流量中）。

T——现金流量是扣除税收之前的现金流量

有很多信息都很容易获得，不仅仅对关于现有投资及其潜在收益的信息来说是这样，对关于历史投资的信息也是这样。在两种情况（实时的和过去的）下，投资者的利润流量都是以税前利润流量来衡量的。这被称为 EBT。伊博森咨询公司（Ibbotson Associates）收集了自 1926 年以来的投资收益数据。这些数据总以投资者的税前现金流量的形式报告。已经不存在其他方法来对各项投资选择加以对比了，难道不是吗？

DA[⊖]——现金流量也是（通常是）扣除折旧和摊销前的现金流量

请牢记，权益收益和债券收益都是以现金流量的形式来报告的，说到 EBIT 时，我们需要稍微做一些调整，以确保其确实是现金流量。DA，即折旧和摊销，仅仅是会计中出于记账的目的而设置的科目，其对现金流量没有实际影响（在服务业企业中，几乎没有资本性的设备投资，因而其折旧和摊销的数额都非常之小）。如果折旧和摊销非常可观，那么它就不会被加回到利润中，而是把它们当作实际资本支出（会减少所有者的现金流量）的一个良好的近似替代指标。在这种情况下，缩略词将会是 EBIT 而不是 EBITDA。

CAPX——资本性支出（EBITDA-CAPX）[⊖]，一种适用于买家的方法

如果折旧和摊销的数额很大的话，就意味着，该企业可能过于依赖经常性的和大量的资本性支出。要解释这一问题，我们需要推导平均资本性支出（CAPX）。此时，对现金流量的最好衡量指标是 EBITDA-CAPX。平均资本性支出能够比折旧和摊销更好地代表年平均资本支出。任何一年的资本支出都没有某个合理的平均时期（大约为 5 年）内的资本性支出那么重要。因此，将来的资本性支出通常是一个估计值。不过，它一般是买方计算出来的一个值。对于卖方来说，交易乘数经常是以 EBIT 和 EBITDA 的倍数来报告和执行，因此买方自然会参考这些值。当然，如果存在资本性支出负担，那么这些乘数反过来也会反映出这一沉重的资本支出负担。

⊖ DA，即 depreciation and amortication，意为折旧和摊销，通常表示为 D&A。——译者注
⊖ CAPX，常见缩写为 CAPEX，即 capital expenditure，这里保留 CAPX，以与原书一致。——译者注

营运资本（EBITDA-CAPX+/-营运资本变化）——EBITDA 的最后一种"口味"（变形）

先稍等一下。这是一个很难的问题。我们最后会阐释 EBITDA 的每一种"口味"（变形）。如果需要对营运资本进行大量投入，以支持迅速成长的企业（比如，该企业的存货、应收账款或客户赊欠的账款不断增加），那么，现金流量可能会以"EBITDA-CAPX+/-营运资本变化"来衡量，因为营运资本变化并不会被买家或投资者所得知。它可以成为现金流量的一个加分项，因为如果营运资本需求降低，那么就意味着买家可获得的现金流量会增加，它是对现金流量的正向而非负向的调整。至于资本性支出，它一般是从买家的角度计算出来的一个值，因为正像我说过的，对于卖方来说，交易是按 EBIT 或 EBITDA 的倍数来报告和执行的（再次重复）。这两个乘数理所当然是卖方的参考值。此外，正如下一段将要论及的，比起简单的资本化（乘数）方法，买方更有可能对 DCF 模型进行 CAPX 和营运资本变化的调整。

价值评估的另一种方法：未来收益折现法（DFE）

在正式价值评估和买方的并购交易估值中还存在一种较为普遍的方法——未来收益折现法。这是因为，乘数仅仅是财务中更为正式的项目（ROI 和资本化率）的方便简单的替代品，两者多多少少是同一种东西。如果我承诺，在你有生之年，每年给你 100 万美元，并且你的 ROI 必须达到 20%，那么你相应地要支付给我 500 万美元，作为等价值交换。于是，为了确定你所得到的那笔钱（100 万美元）到底值多少，你必须知道它的乘数（和在企业并购交易中用到的一样），在这个例子中，它将是你得到数额的 5 倍。

但前提是，那是你在有生之年可以获得的财富。你瞧，资本化利润被假设为是永续的，直至无穷，甚至比有生之年的时间更长。我很想知道是否有人真的相信这些。

在实际交易（通常从买方的角度来看）中，我观察到了许多例子，这些例子都能够证明以上假设是错误的。比如说，我要从一个为期 5 年的合同中购买利润或者一项技术（该技术会在 3 年之内处于领先水平，之后将表现平平，再过几年就会落伍）。再比如说，我考虑投资一个像 Topsy 那样的新企业，它将像 Topsy

一样快速增长 3~4 年，然后在接下来的几年里平稳增长。

问题的关键在于，如果利润（现金流量）不是稳定、永续增长的，那么就无法使用利润的资本化方法（乘数）。买家需要找到另外一种方法。在决定支付多少钱时，大多数买家都想预测出因协同效应而产生的利润增长额。这些利润是不断波动的，它们今天的价格是多少？通常，买方并不满足于仅获得一个持续的、稳定的收益。幸运的是，还存在一种发展成熟的方法，叫作未来收益折现法（DFE），有时候也叫作现金流折现模型（DCF）。

我将其称为 DFE 法。在利润是不稳定的、短期的或稳定增长的情况下，我们需要一种方法来估计其现值，此时这种方法的实用性就会显现出来。幸运的是，使用这种方法所需要掌握的知识你在小学四年级时就学过了，即本金（P）乘以时间（T），再乘以利率（R），等于利息（I）：

$$P \times T \times R = I$$

用该公式计算以下问题：如果我需要 10% 的投资收益率，而你承诺一年后支付我 110 美元，那么对于我来说，一年后支付给我的 110 美元的现值就是 100 美元。

很简单，因为 100 美元 × 1 年 × 10% = 10 美元，所以一年后就是 110 美元。使用 DFE 法时，我们只是简单地将关于利息的公式转化了一下，即首先确定在某一给定利率（折现率）下我们未来需要得到多少，或实际上我们将得到多少，进而再决定我们今天需要投入多少资金（现值）。所以，如果一家企业（或是一条生产线，或一项合同）的利润或现金流量起伏不定，或增长时间有限，或确实在增长，我们就可以使用 DFE 方法，先将每年预期的利润或现金流量进行折现，直至增长率趋于平稳，然后再将剩下的部分资本化（利用乘数）即可。

对生产线、新技术或合同进行估值

我希望在对单独的生产线、技术或合同等使用寿命有限的东西进行估值时，DFE 法也一样能派上用场。在这种情况下，即使是卖家也需要使用该方法来对其资产或以上项目进行估值，因为乘数方法对非永续的、增长率不稳定的对象无法进行估值。

由此可能引发的问题是，"难道不是所有的企业都是由单独的合同、生产线和技术组合而成的吗？如果是这样，为什么不对企业中的所有组成部分都使用 DFE 法？"答案是，我们不需要这样做。因为一家企业不同于一条单独的生产线，它有许多重要的事务是连续运转的生产线和合同所不会接触到的。换句话说，当其中的一个或几个正要停用或结束时，有更多的正在开始阶段，所以我们在进行估值时可以从宏观的企业层面来下手。我们通常不需要从微观层面获取估值数据。正像我所说过的，我们假设企业会永远经营下去。正式价值评估人员称此为"永续"。正如我所说的，不稳定的或迅速的增长一旦停止，我们就可以用乘数将其未来的利润资本化。

对因风险资本和类似投资而迅速增长的企业估值：这是价值评估吗？

回想一下本书对于买家类型的论述（见第 3 章），我提到过，早期的私人股权投资者通常被称为风险投资者。我将这一类型的投资纳入中型市场并购交易的范围中，是因为它应该被包括在内。这是中型市场或准中型市场企业的股权投资，就像任何对中型市场企业的购买一样，只不过它是一项投资。不同的是，它经常是为少数人的利益服务的，并且经常是为了证明企业的长期表现而进行的。但是 DFE 法确实（明确地或暗含地）适用于此。

这就带来了一个问题：这是真正的价值评估还是讨价还价？如果你是一名律师，而我是投资于你的律师事务所的投资者，我们可能会达成以下协议，即我将投资 5 000 美元来帮助你开设律师事务所，并换取该律师事务所未来的利润的 50%。在风险资本方法下，这就意味着，在你的律所还没顾客之前，它就已经值 10 000 美元了。该价值可能是对你和我来说的，但是如果我们马上将其卖掉，那么，它就不值这么多钱了。这种类型的投资能否反映其真正的价值，当然要取决于该律师事务所设立的年限和所处的发展阶段。⊖

DFE 法总结

对于企业并购价值评估和交易来说，DFE 法绝对是一种买方使用的方法。当然，买方所面临的企业并购问题与卖方所面临的企业并购问题是不同的。可能会有人说，卖方仅将注意力集中于安排竞拍来出售其企业，而并不会要求进行大量的计算（见表 24-1 和表 24-2）（通常要对可比先例交易进行计算，作为估值参考）。

⊖ 需要指出的是，该案例只是为了进行解释，在大多数情况下，非专业人士是不允许成为律师事务所的合伙人的。

表 24-1 对利润迅速增长的科技公司或类似情况使用 DFE/DCF 法的简化例子

	第 1 年	第 2 年	第 3 年	第 4 年	第 4 年之后
利润或现金流量	10 000 美元	12 000 美元	15 000 美元	19 500 美元	20 475 美元
增长率	—	20%	25%	30%	5%
折现率（ROI）	20%	20%	20%	20%	15%①
利润的现值	8 333 美元	8 333 美元	8 681 美元	9 404 美元	11 707 美元
前 4 年利润的现值总计	34 751 美元				
第 4 年之后利润的资本化价值	11 707 美元				
总现值	46 458 美元				

① 20%的折现率减去 5%的增长率=15%或者 6.7 倍的乘数㊀

表 24-2 DFE/DCF 法在收购生产线或者合同情况下的应用

	第 1 年	第 2 年	第 3 年	第 4 年	第 4 年之后
利润或现金流量	10 000 美元	12 000 美元	15 000 美元	10 500 美元	—
增长率	—	20%	25%	30%	100%
折现率（ROI）	20%	20%	20%	20%	NA
利润的现值	8 333 美元	8 333 美元	8 681 美元	5 064 美元	
前 4 年利润的现值总计	30 411 美元				
第 4 年之后利润的资本化价值	—				
总现值	30 411 美元				

另一方面，买家在试图确定其所购买企业的未来利润的现值（对他们自己来说的，比如投资价值）时，广泛使用 DFE 法。考虑到买方能从目标企业获得增长效应和协同效应，买方很有必要使用 DFE 法。这并不是说，熟练的投资银行家不能同样熟练地使用这种方法。实际上，他能够以不同的方式来使用该方法，其中包括：

- 为其卖方客户计算生产线、各项合同和处于早期阶段的企业的现值。
- 通过了解，提防买方在协商中使用这些方法，从而损害卖方的利益。

㊀ 在有永续增长率的情况下，资本化率的计算公式为 PV = 年金/（ROI 增长率）。——译者注

第 24 章 并购交易估值在应用中的艺术性和科学性（卖方 vs 买方）以及 EBITDA 的应用偏好

本章小结

- 卖方的企业并购估值绝大部分都是将乘数应用于正常化的历史 EBITDA 或 EBIT（或类似的能够代表现金流量的指标），该方法确实考虑了增长，但前提是要将一个合适的乘数（较高或较低）应用于历史 EBITDA 或 EBIT 利润。
- 买方的企业并购估价大部分都使用 DFE 法。
- 买卖双方都可以使用 DFE 法来确定下列各项的价值：
  - 生产线。
  - 单独的合同。
  - 刚起步的业务或者新的技术。
- EBITDA 是对现金流量的近似估计值，它包括：
  - EBIT（卖方角度）。
  - EBITDA（卖方角度）。
  - EBITDA-CAPX（买方角度）。
  - EBITDA-营运资本变化（买方角度）。
- 企业的长期债务与其价值无关。长期债务唯一的影响就是减少企业的股权的价值。
- 出于很多原因，投资银行家应该非常熟悉 DFE 法——不说别的，该方法至少可以在协商中保护卖家的利益。
- 经营业务⊖（business）不缴纳所得税，只有拥有经营业务的实体才缴纳所得税，所以在估计经营业务的价值时可以不考虑税收的影响。
- 采用 DFE 法计算现值就像小学四年级的数学课一样简单。如果收益率为 10%，那么，一年后 110 美元的价值就等于现在 100 美元的价值。

⊖ 经营业务是指业务自身，比如某一产品生产线，而不管经营业务的实体是采用有限公司、股份制还是合伙企业等形式。因此，在经营业务层面不需要考虑所得税的影响。——译者注

第 25 章

乘数讨论和多重现实

弗吉尼亚州泰森角——1997 年

当查理向我大吼时（兼并和收购是一项吵闹的工作，但我认为这恰好反映了这种交易的实质），我正看着泰森角的窗外，查理的办公室就位于弗吉尼亚的这栋高层建筑中。我记得自己刚开始为一家新银行融资的时候，就办公面积来说，泰森角于我就像是美国第 11 大的城市一样（那是 1948 年）。我当时想，那里一定很棒，但是，就目前来说，他们真的把这里弄得糟糕透了，起码在与人为善方面做得很糟。它基本上变成了一座座高高耸立的峡谷，毫无人情味可言。但是，它依然是北弗吉尼亚科技长廊的重要中心。在这里，互联网蓬勃发展，每个人都精神饱满，并且感觉自己很幸福——事实上，还感觉自己所向披靡。

查理经营着一家互联网服务公司（ISP），他告诉我，我最初对其公司的估值结果错得离谱（他的原话更加难听）。他认为自己是 AOL 的竞争对手（AOL 是泰森角的另一家企业），但我对此表示严重怀疑，对方可能从来都没听说过他。当时那里有许多这样的正开始起步的小型 ISP 公司。

在泰森角，我从查理的叫喊声中，从令人讨厌的、毫无意义的麻烦中得到的唯一安慰就是——这里足够高，我可以从这里向东看 10 英里远，能够看到我的家乡华盛顿（即使作为一个土生土长的得克萨斯人，我也不得不承认华盛顿是我的家乡）的大部分天空。我认为，华盛顿是世界上最美的城市之一。

查理渐渐冷静下来（我发现，当任由他发泄时他就会渐渐冷静下来），并依然试图向我解释，如果根据 AOL 的总市场价值来计算，那么其每个网络用户的价值为 1 400 美元，而查理的公司拥有 10 000 个用户，从逻辑上说，其公司的价值应为 1 400 万美元。我费力地向他解释，AOL 是一家规模更大的上市公司，其用户量十分庞大，AOL 的情况与查理的公司有所不同。

一般性的乘数

由于在非专业人士中,对于乘数一词的运用存在广泛的误解,所以我们在本书的框架下进一步探讨乘数一词的含义。乘数仅仅是金融学中某些更为正式的词语的简便替代品,它们都多多少少代表同一种东西,即投资收益率(ROI 的一种形式)或者资本化率。

就像我之前曾经证明过的:如果我承诺在你的有生之年,每年给你 100 万美元,并且你认为自己必须获得 20% 的 ROI,那么,你将反过来给我 500 万美元(如同投资)。于是,你的收益乘数就是你给我的钱与你得到的钱相比之后的倍数。比如,乘数为 4 相当于 ROI 是 25%,乘数为 6 相当于 ROI 是 16.7%。

到现在为止,你可能已经注意到了:用 100 除以乘数,你就得到了 ROI 或资本化率;反过来,用 100 除以 ROI 或资本化率,你就得到了乘数。二者在数学上互为倒数,或者说二者以两种数学方式表达了同一种意思。到现在为止还算简单吧?

企业是经济资产。如前所述,经济资产的价值是根据其将为所有者或买家带来的收入来估计的。比如说,通过使用 5 倍或 6 倍的乘数,或者 20% 或 16.7% 的资本化率或 ROI,我可以在该给定的收益率下确定标的资产的价值(更具体地说,是其利润的价值)。比如,表 25-1 列出了不同乘数下利润的价值(设想一家企业),假设收入是永续的。

表 25-1 不同乘数下利润的价值

利润	资本化率或 ROI	乘数	所计算的价值
200 万美元	20%	5×	1 000 万美元
200 万美元	16.7%	6×	1 200 万美元
200 万美元	14.3%	7×	1 400 万美元

风险和乘数

这些比率和乘数与投资者所察觉到的风险水平直接相关。根据替代理论,一个投资者可以在购买一家中型市场企业和投资于十年期国库券之间做出选择。十年期国库券是你可以获得的最安全的资产,通常你所能得到的 ROI 大约为

4%~5%。这其中存在一个风险选择的梯度，从收益率为5%的票据，到收益率为12%的大型上市公司股票，再到收益率为16%的投资级以下的债券，最后到收益率为20%的中型市场企业，应有尽有，如表25-2所示。（请再次牢记，所有这些收益率都是税前的，虽然现金或其等价物、资本增值的收益率本身是税后的，如果有税的话。）

表25-2 不同投资类别的收益率与乘数

投资类别	收益率	乘数
十年期国库券	5%	20×
商业地产租金	11%	9×
大型上市公司股票	12%	8.3×
小型上市公司股票	17%	5.9×
中型市场企业	20%	5×

注意：另外一种观察乘数的有趣方法是，考查某人愿意等多少年以拿回其初始投资。请注意，投资越有风险，此人越不愿意等待，其要求的收益率也越高。

根据"五的法则"（见第23章），没有什么特别原因的话，一个中型市场企业的估值大约是其税前现金流量的5倍。这是一个非常有用的起点，正如我所指出的，许多中型市场企业都以大约5倍的乘数（或20%的ROI）被出售和被估值。该方法假设企业会持续经营，即假设其收到的利润将是永续的（至少在理论上是）。

推断出来的乘数与实际交易驱动的乘数

下面这种情况很普遍：当你翻开一份财经报道或者一份企业并购交易报告时会发现，在描述中型市场交易时，撰写这些报道的人几乎可以随心所欲地按照任何指标的乘数来进行报告。例如，在20世纪90年代，企业的并购价格以某些奇怪的指标（如独立的网站访问量、所雇用的网络工程师的数量）的乘数来表达，这并不稀奇。但实际上，并购交易并不是（也不应该是）建立在这些指标的基础之上，而是建立在现金流利润（如EBITDA）的乘数基础之上。任何其他的乘数都是在交易完成之后才产生的。当交易完成时，你可以确信，其他各方尤其是买方，其实正在想关于利润乘数的事。如果当前不存在任何利润，那么一定至少存在预期利润（见第 24 章关于 DFE 方法的内容）。此外，发布报告的服务机构通常并不知道并购交易其他重要方面（如正常化的 EBITDA 和精确的交易条款）的信息。

虽然不像 20 世纪 90 年代所使用的乘数那么不着边际，但我们经常提及收入乘数，还有推断出来的乘数。这些乘数是在交易结束后才计算出来的，它们并不是驱动交易的乘数。⊖一旦确定了购买价格，比如 1 000 万美元，那么再除以收入 800 万美元，并报告说该交易是以卖方收入的 1.25 倍乘数成交的，这是非常容易的。

是的，这种说法并没有错，但它只是一种数学表达，而不是在做交易。一般来说，我的建议是，不要总想着收入乘数。收入乘数除了在少数特定的目的下很有用外，在其他情况下会误导人们，并且，它们只有为专家和交易谈判者所用时才会有用，否则几乎毫无用处。⊖

上市公司乘数与私有公司乘数

关于乘数，另外一个需要注意的方面是，上市公司的估值乘数和私人中型市场企业的估值乘数之间是有区别的。我听说过一些非常有经验的人士叙述自己对中型市场企业进行评估的经历，他们完全错误地运用了上市公司的乘数，结果得出了一些关于公司价值的非常错误的结论。我在本书的其他章节提到过产业的"整合"现象，它会周期性地恢复繁荣或再次陷入衰退。这一现象主要是建立在

⊖ 例外的情况很少，对于单纯的专业服务机构，如会计师事务所和一些咨询公司（对其他一些咨询公司来说则不然）来说尤其如此。在这些例外情况中，例如夫妻店，经验原则（如收入乘数）会被运用，或至少会被拿来做参考。但是，对于此类服务机构的并购，人们通常的理解是并购实际交易的是企业服务的客户，而不是企业自身。当然，也可能部分客户在并购后流失，所以也可以据此调整乘数，以确保盈利性。另外，只有当该服务机构的盈利水平处于行业标准水平时，这种例外的情况才会发生。

⊖ 探讨企业并购交易乘数在多大程度上是自我实现的预言，是非常有趣的事情。最初，它们仅是衍生乘数，但后来，买家和卖家开始对其产生预期，他们开始以该乘数驱动交易，而不是从事后交易数据中得出它。然而，如果驱动一个产业高速增长的增长率消失了，那么高乘数也会消失，于是这在很大程度上就证明了这些人的前提假设是错误的。但是，这在一定程度上也是一种暂时性的模仿（follow-the-leader）现象。

金融工程和套利（相同资产在不同市场中有不同价格）基础上的，投机者会私下持有中型市场企业，将其打包，然后再通过IPO（首次公开上市）等形式，将其作为上市公司出售。理解这一现象对于认识以下问题非常重要，即为什么上市公司的乘数不能被用来决定中型市场企业在交易中的价值。

我并不否认，我和其他专家使用指导性的上市公司方法（本质上是使用上市公司乘数）来进行正式的价值评估，并且目前也用它来评估私人公司的价值。但即使这样，使用它时也要倍加小心，在使用过程中要对所使用的公式进行一系列必要的转换（比如，私人公司和上市公司的流动性不同，在进行转换时要打折扣），并且要和其他方法一起使用。此外，在所有工作都完成之后，指导性的上市公司方法实际上经常被弃之不用，因为它总被认为不是很有用，甚至一些正式评估者也这么想。

在对私人中型市场企业进行估值时，经常是以其利润为基础的，而利润经常被修正，以使其接近现金流量，实际上其一般接近于息税前净利润（EBIT）。当会计人员处理审计工作或公司退税工作时，经常使用EBIT这一指标。正像本书其他章节所提到过的，这些利润的乘数经常为4.5~5.5倍（虽然乘数之间差异很大）。私人中型市场企业就是这样估值的（至少卖家是这样做的），但上市公司不是这样估值的。

在对上市公司进行估值时，通常以税后利润为基础。在市场上，最广为人知的乘数是市盈率（P/E比率）。它本质上是一个推断出来的乘数，是由上市公司股东买卖股票这一集体买卖行为实时决定的，它只反映了股权价值（市值），但却没有反映整个企业的价值。

套利和"整合"：关于上市公司和私人公司的价值与乘数的例子

我们来看看公司A的情况（见表25-3），它一方面被当作私人中型市场企业来估值，一方面被当作上市公司来估值。该表揭示了以下套利行为的可能性，即从私人所有者处买入该公司，然后把它和一系列其他类似的公司一起打包，再通过IPO上市，最后将其卖掉。这一例子很好地指出了价格套利的好处。但是我举这个例子的主要目的在于告诉大家，使用私人市场乘数进行估值和使用上市公司乘数进行估值是不同的，而且这种不同非常重要，不容忽视。

表25-3 私人公司价格乘数和上市公司价格乘数之间的套利举例

	私人公司	上市公司
利润	1 000 万美元	1 000 万美元
税收	—	400 万美元
EBIT/税后利润	1 000 万美元	600 万美元
乘数	5×	15×
价值	5 000 万美元	9 000 万美元
价值差异（套利）	4 000 万美元	

你不能简单地使用上市公司乘数作为评估私人企业价值的指标，这其中有很多原因，比如，两种企业在规模、相似性等方面是不同的，但最根本的原因是，两种乘数在运用时有极大的不同，它们一个（私人企业）是征税之前的现金流量乘数，一个（上市企业，P/E 比率）是征收企业所得税之后的现金流量乘数。⊖ 此外，它们通常在量级上也有很大不同。私人公司乘数通常在 5~6 的范围内。而上市公司乘数经常在 15~25 的范围内，它仅反映股权价值（市值）而非整个企业的价值。

如果你想卖掉上市公司股票，只需要打一个电话（如果你在网上交易，则只需点击一下），几天后就可以得到现金。但在中型市场企业中，可能要花 7~12 个月，甚至更长的时间，才能让你的投资流动起来。一般来说，由于流动性方面的优势而产生的这种差异大约占到了上市公司股票价值 30%~40%（可参考上表中的数据）。

我经常见到有些外行将上市公司 P/E 乘数误用（至少在使用时很疑惑）到私人企业的 EBITDA 上。我也经常见到有人在研究时出现这种误用，本意是要反映基于 EBITDA 的并购交易乘数，实际上反映的却是上市公司股票价格相对于 EBITDA 的乘数。

本章小结

➢ 新闻报道在描述私人公司在中型市场并购交易中的乘数时，依据的基础

⊖ 上市公司 P/E 乘数可以用这两种方式（基于现金流量的方式与基于 EBITDA 的方式，后者类似于基于净利润的方式）表达，但两种情况下都是使用企业税后的现金流量或净利润。

信息是非常有限的（比如，他们通常不知道准确的 EBITDA 和精确的交易条款），而这将严重影响和限制乘数的有用性。
- ➤ 不应该严肃地考虑销售收入和第二层次的（或者说推断出来的）乘数。
- ➤ 现金流量（EBITDA 等）乘数是第一层次（驱动交易）的乘数。
  - ◆ 但在企业并购交易中，它只是一个参考性的起点，它有助于：
    - -预估市场中目标企业的初步价值。
    - -某些情况下的交易谈判。
    - -这些乘数在数学上与资本化率或 ROI 的倒数相等。
  - ◆ 私人企业的乘数与上市公司的乘数不具有可比性，因为：
    - -上市公司的乘数一般运用于拥有企业的实体税后收入，而私人企业的乘数一般运用于拥有企业的实体税前收入。
    - -上市公司的股票是极具流动性的。

第 26 章
目标公司的内在定性价值

特拉华州沿岸——1989 年 11 月

我和成千上万的华盛顿人一样,将特拉华州沿岸当作国家的"夏日之都"已经很多年了,尤其是在 7 月和 8 月,我们熙熙攘攘地奔向海滩,就像企鹅成群结队地奔向它们一年一度的繁殖地。考虑到我们这些老年人在享受阳光和沙滩的时候,还有许多单身人士也在此作陪,所以用"繁殖地"来做比喻似乎也不是那么荒诞不经。但是,当我有一次在 11 月因公事而来到这儿,这儿却又寒冷又风大。

我甚至都不知道这个小塑料品制造公司的存在,但是,我对这个自己并不熟悉(当时我还不熟悉)的行业的印象却越来越深刻。这个小公司的工厂距离高速公路有一到两英里远,我和家人在度假时曾经数次走过这条高速公路。该工厂占地约三英亩,有许多令人啧啧称奇的机器,这些机器都保存得很好。此外,工厂雇用了很多成本低廉的劳动力,因为当时是特拉华州沿岸用工的淡季,所以这些劳动力很容易雇用到。这让我想起,多年来,我代理的大部分个人买家和私人股权机构买家都对制造业表现出极大的兴趣。我猜,古老的美国梦就是希望有这样一个工厂,产品可以从这个工厂的生产线上源源不断地流到想要购买的顾客手中。那么眼下这家工厂有什么不好的呢?它应该很容易卖出去。它一年的产值约为 3 000 万美元。

很快我就找到了答案——其息税折旧摊销前利润率不足 2.5%。

定量估值和定性估值

在这里,我想谈谈我在课堂上要求大家反思时想到的关于估值的一个问题。有时候,尤其是当我向学生和观众讲述完并购交易价值评估部分之后,他们会变得过度关注利润增长率,将它当作一个可测量的数字,并且将乘数当作一个决定性的、可推导出来的数字,一个可以从企业的财务报表中提取出来的数字。简单来说就是,人们太过埋头于定量估值(用数学来估值),而忽略了定性估值(即评估某个待出售企业的价值驱动因素,包括正向的和反向的)。

两家律师事务所

我可以用一个夸张的、老套的例子来简单地表达价值驱动因素这一想法,这个例子至少以一种有趣的方式阐述了几种典型的价值驱动因素。假设有两家律师事务所保胜(B. I. G. Mouth & Associates)和保诚(Boring City Law Practice Group),两家企业的财务表现相同,它们各拥有5 000万美元的收入和1 500万美元的税前利润。

现在,我可以告诉你,律师事务所和其他专业性事务所的评估价值和出售价格一般约定为其净利润(EBITDA)的3倍或其收入的1倍。所以问题是,保胜值多少钱?保诚值多少钱?

这里明显耍了一个拙劣的把戏,因为如果答案真的是两家公司价值相等,那我就不会费力地提出这个问题了。我知道你肯定明白这一点,但是,先来简单地讨论一下价值驱动因素是非常有用的。

我们假设保诚是一家拥有1 000名律师和8 000名老客户的公司制事务所,而保胜是一家由四位赫赫有名的诉讼律师组成的合伙企业,在过去一年的时间里,他们分别代理了3~4起著名的(有人可能还会说是"精心选择的")广受公众关注的案子。

当然,现在对这两家企业的估值结果会有所不同了,因为我们关注到了数字以外的东西。事实上,保诚的价值可能大约为4 500万美元[一],但是保胜作为与其律师分离的律师事务所,可能价值很低,甚至没有任何价值。因为保胜包含了两个典型的负向价值驱动因素:一是顾客的集中度很高(一年只有12~16个非常不稳定的顾客或大案子);二是在实践中事务所本身缺乏价值(因为所有的实际价值都紧紧地与保胜的四位律师的个性、专业素养、声望绑定在一起)。个性、

[一] 实际上,很少有人会购买大的律师事务所。它们通常以兼并的形式进行,而非购买。谁想买它们?谁能买它们?

专业素养、声望（与过度依赖关键管理人员十分相似）不可能传给新的所有者，因为其不可传递，所以它不稳定……不稳定的客户（顾客）群也不可能传给新的所有者。虽然解释得有点儿粗略，但这些确实就是价值驱动因素。

价值驱动因素比数字更有用

本节的主要观点是，企业的价值驱动因素比数字更有用。当我向初学者教授关于正式价值评估的内容时，我对价值驱动因素的描述非常简略，我说道，价值驱动因素涉及的是未来的利润稳定性和盈利机会。把这一点作为参考框架，那么大多数价值驱动因素也就显而易见了，比如：

- 利润增长率；
- 保护利润不受竞争威胁或淘汰威胁的措施；
- 保护利润不受客户集中度过高的影响的措施；
- 保护利润不因对关键人员依赖过大而受影响的措施；
- 保护产品或服务不会陈旧过时等（大大落后于时代的企业，如马车鞭公司）的措施；
- 产品和服务的质量；
- 管理的质量；
- 顾客和产品的多样性；
- 受到充分保护的、可以使用的专利产品；
- ……

其中有些因素不一定会在企业目前的业绩中反映出来，但是它们会潜伏在企业中，不管是正向的驱动因素还是反向的驱动因素都会这样。一家公司可能表面上看起来暂时表现得很好，但实际上正在滑向深渊。类似地，一家公司未来的前景可能十分不错，但没有马上反映在当前的利润表中。

还有另一种方法，对任何企业进行价值驱动因素分析（至少就所问的问题而言）都可以参考以下四点：

- 能带来盈利的收入：
    - 毛利润率是否充足。（想一想：如果中国、印度、墨西哥改变跨国产品和服务的定价策略，会对该企业产生什么影响？对定价的管制、厂房和设备的状况、高利润的专利产品和低利润的制造业的比较。)
- ◆ 净利润率是否充足。(想一想:净利润率低会导致企业在危急情况下缓冲余地较小,由此会带来什么风险?投资收益率不足。)
- ◆ 控制支出的能力。(想一想:工会、当地的人口状况、高利率对资本密集型企业的影响。)

- 连续和稳定的收入:
  - ◆ 竞争威胁。(想一想:行业壁垒,产品过时,(再次考虑)如果中国、印度、墨西哥改变竞争性跨国产品和服务的定价策略,会对该企业产生什么影响?)
  - ◆ 收入稳定性。(想一想:顾客集中度或订单集中度;对所有者、雇员声誉或雇员技能的过度依赖。)

- 专注程度:通常,一个专注于主要收入流量(业务线)的企业比一个几乎变成了微型企业集团的企业更容易找到买家。通常来说,如果一家中型市场企业成为一个微型企业集团,那么它只是简单地做出被动反应,而不是主动地集中精力。它可能对此自我感觉良好,但是,之后会被证明很难卖出去。

- 收入增长率:
  - ◆ 行业增长。(大潮涨起时会托起所有的船,这可能意味着对产品或服务的旺盛需求。)
  - ◆ 公司增长。(与大势相反的增长可能会持续,也可能不会持续。)
  - ◆ 整体增长。(想一想:周期和可持续性,以及企业可能处在周期的哪个阶段。)

内华达州拉斯维加斯——1997年10月

马车鞭公司(buggy whips)已不是它们以前的样子了

像往常一样,当我讲到行业过时时,我使用了老掉牙的"马车鞭"的比喻㊀。当我在价值评估会议上发完言后,就去吧台那儿喝起了啤酒,与会者中有一位拉斯维加斯的当地居民过来和我一起喝上了。他告诉我,在拉斯维加斯,马车鞭生意并没有完全荒废,但它们已经与马匹和马车没有任何关系了。

㊀ 马车时代人们用马鞭来赶马,当汽车取代马匹后,马鞭就没用了,所以马车鞭用来比喻过时了的东西。——译者注

年轻人，要么被淘汰掉，要么……去塑料行业

有些读者可能还记得《毕业生》(*The Graduate*)这部电影，电影中有人建议年轻的男主角去塑料行业。当时这也许是个好建议，但是不久之后它就成了一个糟糕的建议。虽然不能一概而论，但事实上塑料行业真的不是一个多好的行业，尽管当时塑料和注塑成型业一度被认为是美国制造业的新前沿。这是一个典型的订单制造行业，这就意味着，是客户根据自己的需求来定制产品，用什么模具、生产什么产品都是客户说了算。

设想一些具有明显商品特征的产品，比如此刻你手上拿着的钢笔的笔帽、打火机的盖子或者你车里的收音机旋钮。对于制造商来说，这些产品的利润都是极低的，而且在这种情况下，制造商往往要依赖于汽车行业或其他行业巨头的客户，指望着它们什么时候会心血来潮或改变态度，然后丢给自己几个订单，而行业巨头们一般是不会可怜这些小规模的中型市场企业的。毫无疑问，订单制造业是一个很难生存的产业，不管是收入稳定性、顾客集中度、利润率，还是你所能想到的哪个方面，价值驱动因素的值都很低。

再一次地，尽管要考虑直觉和表面现象，但更重要的是要学会，在评估特定行业中的特定企业的价值时，你必须一层层地剥去洋葱的皮，尤其是在进行行业分析时更要这么做。一个企业所处的行业与一个工厂所处的地理位置同样重要。工厂可以是长在美丽花园中的野草，也可以是长在垃圾场中的玫瑰。这一点对于园丁或收获者来说很重要，因为不论是哪种情况，他们都会前往精耕细作的花园中去寻找玫瑰。

他们忘记得有多快

这些评论并不仅仅局限于像塑料制造业或订单制造业这样的老式产业。有趣的是，前沿产业变成老式产业的速度实在太快了。仅仅几年之前，前沿产业还是电脑机箱，稍后却变成了增值的系统集成，系统集成的供应商在其为客户集成和组装的技术产品及机箱上添加了附加值。坦白地说，在今天，这种企业连送出去都很难，更不用说卖出去了，因为惠普和微软是强悍的竞争对手。

当赛马成为耕马：当增长达到峰值时，对增长的最后一次评论

尽管事实并不总是那么显而易见，但有些规模较大的中型市场企业在本行业中占据了大部分的市场份额，却没有成功，盈利情况也不甚乐观。换句话说，这

些企业处在一个已经没有了任何增长潜力的行业中。这些企业的所有者明显不应该假定预测利润增长情况的估值乘数，也不应该把自己想象成备受私募股权投资机构和战略投资者追捧的对象。私募股权投资机构和战略投资者一般只热衷于那些有着很高独立增长率的企业，除非其他企业存在一些与独立增长无关的特殊的协同效应。

这是一个严格的反向价值驱动因素。我在一些大型公司中见到过这一因素，而且，它经常会突然发挥作用，造成不好的结果。如果中型市场企业确实对行业战略买家或私募股权投资机构有吸引力的话，那么，就需要证明其巨大的（利润）增长可能性，否则，即使它们有很强的盈利能力，其利润乘数也会很小，并且很难卖出去，因为买家的数量有限。这并不意味着这些中型公司作为并购交易中备选的卖方不具有价值。它们确实很有价值，但是它们经常以乘数区间中较小的那端的乘数成交，至少就其独立增长率来说是这样的，除非与买家存在特殊的协同效应，并且协同效应超过了公司的独立增长率。

初步价值评估与价值驱动因素分析

我在本书的其他章节（第 2 章）讨论过这一话题，但价值驱动因素分析（特别是作为初步价值评估的一部分）可以提供一种很棒的中期战略战术计划工具，以帮助中型市场企业改善其经营状况，最终达到价值最大化的目的。大多数客户应该考虑每两年就让能够胜任的、受过充分的价值评估训练的投资银行家进行一次这样的分析。我相信他们中的大多数会发现这种分析的价值大大超出他们最初的想象。

本章小结

➤ 中型市场企业的定性价值评估与定量价值评估一样重要。
➤ 收入和利润的稳定性，紧接着是收入和利润的增长，为具体某一公司的价值驱动因素分析提供了一个很好的起点。
➤ 中型市场企业的所有者要对企业的增长最高点保持特别的警惕。
➤ 作为初步价值评估的组成部分，价值驱动因素分析提供了一种很棒的中期战略战术计划工具，以帮助中型市场企业改善其经营状况，最终达到价值最大化的目的。

第 27 章
并购惯例和资产负债表目标的建立

马里兰州巴尔的摩——2000 年 1 月

巴尔的摩的内港非常美丽,它是美国最有名的旅游胜地之一,但是在 1 月的上午 8 点钟,这里非常寒冷,而且我忘记带外套了。卡尔和我步行去他的办公室,他的办公室位于巴尔的摩历史悠久的金融区,那里离港口只有几个街区远。我冻得牙齿直打战。

"你说他们为了报价而把我的资产负债表拿走了是什么意思?我毕生都在为追求这些利润而工作,我要将它们留给自己。"(也许你已经注意到了,卡尔有一点儿德国口音。)

"卡尔,恐怕这是惯例。"我说,"我很抱歉你没有早点儿意识到这一点。"(实际上他知道,并且已经被告知了许多次,但他好像就是为了发泄不满而说,我猜他这么做可能只是为了好玩。)"瞧,我能够想到的最好的比方就是,资产负债表就像办公大楼,如果你买下了租金收益,那么你就拥有了这栋办公大楼。粗略地讲,这就是商业收购的运作模式。如果你购买了经营收益,你就拥有了资产负债表。一个更好的类比也许是,买家需要为其汽车购买汽油,但刚开始的时候卖家必须把油箱灌满。汽油就是资产负债表。"

卡尔的反应有点儿不好。

我又说道:"好吧,你确实还可以保留其中一些。"

惯例及其要求和基础

惯例?谁的惯例?

幸运的是,也许因为我之前作为一名注册会计师所接受的训练和所积累的专业知识,在从事并购业务之后,我很快就掌握了并购术语所指的内容与一家营运公司的财务核心二者之间的关系——正如我要再次提到的——它的油缸、它的资产负债表。当在80年代末学习估值时，我就开始理解到，资产负债表上的某些资产是该企业的金融资产，这些金融资产归企业具体的所有者拥有，而不是归经营业务自身所有（若存在归经营业务所有的金融资产，那么就是现金和长期债务）。最终我明白了，经营业务并不是一个所有者（实体），它必须从所有权中分离出来，以使自身像企业一样运转。

基于以上知识，可以总结出对惯例的一种普遍理解，我们运用这些惯例来明确购买或出售的东西是什么。我发现，许多并购交易对惯例几乎没有任何理解就完成了，而交易中需要用到这些惯例以保持与之前交易的连续性——真正理解你的客户出售的是什么、获得了什么、放弃了什么、放弃得对不对、接受的支付是否合适。对我来说，这看起来就像是盲人在领着盲人走，当由那些只有一点会计知识或根本没有会计知识的专业人士代理并购交易时，就会发生这样的现象。我担心的另外一个问题就是由只有"半桶水"的外行代理并购交易。

这并不是说并购交易必须严格遵循惯例，而是说在没有遵循惯例时，应该清楚地意识到抛弃或使用惯例的成本或收益。我观察到，在许多企业并购交易中，实际购买价格（交易价格）是多少的问题被客户及其顾问严重地误解了。比如，如果一家企业的名义估值为2 000万美元，而其需要放弃的资产负债表项目的价值为200万美元，那么该交易的价值仅为1 800万美元。

一般意义上的资产负债表

我对以下事件感到非常惊讶，即这么多的中型企业卖家竟然都没有意识到，他们不能保留应收账款等（在卡尔的企业的销售收入中，每年有1 600万美元的应收账款）。我猜直到售出企业的那一刻，卖家们也不会想到这件事情。他们可能也会对"夫妻店"类型的企业购买交易感到疑惑，在这种交易中，卖家经常可以保留其应收账款等。但是在实际经营的中型市场企业中，其资产负债表会由买家拥有，但在某些情况下会出现极少数重要的特例。

我最终将这些解释给了卡尔听（起到了醍醐灌顶的作用），尽管他不喜欢这样。他可以不喜欢，但是他必须学会接受这一事实。虽然我承认，卡尔确实有一种日耳曼倾向，去枪毙他的报信者○，我想他这样做主要是为了"锻炼"，而不是因为自身的吝啬狭隘。他实际上是一个心地善良的人，也是一个可以被引导的聪明人。

一般意义上的并购惯例

在中型市场并购交易中，存在许多明确的和隐含的惯例。惯例是参考性观点，就如拼写和语法规则一样。在实际做一项并购交易时，任何惯例都可以不遵循，但是交易者可以从最基本的原则出发，去衡量违反惯例的成本或收益（比如，因为没有按照惯例，所以不得不对购买价格进行调整）。比较重要的惯例包括：

- 经营业务（business）是出售或购买的对象，而非实体。交易中有些特征是实体所特有的活动（比如，支付所得税、长期融资）。在计算企业的价值时，这些可以而且应该被忽略。
- 基于并购惯例的估值（例如 EBITDA 乘数等），得出的是并购中的企业价值（这意味着，假设资产负债表中不含现金和长期债务）。现金和长期债务被看作金融资产，而非经营资产。
- 由于被购买的是经营业务，而非实体，关于股权购买和资产购买的问题是一个严格的技术性问题，但最终由技术性问题产生的税收方面的考虑，可能会导致当企业从卖家手中转移到买家手中时购买价格出现调整。
- 买家将拥有资产负债表（假设符合要求的资产负债表中各项目是采用权责发生制，并且表中已充分地反映出这一点）的各项资产和负债。○
- 资产负债表每天都是在不断变动的，所以确立资产负债表的交付目标是必要的。
- 在并购交易中存在三个重要的资产负债表日：
  ◆ 确立收购价格的资产负债表的日期。
  ◆ 资产负债表实际交付的日期。

○ 此隐喻的意思是，听到坏消息后，因愤怒或冲动而强烈抨击那个传递坏消息的人，这是一种明显的谬误。
○ 理论上，卖家可以保留资产负债表，但这会导致最终交易价格的下降。

- ◆ 通常在交割清算之后 30~60 天所确定的已校准的资产负债表的交付日期。
- 通常建立的三种重要的资产负债表目标是：
  - ◆ 现金（如果有的话）。
  - ◆ 净营运资本。
  - ◆ 净资产。
- 根据之前所提到的"不含有现金"的这条惯例，营运资本必须在不包括现金的情况下进行交付，因此这些目标也应该在不包括现金的情况下进行衡量，但这绝不是说少了就少了，没有关系，而是必须把这一部分补回来的。将现金从交付的资产负债表中移除，会引起营运资本的减少，如果减少得过多，那么就需要用现金来使其恢复到原有程度，否则购买价格就必须做出调整。

我们逐条来讨论这些惯例以及它们在并购领域所起到的重要作用。

实体和经营业务——重申

如果你和我经营有两个相同的业务，只不过你的业务以公司制企业的形式经营，我的业务以合伙制企业的形式经营，两个经营业务的价值应该相同，尽管税收对二者的影响会非常不同。如果经营业务是被实体持有，那么经营业务的所有权价值的不同只能归因于实体的差异，而不能归因于经营业务的差异。比如，如果考虑到实体的所得税（之所以对其征收这个税，仅因为它选择了"实体"这一形式，或者它的纳税积极性很高），那么，那些或多或少采取了积极避税策略的可比企业就不能再拿来做比较。这也适用于企业所有者或实体的融资选择。经营业务不是实体，实体也不是经营业务。

企业并购交易中的资产负债表惯例，或者谁得到资产负债表？

在中型市场并购交易中有这样的惯例：买家所购买的不仅仅是卖家的现金流利润，还有卖家的资产负债表（至少是其大部分）。买家是在购买该业务的未来利润，以及那些可以产生利润的资产。虽然估值最初主要是从利润的角度衍生而来的，但是后来，估值中包括了买家有权得到该企业的资产负债表这一点。资产负债表就像油缸里的燃料,虽然汽车经纪商在出售汽车时可能不会加满油,但是在中型市场企业并购交易中,基本的燃料(资产负债表)还是会提供的,并且对于这项交易来说,其数量是足够的。

从不同的角度说,各方运用的各种类型的计算方式一般都是建立在 EBITDA 或者类似指标(见第 24 章)的基础之上,最终得出了一个被称为"并购交易企业价值"的数额。企业价值包括资产负债表中关键的经营性资产,其中有应收账款、存货、机器设备、应付账款、应计项目等,但是不包括现金和长期债务(现金和长期债务是金融资产)。

并购交易中的企业价值和债务

在并购交易中估算企业价值时,应假设企业不存在长期债务。实际中,长期债务当然不必排除在外,只是如果存在长期债务,那么,要么卖家在交易完结时将该债务还清,要么买家在交易完成后承担这些债务。换句话说,买家承担的数额会从卖方的所得中分出去(比如,通过降低购买价格的方式)。如果一辆汽车附有之前所有者未支付的罚单,那你肯定不想购买。不管是由卖家还清长期债务,还是由买家承担长期债务,本质上都是一样的。重要的是要理解,一个企业的长期债务与其价值无关,这和你房子的抵押贷款或者你汽车的罚单与这些资产的实际价值无关是一回事儿。

并购交易中的企业价值,固定债务 vs 经营性债务(应付账款和营运资本)

请注意我在上一段所说的"长期债务",它不包括经营性债务,比如应付账款、应计工资等,而包括作为股权替代物的债务。换句话说,它仅仅包括因所有者的长期融资决策而在账面上显示的债务,假设他选择债务融资,通常是支付长期利息的债务(包括会计分类为短期内到期的长期负债的债务)。然而,在仔细检查后会发现,营运资本中的债务(普通人会将其视作短期经营性债务)也可以是股权的替代物。判断其是否为股权替代物的一个重要指标是其是否为按年度偿还,就像营运资本的定义一样。如果营运资本看起来从来没有彻底偿还,那么它没有被偿还的部分(每年未被偿还的最低余额)可能就是长期债务。

并购交易中的企业价值和现金

此外,并购交易中的企业价值还假设,卖家会最大限度地拿走资产负债表的现金,不过这一假设条件后来通常成为双方谈判的条款。如果就卖家能够拿走的现金数额和需要留在资产负债表上的现金数额进行谈判,那么通常需要考虑两个方面:

1. 确定留在资产负债表上的现金数额的目标值。
2. 在确定目标现金数额的方法方面达成协议(典型的方法可能像这样:留足15~45天企业所要使用的经营现金——再一次,请记住,我们的出发点是假设不会留下任何现金)。

对于并购交易企业价值应包含哪些项目的其他限制

关于买家会拥有卖家的资产负债表这一惯例,还需要澄清最后一点,即买家要拿到卖家的普通资产负债表和必需⊖资产负债表,从而对自己所买到的这家企业进行经营管理。从另一个角度看就是,买家得到了经营性资产,而经营性资产由以下三种资产构成:

- 营运资本,包括应收账款、存货,以及那些与之相似的会随着业务经营活动的变化而时刻变化的资产。
- 固定资产,比如,工厂、设备和电脑、办公室家具等业务经营所必需的资产(见第28章"特殊并购及并购估值问题",估计资产负债表上的不动产的价值)。
- 无形资产,如专利、版权以及经营所必需的其他无形资产,包括总体声誉(比如,顾客、名声、盈利能力)。

企业的购买价格:

1 000万美元×乘数6=6 000万美元

确认的有形经营资产=3 500万美元

隐含的商誉及其他无法具体确认的无形资产=2 500万美元

那么,总体说来,所有的经营性资产(不包括金融资产,如现金和长期债务)都归买家所有。

⊖ 有会计背景的读者会意识到,普通资产负债表和必需资产负债表是从税法中借用的术语,在税法中,这两个词用在完全不同的环境中。但是,这一简单的描述性词语在这里很适用。

除现金外的其他非经营性资产

许多中型市场企业的资产负债表也包括不属于经营性资产的项目。例如，为扩张和投资而持有的不动产、可交易的证券，以及与所有者的个性和行为相关的项目（如游船、飞机、位于科罗拉多的拥有独立产权的公寓）、用于未来扩张而非现在使用的不动产（在性质上不是经营性的）等。要么将这些资产从资产负债表中移除，要么就留下这些资产，但是要提高购买该企业的价格，使其包含这些非经营性资产的价值。显然，如果买家因为种种原因想要这些非经营性资产，那么该企业的购买价格就会相应提高，不然就分开来购买这些资产。

确立交付目标（通常是资产负债表）——一个永恒的瞬间

如前所述，买家实际上购买的是以下三类经济资产：

- 企业的现金流利润。
- 经营企业所必需的无形资产。
- 经营企业所必需的、资产负债表上的、有形的经营性资产。

根据法律条文、语言表述，以及基本的购买价格计算中所包括的计划和安排，第一类和第二类资产很容易就能确定下来。问题是第三类，至少对于单个的会计项目来说是这样，如存货、应付账款和应收账款。它可能会很难懂，也可能会是一个不断变动的目标，但其实不是这样。

在一天结束的时候，经营性企业会得出一张资产负债表，从表中某些组成部分来看，这个资产负债表至少会和当天开始的时候有些不同。由于买家有权获得资产负债表，所以问题就变成了确定应该使用哪一张资产负债表、以什么时点为准，以及该资产负债表由哪些项目构成。因为每日乃至每周资产负债表中的总额以及各会计科目之间的关系（而非单个会计科目）通常不会有很大的改变，因此我们能够确定资产负债表的目标。虽然可能会出现应收账款减少了200万美元、现金增加了50万美元、应付账款减少了149万美元的情况，但是也会存在这样的可能，即营运资本和净资产（或净价值）在一天结束时没有什么改变，资产负债表的主要变化是由当天的盈利和损失引起的。

资产负债表：以谈判时的为准，还是以交割时的为准

投资意向书中总结了财务和商业条款的谈判，在投资意向书签订之后的一段合理时间内（大约60天），买卖双方进行清算交割，通常惯例是买家会得到资产负债表（更确切的目标要通过该资产负债表得出来），且该资产负债表是投资意向书最终谈判时点或该时点之前的资产负债表。这个资产负债表就是买卖双方通常要就此进行谈判的资产负债表。这就是买卖双方在该时点所知道的信息，也是双方要谈判的内容之一。

使用该资产负债表确立基本目标的另一个原因是，在结算前的那60天内，资产负债表会随着企业在这一时期内取得的利润或遭受的损失而发生变化（尤其是净资产）。由于在交易完成之前，卖方都存在损失的风险，所以，利润也归卖方所有。因而，净资产的增加或减少会给卖家带来收益或损失，如表27-1所示。

表27-1 谈判目标和实际交付

目标类型	谈判目标	结算时的实际交付额	二者之差
现金	15万美元	20万美元	5万美元
营运资本（现金除外）	60万美元	50万美元	（10万美元）
净价值	300万美元	295万美元	（5万美元）
有利于买家的实际购买价格调整（意味着，谈判目标与结算时的实际交付额二者之间出现了一笔等量的经营损失，或者分配了利润）			（5万美元）

资产负债表的营运资本目标

确立一个营运资本目标也需要买卖双方之间进行谈判。虽然我们假设交割时要交付的、被确立为目标的营运资本的数额等于谈判时的营运资本的数额（减去现金，因为它是并购交易的企业价值），但实际上，营运资本对于企业的持续经营来说可能并不一定充足（普通的和必需的）。比如，过去企业一直在营运资本不足的情况下勉强维持着，但是买家不想被这个遗留的问题"拖下水"。

在这些情况下，同样，在确立营运资本目标（在这种情况下，营运资本实际

上多多少少是足够的，但是在谈判之前的 6~12 个月中，它可能会因为正常的经营方面的原因而发生改变）时，为达成谈判目标可以采取好几种方法，其中包括：

- 围绕其进行谈判的资产负债表产生之前的 X 期平均营运资本（现金除外）。
- 资产负债表产生之前的 X 期平均营运资本（现金除外），以季度或月度销售收入的百分比来衡量。
- 如果能够找到足够接近的可比公司，并将其调整为合适的规模的话，就可以与其他资产负债表中的平均营运资本（现金除外）进行比较，该平均营运资本是从本行业的公司中得出的。

这是最后一次强调营运资本，我指出一点：当买下一家快速成长的企业时，可能会需要额外的、足够的营运资本，以支持其未来的增长。在并购交易中，有这样一个假设，即营运资本或者由其未来的现金流增长来提供，或者由买家来提供。如果买家想要使该企业更进一步地成长，超出正常所投入的营运资金（当前的目标利润增长率所能够提供的），那么，他就应该为其融资。这就是对于买方来说（典型方法是 DFE 法，见第 24 章），价值评估计算中所使用的现金流量按惯例是净经营现金流（该现金流是税后的）的原因之一，该净经营现金流依照扩张所需的额外的营运资本做出了调整。然而，以上讨论并不是从卖家角度进行考虑的。换句话说，如果买家想要为巨大的额外增长融资，那么他就要为额外的、足够的营运资本融资，这是他的选择，也是他的责任，与卖家无关。

资产负债表的净价值目标

就像我曾经说过的，投资意向书谈判完成之前的资产负债表暗示着净价值目标，该净价值在交割时必须交付（切记，交付的项目是净价值减去现金，因为买家通常拿不到现金），但是净价值目标不必分开来确立。相反，净价值的交付多多少少像是现金目标和营运资本目标确立后自动生成的结果。因此，需要精确确立的是现金（如果有的话）目标和营运资本目标。但是，这一点并不是完全可行，所以还需要单独确立一个净价值目标。原因是，在签订投资意向书后至交割日的这段时间内，非营运资产和负债偶尔会发生变化。

重复计算的目标购买价格的调整

起草时的语言表述很重要,需要认真避免重复计算,以及由目标引起的购买价格调整的不理想结果(在现实中,我经常见到有人犯这类错误,在清算交割时让每个人都感觉迷惑不解、一头雾水,之后不得不进行校准)。基本上,每一个在交割时确定然后在之后的校准日进行核验的实际交付项目,都必须与谈判目标分开计算,然后再减去重复部分,从而最终确定整体的购买价格调整幅度。

- 交割时的实际现金与谈判时的目标现金二者之差(盈余或赤字)。
- 交割时的实际营运资本与谈判时的目标营运资本二者之差(盈余或赤字)。
- 交割时的净资产(净价值)与谈判时的目标净资产(净价值)二者之差(盈余或赤字)。

分歧的解决——校准

正常情况下,在交易最终完成和交割(校准)之后会有 45~60 天的时间。在这一段时间内,买卖双方会对实际交付的资产负债表与之前所协商的目标资产负债表进行比较,然后相应地对购买价格进行调整。当各方对于实际金额存在分歧时,一般通过引入第三方会计或者仲裁的方式来解决,见表 27-1 中所举的例子。

企业的正常经营

许多投资意向书都会包含一个条款,内容大概是这个样子的:"在本投资意向书签订至交易完成这段时间内,卖方同意正常经营……"显然,如果资产负债表的目标是通过谈判确立的,任何对这些目标的背离都会以盈余或赤字的形式在一个或多个实际交付的资产负债表科目上反映出来。但实际上,该条款最初是为了避免卖方做出一些过激的事情,比如中断某些业务线、改变企业性质、收回重大资产或对其进行再融资,以及做出其他会对基础业务或融资结构产生重大影响的行为。

资产负债表和正常化

比起利润表，资产负债表通常不需要那么频繁地进行标准化，因为主要的交易价值是建立在利润表中的正常化利润的基础之上。

当资产负债表上的资产价值被严重低估（或高估，如果这些资产是像存货一样的经营性资产）时，资产负债表的正常化就很重要。当然，根据会计惯例，资产负债表中资产的价值是以这些资产的历史成本来反映的；而对于流动资产或营运资本来说，则是以历史成本和市场价值中的较低者来反映的。大多数情况下，这样很好，不需要进行进一步的会计报表重述（只需根据实际情况对会计报表进行更正）。

但是，偶尔会有一些重大资产的价值以大大低于其实际价值的金额被反映在会计报表中。请注意，这里我两次使用了"大"（significant）一词。该资产必须在公司总体资产中具有举足轻重的地位，并且其价值被低估的程度必须是很大的。对于大额资产，我总是会先考虑这一点，无论它是经营性资产，还是非经营性资产（例如，用于投资的资产）。无论在哪种情况下，这样的资产都可能会包含不动产、飞机和船舶等。

将固定资产正常化

如果一种资产是经营性资产（也就是说，企业经营时实际用到的资产），并且作为经营性资产它已经最大限度地发挥了其价值，那么，重新报告其价值通常不会增加或减少该并购交易的价值，因为我们假设固定资产的价值已经通过企业的现金流反映出来了，而该现金流又反过来决定了固定资产的购买价格。同样，这也存在例外情况，比如被错误报告的存货（非固定经营资产），它可能会反过来影响利润表（EBITDA），因为这种错误报告是发生在期初正确报告的存货与期末正确报告的存货的差额方面。

如果是除存货以外的其他非固定经营资产，或者重新报告价值只是因为出现了普通的会计差错，那么重新报告其价值或者其他类型的固定经营资产的价值并不会影响企业的现金流量，因而也不会增加企业的价值。但是，重新报告被低估的固定经营资产的价值确实会突显出增加的那一部分价值，尽管这些增加的价值不明显，但也应让买方知晓。此外，按其合理价值报告这些资产可以很好地突显出融资的抵押能力，买家可能会用到这种能力。

将非经营资产正常化

当然，如果该项资产是非经营资产，那么实际上，它或者会增加该项交易的价值，或者会被卖方在交易结束前移除。关于这些资产是应该增加交易的价值还是应该被卖方剥离的问题，一定程度上或者是税收问题，或者是买卖双方的选择，或者两者都是。如果购买价格提高，那么会存在额外的税收（假设是资本利得税）。如果该项资产被剥离，那么其红利会被征税（假设是普通的所得税）。这种情况下，由于适用于红利和资本利得的税率仅稍有不同，这两种方法在税收方面没有那么大的差异。

本章小结

并购交易中遵循的惯例主要有：

- 价值评估的对象是经营业务，而非实体。
- 并购交易中，企业价值是在并购惯例（如 EBITDA 乘数等）的基础上估值得出的。因为被购买的是经营业务，而不是实体，所以关于股票购买和资产购买的问题是一个严格的技术问题，它会对最终交易价值有重大的影响，尤其是在交易的税收方面会产生截然不同的结果。
- 普通的和必需的并购企业资产负债表（假设符合要求的资产负债表中各项目是完全采用权责发生制的，并且表中已充分地反映出这一点）归买家所有。
- 现金和长期负债（资产负债表中的融资性科目）不是并购交易中企业价值的一部分。
- 长期负债可以：
  - "伪装成"营运资本信用额度。
  - 长期负债如果在一年内到期，在会计报表中可能会被表示为短期科目，但尽管如此，它仍然是长期负债。
- 非经营性资产应该被加到购买价格中，不然就应该在结算前由卖方剥离。
- 遵照惯例而确立的资产负债表目标可能包括：

- ◆ 现金。
- ◆ 净营运资本。
- ◆ 净资本。

➤ 围绕其进行目标谈判的资产负债表通常用最接近最终投资意向书签订之前的谈判日期的资产负债表。

➤ 用来比较实际交付数额与谈判目标的资产负债表是交割时的资产负债表。

➤ 正常情况下，在最终交易完成和交割（校准）之后会有 45~60 天的时间。这一时期内，买卖双方会对实际交付的资产负债表与目标资产负债表进行比较，并相应地对购买价格进行调整。

➤ 可以通过许多不同的谈判方式确定现金和营运资本目标，包括最近一段时期的平均数或绝对数。

➤ 既可以对资产负债表中的经营性资产进行正常化，也可以对资产负债表中的非经营性资产进行正常化：

- ◆ 被增计价值或分开估值的非经营性资产比经营性资产更有可能影响最终的交易价值。
- ◆ 被增计价值的经营性固定资产可以为买方从第三方获取优先债务融资提供更好的基础，也可以为买家提供更多关于其从资产负债表中得到的总价值的信息，但通常来说它并不会影响购买价格，不必因为它而对购买价格做出调整。

第28章

特殊并购及并购估值问题

概述

由于本书写的是中型企业交易估值,其中的内容在很多交易中都会涉及(假设被出售的是一家盈利的企业),本章主要讨论那些还没有讨论过的领域,或者是虽已讨论过、但讨论得还不够彻底的领域。

具体来说,本章将讨论:

- 作为并购交易一部分的不动产的出售和估值。
- 还处于早期阶段的技术的出售和估值。
- 不盈利的企业的出售和估值。
- 生产线或合同的出售和估值。
- 大型私募股权机构并购交易和风险投资并购交易的估值。
- 将少数股东权益出售给战略买家。
- 真实的兼并交易。
- 部分的或混合的企业收购。

对资产负债表上的不动产进行估值

当中型企业的出售涉及不动产时,就会有人提出那个永恒的问题:此不动产该如何估值?它是经营性资产的一部分吗?它可以或应该从经营性资产中分离出来吗?它需要单独进行估值吗?

可以将不动产与经营业务分离吗?

根据本书中关于企业利润乘数的讨论,很明显,乘数一般在 4~5 或者可能到6，如果有特殊理由，在某些情况下，该乘数还可以更高（见第23章"五的法则"）。然而，对于可以产生收入的不动产来说，乘数通常会高出很多，一般在9~11的范围内。之所以乘数提高了，是因为不动产被认为是安全的投资，对于其买家来说，只需要一个较低的投资收益率（ROI）即可。

所以很明显，如果将不动产当作出租给经营性企业的资产，将不动产从经营性资产中分离出来（不论它是否真的是这样），然后分开计算经营业务和不动产的价值，再将两者相加，通常会得到一个更高的总价值。

实际的操作过程相对简单：从企业的利润表和计算中除去不动产的持有成本（折旧、税收、利息和经营性成本），代之以公允市场租金支出。这样，我们就可以通过假定该不动产是由一个与经营业务分离的投资集团拥有、经营，并出租给企业，以此来计算该不动产的价值。换句话说，我们创造了一个假设性的出租利润和损失报告，其价值是在资本化其净经营性收入（使用一个更高的乘数）的基础上计算得来的，然后我们将该价值加到经营性企业的价值当中。表28-1反映了这对卖家的影响。

表28-1 单独评估不动产的价值

不动产描述：20 000平方英尺；租金价格8美元/英尺；无抵押		
	被当作经营业务的一部分来考虑和定价的不动产	与经营业务分开来考虑的不动产
	对利润和交易价值的影响	对交易价值的影响
以市场价值计算的不动产的毛租金（假设净值）	（16万美元）	16万美元
不动产税	1万美元	（1万美元）
利息支出	—	—
经营性成本	1.2万美元	（1.2万美元）
净利润（或者对经营业务净利润的影响）	13.8万美元	13.8万美元
中型市场企业和不动产的典型的利润资本化率	5倍	9倍
对交易价值的影响	69万美元（下降）	124.2万美元（上升）
对卖家的净影响	55.2万美元（增加）	

出租和出售

当不动产分离出来，但企业还需要（至少是暂时需要）它时，有两个选择（这种不动产经常是企业租来的办公场所，出于种种原因，买家希望继续使用）：

该不动产可以以高价卖给买家，或者以合适的市场价格租给买家。两种方法无所谓好坏，都是可行的，具体要依双方的需要来选择。

作为经营业务的一部分的不动产

然而，事情不总是这么简单。如表28-1所示的例子，不动产确实必须从企业中分离出来才是明智的，而且对买家来说也是合乎情理的。例如，如果不动产是一个非常特殊的制造工厂，该工厂不可能用作其他用途，对业务持续经营来说必不可少，那么它的价值就不会比其他资产更高。在这种情况下，它不过是资产负债表中另一种不能与企业相分离的经营性资产。

经营性资产还是非经营性资产？

理智地判断不动产是否为经营性资产，最好的方法是判断不动产是否可以出租给第三方用于投资，然后由第三方出租给任意数量的承租人。如果可以，那么租金是多少⊖？如果答案是该不动产不能够为了任何其他目的出租给第三方（或者将其用于收益更高的、更好的用途，例如，用于居住或收益更高的商业用途），那么对该不动产分开进行定价或确立一个主观武断的、不合理的市场租金是不能为买家接受的。⊜

如果该不动产最终可以改变用途，用于一些收益更高的方面（从而价值更高），那么自然解决方案就是，或者以一个协商的或经过评估的高价格卖给买家，或者以一个合理的价格（根据其当前对企业发挥的最大用处）出租给买家。如果卖家保留该不动产并将其出租给买家，那么卖家某天也可能会改变其用途并将其用于一些收益更高的方面，或者让买家自己选择是买下来还是租下来。

如果该不动产是经营性资产，且卖家希望解除资产出售的流动性困境（该困境发生在买家不想购买该项资产的情况下），另一种方法是将该项资产出售给第三方（投资集团），然后由第三方投资人将其出租给买家。这种方法通常有利于交易的达成。

⊖ 我当然排除了"售后回租"的情况，该安排是有特殊目的的财产所有者或使用者用来筹集资金的工具，它也可以被单纯地当作一种融资的手段，在运用这种手段时，不改变不动产作为经营性资产而非投资性资产的性质。

⊜ 但是，可以想象，从购买价格中拿出一部分来作为经营性资产的租金这一特征，可以成为税收或融资方面的一个工具。

对技术进行估值：技术也是一种经营业务吗？

我还想用一些篇幅来介绍技术估值，因为关于它的估值有一些特殊的地方。并购交易投行顾问经常会代理年轻的技术类公司，该类公司可能已经花费了大把的时间和金钱来开发一些真正好的技术，并且在此过程中也获得了一些客户。比如，近年来，我参与了许多类似这样的交易，即公司在开发技术方面的累计投资（通常不将人力资本计算在内）已经达到 800 万美元（比如说），但是，当该公司找到我们，希望寻找一个买家的时候，它的销售收入仅有 100 万美元和不高的税前净利润（如果有的话）。让我们假设其息税（折旧和摊销）前利润为 15 万美元。那么，这家公司值多少钱呢？它的价值是 6 乘以 15 万美元吗？

你肯定已经发现其中的问题了。如果按照企业的历史息税前利润（EBIT）来对该公司估值的话，它值不了多少钱，然而许多买家的习惯性（经常是自利性的）反应就是这样做。他们可能只看了一眼利润表，然后就遵照以下惯例——经济资产的价值是其为所有者带来收入的能力——行事了，并声称其历史损益是确定其价值最好的信息来源。

现在，事情应该变得很清楚了：如果花费了 800 万美元去创造一种技术（或者更重要的是，必须花费那么多钱才能重新创造出这种技术），那么该技术一定（至少很有希望）值 800 万美元。否则，大量的努力和金钱就都可能被挥霍掉了。如果该技术是好的（它真的很好，这点很关键），那么它至少值 800 万美元。

如果该技术还没有用于商业用途，并且其资本化收入（EBITDA）会比重新创造该技术的成本要高，那么，该技术的价值就会比它为所有者带来历史收益的能力要大。问题就发生在当一家技术企业既非鱼也非鸟、不伦不类的时候。这时它有点像企业——有一点客户，有一点收益，却也有点像纯粹的技术——没什么业务，也没什么收益（至少目前还是这样）。

有时候我想，当面临这些情况时，如果年轻的技术企业没有顾客、没有业务可能会更好。当然，问题就在于，买家和投资者的注意力都转移到了历史的利润表和现在的盈利情况上了，而没有将注意力放在应该放的地方——未来的潜在收益。

这其中有一部分是一种天然的谈判优势，买家和投资者至少会努力通过采用这一视角来获得这种优势。尽管如此，但是从我参与过的几次交易来看，这种企业虽然产生的收入都很少，却往往会卖一个大价钱。比如，在近年来的两次交易中，两家公司的收入都不到100万美元，而且净利润几乎为零，但两家公司都是以2 000万美元的价格出售的。

例如，技术交易最终会有自己特殊的交易结构，而该交易结构通常采用特许权使用费的形式。总之，并购交易中对技术进行估值有三种方法。这里我要再一次强调初步价值评估，它和从实际交易中得出的动态价值评估一样重要。

方法1：重置成本法

该方法依赖于技术的重置成本。如果工作是有效率[一]的，那么企业创造该技术花费的成本可能是表示重置成本的一个良好指标。这一数字也可以成为技术的价值底线或最低价值，再次假设该技术是好的，只不过还没有机会进行完全的商业应用。

从买家的角度来看，该方法可能也涉及如何计算该技术进入市场所需要的时间，即买家自己研发出该技术所需要花费的时间。对于买家来说，在重新研发该技术的过程中，会存在丧失机会的成本问题，这会给买家造成利润损失。此外，当买家再回过头来去研发自己的技术时，也会面临丧失机会的成本问题——其竞争者已经占据了一个难以撼动的市场制高点。我不禁想到了Beta与VHS的例子、苹果与微软的例子。能够生存下来、或者至少曾经盛极一时的技术并不总是最好的技术。有时候，就像在这些经典例子中，最先进入市场的技术才是能生存下来的技术。

以下是关于软件的综合成本（由重置成本和上市时间成本构成）的例子，见表28-2。

表28-2 软件的综合成本

花两年时间重新开发软件的成本（软件的重置成本）	800万美元
在开发软件的两年时间内所损失的软件销售收入	1 000万美元
软件的毛利润（或净收入、净贡献）或贡献毛利的损失，为销售收入的20%	200万美元
软件的总重置成本（现有软件的价值）	1 000万美元

[一] 在这里，"有效率"是关键词，尤其是考虑到可以以更便宜的价格外包给其他国家（如印度等）——这些国家能够以比几年前更低廉的成本创造技术、制造软件。

方法2：历史利润法

第二种方法依赖于技术为其现在的所有者带来的利润。就像我所说的，一般来说，虽然买家可能想这么做，以获得其所带来的谈判优势，但如果卖家能够证明企业存在更大的利润潜力的话，他就应该拒绝该方法。但是，卖家在放弃该方法时也确实需要现实一点。如果卖家在开发该技术时走错了方向，或者其技术模型有缺陷，或者该技术进入市场的时间太晚了，那么，使用该方法计算的价值实际上可能是对该技术的价值的最精确的反映。实际上，该方法甚至可能还会高估该技术的价值。几乎没有人会承认自己创造的东西毫无价值，但现实中这种情况确实存在。

方法3：未来利润现值法

第三种方法在以下情形下可以使用，即预期从技术中可以获得的未来利润是有合理基础的，计算这些未来利润的现值也是有合理基础的（见第24章，DFE计算方法）。不管是使用其他替代方法，还是将几种方法结合起来，未来利润的现值都可以是某种退出策略（如对公司/技术进行IPO，或者以后卖出去）的现值，它也可以通过对退出策略采用现值财务计算来进行估计。

对不盈利的企业的估值

这一小节很短，但我感觉很有必要对这一话题进行论述。在从事中型市场并购交易的早期阶段，我读了一本书，这本书的名字好像是《如何对盈利企业进行定价》（*How to price a profitable company*）。仅仅读到书的名字，我就断定，该书的作者并不知道如何对一家不盈利的企业进行定价，或以其为标的进行并购交易。实际上，在读过该书之后我得到的结论是，他也不知道如何对盈利企业进行定价。大多数对不盈利企业进行估值的方法都非常浅显，但是为了叙述完整，我们此处将其列出来⊖：

- 将其利润正常化为有盈利的情况。

⊖ 在本章中，我已假设企业是持续经营的或者至少是部分持续经营的，但应该注意的是，对于有些企业来说，选择倒闭比选择继续经营价值更大。换句话说，它们的资产在流动性方面更值钱。

- 预测其未来利润。
- 将企业中盈利的部门、生产线与不盈利的部分分离开来。
- 向买家指出并购不盈利企业的协同效应收益,尤其是在竞拍的时候。
- 难一点的方法是,在破产的情况下,经法庭允许,不盈利企业可以立即被重组为盈利企业,并获得更好的融资结构和资产负债表。

生产线、独立合同或独立部门的出售

当然,通过正常化和重组,被出售公司已报告的利润(现金流)有时可以转亏为盈(见第 7 章)。虽然对以上列出的浅显方法已经不需要再进行解释了,但我还是会仔细检查是否存在盈利的生产线、合同或部门,这些都是可以被分拆并单独出售的,也可以用 DFE 方法(就像对技术所带来的未来利润进行估值时一样)对它们进行估值(见第 24 章)。

我怎么知道那是一条生产线,还是一个独立的合同,或是一家企业?

确定一组资产是企业、生产线,还是一个独立的合同,抑或是一组数量有限的合同(实践中,这些并不是那么好分辨),需要检查以下三个方面:

1. 如果它是一家企业,那么它可能具有以下特点:

a. 拥有多样化的产品和服务。尽管总体的产品和服务组合一般会随时间而改变,但产品和服务组合为企业提供了足够多的关键筹码,从而使其可以满足永续经营这一假设条件。

b. 相对完善。与比较年轻的、刚刚组建的公司不同,这种企业的发展历史一般会支持关键性假设和可持续性假设。

2. 如果它是一条生产线或合同,那么它可能具有以下特点:

a. 只有两三种产品或合同。相对于成熟的企业,这种企业似乎并没有足够多的关键筹码来保证其可持续性。

b. 现有产品(或合同)的报废年限或使用寿命是可知的,或者是可以估计出来的。

3. 拥有它的实体可能是一家没多长历史的、比较新的公司,但其还是显示出了不断用新产品和附加服务来自我更新的能力,因而被认为是一家企业。反之,它也可能是一家正在衰落的老企业,如果其衰落达到一定的程度,那它也就无法再被称为一家"企业"了。

在对一条生产线或一个（或几个）合同进行估值时，我们必须假设它的寿命有限，并在此基础上进行估值。在有限的寿命内，几乎总是在前期实现较高的收入和利润增长，然后增长率逐渐降低，再之后收入和利润就会消失或只保持平稳增长。

最终，我们还必须确定折现率（不是资本化率或者乘数），以确定现金流量的现值，因为现金流寿命有限，并且其剩余价值（在持续经营的企业中）不可估计或根本不存在（见表28-3）。

表28-3 对风险投资进行估值的加权 DCF/DFE 方法

	最好的情况 3 年退出	最差的情况 3 年退出	预期的情况 3 年退出
利润或现金流量	1 000 万美元	200 万美元	600 万美元
并购交易中的退出乘数（内部出售）	7×	7×	7×
退出价值	7 000 万美元	1 400 万美元	4 200 万美元
投资者（VC）的目标 ROI	35%	35%	35%
退出变现的现值	2 845.094 8 万美元	569.019 0 万美元	1 707.056 9 万美元
退出变现的平均现值（融资前价值*）	1 707.056 9 万美元		
要求的融资数额	600 万美元		
投资者的所有权比例	35%（600 万美元除以 1 700 万美元）		

* 可以二者择其一：
- 投资后估值是 2 307.056 9 万美元（1 707.056 9 万美元+600 万美元）
- 投资者获得的所有权是 26%（600 万美元除以 2 300 万美元）

对特殊买家来说所具有的投资价值

不盈利企业也应该被（全部或部分地）分析，以寻找其对于某些买家来说可能具有的协同效应（见第 7 章），这种协同效应会产生投资价值或协同效应价值。在独立增长的情况上，这两种价值都与被出售企业的盈利能力无关。寻找这种协同效应，是一个将信息收集和协商式竞拍相结合的过程（见第 12 章）。由于要从零开始，所以仅仅这种信息收集就是一个不小的挑战。一般来说，让那些有能力或有意愿的投资银行来做这项工作，会物有所值。

进行风险投资和类似的投资时如何评估快速增长企业的价值——这是真正的估值吗?

回忆第 3 章的内容,该章讲述了关于买方类型的概念,其中我提到过早期私募股权投资者,他们通常被叫作风险投资者(VC)。我将这类投资列入中型市场并购交易的范围,是因为它应该被包括在内。这是对中型市场企业的股权投资,就像任何一笔涉及中型市场企业的并购交易一样。这种投资与普通投资的区别在于,前者通常是为了少数权益,并且经常是投资于一家要经过很长时间才能证明自己的企业。

我偶尔会去参加关于"进行风险投资时该如何评估早期企业的价值"的研讨会,并在会议上发言。在 20 世纪 90 年代末,这种投资非常流行,研讨会也很流行,会场里常常人满为患。我过去做的事情之一就是分发试算表,该试算表体现了一种对风险投资进行估值的方法,该方法对不同的结果(从最坏的情况到预期的情况、再到最好的情况)赋予不同的权重。实际上,它是将每种情况下所得出的价值进行了加权平均。该方法就是今天所说的"第一芝加哥方法"(First Chicago method,见表 28-3)。这里并不涉及复杂的计算,我也举了一个例子。我曾经承诺会给任何感兴趣的观众邮寄这个试算表。我总是感到很惊讶,因为那些观众中向我索要表格最多的是风险投资者。也许这与 20 世纪 90 年代末期绝大多数风险投资都失败了有关。许多风险投资看上去不过是在"即兴表演"(winging it)。

这一方法,即风险投资方法或第一芝加哥方法,有时会被追捧为估值方法。我认为,从狭义上来说,它是一种能够确定投资价值(对某一投资者来说具有的价值)的方法,但这一价值并不必然是公允市场价值。换个说法就是,该方法在确定风险投资中的相对所有权权益时,至少具有某种伪科学⊖的基础。也就是说,在现实中,往往是企业创立者和投资者(VC)之间会建立一种伙伴关系,从而为一个处于初始阶段的想法或企业提供资金。

⊖ 之所以称其"伪科学"是因为在大多数估值工作中,基本原则都是建立在坚实的数学方法(如 DFE 等)之上的,但是公式中的数据都是纯粹的猜想(或艺术),并且高度依赖于估值者的判断,但这些判断在质量上与实际情况相去甚远。

它可能不是一种估值方法，而仅仅是在投资价值评估中使用的一个术语，虽然有时它会被专业人士称作一种价值评估方法，尤其是当他们想要使用实际的VC投资来争论某样东西的客观价值时（这种争论至少发生在独特的两方之间）。当然，在某些情形下，这确实是一个公认的价值指标。这种争论经常发生在谈判中，有时也发生在法庭上（专家表达意见时）。实际上，早期的VC估值大部分都建立在估计推测的基础上，而不是建立在实际价值的基础上。这种估值是这样的，如果我（VC，风险投资者）把钱投到这家企业，而且该项目是那么成功，那么，我们就这样分配利润。也许这不是真正的价值评估。也许这有点像赛马（horse-trading），需要对马匹的健康状况进行诸多猜测。

风险投资（在后期阶段还有私募股权投资）会在一段时间之后退出或得到清偿。通常，这种退出或清偿要么是卖掉企业（兼并和收购交易），要么是让企业上市（IPO）。评估的过程就是先估计出两种事件（退出或清偿）的收益，然后再用DFE或DCF法（见第24章）计算出它的现值。

回想第3章中曾讲到，一般来说，不管对早期阶段的企业投资，还是对较晚阶段的企业投资，私募股权（或者是前期的，或者是后期的）的投资窗口期都为5~7年，以这种或那种的有限合伙形式存在，并且它们自己的投资者需要在一定的时间范围内进行变现，或者至少进行结算，这一时间范围多多少少短于合伙关系的存续时间。

例如，假设我可以在三年内将一家企业以1亿美元的价格转售出去（通过并购或者上市），并且，作为一个风投，我想要获得的最低年化投资收益率为35%。那么，这1亿美元的现值就是4 000万美元。如果假设在该企业的现值达到4 000万美元之前，企业的创立者需要1 000万美元来运作企业，那么，VC就只能得到该企业25%的所有权及未来利润，而企业创立者可以得到75%。

投资前估值和投资后估值

有经验的读者可能会马上注意到，在刚刚给出的例子中，我假设那4 000万美元是投资后的价值。换句话说，在注入1 000万美元后，企业的价值是4 000万美元，从而，其投资前的价值为3 000万美元。此处的假设条件是，公司在得到1 000万美元投资之前，不可能发展到价值4 000万美元的程度。对我来说，在公司处于早期阶段的情形下，这是一个非常有逻辑的假设。然而我观察到，通常，私募股权投资者（包括风险投资）会将这4 000万美元当作投资前的价值，从而使投资后的价值变成 5 000 万美元。当然，这会导致投资者仅拥有 20%（1 000 万美元除以 5 000 万美元）的所有权。在处于晚期阶段的公司的投资中，我可以理解这种方法，此时公司的价值可以被很好地确定，数额也已经很大，并且与任何新的投资都无关。但是，如果在处于早期阶段的公司的投资中见到这种方法，我会感到非常惊讶。好吧，正像他们所说的，我们并不制定规则，只是受益于规则。

私募股权投资中的并购退出事件

在第 25 章中，我比较了私人公司的价值和上市公司的价值。同样的方法也可以用来估计公司的最终转售（私人公司交易）或者是公司的 IPO（上市公司的估值）。像往常一样，如果买方对该私人企业感兴趣，那么它大概会以 6 倍或 7 倍于税前利润（现金流）的价格购买。公开 IPO 的价格则大致为 15~20 倍于企业税后利润的价格。表 28-3 假设私人企业以 7 倍的乘数出售（并购退出的方式）。

对晚期私募股权交易的估值……是估值吗？

在晚期的私募股权交易中，必定存在一种估值工作，这种估值工作远不止确定未来"合伙"利润分配的参数。根据定义，一家处于晚期阶段或至少处于较成熟阶段的公司，除了有未来的预期价值外，目前也有实际的、可测量的价值。在确定其价值时，这一点也应该被考虑进去。

我建议你回头看一看关于投资前估值和投资后估值的讨论。在这两种所谓的估值中，一种是建立在实体基础上的，遵循传统的并购交易估值；另一种则仅仅是建立在"好像"基础上的估值，它主要用于私募股权投资，而且涉及对该投资未来能够带来多少利润的猜测（也许是有根据的猜测，但终归还是猜测）。

私募股权投资和少数股东权益

在本书的第 18 章中我曾讨论过，卖家在私人企业中取得或保留少数股东权益是一种失策。当然，这在那些私募股权交易中经常发生，在私募股权的早期和晚期投资中都存在，或者卖家保留少数股东权益，或者私募股权投资者获得少数股东权益。那么，这如何与第 18 章中给出的建议相协调呢？两者可以协调，但要在两个重要的假设条件下协调，被投资方必须仔细审查这两个条件，尤其是在考虑到私募股权的时间和投资窗口期时：

- 私募股权投资者在拿巨额资金冒险（投资），有时还会对未来扩张增加投资，他们相信自己会在大约五年内退出或清偿。
- 卖方所有者（被投资方）会从该项投资中获益，也很有希望从私募股权投资者的可靠判断和协助中获益。㊀

所有这些都建议最初的卖家，如果一切顺利的话，要在苹果上咬第二口（即之后对保留的少数股东权益进行出售）。这第二口可能值得他们为保留少数股东权益而冒险。我代理过这样的客户，他的第二口（比如，35%的权益）远远大于私募股权投资刚刚进入时的初始估值。

将企业的少数股东权益卖给战略买家——股权出让

发展中的公司为扩张、获得新的分销渠道或获得新的大客户而筹集资金的方法之一，是从战略投资者那里获得少数股东权益投资。为了这个目的，战略投资者会被定义为这样一家更大规模的经营性企业：它想要获得该发展中公司的某些新技术、专利或工艺，同时声明会在晚些时候并购整个公司。这并不是一个坏方法，并且在某些情形下，对发展中公司来说，这是唯一的方法。这种方法有几处尤其需要其所有者警惕：

1. 如果投资者也是被出售公司的客户的竞争对手，那么其投资和接下来的关系，对于获得其他某些顾客会有致命的影响。如果这变成一个自我实现的预言，那么，该发展中公司就会成为该投资者真正的俘虏，此时它的价值会远远低于该发展中公司不受限制地经营时的价值。

2. 做出这种投资的战略公司，经常会想要针对以下事项进行协商，即要求拥有后续投资公司的多数股东权益的优先购买权。这并不是致命的，但这会使公司留存的少数股东权益难以在公开市场上进行出售。当存在这种优先购买权时，

㊀ 如果是一家大规模的私募股权投资机构，那么其判断通常都是可靠的。20世纪90年代那些疯狂的日子已经离我们远去，近年来，私募股权投资者和风险投资者在分析并购交易方面已经变得越来越富有经验了。这并不是说，最近数亿美元流入这一市场，并不会在一定程度上让历史重演。当巨额资金寻找有限的交易进行投资时，危险在下一阶段就会到来，这是一定的。

竞争性买家并购成功的可能性较低，因而通常不会浪费时间和金钱来参与协商式竞拍。在我看来，这种优先购买权应该不惜一切代价予以避免，除非实在没有别的方法来筹集扩张所需的资金。解决这一问题的另一个方法是，通过以下方式确立优先购买权，即在将多数股东权益拿到并购市场上出售之前，必须而且只能由被投资对象一方来决定是否接受和兑现优先购买权。

实际的兼并交易

在实际的中型市场兼并交易中，没有或仅有很少的现金被转手。买家和卖家倾向于把他们自己看作是一种新的合伙关系，这种合伙关系把两家或多家企业合并到了一起进行经营。要确定在新的合伙企业中哪些东西是属于这一方的，哪些东西又是属于另一方的，这种谈判通常是一个相对估值过程，而不是一个绝对估值过程，其计价基础通常是公允市场价值或相对投资价值。

协同效应在这种交易中仍然是个问题，就像在其他交易中那样。问题是，谁能从中得到好处，以及协同效应是否被评估过？双方都存在一种趋向，即都认为协同效应该是从自己那方的交易中产生的，有这样的趋向是正常的，但实际上，如果没有交易，就没有协同效应。参与这种交易的各方，会通过在其估值过程中忽略协同效应（这种方式很有效），或者以某种方式撇开协同效应（该方式与所组成的企业目前的经营有关）来进行折中。

谈判是关键，如表28-4所示。

表28-4 协同效应的计算

A公司的价值	2 000万美元
B公司的价值	3 000万美元
结合后的公司的价值	6 000万美元
谁得到了协同效应	（1 000万美元）

要注意谁第一个说出它自认为的独立价值。在实际的并购中，第一个说出这个问题与在其他任何的并购交易中一样难。我发现，专注于介绍许多相关因素，而不具体谈自己客户的独立价值，一般来说是最好也是最安全的方法，这样既能让谈话继续，又能避免过早地定下自己的立场。例如，我可能会以表28-5开场。

表 28-5 交易中的开场

关注项目	A 公司	B 公司
销售收入	9 000 万美元	6 000 万美元
毛利润率	22.5%	25.6%
EBITDA	890 万美元	720 万美元
营运资本	450 万美元	320 万美元
净价值	500 万美元	500 万美元
顾客数	4310	10200
雇员数（经政府允许的）	100	90
过去三年的复合年增长率	15%	26%

现在，以上大部分数据指标都可用于确定公司的独立价值，但是在参与了许多这样的交易之后，我发现，最好是先以上表中这样的相关数字开场，然后让双方轻松地确定股份交换的相对价值。我们所做的比较越多，股份交换的比率就越明显。

在这种情况下，独立价值估算需要一步一步、循序渐进地进行。我保证，没有一个第三方估值者会比潜在并购合伙人更了解两家公司及其前景。价值的标准（此处暂且以技术性的方式进行讲述）通常类似于公允价值，就如在会计中所使用的那样。在会计中，公允价值是一种考虑了交易事实和交易背景的谈判价值。

当然，除了财务问题之外，还存在其他亟待解决的难题。切记，一方或所有各方都有可能会成为少数股东，所以，记录和解决所面临的管理问题才是关键：

- 最终会有某家公司占支配地位吗？
- 裁员/变动会对哪些人造成影响？
- 谁来负责管理和制定决策？

部分的或混合的企业并购交易

这些很难合理化，但你可以根据正式的并购交易惯例来想清楚这些问题。最近，我面临一个问题，这个问题是我们一位投行顾问提出来的，它的情景是这样的：客户（买方）被要求购买存货（很简单，对其定价就可以了）和商誉，其他无形资产不要求被购买。现在请回想，惯例是买家得到资产负债表（不包括现金）。但是，如果不存在资产负债表怎么办？或者就像该案例一样，买家被要求分别购买存货和企业，并且仅能够购买商誉（以被购买的经营部门的现金流为基础），不能购买其他无形资产，这时该怎么办？解决方案（确实需要多想一会儿才能想到）如表 28-6 所示。

表 28-6 部分的或混合的并购交易解决方案

存货的购价（以实物数量为基础）将会是（只有在数过、定价之后才能确定）	250 万美元
假设正常净有形经营资产与企业一起出售，企业价值为（100 万美元 EBITDA 乘以 4.5）	450 万美元
正常净经营资产（除现金外）为㊀	150 万美元
所购买的企业的价值（除存货外）为（150 万美元的正常净资产不会被交付）	300 万美元
正确合理的出价为（250 万美元+300 万美元）	550 万美元

本章小结

➢ 当交易中包括不动产时，首先要考虑该不动产是经营性资产（包括在资产负债表中），还是非经营性资产（被分开定价或出租给买方）。

➢ 在对非经营性不动产进行估值时，可以当作将其出租，然后通过资本化其重置净经营收入来估值，也可以采用评估的方法进行估值。

➢ 在对处于早期阶段的技术进行估值时，会出现几个问题：

♦ 它是一家企业，还是仅仅是一项技术？

♦ 它是否应该根据以下项目来估值：

－历史利润。

－重置成本。

－DFE 方法下的未来利润。

－以上方法的结合。

➢ 在对生产线或合同的出售进行估值时，应该采用 DFE 方法。

➢ 对不盈利企业进行估值的一种方法是，估计其对于特定买家的协同效应的价值，不过获得这方面的信息可能十分简单，也可能非常困难。

㊀ 正常净资产可以通过许多方法确定，包括以行业中企业的典型性正常净资产（不包括现金，毕竟这是实体企业价值）来确定。在本例中，我们将正常净资产视为销售收入的一定百分比（本例中是 15%）。

- 风险投资和私募股权估值的程序并不像大家想得那么正式，但是在每次这样的估值和接下来的谈判中，都至少暗含了 DFE 方法和第一芝加哥方法的使用。
- 投资前估值和投资后估值可能具有不同的特点，而且会给合伙人带来非常不一样的结果。
- 私募股权投资的退出方式，要么是并购交易，要么是上市。
- 在私募股权交易中，保留少数股东权益存在合理性，因为私募股权投资：
  - 通常会给企业注入资金。
  - 强烈地追求价值最大化。
  - 通常都会保证在 4~5 年内退出。
- 出售少数股东权益给战略买家，存在两个缺陷：
  - 失去潜在客户。
  - 授予了对之后所出售企业的优先购买权。
- 在实际的并购交易中，计算股份交换比率时更多的是相对价值的计算，而非绝对价值的计算，应该细致地、循序渐进地把各相关因素介绍给各方，以避免过早地确定立场。
- 对混合企业的出售进行定价时，使用标准的并购交易惯例就可以轻松地完成。
- 虽然最终所有事项都包括在谈判中，但并购交易惯例大大有利于我们达成一笔明智的交易。

第 29 章

关于并购中常见的税收问题

简要评论

> 毫无疑问，进步是有的。现在，一个普通美国人所缴纳的税是其之前工资的两倍。
>
> ——亨利·路易斯·门肯（Henry Louis Mencken）

> 我为在美国纳税感到很自豪。只是，如果只需要交一半的税，我同样感到自豪。
>
> ——阿瑟·戈弗雷（Arthur Godfrey）

马里兰州乔治王子郡——2005 年

乔治王子郡（当地人称之为 PG）就像是华盛顿特区的继子，一直都是经济上的后起之秀。这个地区主要居住着在美国受教育程度最高、最富裕的黑人中产阶级人群。北面与之相邻的是更加富裕的蒙哥马利县，西面流过的是波托马克河，而其南面是历史更加悠久的查尔斯郡和圣玛丽郡。乔治王子郡处在这样的地理位置，即使算不上是中型市场业务的温床，也至少称得上是催熟孵化器。

玛德琳的办公室位于一栋中高层办公大楼里，可以俯瞰公路边的商业区。我开着车越走越近，发现这里并不是个理想的地方，但对于她那种特殊类型的企业来说，这里至少是比较实用的。

玛德琳是一位颇有天赋的硬派商业女性。她不得不如此，而且她对我也非常强硬。她告诉我，已经有一个买家出价 1 500 万美元买下她的企业。她希望我能以更高的价格卖掉她的企业，并按照价格增加的多寡来支付我的酬劳。我看了一下这个报价，并不认为它真的值 1 500 万美元。首先，这里面包括购买者明确指定的运营资本目标,它至少比应有的数额高出了100万美元。其次,这里面还把交易中涉及的另外100万美元的税不正常地转移给了玛德琳。最后,对方的提议里面包括一份至少75万美元的盈利能力支付计划,这对玛德琳来说非常不公平。

玛德琳觉得这1 500万美元已然唾手可得,而我认为,如果按照并购交易条款的惯例来理解,对方实际只出价了1 225万美元。我作为玛德琳的代理人,首先必须做的便是追回那275万美元。她还不懂这是怎么回事,但希望她能听懂我的解释,否则我拼命为她增值近300万美元却得不到丁点报酬或只能得到很少的报酬!我不得不了解在她强硬的外表下面到底有多少理性。我知道,对于我来说,肯定不会在那样的条件下与对方合作的,这是肯定的。㊀

税收简介

本章旨在简要概述中型市场并购交易中最常见的税收问题,而不是对并购中涉及的税收问题进行深奥的论述。本章主要从卖方角度出发,并不直接涵盖买方的交易后问题,例如基于税收的购买价格分摊、所收购的资产摊销、获得净营业损失税收抵减递延的能力等可能出现的各种各样的其他并购税收问题。本章旨在涵盖部分初级阶段的基础问题,提供给那些想初步了解这些内容的读者,或者想要熟悉相关概念却未受过税收方面专业培训的投资银行顾问。这里使用的术语并不十分严谨,且在本章讨论中省略了有关税法的详细解释。

简而言之,这是专为门外汉准备的一章。我相信中型市场并购交易中反复出现的90%的常见问题能够简单地归为以下几类:

- 实体的类型或选择。
- 资产形式的交易与股份形式的交易。
- 其他交易结构问题。

㊀ 假设一家C型公司出售1 500万美元的资产,但有趣的是,假设在没有扣税基础的情况下,所有者卖出这笔资产,并且纳税后仅剩下800万美元;而如果是按股权出售的方式,即使出售价格为1 400万美元,那么纳税后可能还剩下1 000万美元。哪个交易更划算?如果在鸡尾酒会的闲谈上,1 500万美元更加好听,但是在1 400万美元的交易中,其银行存款最终会多出200万美元。

- 重组结构。
- 售前税收筹划。
- 售后再投资。

实体选择：S 型公司 vs C 型公司，资产交易 vs 股份交易

从卖方角度考虑并购交易中的税收问题时，不管从哪个点出发，其基本问题都是企业类型的选择问题。依据美国国内的税收法规，一家公司（更准确地说是其股东）可以决定自身是成为 C 型公司（一个应纳税的实体），还是成为 S 型公司（通常是免税的）。

实际上，S 型公司的所得税均由股东在提交自己的纳税申报单时支付，或在股东同意下支付。S 型公司通常也被称为"转递实体"（pass-through entity），原因是其收入和亏损一般转递给其股东承担。

从最基础的层面来说，C 型公司和 S 型公司在并购交易中的区别就在于，C 型公司将资产而非股份卖给买方，通常需要纳税，然而 S 型公司通常无须纳税。当 C 型公司分配本次出售的剩余收益（在缴纳企业层面的第一轮税收之后）时，C 型公司的股东将会被再次征税。S 型公司通常无须缴纳企业层面的税，那么，即使股东必须为并购资产出售交易中的收益纳税，也只需缴纳一次。因此，在资产类型的出售中，相对于 C 型公司，S 型公司拥有明显的优势。

出售公司时，另一种可选择的替代方式便是卖出公司的股份。在这种情况下，由于 C 型公司和 S 型公司的股东通常都只需要按照资本利得税税率缴纳一次税款，因此两种交易方式优劣不相上下。

其结果是，除非买方答应通过调整购买价格来补偿卖方在双重纳税情况下所多缴纳的税款，否则卖方会较少采用资产出售的方式。

在 1986 年的《税收改革法案》（Tax Reform Act）生效之前，C 型公司能利用一些税收选择避免双重纳税，但《税收改革法案》排除了这些选择。1986 年往后的这些年里，买方逐渐地意识到一个实际问题，他们发现自己无法和 C 型公司完成资产购买交易，至少由于存在这种双重纳税，因此他们不补偿卖方就达不成交易。因此，在与 C 型公司的交易中，至少 75% 以上是股份交易而非资产交易。也许你觉得不管卖方是 S 型公司也好，是 C 型公司也罢，都没什么区别……但事实绝非如此。

问题在于，完成股份买卖交易后，买方并没有获得购买价格的全部利益，原因是他们无法对间接购入的资产溢价计提折旧（请谨记他们购买的仅仅是股份）。这通常导致买方选择美国税法的第338（h）节，利用其中第338（h）（10）条（针对买卖双方）的具体适用条件，将这些股份作为S型公司的股份买入，然后买方就可以对购入的资产（首先假设这是一次资产买卖交易，把股份当成资产）按交易价格调增资产账面价值，并可以根据调增后的资产账面价值计提折旧。这种情况下，S型公司的股东需要为部分收益缴纳税款，这通常会导致我们平常见到的依税法对公司的超额收益征税的现象。在谈判的过程中，买方是否需要补偿S型公司的股东须缴纳的税款则视具体情况而定。

然而，买方往往要求通过调整购买价款的方式或让卖方直接交税的方式，让卖方来承担这部分假定的第338（h）节项下交易的税收。现在，我们差不多又回到了起点，但在并购交易中，这仍然给S型公司资产卖家带来了巨大优势（相比C型公司资产卖家），因为S型公司可以相对容易地在无须支付繁重税款的条件下达成资产出售交易㊀。

当然，卖方也可以拒绝支付第338（h）节中规定的税款，但这也需要去谈判。在谈判过程中，如果卖方在此处获得了好处，那么很可能的代价是在其他方面必须放弃某些东西。总而言之，由于S型公司提供了更多的工具来降低并购交易中的税收成本，因此这类公司在出售中要更占优势。

选择成为S型公司的时间对交易产生的影响以及内置收益税

乍一看，解决这个困境有一个简单的方法，那就是让一个C型公司在出售之前选择成为一个S型公司，但这其实行不通。基本规则就是，选择当天这家公司的所有价值均为这家公司的内置收益，出售公司所获得的这部分内置收益同样属于C型公司双重纳税的项目。

只有在选择当日的十年之后，这条规则（内置收益也需交税的规定）才会失效。如果公司处在快速成长阶段，选择作为S型公司就是合理的，这样，即便是在十年内出售，选择日当天的公司价值也只会占出售日价值的一小部分。我相

㊀ 即在满足税法规定的特定条件下，卖家按照股权交易形式缴税，同时买方按照资产购买方式处理税收。——译者注

信,那些仍然以 C 型公司的形式运营的中型市场企业的拥有者应当去咨询他们的税收顾问、估值专家或投资银行顾问,看是否需要现在做出选择。

其他交易结构问题

在并购交易中,顾问想办法把交易价格的一部分作为对卖方所提供的服务的补偿和报酬(卖方需要对此部分收入缴纳普通所得税,但该部分价款可由买方作税务抵扣),这种做法并不少见。为了达成交易,双方通常会采取这种折中的方式。其劣势在于,如果做得太过分,买方的税务可抵扣程度将受到威胁,这还没考虑另一个显而易见的缺点,即卖方本是按照较低的资本利得税率纳税却必须转换成高很多的普通所得税。然而,如果谨慎地选择交易结构,有可能这种做法的风险与收益对于双方来说均是明智之选。

盈利能力支付

为了方便起见,我将在一定程度上逐字逐句地重复第 19 章中对有关额外收益的税收的评论部分,这部分仅针对额外收益。有关额外收益的一个永恒的问题就是它们带来的是资本利得还是普通收益。这部分的审判与裁定模糊而混乱,因此人们需要聘请优秀的税收顾问,请他们起草盈利能力付款协议来就这点保护委托人的立场。然而,一般而言,税法主体和判决先例所支持的观点是,把通过出售公司而获得的不确定数额(额外收益)的分期支付当作购入价格的一部分,其中大部分可作为资本利得上报。虽然我并不打算成为一名税收顾问,但还是想在下面列出一些粗略的指南以供参考:

- 如果将额外收益与卖方的连续服务绑定在一起作为一个绝对条件,那么这对于争取资本收益的待遇是个坏兆头,其原因是这部分款项可能被看作是卖方获得的补偿或从咨询服务中获得的普通收入。
- 如果在不同的协议中,额外收益都始终作为购入价格的一部分,那么这对于争取资本收益的待遇是个好兆头。
- 如果额外收益的表现形式是某种延期付款的单据,且该延期付款单据可因获利目标未达成而减少支付额,这可能有利于获得资本收益的待遇。
- 零利息的延迟额外收益款项中的部分有可能被当作利息收益(作为普通

收益纳税），部分有可能被当作出售价款（按照较低的资本收益率纳税）。

然而，我已经说过，聘请优秀的税收顾问来起草协议十分重要。

选择何种税收会计政策会对交易产生什么影响

许多中型市场企业，特别是那些处于中型市场底端的公司通常以现金收付实现制为基础来报税。这导致根据权责发生制（accrual basis）作为普通财务会计报告和根据现金收付实现制（cash basis）作为税收报告之间的时间性差异。假设委托人因根据现金收付实现制作为其税务申报的基础而省了钱，终究会有人须支付这部分延迟的、隐藏在上报给政府的现金收付实现制下的利润和权责发生制下的利润之间的差别税款。

股份交易和采取现金收付实现制的卖方

在并购交易中，谁应当支付这部分延迟的、隐藏起来的税款呢？如果买方购入一家公司（股份交易），那么这部分延迟的隐性税款便成了目标企业承继的债务，而且从税法的角度看，这一债务会一直伴随着它。然而，在遵循惯例的并购谈判中，这部分债务的意义并不同于普通的、我曾经使用过的资产负债表上的经营性负债（见第 27 章）。因此，这并不是传统意义上买方自动承继的负债——当然，除非是谈判中双方达成一致。

资产交易和采取现金收付实现制的卖方

此外，采取现金收付实现制的 S 型公司出售资产，乃是对其迄今为止尚未被确认的应收账款的出售或交换，这会导致卖方企业（准确来说，是企业的所有者）为该部分应收账款缴纳税款，因而产生上述的税收时间性差异。因此，对于采取现金收付实现制的 S 型公司的股东来说，内置利得税的另一种形式就是，早晚有一天得把之前因选择以现金收付实现制来报税时所逃避掉的那一部分税款给补缴上。

分期付款和采取现金收付实现制的纳税人

在中型市场并购交易（不包括交易价值低于 500 万美元或低于 700 万美元的小型交易）中，分期付款并不常见。因此，人们可能希望主要的对价形式（按优先顺序排列）通常为现金、额外收益，最后是股份。

如果确实是采取分期付款的形式，那就会拥有税收方面的优势——如果这些分期付款票据符合分期报税的所有条件，那么在款项支付完成之前，采取现金收付实现制的卖方便无须支付税款。当卖方能获得票面金额（该票据等价于投资者可以用这部分现金进行的其他投资）上的市场利率时，分期付款会格外有吸引力，其原因是在为总款项缴税之前，卖方实际上是在用政府的税款进行投资。如果票据出票人信誉良好，且票据有足够的担保，那么对于卖方来说这简直就像是上天的恩赐。

重组交易结构（以股份交易举例）

　　说来也奇怪，美国税收法规中处理重组交易（主要是第 368 节）的章节在中型市场并购交易中并不常见，但对这部分有一个基本了解也很重要。在有些交易中确实会用到这些章节的内容，许多委托人对这些内容十分好奇，他们至少模糊地意识到，如果用股份来充当部分出售价格，可能会免税。

　　首先，我们来弄清楚"免税"这个概念。即使出售股份不需要立即支付税款，这类交易也只是延迟纳税，而非免税。当卖方最终出售股份的时候，他们终究会被征税。在确定其卖出股份的利得时，卖方卖出该部分股份的初始投资成本的计价基础为其当初收购目标企业时按比例计算的账面值，因此他们仅是延迟纳税而已。人一生中仅有的逃不掉的两件事就是死亡和纳税。

　　另外，在重组交易中，税收延迟仅发生在股权支付部分，而不适用于除股份之外的现金或其他形式支付的报酬部分。

　　免税重组交易是围绕存续实体的所有者权益的连续性概念而达成的。因此，由于卖方公司的所有者在某种程度上将成为买方公司的部分所有者，这类交易更像是合并，而非直接出售。他们可能会用买方的股份去交换卖方的资产或股份，从而达成交易。一般来说，当交易中出现现金或非股份形式的支付对价（补贴资产）时，现金支付部分（如果允许现金交易的话，详见 B 类型重组交易）不能超过交易总价的 50%。然而，有些判例却允许更多的现金比例，因此每一次交易都需要专业税收顾问的指导。

字母代码

　　从 A 到 G 共有七种类型的重组因此，368（a）节被称为"字母节"。然而，这些类型中仅有三种与这章简要概述的内容有关联，它们是在重组（股份交易）相关的交易中出现频率最高的三类：A 类型重组、B 类型重组和 C 类型重组。

A 类型重组　在 A 类型重组中，交易结构必须符合兼并的相关州法律。在这些 A 类型重组中，收购公司也即并购交易中的买方，在收购卖方公司资产的时候会部分使用股份、部分使用现金支付。卖方公司不再存在，卖方公司的股东最终获得买方公司的股份，以及接受其他形式的对价。

B 类型重组　在 B 类型重组中，只能使用股份，决不能使用现金作为支付手段，而且被收购的公司通常作为收购公司的子公司继续经营。从并购角度来说，是买方公司用股份交换卖方公司的所有股份。

C 类型重组　在 C 类型重组中，一家公司（买方）购买另一家公司（卖方）的资产，其后卖方将收到的股份和得到的其他对价又分发给卖方公司的股东，但这种情况下，仅股份部分免税。

这里几乎没有涉及免税重组交易，但仍须重点指出的是，这类重组十分复杂，建议咨询税务部门，以判断这类重组是否可行，这通常需要专业税收顾问的帮助。

在销售和使用公益余额信托之前通过赠予方式处置企业股份

在中型市场企业出售之前，有两种广受欢迎的税收筹划方式，一种是使用公益余额信托（Charitable Remainder Trusts，简称"CRT"），一种是通过赠予（通常用于家族有限合伙，Family Limited Partnership interests，简称"FLPs"）。两者在本质上都是在出售之前，中型市场企业所有者放弃部分或全部股份。简而言之，在公司最终出售之前，被放弃股份的接受者成了卖方，不管他是家族成员，还是由原所有者建立的慈善信托。

公益余额信托

如使用这种方式，即卖方将股份捐赠给一家公益余额信托机构（一般来说，这种信托机构属于免税主体），那就意味着之后 CRT 出售被捐赠公司股份的时候无须纳税。接下来，公益余额信托（或其多种变型）同意在随后一段期限内支付捐赠者（原企业所有者）本金和收益。当然，企业销售收入最终进了 CRT 的腰包。这种类型的售前税收筹划非常适合以下情况：

- 除捐赠给公益余额信托的股份外，所有者还拥有其他的个人流动资产；
- 所有者喜爱公益（慈善）活动。

如果被捐赠的公司股份之后被出售的话（出售时无须为此纳税），那么这种方式在税收方面的优势是显而易见的，因为从整体价值方面来看，它不仅为捐赠者获得了收益，而且让慈善受益人占有公司出售价格（指税前价格，因为该实体属于免税主体）的大部分成为可能。

赠予和家族有限合伙制企业（一种隔代财产转移工具）

不管是通过家族有限合伙的形式，还是通过直接赠予下一代家族成员的形式，来将企业的所有者权益转移给其他家族成员，企业的所有者权益都能在被出售之前到达继承人手中并增值，由此就通过将所有者权益赠予继承人的方式避免了赠予之后资产增值部分的遗产税及资本利得税。另外，如果获得的股份未达到获得控股地位所必需的股份比例，那么这部分股份的评估价值通常会低于其在企业中的相应百分比。少数股权通常有20%~40%的折扣，原因在于它们本身对企业运营没有控制权，很难把它们卖给第三方。

分离重组

美国税收法规中的第355节（被称为"莫里斯信托"）允许公司的历史所有者在不确认收益的情况下分离公司资产，但条件是所有者将资产转移给另一家独立的企业（该企业由原公司股东控制）。不管是从概念还是从实际上来说，这都仅仅是将资产转移给独立实体，但原公司的股东须保留对分离公司至少80%的控制权。税收延迟的分配行为基本上与上述有关重组交易的368节中所考虑到的结果一样。

小型企业

符合美国税收法规1045节规定的"小型企业"的股东，在纳税时可以扣除最多50%的股份转让利得，但可以扣除的金额最多不超过1 000万美元与10倍于股票投资成本这二者之中的较大者。"小型企业"是指任何一家业务频繁活跃，不依赖于专业服务、许可证或所有者的名望（还有其他特例），公司总资产不超过 5 000 万美元的 C 型公司㊀。由于对这一部分只适用于最小的税收优惠，因此这种情况下的实际获利通常低于通过其他方式所能获得的税金节约额。如果公司所有者使用出售"小型企业"所获得的收益，在售出 6 个月内购买其他"小型企业"，那么在下一次出售新获得的股份之前，则无须纳税。

谈判过程中，税收问题到底有多重要？

人们总是记得，经营业务（business）无须支付所得税，因此人们认为买卖经营业务的谈判中很少会牵扯到税收问题，事实上，这并没有错。

然而，经营业务是被实体所拥有的，而实体就与税收问题有关了。交易形式不同（资产或股份），卖方公司的性质不同（S 型公司或 C 型公司），对价的形式不同（现金、股份、盈利能力支付或资产负债表目标等），税收情况也大大不同。然而我发现，把出售中型市场企业的谈判看成两个独立的谈判实际上要更加简便、更加准确。

第一个谈判是针对企业出售本身，如协商一个买卖双方均能接受的基于乘数的估值、竞拍计划等；第二个独立出来的谈判内容则是针对交易的税收部分。从这个角度去看待谈判（如同在第 19 章中，把额外收益看成激励还是安抚性的获益这个问题一样），人们可以合理地分别集中精力去看待这两个问题。但一般来说，它们相互交织，就如同两种不同的额外收益被混在一起一样。

本章小结

在中型市场交易中反复出现的税收问题如下：
➢ 选择股份形式的交易结构还是资产形式的交易结构？
➢ 选择作为 C 型公司还是作为 S 型公司？
➢ 338（h）(10) 条中的选择。
➢ 选择成为 S 型公司的时间问题与内置收益税。
➢ 购入价格与报酬。
➢ 额外收益的税务处理。

㊀ 1993 年 8 月之后成立的。

- ➢ 税收会计政策及其影响。
- ➢ 采用现金收付实现制的纳税人可以选择的分期付款形式。
- ➢ 在将整个企业全部售出之前赠予公司股份：
  - ◆ 公益余额信托。
  - ◆ 直接赠予和家族有限合伙制企业。
- ➢ 在出售合格的小型企业公司时，把出售股价款再投资或延迟纳税。
- ➢ 把税收问题从交易过程中的业务层面剥离开来。

第 30 章

中型企业投资银行业务：写给咨询者及其他有意从事该工作的人们

> 妈妈们，别让你们的孩子长大后变成牛仔……
> ——威利·纳尔逊（Willie Nelson）

佐治亚州萨凡纳——1989 年 10 月

彼得给我讲了一个业内故事，我很久都没有听过如此悲惨的故事了。

我刚开始在位于萨凡纳的投行工作时，彼得在季度会议上给我讲了弗兰克的事。弗兰克在我们投行工作了三年，当时才离开不久。他整整三年似乎都没有得到过报酬，他的妻子和钱包最终扛不住了。弗兰克负责公司的一个小办事处，掌管佐治亚州以及佛罗里达州中北部的业务。

彼得告诉我，弗兰克三年之前刚从事这项工作的时候有着惊人的精力和热情，也有着所有必备的背景：商业硕士学位，在金融服务方面多年的资深经验，以及能把树叶从树枝上诱骗下来的魅力。彼得说，到了第二年，弗兰克已经成为三个不错的卖方客户顾问；到了第三年，他的客户数量增加到五位。对于刚进入投资银行业的人来说，弗兰克做得相当不错。如果这些交易中有三分之二成交，弗兰克一定会为过去所有的工作得到可观的报酬，他大概会得到 100 多万美元的佣金。

可悲的是，所有的交易都没有成交。交易失败的原因古怪十足，但都和弗兰克本身没有任何关系。

在其中一起交易中，客户在成交的前几天突然死亡，导致了可能持续多年的遗产纠纷，于是这项交易被迫从市场撤下。在另一起交易中，有人向他代表的公司提起刑事诉讼，虽然之后诉讼撤销，却依旧打消了当时成交的可能性。还有一起交易，卖方客户在成交敲定前丢失了一份重要的经销协议，接下来发生了什么你应该就能猜到了。

在回华盛顿的飞机上，我仔细思考按成功酬金制（contingent-fee）获取报酬的投资银行顾问如何才能赚到大钱。很明显，钱能否到手也是个问题。我当时下定决心，要把弗兰克的故事讲给所有向我征求意见的未来投行顾问，虽然这个故事有些极端，不过它确实发生过。我坚持自己的这一观点。

什么是投资银行？

不是每个人都有在华尔街大型投资银行工作的经验，因此我发现学生们不甚了解"投资银行"这个术语所涵盖的意义。就我所知，大部分公众对投资银行的概念很模糊，而且大部分都是错误的——认为它与股票、债券等理财手段方面的投资建议沾亲带故。我始终建议接受了适当培训、即将踏上职业生涯的学生，首先必须自我声明自己是一位投资银行顾问，然后再如此告知大众。当然，如果谁想做出那样的声明，最好是先了解"投资银行"这个术语的含义。我还想通过简要解释投资银行的一般含义，来帮助大家克服不愿做出这种必要的职业声明的心理。⊖下面我们将通过几个方面的对比来进行解释。

投资银行业务不同于商业银行业务（我们在商业银行开设储蓄账户、活期存款账户、贷款，美国政府机构向这些商业银行提供存款保险）。虽然两者的从业人员都叫作"银行业者"，但本质上有很大区别。投资银行为企业的并购和资本筹集提供咨询服务，并且至少会有一部分业务涉及管理他人的财富、出售股票债券等。自1999年允许商业银行涉足其他金融服务业务以来，两者间的区别在某种程度上开始变得模糊（在此前长达66年的时间里，《格拉斯-斯蒂格尔法案》禁止商业银行从事此类业务），不过现在两者的功能仍有极大的区别。大多数情况下，确实拓展了业务范畴的商业银行（几乎都是大型商业银行），介入股票债

⊖ 本书最后一次编辑是在2008年9月，当时正好处于"大萧条之后美国最严重的金融危机"期间。在最后编辑的前几周，商业银行和投资银行之间的区别正发生着巨大的变化，特别是公众对这两个行业的看法。大型商业银行收购大型投资银行，同时大型投资银行也在收购大型商业银行，历史上完全不同的两个行业正经历着快速的融合。然而，从职能运营来看，即使它们从属于共同的所有权，两个不同的领域仍将继续分开运营。

券等理财服务，或是从事我所说的投资银行业。不管出于什么目的，投资银行业务部分不妨算作单独的公司，就运转来看，这部分业务与传统商业银行业务几乎没有联系或者协同作用。

投资银行也不同于商人银行。商人银行（在美国通常称为私人股权集团或者PEG）使用自己的钱来投资和并购其他公司。投资银行往往并不使用自己的钱来进行投资，尽管它们也会组织单独的PEG来进行并购，但这种投资行为并非投资银行的投资方式和主要业务。

虽然大型投资银行肯定会提供理财和股票交易服务，不过这并不是投资银行本身通常所代表的含义，即本书中所探讨的投资银行的业务范围。

简而言之，投资银行要么协助公司（有时还有政府）筹集资金，要么在交易中为收购等交易提供财务咨询及建议。在筹集资金的服务中，它们公开发售股票、债券或为私募股权机构提供私人配售。无论是作为并购交易中的顾问还是筹集资金时的代理人，把投资银行的角色理解成发挥中间人作用是不错的办法。其中涉及的资金几乎总是别人的，而并非来自投资银行本身的资金。

所以，适应"投资银行"这个术语吧。你只需要拥有一张证券牌照（本章后面会讨论到），作为交易中间人，或许还要有一些老练的指导（这非常重要），就能变成一位专门从事并购的投行顾问。如果你的专业背景与此不同，比如你以前熟悉或从事的是会计、估价或者一般财务咨询方面的工作，那么这个术语可能一开始听起来不熟悉或者不太舒服，不过当你建议客户进行并购或筹集资金以赚取交易成功酬金的时候，你正在做的就是投资银行性质的工作了。

并购领域中一些具有讽刺意味的事

我希望我对交易工作的热爱多多少少渗透到了这本书里。对于能够承受压力、经受收入波动的人来说，我想象不出比投资银行更适合、回报更高的职业。当充分利用自己长期的经验和多样化的技能来达成交易时，所带来的深深满足感异常美妙——至少在你必须考虑去哪儿找到下一桩买卖之前——不过那才是"野兽的本性"。当我们为卖方客户所做的工作太过完美无缺时，我们自然就会因交易完成而失去他们。

虽然我明白，很多老练的中型企业投行顾问以自己早期的工作背景和经验为傲，但我认为他们大多数起码会在心底承认自己是更好的交易人员，而不是专业人员。我相信，人只有热爱自己的工作，才能在行业中发挥出顶尖水平。

注意力缺乏症与并购投行顾问

我认为专业人员不同于交易人员，就像公司里的经理不同于战略家一样。交易人员的注意力持续时间较短。我们经常开玩笑，说交易人员有职业性成人注意力缺乏症，也许一些人确实有，不过从更积极的一面来看，被交易行业吸引来的人往往有着广泛且不拘一格的兴趣。我们只是单纯地热爱学习。我曾经的一位同事常说我们是"一里宽，一寸深"。如果我们的"池塘"确实就是这样一种"形状"，那么它本身就是一个极其独特的"池塘"。不过，尽管如此，这句话还是被人们津津乐道。作为一个成功的交易人，你不仅需要有旺盛的好奇心，还要有快速学习的能力和毅力。

人际技巧

人际技巧至关重要。我个人认为，从某种意义上来讲，当诉讼律师比当交易律师要简单得多。这并不是说做诉讼律师就不需要技巧，而是说交易律师处理事情时更需要策略。作为交易律师，需要做的并不是直刺咽喉，而是尽可能地为客户达成最好的交易，但最重要的是完成交易。这就需要人际技巧，还有极高的自我认知和自我管理能力。

也许这就是为什么年轻人不能作为完全成熟的投行家在中型市场中获得成功，大多数人可能要等到30多岁，甚至40多岁时，才能逐步在这个领域获得成功。我要为年轻的准投行顾问们辩护，因为这其中当然存在一个这样的问题：例如，要进行一笔5 000万美元交易的客户之所以会选择一个较为年长的投行顾问来协助他完成交易，仅仅是因为他觉得把任务交给有技术经验和生活经验的人会更好，且是否有技术经验和生活经验的判断是他感知到的，而不是通过理性客观的分析得出来的。

如果有人问我，进入这一行需要的最重要的非技术性素质有哪些，我会明确地回答说，需要：

- 充足的个人流动资金，以度过头两年的困境。
- 如果入行时要达到投行顾问水平，至少要35岁。

- 真正爱好人际交往。
- 能与他人的看法产生共鸣。
- 热爱多元化和变化。
- 有一定的金融背景。
- 用分析的方法解决问题。

进入投资银行业的一般切入点

怎么进入这个行业呢？入行不见得简单，但传统方法既有优点也有缺点。如果把中型市场按照交易价格分成三份，那么较低的那三分之一其交易价值⊖不超过1.5亿美元，中间那三分之一其交易价值在1.5亿~5亿美元之间，较高的那三分之一其交易价值在5亿~10亿美元之间。我认为这个结构相当准确并且实用，会让读者明白中型市场的各种从业者都在做什么，并指引进入并购投资银行业的切入点。投资银行业的切入点有很多种，但有两种最为典型，即小公司/大公司，也可以表达为年轻人/老年人，或者说是有资金保障的人/没有资金保障的人，其中每一种选择下面又有若干个子选择。让我来慢慢解释。

精品投行，中型市场中交易额较低的那三分之一

中型市场中的小额交易主要由小而精的精品投资银行（boutique banks）来完成，它们一般只有四五位投行顾问，竞争对手是拥有20~50位投行顾问的区域性投资银行。这种竞争在并购活动低迷时期尤其明显，区域性投资银行会把业务拓展到平时不会涉及的额度较小的交易上。

中型市场中的大额交易一般由华尔街大型投资银行或者大型区域性投资银行来角逐。额度较大的三分之一的交易和额度较低的三分之一的交易有个共同的现象，即华尔街大型投资银行也会在并购市场低迷时期争夺额度较低的交易。

对于另外三分之一的交易，三种投行——精品投行、区域性投行和华尔街投行均有涉足。但其中大多数交易还是由精品投行来完成，因为大部分中型市场交易都属于额度较低的那三分之一，那正是精品投行活跃的范围。

⊖ 本书数次提到过，根据经验法则，可以得出很重要的一点——交易价值可按出售公司总收入的一半左右来估计。我将继续明确指出这一点，因为事实上许多读者只会阅读本书中他们感兴趣的部分。

作为投行顾问直接通过精品投行进入

精品投资银行，尤其是攻占中型市场中额度较低的那三分之一的交易，常常按某种已知的财务结构运作，而正如《食你所猎》(Eat What You Kill，简称EWYK) 中所写的，这种运作并不十分愉快。这种财务结构会给投行顾问可观的报酬（通常他们在法律意义上是独立合同人，但在外界看来，从言行举止等各方面他们都从属于投行，甚至可能是投行的合伙人之一），一旦交易达成，投行顾问便会得到酬金的50%，其余金额归属投行，在扣除了管理费用之后，剩余资金再分配给合伙人。

在这种模式中，投行归合伙人所有。他们无论时局好坏都提供充足的资金和人员支持，承担高昂的研究费用，以及一家真正的投资银行需要展现给潜在客户的良好信誉。毋庸置疑，营销和品牌推广等也是投行在中型市场业务中取得成功的必要手段。

当然，问题在于，虽然按成功佣金收费的投行顾问在交易完成时能获得丰厚的报酬（比如说，一年中三次获得60万美元的50%，这样无论以什么标准来看都可以满足很好的生活），但是两笔交易间的"缺粮期"也许会持续很久，有时长达一年或更久。对于已经从业一段时间、有一定资金储备的投行顾问来说，这样的低收入期虽然不愉快但也不至于太严重。以我的经验，视其个人社会关系和经验，投行顾问新手刚开始一般要花1~3年才能获得足够的吸引力，有望确保每年起码完成一桩交易。这就意味着，要想成为中型市场投资银行业的从业者——起码进入成功佣金制的系统中——最有可能的人选，是年龄较大、更有经验的人，他们有足够的资金储备做后盾挨过一开始的1~3年，而且还有足够的人生阅历，不至于太快丧失信心。

我见过有人在投资银行业务之外兼职做咨询工作以支撑过开始的几年，不过即使这样做也成问题，因为咨询工作所包含的潜在责任，甚至咨询工作的来源和途径都会让投资银行方面感到不快。来咨询的顾客会想当然地认为自己是在和投资银行打交道吗？他能招揽到咨询客户是因为在投资银行工作的关系吗？这些都是很严肃的问题。可靠的精品投行都是美国国家证券交易商协会（简称NASD，自2007年改为美国金融业监管局，简称FINRA）的成员——稍后我会说明原因——它们必须留意并监督自己那些持照投行顾问的活动。私自接下咨询业务的投资银行顾问会给投行带来相关方面的问题，因此许多投资银行不允许投行顾问用这种方式赚取收入。

进入精品投行当分析师

进入精品投行业的另一条可选择的路径便是成为分析师，从事财务分析、调研、准备备忘录，为投行银行家们提供支持。这个选择至少意味着有赚取工资以及观摩学习的机会，甚至还有可能通过业务经验积累而成功成长为一名佣金型的投行顾问。然而，问题在于，这样的工作简直就是凤毛麟角（这点与华尔街上的竞争对手公司不同，至少在并购繁荣期间是这样）。

进入大型机构当分析师

没有经济基础的年轻人还有另一条经典的入行路径，即进入大型投资银行。这条路仍然是首先进入分析支持小组。当然，在这种情况下，分析师的薪酬很高，特别是在并购市场与金融市场繁荣的时期，只是在萧条期工作保障就成问题了。2000年初，金融市场和并购市场崩溃，有5万名左右的投行顾问和分析师被解雇。2008年秋天出现了同样的情况，这次失业人数更多。

这条路径有一个缺点。正如小型会计公司和四大会计师事务所之间的对比情况一样，大型投资银行的员工几乎很少与客户接触，他们通常被局限在某个相关领域的狭小范围内。几年之后，行业中的这部分年轻人基本上都没有了幻想和憧憬（更不用提因每周90小时以上的超长工作时间和较少的自主权而精疲力竭），最终选择放弃。

进入咨询公司或其他专业领域工作

我观察到了第三种方法，同时也提供过相关的咨询服务，即进入从事并购业务（真正的投资银行业务，而非支持性服务）的咨询公司，这些公司有其他的收入来源以度过不可避免的萧条期。通常来说，这些公司是注册会计师事务所、价值估值公司，甚至是律师事务所。这些类型的专家们往前一步便能进入投资银行并购领域，他们已经掌握了一些投资银行业并购的重要技术，并从其他工作中获得了潜在客户群。

据我的观察，成功入行的人士同时使用几种方法，当这些方法不管用时，通常有数个原因。问题主要在于，投资银行（收益很高，但同时会出现长时间无收益的情况）相对于其他商业服务公司（收益不高，但稳定）具有非常不同的文化结构（见表30-1）和经济结构（见表30-2）。

表30-1　小型咨询公司或注册会计师事务所 vs 卖方投资银行：对文化问题的主观描述

	小型咨询公司或注册会计师事务所	小型投资银行
从业者的性格	农民：采集者	猎人：食你所猎
从业者的注意力集中度	高：从业者需要并享受持久的注意力集中	低：从业者受注意力缺乏症的影响
合伙人和从业者的反应	合作型晴雨表：高 竞争型晴雨表：中至低	合作型晴雨表：低至中 竞争型晴雨表：高

表30-2　小型咨询公司或注册会计师事务所 vs 卖方投资银行：对主要财务指标的主观比较

	小型咨询公司或注册会计师事务所 （3名从业者）	小型投资银行 （3位投行顾问）
客户数（家）	100	5
每个客户的平均费用	5 000 美元	400 000 美元
客户保有率	90%	0%
营销时长	5%，300 小时	50%，3 000 小时
发薪天数（天）	1 200	5
管理人员（人）	1	1
研究人员（人）	0	2
毛收入	500 000 美元	2 000 000 美元

举例来说，要说服一个注册会计师事务所的合伙人，让他相信他的投资银行顾问合伙人在一段没有带来任何收入的长长的潜伏期内也应该领薪水，并不是件容易的事。然而，在潜伏期过后，当这位投行顾问合伙人带来高额收益时，对于投行顾问来说，要和注册会计师合伙人分配利益同样是一件难事，毕竟，投行顾问认为是他承担了大部分的高风险，因此也该由他来获得最高的收益份额。

这便是高额但不稳定的收入会带来的负面影响之一，是投资银行并购业务内在的特点，也是无法更改的事实。这两种文化之间的不同点很可能会在两群人之间产生不小的矛盾。竞争激烈的投资银行文化很容易与竞争环境相对缓和的商业服务公司的文化产生冲突（见表30-3和表30-4）。我见过许多公司尝试这种结盟方式，包括律师事务所、咨询公司、会计师事务所。真正的成功案例很少，失败案例的数量更多，除非处理得当——而这里的"处理得当"通常意味着与一家完善的投资银行合作，即这家投资银行有足够的资金支撑萧条时期的所有成本，无须把部分时间和精力从主要工作中转移出来，从而可以专注于重点任务。

表30-3 小型咨询公司或注册会计师事务所 vs 卖方投资银行：对不同的市场营销和业务拓展方式之比较的主观描述

	小型咨询公司或注册会计师事务所（3名从业者）	小型投资银行（3位投行顾问）
初次联系人成为客户的比例	90%	0.06%
为获得10位客户，每年需要的初次联系人的数量（人）	11	16 700
客户对所获得的服务的理解	低端—中等	高端、聚焦
推销的重点	服务和公司	主要是公司

表30-4 小型咨询公司或注册会计师事务所创立卖方投资银行时需掌握的技能

1	正式的企业估值技术	7	并购惯例
2	企业并购估值技术	8	基本的证券法
3	交易结构技术	9	基本的合同法和《统一商典法》
4	并购协商式竞拍的流程	10	会计知识（咨询公司已具备）
5	有关资本市场和投资银行的知识	11	基本的并购税务知识（咨询公司已具备）
6	并购谈判方式		

从一家机构横向跳槽到另一家机构

当然，从一家公司跳槽到另一家公司并不是罕见之事。我相信，这种现象在大型精品投行之间更为典型——在这些投资银行里，投行顾问所拥有的推荐人资源（如一些大型的且活跃于并购领域的公司的首席执行官们）能让其自身在跳槽中成为一个有吸引力的候选人，或者至少能从另一家投资银行那儿获得更有利的交易。

这再次表明了一个事实，即大型精品投行中一半以上的专业信誉来自于银行本身，而另一半则来自于投行顾问。幸运的是，很少会出现所有的顶级投行顾问同时离开的情况。偶尔会出现一家新一点的机构，而机构里仅有一位神通广大的重要人物。在这种情况下，机构不会特别稳固，除非那位神通广大的人物拥有这家机构，而这也是通常出现的情况。

如何在知识不够的情况下取得成功

一个常见的设想是，只要具备了并购领域中某一个方面（如会计、估值、法务等）的知识，就足以建立一家公司，并有能力为客户提供建议。这里的任何一个方面都是好的开始，但仅仅是个开始。明智的机构和成功的咨询公司如想要进军并购领域，会引进一名经验丰富的并购专家或投行家，以建立公司所需的这部分业务的核心专业技能团队，从而进军一个全然不同的世界。

投资银行实践中的文化问题—— 一些深入思考

投资银行并购工作中涉及大笔的金钱，其中包括客户收益、投行顾问费用等。大笔的金钱，有时让我感到悲伤，有时又让我感到愉悦。对于那些总是把好的一面或仅把表面上的东西展现给这个世界的人来说，大笔的金钱可以照出这些人潜藏在外表之下的真正的那一面。表面可能会与真身一致，也可能不会。但我几乎可以向你保证的是，大笔的金钱可以照出一个人真正的样子，不管他与表面上呈现出来的样子是否一致。当同一家机构的投行顾问们过度竞争的时候——互相宣称被推荐来的交易是自己的或因收益分配问题而争吵，他们真实的一面便显露出来了。

我想这是不可避免的。我已经能想象出，某位崇尚道德主义的读者正心领神会地摇着头，嘴巴里碎碎念着"那些贪财鬼。"尽管如此，事实上，我觉得和其他人类活动领域中（艺术、爱情、科技、商业等）的竞争相比，并购领域的竞争环境并没有更激烈，也没有更缓和。区别在于，在并购领域，至少财务风险更高。我认为，一个投行顾问一年成交和管理三个以上的交易是非常难的，也不大可能。因此，当投行顾问之间真的出现争吵时，他们可能因此要损失三分之一以上的年薪。这种情况让每个人都变得竞争意识很强。除了工作本身蕴含的高风险所造成的高竞争力之外，投行顾问们还都是些习惯去谈判的人，他们每天能比别人更加敏锐地察觉到人们更加喜欢的变化趋势，以及人们严格维护自身利益的举动。看吧，这不就是一个竞争非常激烈的环境吗？投行顾问之间的收益分配安排都应提前详细记录在案，这一点很关键。同时还要保持灵活，以防客观情况要求重新进行收益分配，然而情况如发生变化，必定是大变。

上文中已提到，我并不认为投行顾问有何与众不同，他们的特点主要是因为所处的环境而造成的。要在中型市场投资银行业取得成功，你需要社交技能，这从长远来看是不可能假装出来的。由于中型市场投行顾问、他们的客户以及他们的同事之间的关系太过于紧密，人际关系处理得不好的投行顾问难以长久生存。这里我想要表达的是，尽管这个领域中的竞争非常惨烈，但通常来说，还是有好人的。

另外，以我的个人经验来说，并购机构的文化往往会受到其领导的深远影响。如果合伙人（至少是那些主要合伙人）从诚信和正直的角度来讲谨慎且公平，毫无可指责之处，那么这种文化将通过机构而往下渗透。当然，这也需要合伙人果敢地识别并排除机构里的害群之马。如果行动不够果断，出现一些意料之中的行为和不可忍受的行为，就足以毁坏整个团体。

团队协作和回避风险

在处理客户事务的时候，中型市场投资银行的合伙人应当竭尽一切所能来鼓励团队协作，而不是采取命令的方式（一些投行顾问就无法忍受这一点，其中不乏精品投行顾问）。在缓和投行顾问之间本来就存在的激烈竞争方面，团队协作大有帮助。另外，团队协作的方式不仅能够建立起投行顾问之间的关系，还能够消除中型市场成功佣金制投资银行系统中内在的经济波峰和低谷。

当有几个投行顾问一起来分享这50%的服务费用时，受邀服务于这笔交易的投行顾问（总是会有一个明确的领头人或发起者——通常就是神通广大的人物——负责给公司开拓业务）便会产生一种责任感，他会对那位邀请自己进来的投行顾问非常友善。根据我自身的经验，公司采用这种体制的时候，一开始会出现一些不情愿，但这之后将出现令人惊叹的局面——大部分投行顾问很快就熟悉了团队协作的体制，甚至视之为最优方式，并越来越依赖。

之前提到过，我认为一名投行顾问在一年内管理三笔以上的交易是不大可能的，更不用说同时处理三笔了。对于投行顾问和客户来说，团队协作体制能够大幅度地减缓工作强度。业务的问题就在于不稳定，情况时好时坏。业务并不是干净而整洁地从一条传送带上一个一个地来，它们有时蜂拥而至，有时寥寥无几。一笔交易的各个阶段也是这样的情况，有时一步接一步、十分紧凑，有时又长时间都难以往前挪动一步。当交易进入"半决赛"和"决赛"阶段时（竞拍和完成交易时的意向书），投行顾问们需要投入大量的时间。事实上，当一名投行顾问同时处理两笔交易的时候，他几乎没有时间做任何其他事情，无法开发更多的业务（我将就此进行简短介绍），甚至无法处理日常生活（如休假、看病、履行家庭责任）。针对这种在交易执行阶段出现的时而紧迫、时而宽松的情况，团队协作很明显能够缓解其压力。

团队协作方式的益处还包括提升服务质量。客户希望总有人来为自己服务，如此才会感觉满意,而满意的客户当然能够帮助公司和投行顾问树立起好名声,为其带来新的客户。在我曾经参与管理的机构里,我从未觉得必须强制性地采用团队协作的方法。大部分投行顾问在获得一定经验后,都会喜欢这种方法。少数那些坚持独自完成所有交易的投行顾问们,最好同时擅长于业务开发和业务管理。我不认为哪个独行侠能够在波澜起伏的中型市场里存活下来。

金融风险——其他

如果之前没有提到,那么我现在要向大家说明的一点是,中型市场投行顾问可能赚大钱,也可能什么都捞不着。如果赚到大钱,那仅仅是因为他们承担了巨大的风险。风险非常非常高,但最终不一定能给投行顾问带来薪水。投行顾问承担着极大的风险。但是,大部分情况下,投行顾问还面临着无法达成交易的风险。

对于那些需要占用三分之一或一半左右的工作时间,却并不保证会带来任何形式的合理报酬的任务,不会有很多人愿意接手。怎样才能够得到合理的保证呢?久而久之,投行顾问们最终在接项目时会变得十分谨慎。为了一小笔服务费去努力服务于一个不能达成的交易,这需要付出非常高的机会成本。不管出于哪种原因,投行顾问们接手不能达成的交易并不能给他们的名声带来任何好处。

有一条经验法则是,投行顾问应当有75%左右的把握相信自己能够带着交易"跑过终点线"。可能75%这个数字在大家眼里还不够高,好吧,在我这里已经足够了。事实上,在交易刚开始的时候,一个理智的人拥有的自信心水平并不会高于此。即使投行顾问已经全面分析了客户的公司、客户公司所在行业中的机遇等,仍有许多投行顾问不可控的因素可能使得交易无法达成。在我看来,75%已经相当不错了。

举例来说,一个交易拖延的时间越长,便可能出现越来越多的变数,例如市场行情变动、不可抗力等。2000年6月初的时候,我为一个客户完成了一笔交易,以3 800万美元的价格出售了他那家小型通信工程支持企业。当时,我们幸运地正好赶上了最后期限。如果当时没有达成协议,客户的公司在两个月后将变得无法出售。当时,通信行业崩溃即将来临,来得突然而猛烈。在全美铺设数千英里电缆的狂潮很快结束,紧接着是生产能力过剩。那些服务于通信改革的公司在崩溃前几个月还是极具吸引力的并购对象,但它们很快也面临着狂欢盛宴的终结。

第30章 中型企业投资银行业务：写给咨询者及其他有意从事该工作的人们

2001年9月11日之后，我很幸运，没因此失去交易（毕竟总有躲过子弹的时候，只是躲不过自己）。我能告诉大家的是，当时由于恐怖袭击，相当多的并购交易被搁置，或干脆被取消。2008年秋天（毫无疑问，这段时期将载入史册，很可能被命名为"2008年大崩盘"或是类似的名字），我最后为此书定稿的时候，同样的情况再次出现。金融负债资源耗尽，特别是上市公司买家不愿意做出重大经济决策，价值超过7 500万美元或1亿美元的交易开始出现问题。

还有很多其他数不尽的原因使得交易无法达成，这些原因无关乎公司的质量，也无关乎投资银行的服务质量，它们可能是离婚、死亡，也可能仅仅是客户改变了主意。我相信，如果把这些因素从等式中剔除，人们实际上可以估算出，经过严格审查的卖方业务的成功可能性为90%。这些外部原因十分真实，任何把中型市场投资银行作为职业的人都应当留意这些因素，以安排个人预算决策，并为这类时常出现的情况做好心理准备。

投行顾问们首先要承担的财务风险出现在事业刚起步的时候。之前已经说过，大部分中型市场投行与投行顾问之间的运作仅仅基于成功佣金（食你所猎）。除此之外，还有另一个事实，即一个投行顾问能在从业开始的18个月里完成一笔交易便是非同寻常。大家还要考虑到，在投行顾问马上就要进入实际交易流程的时候，其资金短缺可能已经达到了极限，于是不得不去寻找其他的工作。我认为这段时间大约为18~24个月。在并购交易中，客户关系的孕育期可能持续长达数年。当然，在投行顾问参与进来之后，可能还要等上半年或一年以上的时间才能完成交易。

市场营销：投资银行一半时间都是在进行业务拓展

上文中已经提到，这个领域里，你为买方客户提供的服务越到位，你将越早"失去"这个客户。当客户在佛罗里达南部享受阳光美酒时，留给你的一方面是出色地完成工作后的满足感，另一方面则是寻找下一位客户的问题。20世纪70年代，我花数年时间成立了一家规模相当大的会计师事务所。我的个人经验是，一旦你拥有一个客户，那么你与客户之间的关系就会变得十分紧密。如果不是做出确实很恶劣的事情，你基本上不会失去这个客户。因此，业务拓展工作无须占用一名会计10%以上的工作时间。除了少数几个专门负责业务拓展的高级合伙人以外，现在这部分工作可能会占用更多的时间，但也不至于增加很多。

投资银行的情况完全不同。更加实际的估测是，公司各层级的投行顾问想要成功的话，他们将花费一半以上的时间来开发新客户。投资银行不像会计师事务所和咨询公司，它们没有或很少有客户的年金（续费）保障，投行和投行顾问只能逐步建立起名声。这里附带存在一个问题，当投行顾问处理交易时，特别是同时处理数个交易时，他们不太可能还有时间来开发新客户。这也是投资银行业动荡不安的另一个原因，因此，关键在于结合滴灌营销（通过邮件、信件等营销方式，不断地面对大量潜在项目源）和大量持久的个人关系网。最近听说一位投行顾问把这两种方式之间的关系比喻成战争中空军（滴灌营销）与陆军（持久的个人关系网）的结合。失去其中任何一方，另一方都不能取得好的效果，但同心协力的话，便能看到"一加一大于二"的成效。我想"力量倍增器"也是个合适的比喻。

投行顾问营销和销售的内容

假设一个投行顾问集中精力于卖方公司，一个问题就是，当他开发业务的时候，他应该努力推销什么。中型市场企业所做的出售决策中，仅有偶尔一部分由投资银行顾问促成。当然，总会有些特例。有时候，客户公司所处行业的市场情况要么特别有益于出售，要么特别具有威胁性，因而在投资银行的推荐下考虑卖掉公司。然而，一个投资银行顾问对于客户想要何时出售公司的决策几乎没有任何影响。投行顾问可能会提供信息，但由客户来做决定——通常是出于非经济方面的原因。

大多数时候，不管是出于商业角度还是由于生活情况，客户公司做出的出售决策均与投行顾问无关。那么，由于投行顾问对于潜在客户出售公司的时机几乎没有任何影响，所以投行顾问在开发业务的时候，推销的东西应当是能够服务于客户的杰出能力、胜于竞争对手的能力。他们遵循的业务开发方式须一次又一次地让他们处于正确的位置，坚信总有一天会遇到正确的时机。

这种方式意味着投行顾问每年不得不面对许多潜在的客户和推荐人。表30-1、表30-2和表30-3根据我平常的印象，阐述了一个小型投资银行为了每年维持2~10笔交易所需要付出的努力。大家可以看到，为了获得10名客户（请记住这10名客户并不一定全部能最终达成交易），我给出需要开发和联系的潜在客户数量是17 500位。图解中的内容及数据都是按照平常的印象得出来的，但我可以告诉大家的是，这种印象是基于长年累月的经验和这么多年来与其他投行顾问的对话。事实上，其他顶级的投资银行也曾估算出类似的数据。

重点是卖方，不是买方

在卖方投行顾问进行市场营销和业务拓展方面，我还想要为那些想要入行的人提供一个观点：

你的营销活动重点是针对卖方！

希望这句话能够表达清楚。刚入行的投资银行顾问们找到买家或有买家接近的时候，会表现得十分兴奋，这是我观察到的最常见的错误之一。拥有一名买方客户对交易并无多大影响。他们只是找到了一个买家，或者说有个买家主动接近了而已。这有点像是找到了一个钉锄，然后就想着自己挖到了金子（假设这是一个不愿意支付订金的买方）。㊀对于一名老练的中型市场投行顾问来说，这没有什么令人兴奋的。

对于投行顾问来说，在达成新交易的过程中寻找买家完全不是问题。除非是特别强调买方支付订金的业务，否则中型市场投行顾问的重心须放到卖方身上。中型市场投资银行不像"夫妻店"型公司的经纪业务公司，后者高度重视买方。一旦确定要代表卖方客户，接下来的问题当然就是寻找买方。但对于那些严格审查后的卖方业务，会有相当多的买方很乐意找上门来。事实上，协商式竞拍流程的本质就决定了一点——除非迫不得已，投行顾问最不想遇到的便是只有一个买家的情况。如果卖方的表现非常不错，那么投行顾问就会、而且应当能够找到多位买家。

多种营销方式

为了达成为数不多的业务，投行顾问们需要接触大量的人，并通过人际关系网、滴灌营销、品牌营销等方式，在正确的时间出现在这些人面前。面对这个困境，解决方法有很多，下面是我发现的最为有效的方法。

成为某个行业的专家

对于投资银行或投行顾问来说，想要轻而易举地获得实实在在的成功，成为

㊀ 这本书主要是针对卖方，但我想要区别一下消极买方和积极买方。消极买方仅是简单地宣称他们只购买合适的公司，而积极买方则愿意付出一定的成本来搜寻任何一个并购机会。

行业专家是最有效的方式之一。如果这种方法使用得当，投行顾问们就能获得多种多样的机遇，在完全正确的时机接触大量的潜在卖方客户（还有支付订金的买方）。事实上，成为行业专家也好，被人看成专业人士也好，都比想象中容易。要做到这一点，须至少满足以下4个必要条件。

1. 进行前期研究，以了解并选择行业

前期研究是寻找合适行业的关键。在决定集中攻克某行业（或某几个行业）的时候需要考虑如下几点。

首先，这必须是一个快速运转的行业，情况不断变化，公司不断得到巩固。通常来说，这些行业经历了第二波科技行业并购浪潮○，这期间少数几个主要玩家之间相互争斗，同时这也是一个碎片化的行业，里面存在着大量的二线玩家。这些二线玩家拥有足够的高科技和业务能力，能引起主要玩家的注意。如果主要玩家已经占据主导地位，二线玩家丝毫不能引起其兴趣，那这个行业当然算不上是合适的选择。

其次，需要考虑的是某个行业中已有的投资银行的业务覆盖范围。坦白来讲，我很少能找到一个还给新进入的投资银行专家留有空间的行业。不过我想，可能性还是有的，但即便有，盈利周期也很可能已经接近尾声了。这就是为什么要去寻找机会，寻找另一个专攻的行业的原因。

最后，选择一个足够细分的市场是至关重要的。例如，专攻科技领域现在看来太过于宽泛，尽管在15年前或许还不是这样。投行顾问现在必须专攻科技领域下的某个子类，例如卫生保健技术（甚至很可能必须是更细分的子类）、财务经营技术或电信技术的某一个子类。

2. 在行业贸易期刊上或通过互联网发表文章

投行顾问应当展示他们对某专业市场的看法，针对一批精选出来的行业玩

○ 从我自己公司的角度来看，第二次科技行业并购浪潮发生在20世纪90年代中期到末期，重点并不在科技本身，而是在公司解决方案的应用上。在许多垂直产业（Vertical Industry），例如交通和医院，科技已经不再是什么新奇的东西，而是成为了解决现实问题的行之有效的方法，例如酒店房间预订和机票座位出售的最优化。这些科技领域存在一些主要玩家，同时还有许多的二线玩家。这些二线玩家拥有先进的科技或足够的业务量，能吸引主要玩家的注意，并成为其考虑的并购对象。

家,每年写2~4篇文章或一份白皮书,要么发表在行业贸易期刊上,要么通过邮件向选择的目标对象群发出去。

有趣的是,我发现这个要求对于投行顾问来说有些令人生畏。我到底要写什么?要去哪里获得数据?在互联网时代,数据越来越多。问题不在于找数据,而在于避免被庞大的信息量给压倒。思考文章内容的时候,你可以考虑这样一个想法:"可供使用的新闻",想想在本行业内你想要了解什么东西。所有的中型市场企业都很好奇自己公司价值多少、其他公司在做什么交易、产业联合的状况等。

这类信息已然爆炸,老实说吧,大家都不需要进行过多的原创性研究。说完这个,我还得加一句,现在也没什么像样的原创性研究。这类研究通常就是与行业内的人士见面、交谈,并认识他们。所有人都喜欢把自己感兴趣的话题说给投行顾问听,这些话题也就是他们拥有的资本、机会、行业发展趋势、竞争对手等方面的情况。请记住,使用他人的独立性研究时需要注明引用和出处,这样做并不丢人。一定不要仅仅是将公开领域的事实进行重新整理(读者们随时可以使用互联网搜索,说不定他们已经读过了)。你的文章须呈现出一个引人注目的新焦点,还要用有趣且独特的方式总结、归纳你的研究内容。

另一个方法也能够激发投行顾问的创新思维,即按自身的观点进行思索。我认识的投行顾问大多很愿意清晰响亮地口头表达自身的观点,也许当中有不少人羞于写作。那就请说出来,只是去用纸笔说出来!你可以写得很口语化,别担心首次修改和编辑,你自己或别人之后会进行这部分工作。先说出来!安妮·拉莫特(Anne Lamott)在《关于写作:一只鸟接着一只鸟》(*Bird by Bird: Some Instructions on Writing and Life*)中说道,作家应当忍受"糟糕的初稿"。如果说专业的作家都强忍着写下他们的所思所想,然后再抽出时间来整理、修改文章,那我们也能做到。如果其他办法都行不通,那就去雇一个影子写手。很可能发生的是,哪怕只是在短时间内研究一个行业,你都能得出自己的观点。即使你可能无法马上引用数据来支撑观点,也可以先把自己的观点记下来,你自己或公司里的其他人能够在有必要的地方开展研究来补充。一般来说,如果在专业领域做过详尽研究,你会发现研究成果将符合观点。为什么?因为你是经过仔细观察和阅读之后得出的这些观点。即使研究成果证明你的观点错了,这本身也是件好事,会让你更集中地了解行业知识。如果投行顾问每年能发表一两篇文章,再加上其他方式来熟悉行业内的专业知识，他们很快会成为"达人"投行顾问。

3. 开发出行业玩家数据库

这又是一个需要时间而非技能的工作——列出一个基本名单，也许并不需要花太长时间。大家能从大量来源中获得任何一个行业的公司名单，包括展销会（见下文）的与会公司名单，以及从媒体、贸易联盟和出售名单的服务公司那里购买到的名单。可以确定的是，任何一个行业都有人总结出该行业的玩家名单，而如果还没有人做这件事，请你成为第一个。

这个数据库提供自助出版的文章的地址来源，并且给极其宽广的行业范围划分出界限，这些不仅对未来的研究有利，在提供每日联系人信息方面也能派上用场。如果使用邮件，谨慎的做法是在邮件中放置高质量的图标和文章，合理地安排发送周期（最多每月一次），并提供清晰的退订地址。

4. 参加展销会和行业会议

要积累、更新并巩固专业知识，每年至少要参加三四次展销会或行业会议。这是玩家们聚集的地方，但不是说去那些展台看看就行了。我很荣幸与非常擅长运用这个方法的两位投行顾问共事过。运用这个技能的时候，他们就像是"劲量兔"㊀。其中一个有时会在会议开始前租一个套间或舒适的小型会议室，邀请那些精心挑选的人来见面（通常是按顺序来，毕竟受邀者一般都是竞争对手），受邀者通常是业内公司的首席执行官等管理者。这位投行顾问获得了极大的成功，通常两天内就能举办十几场这种小型聚会。

我与另一位投行顾问一起参加过他所精通的行业的业内会议，和他一起与会的那两天令人精疲力竭，但获益良多。他从不停下脚步，一直尽可能地利用各种机会与公司管理者交谈。这些管理者并不都是首席执行官。例如，他经常仅通过联系首席信息官（CIO）就建立起大量人脉。在小型技术企业中，参加展销会的一般都是首席信息官。当他走到展会过道时，那些首席信息官们都感到受宠若惊。

这些人都在说什么？他们在进行着什么样的对话？大部分情况下，他们都在说些与该行业相关的投资银行业务、潜在客户的公司情况。就像我之前所说过

㊀ 美国劲量电池的标志物。

的，少有首席执行官或管理者不想知道行业实情、自己公司的价值以及并购舞台上他的竞争对手们都在做什么。

如果投行顾问还发表了几篇文章，那么他极有可能成功地引起合适客户的注意。据我观察，几年的持续努力后，投行顾问一走进自己所熟悉的行业的展销会，业内玩家便会主动走向他。

专业化需要时间　要在所选的行业里达到如此境界，确实需要一定的时间。我所观察并交谈过的采用这个方法的投行顾问指出，要等到两三年之后才会获得实实在在的回报。如果行业选择得好，而且之后跟进得好，当时机成熟时，回报也是不菲的。请牢记，投资银行寻找潜在客户时应遵循两个原则，其一是在合适的时机出现在合适的地点；其二是说服潜在客户，让他们相信你拥有执行投资银行交易所要求的能力。那么，要实现这两点，没有比专攻某个行业更为有效的方法了。

专业化也有风险　其实，专业化也可能是个高风险的策略。并购行业的起伏波动人尽皆知。在第6章，我讲过中型市场企业出售的时机问题，以及可以确定的一点是，所有的行业均有其周期。除此之外，还有宏观经济周期也会影响并购活动。碰上祸不单行的时候，你就会知道，孤注一掷地把所有的鸡蛋放到一个篮子里也许并不是个好主意。

这是一种"要么大获全胜，要么全军覆没"的方法。如果你专长的行业正经历估值泡沫或活动异常频繁（通常这两点会并存），那么，在泡沫破灭之前，一切都会很好。相应地，并购活动紧跟着宏观经济走势。当宏观经济形势走低的时候，并购行业会出现一段交易量减少的时期，而这时候最好能够拥有几个能带来利润的行业。对于单个的投行顾问来说，一个合理谨慎的方法是把一两个专长领域与常规的中型市场营销方法结合起来。

从投资银行的角度来说，情况同样如此。例如，如果一家投资银行里有10位投行顾问，其中每一位投行顾问都各自发展一个专长领域以及一种通用方法，那么这家投资银行差不多就会与行业泡沫和周期所带来的灾难绝缘，至少能够更好地免受宏观经济下滑的影响。

最后，由于时间、金钱和注意力有限，一位投行顾问能专攻的行业数量也有限。每年写作三四篇文章（这绝对是必不可少的最低量），并参加三四次展销会（这同样是必不可少的最低量），需要投入大量的时间。在这个基础上再增加几个专长领域，花费的时间和金钱都会成倍增加。于是，就出现了我们老生常谈的数量与质量之间的矛盾问题。

总的来说，具体细节取决于投资银行和投行顾问所处的环境，但在小型精品投行中（十人或十人以下），如果出现每个投行顾问专攻两个或两个以上的领域的情况，那么我十分怀疑这种情况的合理性。如果过多的专攻领域给投行顾问带来了资源和精力方面的巨大压力，那么这种方法便不能取得预期效果。

纽约投行顾问式的行事风格

还有另外一种我认为也可以被称为营销的方法（不可否认这种方法确实有些戏剧性），我称之为纽约投行顾问风格。这种类型的投行顾问差不多算是凭空促成交易。他仔细打听一两个行业里的信息，了解哪里会有合适的并购交易，牵扯到哪两家公司。这两家公司当时可能并没想要达成任何交易，更别说是找上对方，但该投行顾问会去努力促成两家之间的交易。他耐心地给两家公司阐述并购交易的优点，推动事情的进展。

我认识不少成功地运用这种方法的投行顾问。这种方法要求投行顾问首先阅读大量的普通商业媒体新闻。我觉得这种方法适合于那些行事风格很强势的人，我非常钦佩这种风格，但自己用起来却感到不自在。

长时间从事投资银行工作

这条路看上去显而易见，这里我不详细说明，也是因为这种方法与我就中型市场投资银行的入行途径所做的说明不完全一致。进入投资银行业的难处在于，需要很长时间才能够建立起持续且基本可靠的业务来源。投行顾问和新兴投资银行均面临这个困难。长时间从事并购工作最终能带来可观的收入。如果能扛过最初几年，一家投资银行或一位投行顾问能够合理地相信业务自然会来。依靠这种方式所获得业务的成功率也许不如投行顾问所想的那么高，但也足够为他们带来丰厚的收益，尤其是将这种方法与我所介绍的其他一般性业务拓展方法结合起来使用时。

大部分业务得益于投资银行或投行顾问在业内建立起来的品牌和名声。客户希望看到这家机构是个业内玩家，最好是个已经在业内有一定存续期的经验丰富的玩家。如果一家公司具有较为悠久的历史，那么很可能会有潜在客户发现这家机构，当然，这仅仅是因为其存在的持久性。人们把这种营销方式称为"品牌推广"。

覆盖众多的中型市场企业所有者

表30-5按照平常的印象阐述了中型市场投资银行所面临的问题，也就是不得不努力做到在正确的时间出现在正确的地点。雇用一名投行顾问并不像每周去赶集，在集市上，小商小贩们把摊子一摆，就等着顾客自动上门。对于很多中型市场企业来说，卖出公司这种事一生当中也难得碰上一两次。当需求出现的时候，投行顾问也必须出现。这里提到的所有战术都是遵循这个概念的不同方式。从最简单的层面来说，有效而且绝对必要的方式就是出现在大量潜在客户的面前，让他们看到你在这里随时准备着。

表30-5 投资银行最佳年度营销和业务拓展策略的主观描述

事 件	独立联系人的个数（人）	最终成为客户的人数（人）
I 在某个行业成为专家		
1. 参加展销会和行业协会（每年3次）	900	2
2. 发表研究论文（每年3篇）	600	
II 长时间从事投资银行工作		
每年的客户数量（4年之后，每年2个）	2	2
III 接触大量中型企业所有者		
1. 蜗牛信件○或电子邮件（每年3到10次）	9 000	3
2. 研讨会或讨论组（每年8~12次）	300	
IV 与服务于高净值客户的专家建立人际关系		
午餐、应酬（每年50次）	2 450	1
V 与其他并购支持专家建立人际关系		
午餐、应酬（每年50次）	2 450	1
VI 提供优质服务，严格执行承诺		
附属于第II条，估计该数值在第二条数据的基础上每年增长50%	1	1
总联系人数量/客户	15 703	10

○ 蜗牛信件是指通过邮局传递的信件，其传递速度与e-mail相比相差甚远，所以用蜗牛信件（snail mails）来比喻。——译者注

有一家曾经很著名的中型市场投资银行——一些人更愿意称之为经纪人公司，而非投资银行（它出名有时是出于错误的原因）——在其全盛时期，曾寄出大量的蜗牛信件，这使他们每年能获得数千名潜在客户。不可否认的是，很多人更多地把这种方式看成是订金相对较高的估值服务，而非高质量的投资银行业务。然而，这种方式也确实意味着接触大量潜在客户的做法很有效。不幸的是，有估计表明，客户交易达成率仅有10%，剩余90%的收入来自于订金（估值服务），而非交易成功的佣金。但这就是这种方式的实际情况——你不一定要采用，也不能仅采用这种方式。

20世纪90年代，一些合法的投资银行采用了同样的方式（发送大量信件，举办大量研讨会），现在还有一些投资银行仍在沿袭这种做法。20世纪90年代末期的时候，这种做法达到顶峰，活动率最终降下来了。特别是在2000年经济崩盘之后，投行顾问们需要长时间持续不断地谨慎地采用这种方式才能获得效果，而这时已经开始采用更加现代化的方式，即群发邮件（最好是带有订阅或退订的选项，一些收件人可能会把它当成垃圾邮件）。这些邮件内容不需要过于明显地恳请客户，可以发送一些参与研讨会的邀请信，讨论其他有趣的新闻——希望这些新闻能够吸引中型市场企业所有者的注意力，因为这类人总是兴致高昂地去及时了解新兴事物，以及关系到他们最终的退出投资策略和他们所处行业的各类问题。

举例来说，在我身处的广阔大都市区，共有约5 000家中型市场企业。每年10次（50 000次联系）优雅地出现在他们面前是件足够简单的事，通过使用群发邮件的话，不费多少成本就能完成这个任务。然而，并不是所有发出去的邮件都会被收件人打开（15%已经是很高的估计了）。群发邮件的作用比蜗牛信件要更好，估计现在蜗牛信件的有效率仅为约1%。

如果结合每年举办两次的教育性研讨会⊖（宣传时运用高品位的图片，并且确实包含有知识量的内容），群发邮件的方式可能会非常有效。在正确的时间出

⊖ 我曾经与某家公司以前的员工打过交道，并从他那儿得知，该公司在全美范围内直接发送大量的邮件，来推广被普遍认为是高压恐吓战术的品位很低的研讨会。这种方式往往会带来适得其反的效果，至少对于那些比较聪明的与会者来说是这样，但是，容易受骗上当的人（通常都是些很贪婪的人）也不少。整件事情非常令人厌恶，几乎配不上投资银行工作的尊严。随后，这家公司被金融服务行业中某家享有盛誉的大型全国性公司收购了，并从此改头换面。

现在正确的地方——从这个角度来说，也就是，在客户准备好出售的时候，你所在的投资银行正是那家能够代表客户的投资银行。

人际关系总述

请让我这样表达一次：人际关系建立得好的话，是拓展业务最有效的方式。据我这么多年来对投行顾问的观察，我留意到，毫无疑问，成功与高质量的人际关系网之间具有直接关联性。人际关系建立得好，具体是指：

1. 就每年、每月需要联系的一定数量的公司与个人制订出一个计划，并把这确立为一项原则。一周至少联系一次，不然体现不出你的全心全意，也不会带来效果。列出一个反复联系的名单，坚持联系，有些甚至要持续很多年。当然，这也是长年从事投资银行业的另一个层面。

2. 参与公司活动。不能仅是出席公司会议，要完全参与公司活动，成为公司委员会会员。通过了解他们，与他们共事，发展密切的关系。大部分时候，直接推销是不必要的。只要人们知道你是谁，你是做什么的，并且他们都喜欢你，那他们自然就会介绍业务，事情就是如此。

3. 制成一个联系人名单，时不时地给他们去个信，内容并不一定要直接推销你的服务——很多时候，你都不应该这样推销。简单说一句"生日快乐！"或"嗨，最近过得怎么样？"就行了，这样会好很多。没人想要被自动上门的推销员缠住。

4. 不要采用递名片的方法，避免使用这种关系来建立人际关系。大部分人会把名片直接扔掉，如果你仅限于用这种方式发展人际关系的话，他们会把你抛到脑后。

5. 不要把人际关系网局限在任何公司。商业人士通常会参加慈善组织和艺术机构的活动，去他们会去的地方，并参与进去。

6. 有耐心。这条路很漫长，但成功的增长是呈指数型的，而非算术型。

与服务于高净值客户的专家建立人际关系

这个方法很可能会非常有效，但是也存在着潜在的陷阱。基金经理和财富管理专家通常拥有一批高净值的客户，这个客户群中自然而然会有相当一部分是中型市场企业的所有者或管理者。这个方法类似于和其他并购支持专家（详见下文）建立人际关系的方法。需要注意的是，这部分专家是从镜头的另一端看待并购交易的。他们把中间人看成是能给自己带来利益的推荐人。毕竟，大部分中型市场并购企业的所有者在刚完成一笔卖方交易的时候，想要保持较高的流动性、拥有富足的流动资金，因此更需要财富管理服务。

与其他并购支持专家建立人际关系

很显然，会计、律师、商业银行家、企业顾问、估值专家等人构成了一个优秀的推荐人数据库，出于同样的原因，财富管理专家也能成为业务来源。他们同样找到投行并购顾问，从镜头的另一端把投行并购顾问看成很合适的推荐人。

事实上，我们也确实是。估计在我们接手的三分之一的交易中，都能碰上同行。我们所处的位置确实适合向这些专业人员介绍业务（外部估值专家除外，一旦并购交易正式启动，他们便不再相关）。

举例来说，向律师推荐客户，通常是因为许多卖方客户本来与并购交易律师没有往来，他们询问我们的意见，让我们帮忙找一个优秀的律师。会计师也面临同样的情况。在总收入高达1 000万美元以上的中型市场企业中，相当一部分使用松散的会计系统（至少有些部分很松散），也没有进行像样的审计，但能勉强对付过去。在约一半的交易中，客户会提升交易前的会计服务等级，以避免在证实性的尽职调查中出现问题，并提升税务咨询服务的质量。

会计师和商业银行家很可能会介绍业务，因为他们很可能在客户聘请投行顾问之前就知道了交易事宜。而在客户聘请投行顾问之前，律师更有可能知情。因此，他们都是很适合培养的业务来源。一个投行顾问向商业银行家介绍业务的能力非常有限，其原因是卖方客户投资银行的目标通常都是让其停业，但是很多商业银行家拥有各种各样的相关财富管理服务，他们对被推荐客户新得到的流动资产十分感兴趣。

这里我想要说明的一点是，对于这些并购支持专家来说，投行并购顾问可能成为非常优质的业务来源；就其本身而言，他们也期待对方介绍的业务。多年来，这些人都是投资银行业务的主要来源。然而，这枚硬币还有另一面：据我的经验，许多财富管理专家和并购支持专家总是承诺得很多，但实际兑现得很少。在我自己的公司里，我们允许这些专家定期访问，参与员工会议。很多时候，我们知道这些专家上一年已经拜访过从事并购的其他投资银行，知道他们是去寻找业务来源的。当业务机会出现的时候，谁能准确地把握住？我不知道。

可以很公正地说，双方都面临这个问题。在发展业务来源的时候，我相信有一点非常关键，即古老的二八法则再次起到相当大的作用。多年来发展并维持的20%的推荐人会带来80%的业务量。㊀有些人学会了一眼就看出或至少感觉出，和哪些人能够维持很多年的牢固的互助关系（出于这样或那样的原因）。

与推荐人初次见面的时候，我表现得非常友好（但内心持有怀疑态度），还会很积极地讨论二八法则。没有理由不这样做，这个法则很正确，而且人尽皆知。最后一条我笃信的原则是，特殊对待那些已经发展成相互推荐关系的人。一条神圣不可侵犯的原则是，如果我们接受别人的推荐，那就想办法去回报他。这就是所谓的"施肥"，它在商业领域中的作用和在农业中一样有效。看到那些"随时随地"出现的致力于建立关系网的人，我备感惊讶。他们好像是在努力为所有人做到所有事。如果能够长时间地集中于提升业务推荐人群体的质量而非数量，回报会更大。

我们可以因此推断出一个事实，即任何一个推荐人都不可能给投行顾问带来大量业务。如果前十名业务推荐人每隔三四年能为我带来一项业务，那么我便能拥有惊人的业务量。再一次说明，这里主要强调的是持续性，而非数量。

长期退出战略计划

另外一个拓展业务的方法结合了以下几点：

- 建立与客户之间的信赖和信心需要很长时间。
- 如果不是由于客户遇到某种突发状况（如死亡、离婚、灾难）而不得不出售公司，中型市场并购业务通常需经历很长的孕育期或出售周期。
- 几乎所有的中型市场企业都会先花至少三年的时间来筹备出售事宜，然后再执行。

这些情况带给我们一个机会，我们实际上可以推出一种退出战略咨询服务。

㊀ 二八法则已经是陈词滥调，它是帕累托法则可以测量的一个案例，也被称作关键少数法则，由意大利经济学家维弗雷多·帕累托（Vilfredo Pareto）提出。这个法则是否确实适用于此处，我不是非常确定。但是，我可以说的是，从这么多年的从业经验来看，我觉得这个法则与实际情况是一致的。

这部分业务本身获利丰厚，同时还能在将来提供长期的项目源。

我观察到一个成功的方法（已在自己公司实践），就是某个中型市场客户提供咨询服务（从初步价值评估开始），详细分析客户公司的价值驱动因素，客户反过来也能够利用这些价值驱动因素逆向推导出，在出售交易实际达成的时候，哪些因素能使公司价值最大化。我们发现，在开展这些工作的时候，定期召开会议，并且向卖方承诺，如果将来交易确实发生，一部分咨询费用可以从最终的成功佣金中抵去，这个方法在达成交易方面很有用。在这种情况下，可抵扣的费用意味着客户实际上在投行顾问身上有了一笔投资。

提供优质服务，严格执行承诺

投行顾问与其他行业专家一样，从业多年后自会积攒起一定的名气。数年前，我代表过的一个客户是一家小型国际咨询公司，它曾提出一个概念，即生气的客户所造成的损失比高兴的客户所带来的收益要更多。这个概念也许在大家看来显而易见，可它就和其他显而易见的原则一样，少有人像我的客户那样将之体现出来。研究表明，一个生气的客户或顾客会将他不愉快的经历告诉八个人，而一个高兴的客户或顾客仅仅会将他愉快的经历告诉两个人。认识到这一点，不仅会带来报酬非常丰厚的咨询业务，而且给美国、日本许多大型公司对待服务和产品质量的态度问题带来了深远的影响。

并购投行顾问在代表客户利益方面的表现和强度

对于客户来说，投资银行业务属于大额支出项目。如果你真的想要惹怒别人，那就做些影响其经济利益的事。然而，如果你想交朋友、认识一个一辈子的业务来源，那么对那个客户就要表现得好像此时此刻世界上没有什么比这次交易更加重要了。和客户一起经历整个交易过程，让客户知道你在为他努力奋战，就好像你自己的利益也取决于此一样（当然，这也是事实）。

我有些客户已经成为十年以上的推荐人和业务来源。当我选择他们其中之一作为推荐人时，他们有时会毫不犹豫地花 30 分钟时间与我的潜在客户交谈。我并不是在暗示你在该行业工作期间，应该让所有打过交道的客户都感到极其满意。总有些客户个性很强，还有些问题客户，甚至有些客户会把他们自身的问题归到你身上。

第30章　中型企业投资银行业务：写给咨询者及其他有意从事该工作的人们

弗吉尼亚州里士满——1991年10月

"道格，既然你不断说起'强度'，那给我举个例子说明吧。"

道格是个非常成功的中型市场投行顾问，他和我正在汽车的前排座位上一起吃着难吃而且不健康的快餐。我们着急赶往弗吉尼亚州低洼海岸的诺福克（Norfolk）地区，去见一个食品行业的客户。不得不遗憾地说，快餐是我们能找到的最好的午餐了。

"好吧，我的意思是，你还记得几个月前完成的食品配送交易吗？"

"有点印象。"

"交易结束前两天，我在那个糟透了的仓库里走着，盘点存货，当时客户公司的会计没工夫，所有人都忙得焦头烂额，要完成交易就必须要完成盘点。你能想象在零下15度的冷藏仓库里数那些冷冻食品包装是什么感觉吗？"

"无法想象，也没经历过。"

"这个交易还是完成了。我患上了严重的头痛伤风……一个月后，这个客户给我介绍了一笔业务。想想挺值的。"

"那是挺值的。我懂你的意思了。"

这个故事也和本书里其他的趣事一样是真实的，仅因为要保护无辜的人而稍微做了点改动。

证券法问题

在《证券交易法》和《统一证券法》（差不多算是美国很多州的蓝天法案的汇编和基础）的规定下，很明显证券出售申请受到法规的管制。在1929年股市大崩盘期间，大约250亿美元的证券变得毫无价值，接下来出现了经济大萧条，然后美国政府很快于1933年颁布了《证券法》，紧接着于1934年又颁布了《证券交易法》。两个法案的主要目标是公平地对待投资者，要求全面而足够的透明度。

利用州际贸易的证券出售须遵守法规。这些法规通常由美国国家证券交易商协会执行。从2007年起，监管机构的名称改为金融机构监管局。这个自主监管的专业机构受到距离不算遥远的美国证券交易委员会（SEC）的控制。在实际监管过程中，一部分工作是要求从业个人拥有证券许可证，也就是注册代表。并购专家最常拥有的许可证属于系列7，这是国家级别的，还有州级别的系列63。

投资银行本身必须是一个经纪交易商，须遵守一系列旨在保障公众利益的法规。经纪交易商必须上报季度财务报告和年度审计报告，并负有保持最低资本水平的严格责任。[1]

另外，企业成员中必须有一个或一个以上的合伙人持有证券主要许可证（Securities Principle License，系列 24），以及系列 28 的财务经营主要许可证（Financial Operations Principle，Fin-OP），除非他们聘用顾问。获得财务经营主要许可证绝不是件容易的事，特别是对于非专业会计人员来说。但是，对于普通财务专家来说，这些许可证并没有太大的难度，在一两周的认真学习、测试之后，就有希望获得这些许可证。

联邦法和州立法中的证券法规明确覆盖了所有并购交易中的证券出售行为，然而，在法规最初生效的时候，中型市场并购活动是否在考虑范围之内还是个值得怀疑的问题。[2]问题在于，一半以上的中型市场并购交易牵扯到实体股份的收购。特别是在 1986 年颁布税法之后，实体资产的出售变得成本高昂，原因是要双重纳税，一次发生在企业层面，另一次是销售完成之后股东要承担的税收。[3]

出售股份引发的相关惩罚可能是民事的或刑事的，也可能导致交易解除。交易解除还可能引发诉讼案件，而没有许可证的投行顾问肯定会成为被告。

另一个实际问题出现在部分卖方客户身上，他们和投行顾问之间发生费用纠纷，威胁投行顾问说要向当局揭发该投资银行没有获得许可证却从事着相关领域的活动。这种情况导致众多没有许可证的并购类投资银行离开了该行业，或者很快丢掉了他们本可能赚取到的一大笔费用。

出于这些原因，20 世纪 90 年代末，没有许可证的投资银行率先成为经纪交易商。尽管还不确定这是不是必要的一步（在大约五年前，如果你去询问十家律

---

[1] 经纪交易人若是为并购交易目的而设立，那就必须保证任何时候的股本都不低于 6 000 美元，以满足最低资本要求。实际情况会比看上去更加复杂，因为这一资本要求很容易被资产负债表上的债务影响。

[2] 至作者写作本书时，美国投行顾问协会的一个特别行动小组（2005 年 6 月）发布了一份报告，建议对并购及一些类似的商业交易活动进行更合理的监管。而且，有些并购行业小组仔细看了这个报告。希望证券交易委员会和金融机构监管局最终能够领悟最大的问题在于，美国 50 个州不得不做出改变，因此监管方面的重大变化会导致这些交易过程历时很久。

[3] 当然，这里假定企业还不能选择成为一家 S 型公司。

师事务所，那你会得到全然不同的答案⊖），但许多投资银行仍然非常谨慎地迈出了这一步。现在对于那些较好的投资银行来说，这已经成为惯例。

我相信大部分人会发现，合适的许可证会带来一些额外的好处：增加一定的信誉度，胜过那些没有许可证的竞争对手，获得一定的竞争优势。很清楚的一点是，监管者们实际上并不清楚该怎样对待这些专门从事并购的投资银行。他们执行法律，因为必须这样做，而不是考虑到法律法规颁布的初衷（向公众出售证券）。如果最终出现一套独立的法规来监管专门从事并购的投资银行，我也不会感到惊讶。美国律师协会已经向美国证券交易委员会提交了几分初稿，他们正亟需这一系列法律法规。

对监管问题的最后一点评论：

- 考虑把经纪交易商作为一个独立实体，把收费支票存入银行，只是将收入按比例支付给合伙人，没有任何其他费用过账。这将使得审计和对最低资本的复杂要求变得更加简单，便于管理。
- 制定费用分摊协议，使得主要的咨询工作能够保证经纪交易商的开销。这些计划应该由金融机构监管局来批准，其前提条件是保证人能够负担得起费用，并保留可分配花费或直接费用的详细记录。
- 别把其他的活动（咨询、估值服务等）与经纪交易商的并购活动混在一起。这样做的话，记录、审计和遵守最低资本要求均会变得更加简单。
- 不要试图分清楚资产交易和股份交易。两种交易均要通过经纪交易商，甚至资产交易也可能采取股份交易的形式。同样地，其交易的方式很可能根据州级别的《统一证券法》来操作。

业务管理

这章末尾的时候，我想分享一些来之不易的见解，提醒投资银行新进职员或

⊖ 例如，一些律师事务所会暗示客户，获得许可证之后可能会把一些不相关的监管者也吸引过来；其他人也不情愿提供任何明确的观点；少数人积极地建议全面遵从条款。然而，所有人似乎都同意，法律最开始并没有保护公众免受并购交易中可能出现的损失。从某种程度上说，并购交易的双方均不是公众，买方要么是另一家公司，要么是超级复杂的金融投资家，卖方也同样。

投行顾问新手不要去犯那些我早期犯过的错误。

1. 没有订金或承诺费就接业务

我的建议是绝对不要这样做。我再次强调一遍：绝对不要这样做。我已经说过，刚入行的投行顾问在接到业务的时候是多么兴奋。这笔业务（再加上投行顾问经验不足）很可能会让投行顾问失去理智，看不清实际完成一笔交易所面临的真实情况和变数。这些变数中有一个因素就是客户的责任心，本书其他章节有详细讨论过这个问题。做不到共同承担风险的客户便不是客户。他们没有实际承诺来完成交易。有很多客户只是好奇，想要你付出大量的时间、精力和心血，只为了弄清楚他们自己公司的价值。

排除掉这类人的方法就是要求他预先支付一定的订金或承诺费，数额要足够大，能够显示客户认真的态度。当我首次听到这条建议的时候，我把它看成是古老的精神病医生的符咒，即不按时支付医药费的病人并没有下定决心遵照治疗流程，因此他们不容易接受治疗。一开始，我觉得这是在胡说，只是精神病医生想方设法获得费用，或者说投行顾问想要收取费用。然而，我很快发现这个建议反映了一个真实且深刻的道理，而忽略这个道理的投行顾问往往会遭受损失。

我会把订金设置在几个月的费用预算之内，有时候我确信问题并没有出在客户的责任心上，也会偶尔减少一点订金。不过，我还不至于完全相信自己的判断，而延迟收取全部订金。事实上，正因为我相信自己的判断，所以才坚决反对延迟收取订金。

2. 审查新交易单（特别是融资交易）

在接业务的时候，我们每个人都有盲点，即使订金已不是问题。这个盲点可能会带来好处，也可能会带来坏处。它可能导致交易被不合适地拒绝或接受。在精品投资银行，另一个有助于团队合作的方法便是坚持让委员会来审查所有可能的新业务。团队协作的意识可以将拒绝或接受过程中的差错最小化，挖掘隐藏优势以及找到与交易相关的其他投行顾问的联系人，这些都能给一家公司带来成果。

对于经验不足的投行顾问来说，审查过程同样非常具有教育意义。从他们的角度来说，委员会的流程能够缓和缺乏经验的投行顾问的热情。他们易于犯错，容易接受那些无法执行的交易，特别是私募股权和其他融资。这个审查流程也能让这些缺乏经验的投行顾问意识到委员会里的同行在哪些领域颇有经验,这些同行也可能确实会帮助其完成交易。

一个良好的融资机会不是仅有最新和最伟大的想法就够了,即便你的想法确实是最新和最伟大的。时机、管理、资本市场的偏好等问题对成功的可能性均有影响。在我看来,伟大的想法和公司与能筹集到资本的公司之间微弱的平衡是没法很快很容易就学会的。

> 首先,我选择大玩家。如果遇不到大玩家,我就选择中级玩家。如果他们都不出现,我就选择那些会付费的人。
>
> ——迈克尔·凯恩(Michael Caine)

3. 爬上交易规模的阶梯

没错,我们都想要接大单。我们都知道大单更容易展开工作,实际上也会花费更少的时间,坦白来说,大业务更加有趣味,也更能享有声望。然而,在我整个职业生涯中,我从来都强烈反对一种观点,即想要大业务(客户)就应该远离小客户。我认为,好好服务小客户,那么推荐人的数量就会增加。在投资银行和公共会计领域里,我服务过的不少大客户都是小客户介绍过来的。唯一一个例外是,我强烈建议远离"夫妻店"型公司的经纪人交易,不是因为其规模小,而是因为这种公司的性质完全不同,因此也会涉及(我在其他地方详细讲到过)不同的技巧。否则,坦白地说,你就很容易被划分为公司经纪人。请与那块有利可图的市场保持距离,就像远远地躲开瘟疫一样。

在生活与并购领域都获得成功

我在本书中用体育项目(高尔夫)作过比喻,这可能让我看上去像个狂热的体育迷。事实上,这并不正确。我很少看体育比赛,仅偶尔看几场重要的高尔夫巡回赛。幸运的是,我娶了一个热衷所有赛事的狂热的体育迷老婆。你说得出的赛事,她全都看:美式足球、肯塔基赛马、高尔夫、篮球。她看电视上的赛事时表现得十分热情和投入,每次看到她那个样子,我不禁咧开嘴笑(至少心里是)。她自己并不参与任何体育运动,当然,除非园艺算是运动项目。

很多人用体育赛事(包括高尔夫在内)来比喻人生,但我觉得不管是赛前还是赛后采访那些运动员和教练（他们肯定给这些人一模一样的讲稿），他们那些陈词滥调早已让人们对这些比喻产生了误解。然而，我也很幸运，在那个年代有那么一位运动员在其领域居于绝对统治地位，我确实会去留意他说过什么，但更多地会去留意他做些什么。

他是谁？老虎·伍兹（Tiger Woods）。

当然，我跟这个人并没有私交。如果有，我可能会对那个真实的人感到失望……也许不会，谁知道呢？打败那些优秀的运动员之后，体育评论员向他提问，我关注过他对那些愚蠢的问题的回答。他的回答可以总结成几个核心点，我们最好注意一下。㊀我可以向你保证，这几点同样适用于投资银行并购领域。希望大家能够明白，当我在本书语境中谈论起成功时，我的意思并不是去打败别人。成功实际上是一件很私人的事情，与打败对手毫无关系。

- 不要设定多个目标。与大目标保持一致，一个目标就足够了，而这个目标就是一天比一天好，成功自然会来敲门。（不要泛而不专。）
- 有赢就有输。看开点，生活还在继续，新的挑战和新的机遇还会再来，集中精力迎接它们。（不要气馁。）
- 如果要参战，就一定要争取获胜。学会坚定地抓住每一次机会、每一次交易、每一个客户。（注重细节。）
- 绝对不要三心二意。工作时，全心全意地为了你自己和你的客户而努力。（如果决定这样做，就一直做下去。）

价值十万亿美元的机遇

我非常享受这个行业的工作，它偶尔给我带来巨大的经济收益（当然，我一直在琢磨下一次交易从哪儿找）。这个工作让我乘坐了无数次的飞机，让我出差去西非等异国他乡，还有许多并非异国他乡的地方，例如内布拉斯加州的奥马哈。我已记不清自己涉猎过多少行业，遇到过多少种性格的人——或许比巨蟒剧

㊀ 这些见解或精华大多来自一位鲜为人知的高尔夫作家韦恩·迪弗朗西斯科（Wayne Defrancesco）的文章。他在高尔夫专业作家中享有盛誉，不仅对这个难以捉摸的运动项目发表过很多发人深省的评论，还对人生这个复杂的问题发表过许多精辟睿智的见解，不管韦恩自己有没有意识到这一点（我猜他是知道的）。

团[一]里的还多，有时候还被激发出我自己都不知道的创造力。有些客户和我的关系非常密切，我们现在已经是终生的朋友；同时还有些客户曾发誓再也不跟我说话（或更毒的誓言），但其中许多人后来在其他交易中均与我共事过，我们也成了真正的朋友。

如果你非得问（我是否对这个行业深深迷恋）：是的，再给我一次机会，我会重走一样的路（我现在仍在这条路上前进）。如果你拥有发散性思维，爱提问，喜欢与人打交道，还有一阵阵的兴奋劲儿，换句话说，如果你是个"交易瘾君子"，那就放开去做吧！

另外，这个所谓的"价值十万亿美元的机遇"（比我们自己的研究数据夸张了点，但是说起中型市场并购行业，仍然可以用万亿为单位），展望并购中介行业的未来，我只看到好的东西和非常活跃的市场（当然，通常会出现一些短暂的停滞）。即便不再回顾前面的章节，我们仍可估计在接下来的20年间，大量（约800 000家）的中型企业会易手，原因包括婴儿潮时代出生的人进入退休年龄、技术进步等，更不用说商业经济的全球化了。三分之二的公司将被卖出，估算市场价值为3.3万亿美元。3.3万亿是个惊人的数字。例如，3.3万亿小时之前，恐龙还没有出现；3.3万亿加仑的水能形成一个密歇根湖那么大的8英寸深的水坑；3.3万亿英里的距离相当于每年全美的汽车行驶里程数（也就是两千亿加仑的石油，每加仑石油行驶的英里数为17英里。

本章小结

➢ 成功的投行顾问的关键特点：喜欢与人打交道，喜欢各种各样的事物，拥有抗高风险的能力。

➢ 大部分中型市场投资银行的模式都是成功佣金制（食你所猎），因此，年轻人要入行很难，除非进入投行并从分析师做起。

[一] 巨蟒剧团，Monty Python，是英国的一组超现实幽默表演团体。其创作的英国电视喜剧片《蒙提·派森的飞行马戏团》，于1969年10月5日在BBC公开播出，播出了4季共45集。发源于电视剧的巨蟒剧团，其影响力在随后数十年里持续加强，产生了巡回舞台表演、电影、多部音乐专辑、几本书籍和一部舞台剧作品，其成员也踏上了独立的星途。巨蟒剧团之于喜剧的影响力，不亚于披头士乐队对音乐的影响。——译者注

➢ 先进入咨询公司或其他专业机构、然后再入行也是可行的（详见图30-1），但这种做法的缺点包括专业知识和经验不足、没有许可证、合伙人之间在文化上和经济上的冲突以及缺乏可信度等。

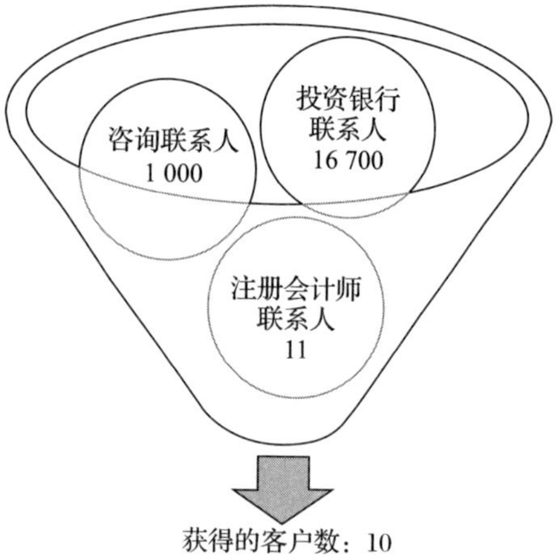

➢ 投行顾问或投资银行有一半以上的工作时间都花在以下的营销任务上：

♦ 通过研讨会的群发邮件、数据库等方式实现大众营销。

图30-1 小型咨询公司或注册会计师事务所 vs 卖方投资银行：漏斗效应的主观描述

♦ 拓展业务的时候，通过发展一部分精心挑选的人际关系网来进行更有针对性的营销活动。

♦ 按平常的主观印象进行估算的话，大概要进行15 000到20 000次联系才能获得一笔业务。

♦ 投行顾问在进行营销的时候，应寻找卖方客户，并出现在卖方客户面前，而非买方客户。

♦ 长时间从事并购工作，用心管理已有的客户，从而建立起一个忠实的业务来源群，这是保持业务量的最好方式。

➢ 专业化是进入投资银行业的很好的切入点，但别把所有的鸡蛋都放在一个篮子里，不要孤注一掷地专攻一个行业。

➢ 纽约投行顾问式的行事风格很有效，但在中型市场并购行业中并不特别常见。

➢ 考虑开拓一个为退出战略提供咨询服务的子行业，这样既可以获得高质量的短期收益，也可以开辟出长期的项目源。

➢ 金融机构监管局、证券交易委员会及其他的法律因素，使得投资银行必须实际拥有合适的证券许可证和实体，以实现发展的野心。

➢ 这个领域大概有价值十万亿美元的机遇。

第 31 章

后记：资本市场

罗德岛州普罗维登斯市——1989 年

20 世纪 80 年代末期，我是白宫小型公司顾问委员会的一员。坦白来讲，当时我们所有人都焦头烂额，想方设法为小规模的中型企业寻找资本来源，特别是那些中型市场的早期公司，这也是设立这个委员会的原因。你们当中大部分人会忘记那些日子，这也没关系，但我不得不感叹，天呐，变化多大啊！差不多从那时起，私募股权和风险资本市场诞生了，迅速地改变了中型企业的融资局面。

刚进入金融行业的时候，当我第一次听到"资本市场"这个术语时，还不完全确定这是什么意思。它是不是英式英语里"最好的"（capital）市场之类的意思？如果真是这个意思，我年轻的妻子肯定对其了解得更多，知道它们在哪儿，说不定已经去购物了。当然，我这里多多少少是在开玩笑。慢慢地，我知道了这个术语就是其字面意思，也就是你从其中获得金钱的地方。

1. 概览

资本市场。本书重点不在于资本市场（主要聚焦于中型企业并购），但它确实是个重要的资源，是中型企业投资银行家必须要熟悉的资本来源。投资银行家不仅代表着公司买方和卖方，还代表着寻求融资的公司。本书中加入这部分内容是因为并购与资本市场之间是相关的。

除非是教学目的，否则区分这些学科毫无意义。如果无法相对全面、广泛地了解资本市场内的每一种融资工具和方式，也就不可能负责任地从事并购工作。事实上，少有并购交易完全不用牵扯到资本市场，它么是融资来源，要么是潜在客户需要留意到的一个可选替代方案。

事实上，许多资本市场的交易就是并购交易（全部或部分资产或公司股权的收购)。我想在这里讨论几种资本市场,差不多算是走马观花⊖,毕竟,读者并不需要阅读关于每种资本市场的长篇大论。

况且,要讨论全部这些资本市场也是不可能的。即便有人要去这么做,一年后这些内容就会过时,因为这些资本市场自身在不断更新,而且速度非常快。因此,本章将简要讨论各种主要资本来源的相对资本成本,以及每一种资本市场的流程和适当性(是否匹配投资者及其目标)。有几个术语前后会出现几次,因此我想提前做出界定:

- 投机商号(有时候被称为"孤寡店,window-and-orphan shops"或"波卡拉顿店",boca raton shops)。它们是典型的零售股票推销者(虽然通常有许可证)。他们通常是电话交易所,证券经纪人推销不怎么受欢迎的股票和投资计划(即便没超出法律范围,但他们的推销行为也基本是在打擦边球)。很多年以来,这些投机商号大部分集中在佛罗里达州南部地区⊜。想象一下这个画面:满屋子的电话销售代表,前面站着某个小组领导,激励代表们一个劲地卖、卖、卖,甚至还给当下业绩最好的代表奖励了一块金表⊜。投资方要想方设法避开与这类投机商号扯上关系,因为他们采用模糊不清的、缺乏职业道德的工作方式。与他们打交道会染上道德污点。
- 尽最大努力承销或代销。公开发行的股票首先由承销它们的投行购买(实际上是担保)。
- 包销。投资银行(或者承销团)全部购买,之后在公开市场上以一定利润加价转售的公开股票发行。
- 被投资者。寻求别人向其投资或为自身寻找资本性投资的人士或公司。
- 投资者。资本提供方。

⊖ 我推荐另一本参考资料,罗伯特·斯里(Robert Slee)的《私人资本市场》(*Private Capital Markets*)。该书列出了这里提到的一些方式,对其中一些进行了详细解释,并且还补充了其他内容(Wiley, 2004)。

⊜ 这绝不意味着佛罗里达州南部地区或波卡拉顿的所有零售股票经纪人公司都是伪装合法的股票经纪人事务所。

⊜ 这个场面如同《华尔街之狼》电影中所描述的画面。——译者注

2. 商业银行

投资者的特征　所处监管环境严苛，风险回避型，十分保守，仅能获得较低的特定贷款的预期利润。允许犯错的余地很小。它们极其官僚化，在那些小型银行中，投资者通常很政治化。销售与信贷文化相碰撞的时候，他们像精神分裂的患者。一开始看上去积极和蔼地接待借款人，当真正的交易条件和信贷注意事项慢慢明晰时，他们通常都会放弃。

与被投资者需求和投资者目标的匹配性　低风险，有盈利，且处于非早期阶段的企业。必须拥有足够可用的抵押品和良好的现金流。然而，比 20 世纪 80 年代中期之前的现金流要求要低很多，也不像那时候以品德为导向。

典型条款和类型　以应收账款为基础的可循环使用的银行授信。利率通常与大型银行最优惠利率相关，但也不会那么低，通常为 7%~9%。以设备抵押的为期 5~7 年的定期贷款，贷款人整体享有高级优先地位。具有各种不同的业绩和财务比率约定事项。循环信用额度贷款至少每年更新一次合同。它们将要求申请所有者提供保证，通常会与申请人签订严苛的约定事项条款。老牌公司坚持贷方的 4C 原则：品格（character）、现金（cash）、抵押品（collateral）、信誉（credit）。新派 4C 原则（20 世纪 80 年代末期之后）的顺序是抵押品、现金、信誉、品格。不管按照什么顺序，这四点都很重要。

3. 上市公司的定向增发

投资者的特征　通常会因为某目的而特别组建专门的私募股权投资机构。

与被投资者需求和投资者目标的匹配性　中级风险承受能力投资者，急需被投资的对象。有时候，对于被投资方来说，仅是更加便捷、交易成本或资金成本更低。

典型条款和类型　要么投资于带有认股权证的普通股，要么投资于可转换优先股。

利弊与细节　有毒的死亡漩涡条款在许多上市公司接受私募股权投资中非常常见，此种情况下公司市值在快速缩减，但仍要维持私募股权投资者的股份价值保持不变，或存在类似的价格调整机制。对于那些根基很稳固的上市公司来说，并不一定要给投资者提供这种形式的下行风险投资保护机制。而且如果这些公司根基很稳固，它们也不会去寻求私募股权投资者。对于需要资金的上市公司来说，私募股权投资者通常是最后的选择。

4. 首次公开发行

投资者的特征 初次投资者（在包销的情况下）实际上是投资银行，二次投资者（公开市场上的股票购买者）才是真正的投资者。首先，承销投资银行必须被说服包销。因为通常投行仅作为代销机构尽力地推销证券发行，最终投资者是公众市场购买者，因此必须说服他们认购。

与被投资者需求和投资者目标的匹配性 只有当需要大量融资额时（5 000万美元以上）才采用承销方式，这种方式并不适合弱者。远离伪装合法的股票经纪人事务所的小额发行。极其依赖于宏观经济环境和市场条件，倾向于跟随大趋势，而且具有周期性（例如2000年初IPO就不受市场欢迎）。不能算是投资退出方式，反而是进入另一种市场的入口（有些人说是"地狱"的入口）。

典型条款和类型 募集成本约为10%~11%，包括大额的持续性的专业费用支出，对小型上市公司来说年费用可达200万美元。需要包销或代销的募集资金或认购金额必须满足最低额度要求，否则发行失败。

利弊与细节 自从安然公司及其之后的萨班斯-奥克斯利法案（*Sarbanes Oxley legislation*）之后，首次公开募股变得非常困难，规模很小的上市公司受到限制。在行动之前有必要进行缜密的思考（当然，前提是这个事是可行的）。再次强调，远离小型上市股票发行和伪装合法的股票经纪人事务所。因专业成本和管理成本投入巨大，在这种情况下很多小型上市公司退市，变成了非公开股份公司。再次强调，这并不是投资退出途径，更像是个投资途径。

5. 反向收购上市壳公司

适用情况及其利弊 尽管收购一家上市壳公司是一条简单的路径，可以在一夜之间变成一家上市公司，但是借壳收购在99%的情况下并不是最佳答案。这类运作并不能带来融资和真正的市场交易，也不会吸引分析师，通常自身还有污点。

6. 血汗股权

投资者的特征以及被投资者需求和投资者目标的匹配性 贫穷、有野心、人际关系网不发达的被投资者。如果成功的话，是进入正轨并保持股权不被稀释的融资途径，但这样做的人通常都没有其他的选择。

典型条款、利弊与细节 （可能会）导致过程和决策中严格遵从原则，失败率很高，很天真烂漫。在进行工作之前，应当获得经验丰富者的建议；在浪费时间之前，先三思。

7. 朋友（friends）、笨蛋（fools）和亲戚（family）（三个 F）

投资者的特征 天真，友好，潜在地喜欢滥用诉讼（但往往不会）。钱不多，但是对被投资者很忠诚。

与被投资者需求和投资者目标的匹配件 新创办的小公司仅需要少量资金。

典型条款 所有市场能够接受的条款。他们要么相当宽宏大量，要么相当荒谬，因为他们通常没有专业建议。这种方式很可能会带来与夹层贷款融资相似的投资回报率：18%~25%。

利弊与细节 虽然通常不是大量资本的来源，但至少也是一部分资金来源。

8. 租赁交易

与被投资者需求和投资者目标的匹配性 通常由银行（更加保守、条件较优惠）和租赁公司（两方面均不如商业银行）提供。如果被投资者需要购置装备，这是很好的资金来源，因为相对公司中的其他投资人来说，租赁交易会自动地为投资人提供担保（设备抵押）。同样，对于售后回租交易来说，这也是非常好的资金来源，因为售后回租交易中被投资者已经拥有了抵押所需的资产。

典型条款 年息约为 10%~13%。

9. 真正的天使投资人和自封的天使投资人

投资者的特征 比凤毛麟角还要稀少。真正的天使投资人非常老于世故，因此不太可能提出宽松的条款。最好的天使投资人是那些自封为天使投资人的个人投资者或天使投资人俱乐部。如果投资者是个自封的天使投资人，条款可能会乱七八糟，然而，自封的天使投资人很少真正投资。

典型条款 融资条件是夹层融资条款和私募股权条款的结合，包括认股证权和所有权，成本约为 18%~25%。

10. SBA 项目：小型企业管理局（small business administration）

投资者的特征 美国政府担保的贷款，有些官僚主义，但很可能比直接从银行贷款差不多。对于出贷方来说，这是一个防范风险的项目。可能牵扯到由贷款银行或其他债权机构发起的二级市场出售（再出售）。各种各样的项目很多，但SBA 7（a）是其中最著名的。

与被投资者需求和投资者目标的匹配性 这是相对较小的企业贷款，能帮助说服一家银行使事情顺利进行。批发商的话，其员工应少于 100 名；零售业或服务业 3 年平均总收入应少于 600 万美元；制造业公司，员工应少于 500 名；建筑行业 3 年平均销售收入应少于 1 200 万美元；对于所有者用于公司的自用商业不动产的房地产贷款同样可获得。

典型条款 第 7（a）最高 200 万美元贷款，25 年期，固定或可变利率，但与最低基准利率挂钩。

利弊与细节 标准商业条款，更加官僚主义，也更加耗费时间。SBA 通常使用的信用审查要素为：股本（合理的债务及负债比率）、收益（非常稳定的月度现金流）、营运资产（足够的水准）、抵押品（持股 20% 以上的股东必须提供个人担保）。

11. 二级市场公开发行

投资者的特征 和首次公开发行一样，最初的投资者和筛选者实际上是承销的投资银行，而股票的实际最终买家是二级市场投资者。相当程度上依赖于宏观经济形势。

与被投资者需求和投资者目标的匹配性 适用于首次公开募股之后意图更稳健地发展的公司（请与上市公司的私募股权投资进行对比），以及公司创立者想要出售股票的情况。

利弊与细节 比接受私募股权投资等其他方式更慢。应当与其他贷款选择进行比较。对于公司创立者来说，是一个获得流动资金的好办法，但需要一个使用这笔募集资金的合理理由，不然发行公司的资本总成本将很快出现问题。

12. 行业旁观者

投资者的特征 通常是采取观望态度的行业玩家，想要在各种方面获得"最惠国待遇"的交易。他们会对感兴趣的交易进行谈判，并且有可能成功。对于被投资者来说，这通常是个很好的获得发展资金的方式。

与被投资者需求和投资者目标的匹配性 为那些忙得不可开交的投资者提供投资机会，也为那些不完全成熟的被投资者提供一种有利的资本来源。

典型条款 没有典型条款，交易与交易之间相互独立。他们通常会为投资退出设置一些条款或机会，还可能带来额外的附属关系，例如经销协议、被投资者被出售时的优先购买权。

利弊与细节 对于被投资者来说，这些条款很可能会是问题，特别是被投资者被出售时的优先购买权（死亡之吻），有可能会阻止被投资者在技术上或实际上与投资者的竞争对手打交道。

13. 1933年美国《证券法》中的《D条例》规定的私募发行（第501条到506条）

投资者的特征 被投资者认识的个人，也可以通过经纪人（再次提醒，留心伪装合法的股票经纪人事务所）出售给之前不认识的买方。

证券登记准则中的例外情况 需要一些合格的投资者，他们需要符合20万美元到100万美元的年收入和资产净值法则，或参与这些市场的任何类型的机构。506准则（主要规则）：最多35个非合格投资者。单一投资者认购超过一定金额的或向合格投资者发行的，无人数限制。

利弊 投资者的目标要么很随意（如果被投资者已经认识投资者），要么是为了获取被动收入或奉行机会主义，这取决于宏观市场和投资条件。被投资者必须很小心，因为通常这类资本没有其他的相关优势，例如提供咨询意见、人脉资源等（详见下文中的"利弊与细节"部分）。

典型条款 市场所能承受的债权或股权投资的典型条款均有。由于这类发行方式通常不适合首次公开募股、私人股本机构或私人贷款机构，因此成本可能非常高。但从投资者的角度来说，这类投资风险很高。合理的参照标准是夹层融资市场：18%~25%。

利弊与细节 20世纪80年代早期的房地产热潮时期，这类股票作为减免税手段卖给医生、牙医等，直到后来法律有所改变。从历史上来说，如果投资者违反规则，这种方式更容易引起诉讼，更具有民事或刑事惩戒性。作为豁免发行，成本很高，且非常耗费人力；除非是提前安排，这样做还非常耗时。募资方必须透彻地解释所有的风险，甚至到了会因此吓跑投资者的程度。必须严格遵从证券法规，远离伪装合法的股票经纪人事务所。

14.《S条例》中海外证券发行销售安全港规则

投资者的特征 买家必须在海外，没有预先安排，比《D条例》有更少的披露要求，不得在美国本土劝诱（包括直接销售的努力）。

利弊与细节 这是快速地在海外销售证券和募集资金的方式。但从1996年起，必须在美国境外（不能在美国境内重新出售）等待至少为期一年的限制期，这可能是最主要的劣势。

15. 早期风险投资

投资者的特征 精于世故的、有机构支撑的有限合伙企业。要求投资退出期一般为3~5年，基金存续期一般为8年以上。对投资人来说，管理费用占总投出资本的1%~2%，外加20%的收益分成（必须首先满足有限合伙人的投资收益率要求）。

与被投资者需求和投资者目标的匹配性 高风险、高回报型投资者，高风险、高回报型被投资者。因为是刚起步的公司，所以需要杰出的管理人员和卓越的创意。

典型条款 通常寻求35%以上的投资回报率。尽管通常是少数股权，但投资协议仍赋予有效的控制权。

利弊与细节 在早期风险投资交易案中，2 000个交易案中可能成交的不到一个。很难找到资金。从2000年以来便不受欢迎。常常带有严苛的财务条款和严格的非财务条款。如果情况变糟糕，被投资者的所有权权益将降低（被挤下来）。

16. 资本重组交易

投资者的特征 通常是机构型私募股权玩家和投资人。在杠杆收购的资本重组中，股本投资往往由夹层贷款等其他贷款（杠杆收购）作补充。

与被投资者需求和投资者目标的匹配性 想要撤走资金但仍然继续参与经营的被投资者；将合适的公司成熟度与有利的机遇保持平衡的投资者。

典型条款 使用风险投资现值分析法（每个人投入了多少？）含蓄地划分所有权百分比。严格的企业管理协议和给投资者的董事会席位。

利弊与细节 对部分流动性有利，如果遇上有经验的投资人（人际关系网很广）也很好，并且有利于后续投资。有非常严苛的赎回条款和债务杠杆，对交易后的资产负债表不利。如果事情变得糟糕，情况将很不利于被投资者。对于被投资者来说，赎回、清算和收益优先权这些事一件比一件更令人痛苦，但如果事情进展顺利,将出现一片大好光景,因为被投资者在第一轮交易实现部分套现之后,一定程度上会享受到第二轮的收益。

17. 外部并购交易

投资者的特征 情况多种多样,包括:奉行机会主义的战略收购者(最糟糕的情况)、战略收购者(还不错)、战略补强投资者(从非上市到上市的套利,很好的情况)、金融私募股权(最好的情况)。

与被投资者需求和投资者目标的匹配性 根据买家或投资者的不同,投资者的目标也不同。被投资者的需求各种各样,包括:纯粹寻求资产变现(退出策略卖家)、寻求金融资源(合并或资本重组卖家)、寻求人力资源或管理资源。

典型条款 所有交易的构成为三分之一的现金交易、三分之一的股票交易、三分之一的其他交易。大部分中型企业并购交易额超过1 000万美元,其中85%~90%是现金支付,5%~10%的余款是盈利能力支付(对赌协议)。至今为止,这种方式的竞拍流程带来的效果最好。

利弊与细节 结果由出售时机及竞拍效果决定(你可以说这是运气);极其依赖于中介机构的技能;需要6~12个月,甚至更长的时间;会丧失控股权(一般为10%)。

18. 内部并购交易,雇员股票激励计划和管理层收购

与被投资者需求和投资者目标的匹配性 适用于所有者缺位的情况下,管理层已经拥有了极大的控制权,或公司因其他原因不能立即出售的情形。必须是健全的公司,这是因为管理层通常没有足够资本用于收购,将需要外部融资。因为与管理层的关系,谈判过程极度敏感,甚至可能受到管理层的勒索,特别是在所有者缺位的情况下。

利弊与细节 雇员股票激励计划拥有延期纳税的优势。大量监管(美国国家税务局、美国劳动局)会导致估值难题。实行雇员股票激励计划的公司实际上成了半上市公司。管理层收购的情况下容易出现融资问题。尽管最初立法的意图是实现公平,但雇员股票激励计划的公平性未必可靠。

19. 夹层融资提供方

投资者的特征 机构型,中等风险偏好的投资者,同时具有债务投资者和股权投资者的特点。

与被投资者需求和投资者目标的匹配性　投资者适合性：应为相对稳固的公司，并拥有相当好的现金流和前景。被投资者适合性：没有借入优先债务的空间，通常这类投资和同一个投资者或其他投资者的其他融资形式一起出现。

典型条款　票面利率一般是 12%~13%（周期性不同）；外加一个一揽子利率（认股权证等），大约在 18%~25%（或 26%）。

利弊与细节　通过投资变现、现金流偿付利息、标准化的估值（例如 EBITDA 的 5~7 倍）等方式，给投资者提供了很好的退出渠道和投资收益。如果不能获得银行贷款的话，这种方式比股权融资成本便宜。与纯股权投资不同，夹层融资允许被投资者的原股东赎回权益。成本比标准贷款高得多。

20. 非银行金融机构

投资者的特征　大型机构（例如通用电气金融服务公司），能提供大量项目融资和定期融资（通常不低于 500 万美元，甚至在 1 000 万美元以上），结合了以现金流动和抵押担保为基础的贷款。比商业银行更加灵活，不受政府管制。

典型条款　贷款条款及条件，取决于信誉风险和贷款本质。在大型银行基准利率的基础上酌情增减。

利弊与细节　通常只有中型企业的中高端公司才能满足条件（一般是年销售收入 1 亿美元以上的公司）。

21. 保理商

投资者的特征　通常是机构型投资者。

典型条款　资金成本非常昂贵，利率是两位数。保理商是满足资金需求的服务提供者之一，其保理服务可作为一项审慎且偶发性使用的服务。

利弊与细节　只能临时使用，因为这个方式容易上瘾、难以脱身。由于典型的指定账户付款程序，这种方式很可能会触怒一些借入者的客户，成本非常非常高（与信用卡利率相当，甚至更高，每年通常为 24%~30%）。

22. 投行发起人（或者缺乏资金的发起人的支持者）

投资者的特征　机构型或半机构型（家庭办公室投资者）合伙人小组用自己的资金或别人的资金来投资。这类属于非常专业以及有经验的投资者，很多资金都在寻求投资机会。他们倾向于先投资于人（已成功人士），投资创意排在第二位。

与被投资者需求和投资者目标的匹配性 可以通过两个途径进入：并购交易中先拔头筹的管理层；想找点事情做并且经验极其丰富的管理者。

条款也因此有所变化 领先起步能获得很强的优势（更像是融资交易或资本结构重组交易）；"想找点事情做"的可能性很大（管理层获得10%左右的期权）。

利弊与细节 重新开始的好方法。经验丰富者的投资。协议条款很严格，包括约定事项、赎回、整体公司治理等。毕竟钱是他们的。

23. 小型企业创新研发计划

投资者的特征 美国政府每年授权10家联邦机构，专用于奖励那些小型企业创新的研发成果。

与被投资者需求和投资者目标的匹配性 是新起步的科技公司进行融资的好方法，包括：第一阶段，可行性调查，为期6个月，融资上限为10万美元；第二阶段，扩张阶段，为期2年，融资上限为75万美元；第三阶段，商业化，要求非小型企业创新研发计划，公司采用私募融资方式。

其他注意事项 必须是以营利为目的，美国人所有，独立经营，员工少于500名。

24. 项目融资

投资者与投资的特征 实际上投资者人数可以为任何数字，且对任何交易而言通常多于1名投资者，更应该算作是一种资本结构重组方案，而不是一个单一的资金来源。贷款和股权类型须吻合特殊需求和与这些需求相关的抵押品（工厂和设备、营运资本、应收账款融资、设备租赁等等）。

适合性 通常是大型海外项目。

25. 特殊目的并购公司

投资者的特征和投资类型 这基本上是一种在公司实际拥有或开展业务之前就将股份卖给公众的方式，也是秘密操纵市场的投机商团和空白支票公司的一种。这种公司用18~24个月来购买一项业务，并获得80%股东的支持。它最开始可能没有一个明确的目标，但如果找不到目标，该公司将被清算，并偿还资金。发行规模可能很大，也可能很小。

投资者适合性 适合于能接受较高风险且有足够资金、发空白支票给特殊目的的公司发起人来冒险的投资者。

被投资者适合性 通常都是著名的、有一定的跟踪表现记录的被投资者，适合于能接受较高风险且有足够资金、发空白支票给特殊目的的公司发起人来冒险的投资者。在这个公司收购一项业务之前，它本身是没有实际业务的，可以抄近路绕过许多问题，解决其他方式中通常存在的上市延迟的问题。

26. 工业收益债券和地区经济发展项目（通常为州层级和地方层级）

概览 通常这些融资被安排在地区市政层级。基本要点是市政府为了发展当地经济，在自身不真正承担债务的前提下，代表被投资者发行债券。同时，许多市政府都推出了很多发展当地经济的项目，这些项目给公司提供了各种各样的资源，而这些资源不一定都是以工业收益债券的形式来体现的。

27. 其他来源

下面列出其他资本来源以完善本章：

- 信用合作社：通常与企业生意无关，而与消费者市场有密切联系，也可以成为小型商业贷款的资金来源。
- 储蓄机构和互助储蓄银行：主要集中于为不动产提供融资，对于公司来说是很好的不动产融资方式，从20世纪90年代末期开始逐渐淡出公众视野。
- 联邦政府保险计划（例如美国海外私人投资公司）。
- 进出口银行融资。
- 小型企业管理局出口营运资金信贷。

第 32 章

再后记：正式估值方法的检查

> 经济学对经济学家们来说，是一种极为有用的就业形式。
>
> ——约翰·肯尼斯·加尔布雷思（John Kenneth Galbraith）
>
> 每个人都要在愈来愈狭窄的知识领域成为专家，如此方能与他人竞争。一位行家里手对越来越小的事情知道得越来越多，最终，他将知道关于虚无的一切知识。
>
> ——康拉德·劳伦兹（Konrad Lorenz）
>
> 几个世纪以来，神学家们一直以"无法理解"的言辞在解释着无法理解的事物。
>
> ——亨利·路易斯·门肯（Henry Lewis Mencken）

一只鸟，还是一架飞机？

在整本书中，我都在讲述一个事实：绝大多数中型企业的价值评估师根本没有做关于"经营业务"的评估工作。更为常见的是，与其说他们是在评估经营价值，不如说他们是在评估公司实体。当一位正式估价师进行"商业评估"时，尽管他通常是在评估开展经营业务的公司实体，但他们也会从经营业务开始着手评估工作，而商业评估师通常并不是从经营业务入手的。

对大多数商业行为来说，恰与实体相反，对它们的评估是建立在或者应当在很大程度上偏向商业买卖的确切目标（经营业务）。我认为，我们应该更加重视这个因素，而不是如正式评估师所表现的那样。至少，当其他一些方法被用来评估实体证券或实体权益时，如股权现金流量、负债和股本，就应当采用该因素来进行合理性检查。常识告诉我们需要这样做。

当然，评估师们一般都会关注可比先例（并购）交易⊖，但在我看来他们关注的方式还很笨拙，或者说没有充分利用这一方式。可比先例（并购）交易方法一直以来都是以实体税前等价现金流（比如EBITDA利润）为基础，而其他方法则通常（实际上也必须）要考虑实体收入税。

那么，如何运用这种方法来进行合理性检查呢？下面是一个假设案例。

评估实体权益时（假设没有债务），权益证券持有人的税后权益现金流价值＝1 000万美元

实体现金流应缴纳的所得税＝540万美元

在并购市场，基于经营业务的隐形价值⊜＝1 540万美元

基于经营业务的息前税前（折旧及摊销）利润＝300万美元

隐含息前税前（折旧及摊销）利润乘数＝5.13×

合理性检查：可比先例（并购）交易与该EBITDA的隐含乘数相符吗？如果相符，那就没问题。如果不相符，那就需要重新来过。

尽管这种方法看上去相当简单直接，正如一家从事并购的投资银行也会开展正式价值评估业务一样，但我们很少看见这种简单方法得到运用（或者，在评估某个并购公司的市场价值时，采用自下而上的方法亦很少见）。当我们运用合理性检查法来核查其他评估者的工作时，会看到一些非常奇怪的结果。

试试吧，很有效的。18世纪德国哲学家亚瑟·叔本华（Arthur Schopenhauer）在他还不太出名时曾说过，知识分子的思维过程中有一个严重的问题，即他们常常

⊖ 当然，在处理这个数据的时候，至少存在两个问题。第一个问题是这个数据本身就是不完整的，因为这并不反映准确的交易条款或正常化的息前税前折旧及摊销前利润（EBITDA）。第二个问题是使用这个数据时面临的一个永恒的问题，即是否使用针对特定买家的投资价值来衡量对一般买家的价值。对于第一个问题，我的答案是，普遍使用的其他方式也有各自的问题，正因为如此，我们在估值的时候会采用各种各样的方法，也算是相互检验。对于第二个问题，我的答案是，所有可比较的交易数据本质上使用的都是某种形式的"投资价值"。在思考一般的买家公允市场价值（某个行业或市场中有足够的买家支付类似的价格）的时候，这种方式便十分有用。

⊜ 相反地，人们可以高兴地开始使用并购比较数据来进行价值评估，再计算实体层面的所有税，从而得出实体的证券估值。无论怎样，这种方式都很有效。

脱离实践的土壤，因为他们在发展那极为抽象的论据时，已经看不见自身的源泉了。

大多数人都曾有这种体验：面对企业价值评估学科时，意识到这门学科里有许多内容是高度抽象的，一个个概念不断叠加，最后留下一仓库的问题卡片，却仍然对市场中实际发生的并购或证券市场中的企业出售感到一头雾水。如果真要探寻企业经营价值评估的真相，那么为何不看一看它们是在哪里发生的，以及如何进行出售的呢？

最后，作为总结：我要说的就是这些了。

——彼得·塞勒斯（Peter Sellers）

关于审校团队

桂曙光

京北投资创始合伙人/天使茶馆合伙人。六年新能源产业运营管理经历和十六年科技领域股权投资、融资、并购及上市经验,为众多创业公司提供过战略、产品、市场等方面咨询服务。京北投资是一家早期投资机构,管理早期直投基金,关注科技创新领域,已投 50 多家公司;京北投资同时还管理三期早期母基金,参与投资了 20 只早期投资基金,覆盖 500 多家创业公司,其中在海内外资本市场上市 10 多家。

桂曙光先生在清华大学、中国科学院大学等高校提供资本运营、创业管理方面的课程,也在喜马拉雅、今日头条、新浪微博、微信视频号等平台输出创业及投资相关语音/视频内容。

出版《融资知识——寻找风险投资全揭秘》《股权融资》;编著《投资人》《天使说》;译著《如何吸引天使投资》《风投的技术》《超级天使投资》《科技创投启示录》《创业清单》《创业唯快不破》《天使投资实录》《Facebook》《私募股权》等。

2005 年获清华大学 MBA,1997 年获西安交通大学机械制造专业工学学士学位。电子邮箱:guishuguang@sina.cn。

刘振山

CFA,CVA,香港科技大学 MBA,拥有 20 年以上项目投资及海外并购估值经验,央企海外投资估值负责人,中国国际工程咨询公司特聘专家,著有《董事高管估值知识简明指南》一书。现居北京。电子邮箱:252675606@qq.com。

蒋靖

蒋靖先生现为信德资本集团执行董事,他曾在境内知名证券公司和律师事务所从事证券和律师业务。蒋先生在资本市场领域具有多年职业经验和资深专业知识,并致力于在境内外证券发行、投资基金、合并收购、离岸重组、跨境税务筹划、家族财富规划等领域为境内外机构投资者和高净值个人提供高质量且可信赖的金融服务。邮箱:Sean.Jiang@SunFidelityCapital.com

金多多金融投资译丛

序号	中文书名	原书名	作者	定价	出版时间
1	财务模型与估值：投行与私募股权实践指南	Financial Modeling and Valuation: A Practical Guide to Investment Banking and Private Equity	Paul Pignataro	68	2014年10月
2	投资银行练习手册	Investment Banking: Workbook	Joshua Rosenbaum, Joshua Pearl	49	2014年10月
3	投资银行精华讲义	Investment Banking: Focus Notes	Joshua Rosenbaum, Joshua Pearl	49	2014年10月
4	公司估值（原书第2版）	The Financial Times Guide to Corporate Valuation (2nd Edition)	David Frykman, Jakob Tolleiyd	59	2017年10月
5	并购、剥离与资产重组：投资银行和私募股权实践指南	Mergers, Acquisitions, Divestitures, and Other Restructurings	Paul Pignataro	69	2018年1月
6	杠杆收购：投资银行和私募股权实践指南	Leveraged Buyouts, + Website: A Practical Guide to Investment Banking and Private Equity	Paul Pignataro	79	2018年4月
7	财务模型：公司估值、兼并与收购、项目融资	Corporate and Project Finance Modeling: Theory and Practice	Edward Bodmer	109	2018年3月
8	私募帝国：全球PE巨头统治世界的真相（经典版）	The New Tycoons: Inside the Trillion Dollar Private Equity Industry that Owns Everything	Jason Kelly	69.9	2018年6月
9	证券分析师实践指南（经典版）	Best Practices for Equity Research Analysts: Essentials for Buy-Side and Sell-Side Analysts	James J. Valentine	79	2018年6月
10	证券分析师进阶指南	Pitch the Perfect Investment: The Essential Guide to Winning on Wall Street	Paul D. Sonkin, Paul Johnson	139	2018年9月
11	天使投资实录	Starup Wealth: How the Best Angel Investors Make Money in Startups	Josh Maher	69	2020年5月
12	财务建模：设计、构建及应用的完整指南（原书第3版）	Building Financial Models (3rd Edition)	John S. Tjia	89	2019年12月

(续)

序号	中文书名	原书名	作者	定价	出版时间
13	7个财务模型：写给分析师、投资者和金融专业人士	7 Financial Models for Analysts, Investors and Finance Professionals	Paul Lower	69	2020年5月
14	财务模型实践指南（原书第3版）	Using Excel for Business and Financial Modeling（3rd Edition）	Danielle Stein Fairhurst	99	2020年5月
15	风险投资交易：创业融资及条款清单大揭秘（原书第4版）	Venture Deals: Be Smarter than Your Lawyer and Venture Capitalist（4th Edition）	Brad Feld, Jason Mendelson	79	2020年8月
16	资本的秩序	The Dao of Capital: Austrian Investing in a Distorted World	Mark Spitznagel	99	2020年12月
17	公司金融：金融工具、财务政策和估值方法的案例实践（原书第2版）	Lessons in Corporate Finance: A Case Studies Approach to Financial Tools, Financial Policies, and Valuation（2nd Edition）	Paul Asquith, Lawrence A. Weiss	119	2021年10月
18	投资银行：估值、杠杆收购、兼并与收购、IPO（原书第3版）	Investment Banking: Valuation, LBOs, M&A, and IPOs（3rd Edition）	Joshua Rosenbaum Joshua Pearl	199	2022年8月
19	亚洲财务黑洞（珍藏版）	Asian Financial Statement Analysis: Detecting Financial Irregularities	ChinHwee Tan, Thomas R. Robinson	88	2022年9月
20	投行人生：摩根士丹利副主席的40年职业洞见（珍藏版）	Unequaled: Tips for Building a Successful Career through Emotional Intelligence	James A. Runde	59	2022年9月
21	并购之王：投行老狐狸深度披露企业并购内幕（珍藏版）	Mergers & Acquisitions: An Insider's Guide to the Purchase and Sale of Middle Market Business Interests	Dennis J. Roberts	99	2022年9月
22	市场的引擎	Engines That Move Markets: Technology Investing from Railroads to the Internet and Beyond	Alisdair Nairn	158	2022年12月